移民背景与上海城市方言的形成

平悦铃 著

本书为国家社会科学基金项目"移民背景和上海城市方言形成研究"（批准号：14BYY037）的成果

復旦大學出版社

序

近日,悦铃君携书稿《移民背景与上海城市方言的形成》(以下简称《移民与方言》)来访,希望我能看看并写个序言。悦铃学业有成,近几年来,复又承担国家社科基金项目,在最终完成研究报告的基础上集结修改成此书稿。这是很令人高兴的。要我写序,原是熟人偶有所求,不好婉拒。

我抽暇逐页翻阅,感到《移民与方言》此稿在写法上迥异于过去我所看过的调查研究上海方言的各类著作。它的鲜明特点是具有创新性,给我以耳目一新之感。

回望上海自1843年辟为通商口岸以来,随着中国社会的深刻变化和社会经济文化的发展,人口增加日渐加速,且土著(本地人)与外地人的人口占比发生巨变,外地人数超过了本地人,以至上海中心城区的外地人占到了人口数的约80%左右,上海成了一座移民城市。在此进程中,上海话的研究也因人们习得上海话等方面的实际需要和人文社会科学的发展而日益受到重视,著作日益增多。但过去采用的研究方法基本上以描写语言学为主。我国自1928年出版赵元任《现代吴语的研究》这部经典著作以来,几代学人采用描写语言学方法研究方言,为整个汉语方言(包括吴语上海话)的研究开辟了一条大别于传统语文学研究方言的新路,记录和积累了大量现在或已变化、消失的口语语料。然而随着客观世界的加速变化,对人口来源多元、五方杂处的移民城市来说,现在仍沿用寻找少数土著发音人的方法来研究像上海这样大型移民城市的方言是远远不够的了，因为当代移民城市方言的内部已变得十分复杂，远非"有序同质系统"的语言理论可以概而论之的了。因而上海方言研究要有新的突破，必须"变法维新"。

悦铃君有鉴于斯，就尝试采用美、英等国自20世纪70年代以来兴起的社会语言学的研究方法，从新的角度来研究、剖析上海城市方言多层次的内部差异。操作方法上，从上海城市方言在语音、词汇、词法、句法等不同层面的变异入手，进行多人次的抽样调查。经过几年的辛勤工作，初步厘清了移民背景与上海方言在各层面的关系，最终得出了第一、二两代移民所操上海方言具有不同性质的结论。

由于社会语言学的调查方法的运用，《移民与方言》对上海市城区不同来源地族群的语言使用和语言心态也有了较多的揭示，并对今后上海方言的传承具有一定的指导意义。

凡此，表明社会语言学认为语言是"有序异质系统"的理论和多层次抽样调查研究方法的运用，给上海方言研究拓宽了视野，开辟了新境界，带来了新气象。悦铃君《移民与方言》这部著作取得的学术成就就是一个鲜明的例证，其拓宽上海城市方言研究新途、进行学术创新之功和勤勉不懈的治学精神殊为彰明，令人敬佩。

聊申鄙见，权充序文。

许宝华

识于2019年7月28日

目 录

序 …………………………………………………………………… 1

第一章 绪论 ………………………………………………………… 1
  第一节 上海和上海方言简介 …………………………………… 1
    一、"上海乡村方言"与"上海城市方言" ……………………… 1
    二、上海的人口及其变迁 ……………………………………… 3
  第二节 上海方言的描写与研究 ………………………………… 7
    一、艾约瑟(J. Edkins)记录的上海话 ………………………… 8
    二、《现代吴语的研究》记录的上海话 ………………………… 10
    三、《上海市区方言志》记录的上海话 ………………………… 12
  第三节 上海城市方言的发展阶段 ……………………………… 16
    一、上海城市方言的萌芽期 …………………………………… 17
    二、上海城市方言的形成期 …………………………………… 19
    三、上海城市方言的成熟期 …………………………………… 20
    四、上海城市方言的发展期 …………………………………… 24

第二章 被调查人与调查方法 …………………………………… 26
  第一节 被调查人的选定 ………………………………………… 26
    一、来源地的选择 ……………………………………………… 26
    二、"一代移民"和"二代移民" ………………………………… 31
    三、社会背景调查表的设计(附录二) ………………………… 32

第二节　调查项目和调查方法 …………………………………… 32
　　　一、语音调查项目及调查方法 ………………………………… 33
　　　二、词汇调查项目及调查方法 ………………………………… 34
　　　三、词法调查项目及调查方法 ………………………………… 34
　　　四、句法调查项目及调查方法 ………………………………… 35

第三章　移民背景与上海城市方言的声母 …………………………… 36
　　第一节　来源地方言的声母塞音 ……………………………………… 36
　　第二节　一代移民的声母塞音 ………………………………………… 38
　　　一、判定声母塞音习得的声学参数 …………………………… 38
　　　二、一代移民声母塞音的声学数据采样 ……………………… 40
　　　三、一代移民声母塞音的声学数据分析 ……………………… 43
　　　四、一代移民三套声母塞音习得分析 ………………………… 59
　　第三节　二代移民的声母塞音 ………………………………………… 64
　　　一、二代移民声母塞音的声学数据采样 ……………………… 64
　　　二、二代移民声母塞音的声学数据分析 ……………………… 74
　　　三、二代移民三套声母塞音习得表现 ………………………… 96

第四章　移民背景与上海城市方言的韵母 …………………………… 106
　　第一节　来源地方言里的 E 韵字韵母 ……………………………… 106
　　　一、上海县城、周边乡镇的上海方言的 E 韵字韵母 ……… 107
　　　二、四个外来移民来源地的 E 韵字韵母 …………………… 108
　　　三、来源地方言 E 韵字韵母总结 …………………………… 109
　　　四、上海城市方言 E 韵字韵母与来源地方言关系初步
　　　　　推断 ……………………………………………………… 109
　　第二节　一代移民的上海城市方言的 E 韵字 ……………………… 110
　　　一、一代移民 E 韵字的实验结果及统计分析 ……………… 110
　　　二、一代移民 E 韵字的习得特征以及与移民背景的
　　　　　关系 ……………………………………………………… 117
　　第三节　二代移民的上海城市方言的 E 韵字 ……………………… 118

一、二代移民 E 韵字的 F1 和 F2 数据及分析 ……… 119
　　二、二代移民 E 韵字的 F1 和 F2 的斜率分析 ……… 126
　　三、移民背景与二代移民 E 韵字韵母元音 ……… 127

第五章　移民背景与上海城市方言的声调 ……… 131
　第一节　来源地方言的声调系统 ……… 131
　第二节　一代移民的上海方言的声调系统 ……… 133
　　一、音高研究 ……… 133
　　二、调长研究 ……… 165
　第三节　移民背景对一代移民习得上海方言声调系统的
　　　　　影响 ……… 178
　　一、音高影响 ……… 179
　　二、调长影响 ……… 184
　第四节　二代移民的上海方言的声调系统 ……… 185
　　一、音高研究 ……… 186
　　二、调长研究 ……… 245
　第五节　移民背景对二代移民习得上海方言声调系统的
　　　　　影响 ……… 257
　　一、音高影响 ……… 257
　　二、调长影响 ……… 263

第六章　移民背景与上海城市方言的词汇 ……… 266
　第一节　移民背景与直系长辈称谓 ……… 266
　　一、来源地方言的直系长辈称谓 ……… 267
　　二、一代移民的直系长辈称谓 ……… 270
　　三、二代移民的直系长辈称谓 ……… 275
　　四、直系长辈称谓的演变 ……… 283
　第二节　移民背景与旁系长辈称谓 ……… 286
　　一、来源地方言旁系长辈称谓 ……… 286
　　二、一代移民的旁系长辈称谓 ……… 288

　　　　三、二代移民的旁系长辈称谓 …………………………… 292
　　　　四、旁系长辈称谓的演变 ………………………………… 297
　第三节　移民背景与"夫妻"称谓 ………………………………… 305
　　　　一、上海话"老公"和"老婆"两类不同连调模式的
　　　　　　声学表现 ……………………………………………… 306
　　　　二、来源地方言的"夫妻"称谓 ………………………… 307
　　　　三、一代移民的"夫妻"称谓 …………………………… 308
　　　　四、二代移民的"夫妻"称谓 …………………………… 310
　　　　五、"夫妻"称谓小结 …………………………………… 319
　第四节　移民背景与某些普通名词 ………………………………… 320
　　　　一、来源地方言的"膝盖""茄子""蝉" ……………… 320
　　　　二、一代移民的"膝盖""茄子""蝉" ………………… 321
　　　　三、二代移民的"膝盖""茄子""蝉" ………………… 323
　　　　四、普通名词的本土化 …………………………………… 328

第七章　移民背景与上海城市方言的某些词法 ……………………… 330
　第一节　移民背景与"辣～"格式 ………………………………… 330
　　　　一、上海城市方言中的五种"辣～"格式 ……………… 330
　　　　二、一代移民的五种"辣～"格式 ……………………… 331
　　　　三、二代移民的五种"辣～"格式 ……………………… 335
　　　　四、"辣～"格式的本土化 ……………………………… 342
　第二节　移民背景与指示语素 ……………………………………… 343
　　　　一、五个来源地方言里的指示语素 ……………………… 343
　　　　二、一代移民的指示语素 ………………………………… 344
　　　　三、二代移民的指示语素 ………………………………… 346
　　　　四、指示语素呈"本地—外来"的对立 ………………… 352
　第三节　移民背景与"～上"类方位词 …………………………… 353
　　　　一、上海城市方言中的"～上"类方位词及调查 ……… 353
　　　　二、五个来源地方言里的"～上"类方位词 …………… 354
　　　　三、一代移民的"～上"类方位词 ……………………… 355

         四、二代移民的"～上"类方位词 …………………… 357
         五、两代移民的"～上"类方位词 …………………… 364

第八章　移民背景与上海城市方言的几种句式 …………………… 369
    第一节　移民背景与疑问句式 ………………………………… 369
         一、上海城市方言中的疑问句式及调查 ……………… 369
         二、一代移民的五种疑问句式 …………………………… 370
         三、二代移民的五种疑问句式 …………………………… 373
         四、疑问句式的本土化 …………………………………… 379
    第二节　移民背景与双宾语句式 ……………………………… 381
         一、上海城市方言中的双宾语句式 ……………………… 381
         二、一代移民的双宾语句式 ……………………………… 382
         三、二代移民的双宾语句式 ……………………………… 384
         四、双宾语句式的主流化 ………………………………… 388
    第三节　移民背景与"逆比"句式 ……………………………… 390
         一、上海城市方言中的"逆比"句式 …………………… 390
         二、一代移民的"逆比"句式 …………………………… 390
         三、二代移民的"逆比"句式 …………………………… 392
         四、对比一代移民和二代移民的"逆比"句式 ……… 397

第九章　结论 ………………………………………………………… 399
    第一节　移民背景与语音习得 ………………………………… 399
         一、一代移民的语音习得受母语方言影响大 ………… 399
         二、二代移民的语音习得有一定的移民背景口音
             残留 …………………………………………………… 400
    第二节　移民背景与词汇习得 ………………………………… 401
         一、一代移民的长辈称谓基本保留来源地形式 ……… 401
         二、二代移民的直系长辈称谓"父母"形成主流形式、
             "祖父母"未形成主流形式；旁系长辈称谓逐渐
             出现主流形式 ………………………………………… 402

　　　　三、不同移民民系旁系长辈称谓的本土化 ………… 403
　　　　四、一代移民的"夫妻"称谓基本保留来源地形式 …… 403
　　　　五、二代移民的"夫妻"称谓与年龄和家庭背景相关
　　　　　　 …………………………………………………… 404
　　　　六、普通名词一代移民出现主流形式,二代移民完成
　　　　　　本土化 …………………………………………… 404
　　第三节　移民背景与词法习得 ……………………………… 405
　　　　一、"辣~"格式的本土化 ………………………………… 405
　　　　二、指示语素呈现本地民系与外来民系的对立 …… 406
　　　　三、"~上"类方位词有主流形式,其他形式受移民
　　　　　　背景影响 ………………………………………… 406
　　第四节　移民背景与句法习得 ……………………………… 407
　　　　一、疑问句式的本土化 ……………………………… 407
　　　　二、双宾语句式的主流化 …………………………… 408
　　　　三、"逆比"句式的主流化 …………………………… 408
　　第五节　试论一代移民和二代移民上海方言的性质 ……… 409
　　　　一、一代移民的上海城市方言是上海方言皮钦语 …… 409
　　　　二、二代移民的上海城市方言是上海方言词汇语 …… 413

附录一　被调查人情况表 …………………………………………… 416
附录二　社会背景调查表 …………………………………………… 420
附录三　语言项目调查表 …………………………………………… 422
附录四　图表总目录 ………………………………………………… 428

参考文献 ……………………………………………………………… 448

后　记 ………………………………………………………………… 453

第一章
绪　论

本章将简要介绍上海和上海话的历史、地理沿革,及人口组成,说明上海方言,包括乡村方言和城市方言所通行的地域及相应的年代。接着回顾先贤及前辈学者们对上海方言的记录与研究,理清上海城市方言的发展脉络及各个阶段。

第一节　上海和上海方言简介

一、"上海乡村方言"与"上海城市方言"

以"上海"命名的聚落,最早见于北宋熙宁十年(1077)《宋会要辑稿》,该书称在华亭县(后称松江县)的东北方,有一个名叫"上海务"的管理酒类买卖和征酒税的集市,其地大约在今人民路和中华路环线内的东北侧。到南宋,吴淞江开始淤塞,原来在吴淞江上的大港口青龙镇为上海务替代。(钱乃荣 2003)

宋绍熙三年(1192),上海设镇,属于华亭县。(邹依仁 1980)宋元之交,上海已发展为华亭县东北的大镇。元至元二十九年(1292),析华亭东北五乡置上海县,县治就在宋代的上海务处,这里形成了一个规模较大的人口聚居中心,一种有别于松江方言的上海话就这样诞生了。(钱乃荣 2003)

因此,上海方言早已有之,比现在所谓的"上海话"要早七百多年。这种"上海乡村方言"(Shanghai rural dialect),钱乃荣先生称其为"老上海话"。在1843年开埠前分布于现今的地域范围为:嘉定区今吴淞江北岸的封浜镇乡、江桥镇乡①,普陀区的长征镇乡、桃浦镇乡、真如镇,闵行区的纪王镇乡、诸翟镇乡、华漕镇乡、新泾镇乡、梅陇镇、虹桥镇、曹行镇乡、陈行镇乡、杜行镇乡、鲁汇镇乡,徐汇区的龙华镇乡、庙行镇乡及蔀塘(即祁连)乡东部,虹口区的江湾镇乡,杨浦区的五角场镇乡,上海市城区,浦东新区和奉贤区的四团镇乡、平安镇乡、泰日镇乡北部和头桥镇乡北部。这种上海乡村方言最有权威和代表性的地方一直是原县治所在地,即今黄浦区人民路和中华路环线之内的地域。这种上海乡村方言也可用"地名+话"来称谓,如"梅陇话""三林塘话""浦东话"等。那些地方虽然被中间的繁华城区隔开很远,但还保持着相当一致的乡村上海方言的面貌。(钱乃荣2007)

而现在国内外通称的"上海话",是随着1843年开埠后上海城市化的进程而迅速崛起的一种城市方言。这种上海话可认为是"上海城市方言"(Shanghai urban dialect),钱乃荣先生称其为"新上海话",通行于繁华的中心城区。自开埠后,市区面积逐步扩大,人口不断增多。1927年,国民政府改上海市为特别市,1930年为直辖市。1949年中华人民共和国成立时,上海市辖区面积约为618平方公里,下分20个市区,10个郊区。

至20世纪末,上海城市方言使用范围大致是黄浦江西面中环线以内的地域,浦东大致在黄浦江的沿江地带。近二十年市政建设的不断扩展,许多原生活在上海城市方言通行地带的居民被拆迁至近远郊,从而使上海城市方言扩展至上海乡村方言的地界,当地的上海乡村方言迅速被上海城市方言取代或靠拢。

本书一般情况下所称的"上海话""上海方言"指的就是开埠后形成的通行于繁华城区范围的"上海城市方言"。而"上海本地老闲话",

---

① 此点为与钱乃荣先生(2020)私人交流时提议加上。

简称为"本地话",指的就是七百多年前形成的,一直延续至今的"上海乡村方言"。这样的称谓方法也是目前上海本地居民最为认可与通用的。

至于目前属于上海市行政区划内的其他地区,其通行的方言不属于上面提到的两种上海方言,既不属于上海乡村方言,也不属于上海城市方言。它们是:崇明方言、嘉定方言、松江方言和练塘方言。

二、上海的人口及其变迁

1192 年上海设镇后的人口数很难查考,根据南宋时期(1190—1194)《云间志》记载来推测,极有可能人口已达 10 万。改镇为县后,据《松江府志》推测,约有 30 万—35 万的人口数。明代,上海县人口有显著增加,明洪武二十四年(1391)上海人口约有 53 万,但至嘉靖元年(1522),人口减少到 25 万余了。到了清嘉庆十五年(1810),上海县的人口数大幅增加,为 52 万余人。以后,一直到鸦片战争前后的二三十年间,上海县大致仍有这个人口数。

因此,在开埠前上海这个地域上已经生活了大量的当地人。"本地"民系(sub-ethnic group)一直是一个人口众多的民系,在上海城市方言的形成过程中一直起着重要的作用。

民系是民族的下位概念,一个民族由若干个民系组成。汉民族的民系有客家人、广东人、福建人、江浙人等。同一民系有共同的地域、方言、民俗、文化心理等。民系也分层次,即大民系涵盖小民系,例如江浙人由上海人、宁波人、苏州人、杭州人等组成。(游汝杰、邹嘉彦 2016)

从开埠到 1949 年,上海地区人口有三次短时间内的大量增加,第一次是太平天国进军上海的时期,上海公共租界人口从 1855 年的 2 万余人到 1865 年的 9 万余人,法租界约增加 4 万余人,两个租界人口合计净增长达 11 万人。

第二次突然增加是在 1937 年抗战全面爆发后,1936 年,公共租界人口为118万余,法租界为47万余,但据1942年的调查结果,公共租界人口是158万余,法租界为85万余。两个租界人口激增了78万余人,但在"华界"地区,人们为躲避日军而逃入租界或流亡外地,人口反而减少,但整个上海地区还是净增加了10万。

第三次突然增加是上海解放前夕,内地人口大量流入上海,上海地区人口从1945年的330余万突然增加到1949年年初的540余万,净增加了208万余。这在世界人口史上也是少见的。

上海解放后,上海人口进入一个新的发展时期。20世纪50年代,国民经济恢复,人民生活安定,人口迅速增长,1958年增至750余万人。(邹依仁1980)

上海地区人口的快速增长主要是由于人口从内地大量迁入的缘故,本地籍贯的人数少外地籍贯人数多即是很好的证明。非本地籍贯人口的比重远远超过了本地籍。而迁入的非本籍人口中,各个不同省份籍贯的人数有很大的差别,其中最多的是江苏和浙江。华界的具体数据见表1.1和表1.2。不光华界,租界的情况也大致如此。

表1.1　1929—1936年上海华界人口籍贯构成　　单位:人

省市	1929年	1930年	1931年	1932年	1933年	1934年	1935年	1936年
总计	1 500 500	1 692 335	1 823 989	1 571 089	1 836 629	1 914 694	2 032 399	2 145 317
上海		436 337	455 662	430 875	473 636	488 631	513 704	513 810
江苏	1 046 622	669 253	725 470	619 298	725 510	751 531	797 843	868 903
浙江	283 995	342 032	367 270	283 625	341 568	358 364	384 622	412 583
安徽	51 099	60 013	64 882	65 324	79 852	86 510	91 726	94 576
福建	9 654	12 173	13 454	11 052	12 963	13 196	13 351	12 348
湖北	19 681	24 270	27 291	26 798	28 836	34 211	35 100	34 782
湖南	5 282	8 200	9 414	9 256	10 810	11 401	12 276	15 882
广西	559	846	975	637	1 065	1 129	1 147	452
广东	36 947	40 554	47 023	22 343	38 579	48 795	54 987	57 127

续 表

省市	1929年	1930年	1931年	1932年	1933年	1934年	1935年	1936年
江西	5 926	6 946	8 407	6 801	7 898	8 452	9 293	10 900
云南	97	320	325	146	213	216	232	222
贵州	112	224	277	63	142	130	163	157
四川	1 615	2 420	2 648	1 798	2 028	2 134	2 193	2 775
甘肃	17	138	188	50	44	37	30	36
陕西	855	818	247	216	208	202	177	218
河南	2 677	4 872	6 213	5 706	7 758	8 306	8 859	9 875
山西	375	383	382	306	380	405	424	416
山东	20 395	25 958	28 861	25 836	30 259	31 684	33 018	35 165
河北	14 462	14 840	16 889	15 173	18 614	30 294	31 649	33 310
南京		22 875	25 211	25 195	29 959	31 316	33 237	33 407
北平		4 204	5 309	5 013	6 095	6 466	7 065	7 123
青岛		734	713	539	560	631	549	529
其他	130	13 925	16 878	15 039	19 652	653	754	721

转引自上海地方志办公室官网 http://www.shtong.gov.cn。

表1.2　1950年1月上海市人口籍贯构成

省区	人口数(人)	比重(%)	省区	人口数(人)	比重(%)
上海	750 885	15.05	江西	17 520	0.35
江苏	2 393 738	48.06	广东	119 178	2.39
安徽	118 567	2.38	广西	1 508	0.03
山东	109 925	2.21	华北	68 070	1.37
浙江	1 283 880	25.78	东北	5 520	0.11
福建	23 820	0.48	绥远	153	0.00
台湾	421	0.01	西北	2 565	0.05

续　表

省区	人口数(人)	比重(%)	省区	人口数(人)	比重(%)
河南	19 271	0.39	西南	9 922	0.20
湖北	38 524	0.78	总计	4 980 992	100.00
湖南	17 525	0.35			

转引自上海地方志办公室官网 http://www.shtong.gov.cn。

据表1.1和表1.2绘制图1.1,形象展现上海1930、1936和1950年的人口籍贯构成情况:

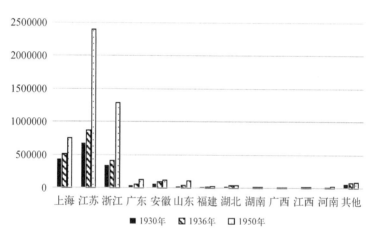

图1.1　上海市1930、1936、1950年的人口籍贯构成

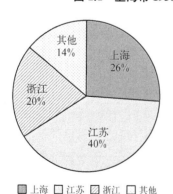

图1.2.1　上海1930年人口籍贯构成

从图1.1可明显看出,上海市在1930、1936、1950年三个年份非本地籍人口远多于本地籍人口。具体不同籍贯的占比图请见图1.2.1—图1.2.3(由于除"上海""江苏""浙江"以外的其他省份数值过小,全部并入"其他"):

从图1.1、图1.2.1—图1.2.3可清楚看到,上海人口籍贯构成上有以下两个特点:

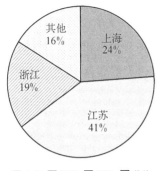
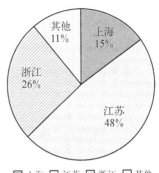

图 1.2.2　上海 1936 年人口籍贯构成　　图 1.2.3　上海 1950 年人口籍贯构成

(1) 非本地籍贯人口远大于本地籍贯人口,而且非本地籍人口比重逐年上升。

1930 年,本地籍占 26%,非本地籍 74%;1936 年,本地籍 24%,非本地籍 76%;1950 年,本地籍占 15%,非本地籍占 85%。

(2) 构成上海的三大人口籍贯是:江苏、浙江和上海本地。

1930 年,江苏籍占 40%,浙江籍占 20%,本地籍占 26%,其他籍贯一共只占 14%;1936 年,江苏籍占 41%,浙江籍 19%,本地籍占 24%,其他籍贯一共只占 16%;1950 年,江苏籍占 48%,浙江籍 26%,本地籍占 15%,其他籍贯一共只占 11%。

江苏籍主要来自苏北,尤其是扬州地区和盐城地区的为多。浙江籍尤其以宁波地区的为多。所以,目前上海城市方言人口中,以来自苏北、宁波地区的移民后代,以及上海本地人后代最多。"苏北""宁波"和"本地"是上海城市方言人口中数量最多的三个民系。

第二节　上海方言的描写与研究

对上海方言的描写与研究,从开埠后传教士进入上海地区就开始了,一直到现在,包括赵元任先生的《现代吴语的研究》,许宝华、汤珍珠两位先生主编的《上海市区方言志》、钱乃荣先生的《当代吴语的研究》等，不胜枚举。下面按时间顺序择要介绍，从中可看出上海乡村方言向上海城市方言发展的脉络。前人的记录主要建立在传统方言学所创立的调查方法与手段，虽有其局限，但大线条的发展轨迹还是很清楚的。

一、艾约瑟(J. Edkins)记录的上海话

英国传教士艾约瑟(J. Edkins)1853年出版的《上海话语法》(*A Grammar of Colloquial Chinese as Exhibited in the Shanghai Dialect*)里的上海话，反映了上海开埠初十年上海县城方言的面貌。那时，上海还未城市化，可说是处于城市化的前夜，他记录的上海方言面貌同现在的上海乡土方言很相似。

音系：

(1) 声母24个

p 比兵	ph 譬拼	b 婆病	m 米梦	f 夫福	v 闻佛
t 多当	th 拖忒	d 道独	n 暖女	l 礼粒	
ʦ 做捉	ʦh 气秋	ʣ 茶尽	s 所雪	z 齐船	
k 古今	kh 空去	g 共其	ŋ 我硬	h 海喜	ɦ 黄合
j 右远	w 王活				

(k、kʰ、h、g、n、ɦ 五母在 i 或 y 前分别读作 tɕ、tɕh、dʑ、n、ɕ)

(2) 韵母63个

ɿ 诗之字世	i 理去第些	u 做大古苏	y 句归矩女
			ɥ 主处书烛
ɑ 拜解惹快	ɪɑ 邪借爷写	wɑ 乖坏怪垮	
o 怕遮赦骂		wo 瓜寡花话	
ɔ 好告下化			
ɣ 沟斗搜走	ɪɣ 求流旧修		
e 海雷对衰	ɪe 且	we 块回跪会	ɥe 虽随追岁
ẽ 半船善全	ɪẽ 选便骗钱	wẽ 官完欢湾	

õ 端杆岸看　　　Iõ 权怨愿卷
æ 但简三烦　　　Iæ 念　　　　　　wæ 关惯
　　　　　　　　　　　　　　　　ũ 算
ã 张生宕行　　　Iæ 强两抢想　　　wã 横
ɒ̃ 双梦江丧　　　Iɒ̃ 旺　　　　　　wɒ̃ 光黄慌况
ʌn 根身尊辰　　 In 勤银近今　　　wʌn 滚捆稳昏
ʌŋ 曾成胜亨　　 Iŋ 心循钉亲
oŋ 松铜风侬　　 Ioŋ 穷用
　　　　　　　　Iyn 训
æʔ 法瞎煞阿　　 Iæʔ 甲　　　　　　wæʔ 括挖刮
ɑk 百射石湿　　 Iɑk 略约剧脚　　　wɑk 划
ʌk 直得刻色　　 IʌK 逆吃剔极
ɔk 薄角乐捉　　　　　　　　　　　wɔk 漷椁
ok 独国秃北　　 Iok 曲肉狱局
øk 夺割脱掇　　 Iøk 月掘缺越
ɛʔ 实末说拨　　　　　　　　　　　wɛʔ 活阔囫
Iʔ 立切雪恤　　 jIʔ 热日页结

　（e 韵常读为 ɛ）

（3）声调 8 个

阴平：高 快 降　52　　　阳平：低 平　　　22
阴上：高 平　　 44　　　阳上：低 慢 升　113
阴去：高 快 升　35　　　阳去：低 快 升　13
阴入：高 低　　 5　　　 阳入：低 短　　 2

从以上音系可看出，开埠初十年，上海县城方言还保留了如今乡村上海方言的很多特征，与现在上海方言区的农村很接近。（钱乃荣 2003）说明开埠之初，虽然行政建设上已经开始城市化，但语言相对建设总是显得更保守，还保留了乡村方言的面貌。

二、《现代吴语的研究》记录的上海话

赵元任先生在1928年出版的《现代吴语的研究》,是中国第一部用现代语言学理论方法调查研究方言的著作,里面记录了吴语33个方言点的"音"和"语",其中就有上海城内这个点,并且还分成"旧派"和"新派"。说明在20世纪20年代,上海城区话已经有年龄上明显的差异,20世纪20年代的老年人,大约出生在19世纪中晚期,说着当时已经显得"陈旧"的19世纪晚期的上海话;而20世纪20年代的年轻人,出生在20世纪初期,说着当时显得很"时尚"的20世纪初期的上海话。下面就来看看19世纪中晚期和20世纪初期上海话的面貌:

1. 19世纪晚期上海城市方言(赵氏"旧派")

(1) 声母28个

p 巴兵	ph 怕	b 旁伴	m 门问(文)	f 夫方	v 房 2
					ß 附武
t 多丁	th 梯	d 同动	n 奶		l 落
ts 做精	tsh 出秋		s 苏小		z 茶坐齐
tɕ 居	tɕh 劝	dʑ 求件	ɕ 希虚		ȵ 牛女
k 公	kh 铅	g 狂共	ŋ 熬五(白)	h 好	ɦ 孩房 1
ʔ 爱烟乌怨					

(2) 韵母48个

ɿ 子	i 理	u 路	y 雨
	ɩ 全变		ɥ 主
ɑ 拜	iɑ 邪	uɑ 乖	
o 马瓜			
ɔ 下好	iɔ 桥		
ɤ 沟	iɤ 求		
e 来雷半		ue 规款欢	
ɛ 难	iɛ 念	uɛ 惯还	

ø 虽看算			yø 权	
ã 张	iã 两	uã 横		
õ 庄荒		uõ 广		
əŋ 根登魂	iəŋ 今人	uəŋ 滚		
	iŋ 心定			
oŋ 共	ioŋ 训兄			
ɐʔ 客掐	iɐʔ 脚甲	uɐʔ 挖划		
	iʌʔ 逆			
əʔ 磕刻渴		uəʔ 活		
ɔʔ 壳		uɔʔ 扩		
oʔ 哭			yoʔ 浴	
			yøʔ 月局	
	ɿʔ 笔			
	ieʔ 热			
əl 而		m̩ 呒	ŋ̍ 鱼	

(3) 声调 6 个

阴平 41　　　阴上 ᵇ3ᵇ22　　阴去 22ᵇ3　　阴入 ♯4

　　　　　　　　　　　　　阳去 1ᵇ3　　　阳入 <u>23</u>

《现代吴语的研究》里对声调的描写还未采用五度制，用的是音乐简谱，记录的是绝对音高。但大体上也看得出声调的调形走向。

2. 20 世纪初期上海城市方言（赵氏"新派"）

(1) 声母 27 个

p 巴兵	ph 怕	b 旁伴	m 门问(文)	f 夫方	v 附房
t 多丁	th 梯	d 同动	n 奶	l 落	
ts 做精	tsh 出秋		s 苏小	z 茶坐齐	
tɕ 居	tɕh 劝	dʑ 求件	ɕ 希虚	ȵ 牛女	
k 公	kh 铅	g 狂共	ŋ 熬五(白)	h 好	ɦ 孩武
ʔ 爱烟乌怨					

(2) 韵母 44 个

ɿ 子	i 理	u 路	y 雨
	ʅ 全变		ɥ 主
ɑ 拜	iɑ 邪	uɑ 乖	
o 马瓜			
ɔ 下好	iɔ 桥		
ɣ 沟	iɣ 求		
e 雷		ue 规款1欢1	
ᴇ 来难	iᴇ 念	uᴇ 惯还	
ø 虽看算半		uø 款2欢2	yø 权
ã 张	iã 两	uã 横	
õ 庄		uõ 广荒	
əŋ 根登	iəŋ 今人	uəŋ 滚魂	
	iŋ 心定		
oŋ 共			
			ʏŋ 训兄
ʌʔ 客掐	iʌʔ 脚甲	uʌʔ 挖划	
	iʌʔ 逆		
əʔ 磕刻渴		uəʔ 活	
		uəʔ 扩	
oʔ 哭壳			yoʔ 浴
			yøʔ 月局
	ɿʔ 笔		
	ieʔ 热		
əl 而		m̩ 呒	ŋ̍ 鱼

(3) 声调同"旧派"

三、《上海市区方言志》记录的上海话

20 世纪 80 年代由许宝华、汤珍珠两位先生主编的《上海市区方言

志》(以下简称《市志》),里面记录了多种上海话音系。其中与上海城市方言相关的是三种:即"老派"音系、"中派"音系和"新派"音系。

1. 20 世纪初期上海城市方言(《市志》"老派")

《市志》中"老派"音系记录的是聚居在当时南市区的部分 60 岁以上老人的语言面貌。当时的南市区,即上海旧县城内。当时的 60 岁老人,出生于 20 世纪初,其语言面貌应和《现代吴语的研究》里的"新派"一致。

(1) 声母 27 个

ɓ 布帮北　ph 怕胖劈　b 步盆拔　m 美闷梅门　f 灰粉发　ʋ 符胡服
ɗ 胆懂德　th 透听铁　d 地动夺　n 乃囡内男　　　　　l 拉拎赖领
ts 祖精职　tsh 妻仓出　　　　　　　　　　　　　s 思心叔　z 全静蜀
tɕ 举轻脚　tɕh 去轻吃　dʑ 旗琴极　ȵ 粘扭泥牛　ɕ 休勋血
k 干公夹　kh 开垦扩　g 隑公轧　ŋ 我砑鹅牙　h 花轰瞎　ɦ 鞋移红雨
Ø 鸭衣乌迂

[原文里认为 ɓ、ɗ 两母为"先喉塞音",现已公认为"内爆音(implosive)"。(朱晓农 2006)]

(2) 韵母 51 个

ɿ 资此私　　　　i 基费微　　　　ᵘu 波歌做　　　　y 居羽需
　　　　　　　　　　　　　　　　　　　　　　　　　ɥ 主处书
ɑ 太鞋柴　　　　iɑ 野写借　　　　uɑ 怪淮歪
ɔ 保朝高　　　　iɔ 条蕉绕
o 花模蛇
ɤ 斗丑狗　　　　iɤ 流尤休
e 雷扇灰　　　　　　　　　　　　ue 官灌桂
ɛ 弹三铅　　　　iɛ 念　　　　　　uɛ 关会犯
ø 干看乱　　　　　　　　　　　　　　　　　　　　yø 原园权
　　　　　　　　ii 天偏连　　　　iu 靴
ã 冷长硬　　　　iã 良象阳　　　　uã 横光~火
ɑ̃ 党放昌　　　　iɑ̃ 旺(白)　　　　uɑ̃ 广汪矿
əŋ 奋登论　　　　iəŋ 紧灵人(白)　uəŋ 困滚温

oŋ 翁虫风   ioŋ 穷云荣
əʔ 没墨刻   iəʔ 吃逆极   uəʔ 骨阔
                    iɪʔ 笔洁吸
Aʔ 袜麦石   iAʔ 甲脚削   uAʔ 刮括挖
œʔ 夺掇渴   uœʔ 说卒撮   yœʔ 缺月血
oʔ 福足哭   ioʔ 肉育狱   uoʔ 获镬
ɔʔ 作木壳
əl 而耳(文)   n̩ □~奶(祖母)   m̩ 姆呒   ŋ̍ 鱼(白)五

(3) 声调 6 个

阴平 53   阴上   44   阴去 34   阴入 <u>55</u>
                                    阳去 23   阳入 <u>12</u>

2. 20 世纪中期上海城市方言(《市志》"中派")

这是《市志》中着重介绍的一种音系，说这种音系的上海人出生在 20 世纪 40—50 年代，即中华人民共和国成立前后出生在上海的居民。他们很多是外来移民的第二代，当然也有相当数量的本地人的后代。这套音系代表着上海城市方言成熟后的面貌。

(1) 声母 28 个

p 布帮北   ph 怕胖劈   b 步盆拔   m 美闷梅门   f 飞粉福   v 扶奉服
t 胆懂德   th 透听铁   d 地动夺   n 拿囡内男   l 拉拎赖领
ts 煮增质   tsh 处仓出   s 书松色   z 树从石
tɕ 举精脚   tɕh 丘轻切   dʑ 旗群剧   ȵ 粘扭泥牛   ɕ 修勋血   ʑ 徐秦绝
k 干公夹   kh 开垦扩   g 葵公轧   ŋ 我砑鹅外   h 花荒瞎   ɦ 鞋移胡雨
Ø 鸭衣乌迂

(2) 韵母 43 个

ɿ 资此住   i 基钱微   u 波歌做   y 居女羽
A 太鞋柴   iA 野写亚   uA 怪淮娃
ɔ 宝朝高   iɔ 条蕉摇
o 花模蛇

ɤ 斗丑狗	iɤ 流尤休		
E 雷来兰	iE 甘械也(文)	uE 回贯弯	
ø 干最乱		uø 官欢缓	yø 软园权
ã 冷长硬	iã 良象阳	uã 横光~火	
ã̃ 党放忙	iã̃ 旺(白)	uã̃ 广狂况	
əŋ 奋登论	iŋ 紧灵人(白)	uəŋ 困魂温	yŋ 均云训
oŋ 翁虫风	ioŋ 穷荣浓		
ɐʔ 辣麦客	iɐʔ 药脚略	uɐʔ 挖划刮	
oʔ 背郭目	ioʔ 肉浴玉		
əʔ 舌色割		uəʔ 活扩骨	
	iiʔ 笔亦吃		yɪʔ 血缺悦
əl 而耳(文)	n̩ □~奶(祖母)	m̩ 姆呒	ŋ̍ 鱼(白)五

(3) 声调 5 个

阴平　53　　　阴去　34　　　阴入　<u>55</u>

　　　　　　　阳去　23　　　阳入　<u>12</u>

3. 20 世纪晚期上海城市方言（《市志》"新派"）

这套音系是 20 世纪 60—70 年代出生于当时市区范围的上海城市居民使用的上海方言，反映了上海城市方言成熟后继续进行一定的演变。那时，上海还未改革开放，市区范围、人口规模都较为稳定，所以当时的"新派"是较为单纯的上海城市方言的自身演变。

改革开放后，人口流动性大大增加，外来人口又一次迅猛增长，再加 20 世纪 90 年代在中小学，甚至幼儿园，普通话教育的大力度推广下，已经成熟化的上海城市方言发生了一次较大的变化，此变化不在本项目研究范围。因此，本节对上海城市方言各历史时期的代表音系介绍就到 20 世纪晚期为止。

(1) 声母 28 个

p 布帮北　ph 怕胖劈　b 步盆拔　m 美闷梅门　f 飞粉福　v 扶奉服

t 胆懂德　th 透听铁　d 地动夺　n 拿囡内男　l 拉拎赖领

ts 煮增质　　tsh 处仓出　　　　　　　　s 书松色　z 树从石
tɕ 举精脚　　tɕh 丘轻切　dʑ 全群集　ȵ 粘扭泥牛　ɕ 修勋血　ʑ 谢墙席
k 干公夹　　kh 开垦扩　 g 葵公轧　ŋ 我砑鹅外　h 花荒瞎　ɦ 鞋移胡雨
ø 鸭衣乌迂

《市志》中无 z 母,认为全部归入 dz 母,个别归 ɦ,但事实上还有许多字还未并入,依然为 z 母。(钱乃荣 1992,平悦铃 2005)

(2) 韵母 32 个

ɿ 知此住	i 基钱费	u 波歌做	y 居女羽
A 太鞋柴	iA 野写亚	uA 怪淮娃	
ɔ 宝朝高	iɔ 条蕉摇		
o 花模蛇			
ɤ 斗丑狗	iɤ 流尤休		
E 雷来兰		uE 回贯弯	
ø 干官碗			
Ã 打党唱	iÃ 旺(文)阳良	uÃ 光广汪	
əŋ 奋登论	iŋ 紧灵人(白)	uəŋ 困魂温	yŋ 均云训
oŋ 翁虫风	ioŋ 穷荣浓		
ɐʔ 石舌脱		uɐʔ 挖刮划	
	iiʔ 笔药剧		yiʔ 浴雪缺
oʔ 北郭目			
əl 而耳(文)	m̩ 姆呒	ŋ̍ 鱼(白)五嗯	

(3) 声调同"中派"

第三节　上海城市方言的发展阶段

下面将从语音角度来分析归纳上海城市方言的发展阶段。第二节里共介绍了六个上海话音系,从上海城市方言形成前夕直至其成熟后的发展,可归纳成如下流程(见图 1.3):

图 1.3 上海城市方言形成前夕至成熟后的发展阶段图

六个音系,代表了上海城市方言的四个发展阶段:

(1) 萌芽期:艾约瑟音系发展成赵氏"旧派";
(2) 形成期:赵氏"旧派"发展成赵氏"新派"和《市志》"老派";
(3) 成熟期:赵氏"新派"和《市志》"老派"发展成《市志》"中派";
(4) 发展期:《市志》"中派"发展成《市志》"新派"。

目前在使用中的上海话主要就是《市志》中的"中派"和"新派",到21世纪10年代,《市志》里的"老派"已自然消亡,说"中派"的已是六七十岁以上的老年人,说"新派"的也是四五十岁的中年人。

下面观察一下每个时期及它们演化的一些具体表现。

一、上海城市方言的萌芽期

19世纪中期,太平天国运动爆发,因此在19世纪下半叶上海城市里的外来人口发生了第一次激增,上海城市方言也随之进入了萌芽期,逐渐与上海乡村方言分离。

英国传教士艾约瑟(J. Edkins)记录的上海话,反映了上海开埠初十年,即19世纪中期上海县城方言的面貌。那时,虽然已经开埠,但语言发展总要晚于建设发展,因此反映的还是上海乡村方言的面貌。到19世纪晚期,即赵氏的"旧派",上海城市方言的面貌逐渐显现。语音上发生的主要变化有以下几个方面:

1. *声母*

(1) dz 母归入 z 母

艾约瑟音系里还有 dz 母,主要是中古从、澄声母为主的字,如从母的"从、全、贼、尽";澄母的"茶、直、重、长、阵、侄、朝、轴、逐、浊、篆、撞";船母有"射角"的"射";邪母有"席、辞、寻"。记 z 母的,从母有"坐、层、净、情、造、从、齐、前";澄母的"朝";船母的"船、乘、神、顺、实"和"射击"的"射";邪母有"寻、随、象、像",禅母的"城、辰、善、蒔"。但也只是少数常用字如"茶、重、长、尽"是稳定读 dz 母的,有的同一个字在书的不同处读音不相同,如"寻、朝"等,有的字在不同用法里读音不同,如"射角"的"射"是 dz 母,"射击"的"射"是 z 母。

到了赵氏的"旧派",dz 母消失,归入 z 母。

（2）tɕ 系声母发音前移

艾约瑟把 k、kh、g、n、h 加 i、y 兼表 tɕ、tɕh、dʑ、n、ɕ,很可能是 19 世纪中期的上海话里 tɕ 系声母发音近似舌面中音 c 系音。他还记录了一个未腭化的例外常用字"去",问人时都说 khi,其实口语中已是 chi。到赵氏的"旧派",k、kh、g、n、h 与 tɕ、tɕh、dʑ、n、ɕ 分开记录,说明两类声母发音已有明显不同,但赵氏还是认为要比北京音的部位稍后。

2. 韵母

韵母数量大为减少,从 63 个到 48 个,尤其是入声韵大大减少。韵母变化主要有:

（1）咸山摄字鼻化消失

在艾约瑟记录的上海话里咸山摄字还保留鼻化音,他写道:"韵尾 n 也受到前面元音的影响,在 æ、e、ø、u 之后,当后面没有字时,它几乎听不到,但若后面有字时,一个明确的辅音 n 得到注意,它作为一个轻鼻音,仍旧可以听到。"（艾约瑟 2011）

到了赵氏的"旧派"里,已经完全没有鼻化了,而在同一本书里记录的浦东周浦音系中仍带有鼻化音。从这也可看出,开埠后经过四五十年的发展,到 19 世纪末,上海城市方言已迈出自己的发展步伐,而未城市化的乡村地区还在说上海乡村方言。

（2）韵尾前后鼻音相混发展成一个后鼻音

通摄字艾约瑟一律记成后鼻音韵尾 ŋ,臻曾梗摄字,与 i 相拼的 in 开始与 iŋ 相混,如"心、信、尽"等记成了 iŋ,但后鼻音没有记成前鼻音韵尾的。由此可见,前后鼻音的区分已经有合并趋势。到了赵氏的

"旧派"就合并成一个后鼻音,但在齐齿呼里还有 iŋ 和 iəŋ 的区别。

(3) 入声韵尾-ʔ、-k 相混发展成一个-ʔ

艾约瑟记录的上海话里有两个入声韵尾-ʔ、-k,-k 尾与中古音的-k 韵尾对应,而-ʔ 尾与中古音-p、-t 韵尾对应。当时,这两个韵尾正处于合并阶段。到了赵氏的"旧派",合并已完成,只有一个-ʔ 韵尾了。

3. 声调：三个舒声阳调合并成阳去调

19 世纪中期艾约瑟记录的上海话里全浊阳上字已开始向阳去调的转变,次浊音和元音字仍然为阳上调。到了 19 世纪末期的赵氏"旧派",已完成了三个舒声阳调的合并,归入阳去。这是单字调的情况,在连读调里,赵氏注意到仍然保留了阳平音节开头的连读变调的独立调型,"两派阳平上去单读时不分(阳＝养＝样),在词句中阳平跟上去不同"(赵元任 1928)。

二、上海城市方言的形成期

20 世纪初期,特别是 20—30 年代,随着国内革命战争和抗战等一系列战事,很多内地人口涌入上海城区。在城区里,外来移民数量远大于土著人口数量。这时,上海城市方言进入了形成期,语言发展特别迅速,同乡村方言彻底分离。发生在本期韵母 e 向 ø 的变化,钱乃荣先生对此认为:"e 向 ø 音变的完成,是上海话语音史上的一个标志性转变。标志着上海话从松江话语音主要特征中走出,走上与北部苏州、无锡、常州、江阴等地吴语共通的道路,由旧上海话(上海乡村方言——笔者注)变成了新上海话(上海城市方言——笔者注)。"(钱乃荣 2003)

本期发生的变化主要有以下几个方面:

1. 声母

ɸ、β 母转变成 f、v 母

在乡村方言时期和城市方言萌芽期里,上海话中古"非敷"和"奉微"母字声母读双唇擦音 ɸ、β,或者与唇齿擦音 f、v 混读,在通摄字里则读作 h、ɦ。艾约瑟(2011)里虽然未见记录,但与之同时代的其他传教士著作中有此类现象(麦高温 1862),如"逢"读[ɦoŋ]、"服"读[ɦoʔ]。赵氏的"旧派"记音里也有此类现象,"非敷"母字记成 f,"奉微"母今合口字为 ß,开口字为 ɦu 或 v。"旧派 h(u)、f 常混(忽=拂),w、v 常混(王=房)。"但到了赵氏的"新派"就没有此现象,全部变成 f、v、h(u)和 f 不混,w 和 v 也不混。

2. 韵母

(1) e 向 ø 的变化

咸山摄字摆脱鼻化后,在上海城市方言形成期没有向失落鼻化音的其他 E 韵字合并,而是并入了 ø 韵。这个变化,赵元任在《现代吴语的研究》里有这样描述:"新派分类近似苏州,旧派近似浦东,两派人以'苏州音'、'浦东音'互相指斥,但许多人掺杂两种。旧派 on(暖、南)有的字读 e,有的读 ø,新派一律读 ø。"同时,山摄合口一等见系的"官、款"等也从 ue 向 uø 转变。

(2) 入声韵 œʔ、eʔ、ʌk 的合并,aʔ、ɑk 的合并、oʔ、ɔʔ 合并

在上海乡村方言里,以及上海城市方言的萌芽期,入声韵极为丰富,艾约瑟时代还有两个入声韵尾-ʔ、-k,到赵氏的"旧派"已合并为一个入声韵尾-ʔ。主元音也发生合并,至赵氏的"新派",œʔ、eʔ、ʌʔ 合并成 əʔ;aʔ、ɑk 合并成 ʌʔ;oʔ、ɔʔ 合并成 oʔ。oʔ、ɔʔ 合并也是上海话从松江话系统中走出来一大特征表现。(钱乃荣 2003)

3. 声调

19 世纪末期,即上海城市方言萌芽期结束时,已完成了三个舒声阳调单念时的合并,在词句中阳平同上去不同。至 20 世纪初期的赵氏"新派"同"旧派"一样。《市志》"老派"也是同样的情况。

三、上海城市方言的成熟期

1949 年前后,上海城区人口又一次激增,内地来沪定居人口大幅增加。中华人民共和国成立后,社会生活各方面逐渐稳定,伴随着 1958 年户籍制度的正式出台,人口流动性下降,上海城市里的人口呈现一种稳定状态。

因此,本期的上海城市方言也呈现出一种稳定状态,说此期上海方言的人大都是解放前后出生的移民第二代或已经城市化后的本土居民后代,他们出生在城市里,是彻底城市化了的上海人。他们的父辈是第一代外来移民或未城市化时出生的本地人,所以他们才是真正意义上的上海城市人(Shanghai urban resident),他们嘴里说的是成熟了的上海城市方言(Shanghai urban dialect)。《市志》里的"中派"反映了此期上海方言的面貌。

从形成期到成熟期的上海城市方言,语音主要经历了以下几个变化:

1. 声母

(1) 内爆音 ɓ、ɗ 彻底消失,变成普通塞音 p、t

中古帮、端母字读内爆音 ɓ、ɗ,保留了原"百越"民族语言的底层。在《市志》的"老派"音系里还有。但到了本期,即《市志》的"中派"已经彻底消失。

(2) 分尖团到不分尖团

中古精组声母在今齐齿、撮口呼前与见组声母不同音,为分尖团;同音的话就是不分尖团。据许宝华、汤珍珠两位先生的描述,到 1962 年:"老年人几乎全能分,中年人已有分化,有的分,有的不分,有的人基本上不分,只有少数字还保留尖音,青少年一代则差不多全部不分。"(许宝华、汤珍珠 1962)。从这可看出,分的当时老年人,正是 19 世纪末或 20 世纪初出生的,说的是萌芽期或形成期早期的上海城市方言。当时的中年人基本就是 20 世纪前期出生的,说的是形成期的上海城市方言,那个时期正是尖团音合并期。而当时的青少年,则基本都是 20 世纪中期出生的,说的是成熟期的上海城市方言,尖团音合并已经结束。据钱乃荣先生亲身经历,他本人出生在 20 世纪 40 年代中期,从小时候起在同学中已完全不分尖团,"可见 50 年代在卢湾区这样的市中心,青少年已经用全不分尖团来说话了"(钱乃荣 2003)。

2. 韵母

(1) "雷、来、兰"韵母本期最终合并成 ᴇ

这一过程通过一百年时间得以完成。艾约瑟记录的 19 世纪中期的上海话里咸山两摄处于鼻化阶段æ̃,蟹摄开合口不分,都为 e。赵氏"旧派"(19 世纪晚期)咸山两摄鼻化脱落,与蟹摄形成/ɛ/～/e/对立。至赵氏"新派"(20 世纪初期)出现了蟹摄开合口/ɛ/～/e/对立。到本期,即 20 世纪 50 年代,最终完成了 ɛ 韵字的合并,即"雷＝来＝兰"。

(2) ʮ 消失,并入 ɿ

艾约瑟记录的上海话里,中古遇摄知、章组的字,如"除、叔、朱"等,y 通常与 ʮ 相通,即可读 y 又可读 ʮ。到赵氏的"旧派"和"新派"都读成了 ʮ。说明在上海城市方言萌芽期,y 向 ʮ 逐渐变化,到了形成期,则完成了这一转变。而到了上海城市方言的成熟期,ʮ 消失,并入 ɿ,"私＝书","次＝处"。

(3) i、iɪ 合并

咸山摄"面、烟、盐"等字韵母,在艾约瑟的记录的上海话里还读成鼻化音 ɪẽ。至赵氏"旧派""新派"都是 ɪ 了。也就是在萌芽期和形成期里完成了鼻化脱落随后元音高化的过程,即 ɪẽ＞ie＞iɪ。在本期里,iɪ 继续高化,并入 i。"面＝米""衣＝烟""移＝盐"。

(4) iən、iŋ 对立消失,由于在萌芽期和形成期里,中古臻摄、曾摄开口三等帮端系舒声字、梗摄开口三四等帮系舒声字,韵母为 iŋ,如"宾、冰、兵";中古臻摄开口三等见系字、曾摄开口舒声字,韵母为 iən,如"凝、迎"。

(5) 鼻韵尾 ŋ 前化成 ȵ

在萌芽期和形成期里,上海城市方言已经完成了前后鼻音的合并,在本期里则前化成了 ȵ。

(6) 出现 yȵ、yɪʔ

在前面两期,只有 ioŋ、ioʔ,而没有 yȵ、yɪʔ,如"云、群、勋"的韵母是 ioŋ,"菊、血、月"的韵母是 ioʔ。到了本期,ioŋ 先是变成了 yəŋ,然后成了 yȵ;ioʔ 韵母的大多数字也都变成了 yɪʔ。

(7) iəʔ 并入 iɪʔ

前面两期,从艾约瑟音系中 iʌk 与 iɪʔ 的对立,如"逆、吃、剔"读

iʌk,"热、结、一"读 iɪʔ;到赵氏"新派",tɕ 系包括零声母字韵母都读 ieʔ,除了"吃"韵母还读 iəʔ,tɕ 系以外其他各系都是 ɪʔ。到了本期,iəʔ 并入 iɪʔ。但"吃"一直是个多读字,许多人读 tɕhiɪʔ,也有人读 tɕhyɪʔ,也有人读 tɕhioʔ,也有 tɕhiəʔ。这可能是其他原因造成的。

3. 声调

(1) 单音节声调从 6 个到 5 个

形成期时,上海城市方言还存在 6 个单音节声调,即阴平、阴上、阴去、阳去、阴入、阳入,到本期,阴上 44 并入阴去 34。《市志》里的"老派"还保留有 6 个调,到"中派"就为 5 个了。

(2) 连读变调从复杂变为右延展(right-spreading)

以《市志》的"老派"和"中派"的连读变调为例,说明上海城市方言从形成期向成熟期转变的情况(见表 1.3—表 1.4)。

表 1.3 《市志》"老派"的两字组广用式连读变调表

	阴平 53	阳平 23	阴上 44	阳上 23	阴去 34	阳去 23	阴入 <u>55</u>	阳入 <u>12</u>
阴平 53	44+53			55+21			44+<u>53</u>	
阳平 23			23+44				22+<u>55</u>	
阴上 44	34+53		34+53; 44+44		44+44		34+<u>53</u>	
阳上 23	23+53		23+53; 22+44		22+44		23+<u>53</u>	
阴去 34	34+53		34+53; 44+44		55+21; 44+44		34+<u>53</u>	
阳去 23	23+53		23+53; 22+44		22+44		23+<u>53</u>	
阴入 <u>55</u>	<u>44</u>+53			<u>44</u>+44			<u>33</u>+<u>55</u>	
阳入 <u>12</u>			<u>11</u>+23				<u>22</u>+<u>55</u>	

转引自许宝华、汤珍珠 1988《上海市区方言志》,第 58—59 页。

表 1.4 《市志》"中派"的两字组广用式连读变调表

式	两字组	式	两字组
1X	55+21	7X	<u>33</u>+44
5X	33+44	8X	<u>11</u>+23
6X	22+44		

说明：前字为阴平的连读变调格式称 1X 式，前字为阴去的连读变调格式称 5X 式，前字为阳去的连读变调格式称 6X 式，前字为阴入的连读变调格式称 7X 式，前字为阳入的连读变调格式称 8X 式。

转引自许宝华、汤珍珠 1988《上海市区方言志》，第 24 页。

对比表 1.3 和表 1.4 可明显看出，本期的连读变调比以往都要简化，成了彻底的右延展型，不仅是两字组，三字、四字、五字组等也是如此，变调第一个字就可决定整个变调的调型。

四、上海城市方言的发展期

在 20 世纪 60—70 年代出生的当时上海城区范围的居民，他们很多都已是移民第三代，他们的上海城市方言又有了新的发展，《市志》的"新派"就是这类口音的代表。在语音上的变化主要有以下几个方面：

1. 声母

（1）z 向 dz 合并

由于前面几期的尖团不断合并，原尖音字 z 母都读 z，产生了一个 z 母。但有些人会 dz、z 两读，如"就、情、墙、钱"等，之后很多人出现了 z 向 dz 的合并。

（2）h(u)、ɦ(u) 变成 f(u)、v(u)

成熟期时，h(u)、ɦ(u) 与 f(u)、v(u) 不相混，即"呼 hu≠夫 fu"、"胡 ɦu≠附 vu"。在本期，以 u 为韵母的 h(u)、ɦ(u)，变成了 f(u)、v(u)，即"呼 fu=夫 fu"、"胡 vu=附 vu"。

（3）部分字浊音声母清化

有些书面为主的字或非常用字，发生浊音声母清化现象。如"辅导"的"辅"、"歌颂"的"颂"、"赠品"的"赠"、"中文系"的"系"等。

2. 韵母

(1) uø、yø 变成 ø、y

原咸山摄有 u、y 介音的字发生单元音化，uø 的 u 介音脱落，变成 ø，yø 变成 y。即成熟期的"官 kuø≠干 kø"、"卷 tɕyø≠举 tɕy"，到了本期，"官 kø＝干 kø"、"卷 tɕy＝举 tɕy"。

(2) 鼻化韵 ā、ɑ̃ 合并成 ã

ā、ɑ̃ 合并，同时 iā、iɑ̃ 合并，uā、uɑ̃ 合并。合并后成了 ã、iã、uã，后面还略带一点鼻音 ȵ。就是说，在成熟期及更早时期，"张 tsā≠章 tsɑ̃"、"冷 lā≠狼 lɑ̃"、"横 ɦā≠黄 ɦɑ̃"。而到了本期，"张 tsã＝章 tsã"、"冷 lã＝狼 lã"、"横 ɦã＝黄 ɦã"。

(3) ʌʔ、əʔ 合并成 ɐʔ，及随之造成的相关变化

这一合并，造成很多同音字，如"石头＝舌头"、"插班＝擦板＝出版"等。

随之，iʌʔ 多数并入了 iɪʔ，也产生很多同音字，"脚＝节"、"药＝叶"、"捏＝热"。也有 iʌʔ 变成 yɪʔ 的，如"却、确"。另外，也有些原来 iɪʔ 的变成了 yɪʔ，如"雪、薛、绝"。原来 ɐʔ 的改读 oʔ，如"墨、末、拨、脱、夺"等。

uʌʔ、uəʔ 合并成 uɐʔ，如"滑＝活"、"刮＝骨"。之后还会读成 uoʔ，如"活、获"等。

3. 声调

本期的声调、连调变调与成熟期基本相同，保持了 5 个单音节声调和右延展的连读变调模式。

第二章
被调查人与调查方法

本章将着重介绍项目的具体调查，如移民来源地的选择，被调查人的遴选要求，也就是如何定义移民第一代（一代移民）和移民第二代（二代移民），如何选择语言调查项目，包括语音、词汇、语法三方面，如何具体实施本项目的调查等。

第一节 被调查人的选定

一、来源地的选择

上海自19世纪末直至20世纪中期，一共有三次人口激增。原因都是由于战乱、灾荒等原因造成外来移民大量涌入相应时期的上海城区范围，从籍贯分布上来看，最多的是临近的江苏、浙江两省，其他地区与它们相比就显得微乎其微。（见第一章第一节）。

虽说在上海开埠前期，广东也来了很多移民，因为他们是中国最早与外国人做生意的人群，诸如怡和、旗昌、琼记等洋行的早期买办，大都来自广州或香港。但后来随着江浙移民的涌入，特别是宁波移民，很大一部分也做起了与广东移民一样的洋行生意，宁波移民逐渐在洋行里占了很大比例，因此广东移民很多又回去了。到19世纪末20世纪初，上海的浙江籍买办（主要是宁波移民）已大大超过了广东籍买办。(李瑊 2003)同时,小刀会起义使得闽粤人把移民的重点转向了南洋,而上海的经济发展依然吸引着大批移民的迁入,江浙籍人士取代闽粤人成为上海移民的主体。(李国林 2004)当然,还是有很多广东移民在上海留了下来。直至 21 世纪初期,在虹口四川北路一带还有很多广东移民的后代聚居在那里。但总体来说,是无法与来自江苏、浙江两省的移民人口相比。

江苏省移民来源地选择苏南的苏州和苏北的扬州、盐城三地,浙江省移民来源地选择宁波和绍兴两地。下面将分别阐述选择的理由:

1. 苏州

选择苏州,是因为在上海城市方言的形成过程中,特别是在萌芽期和形成期,苏州话对上海话的影响巨大。

上海的苏州移民大量涌入是在开埠初年,由于太平天国运动,很多苏州移民就来到了上海,以经商闻名的苏州洞庭商人就是在此时来到上海。严国芬在《洞庭东山会馆记》里说:"初我山人素善贾,精华萃江皖淮河间。前清咸丰朝,发匪(太平军——笔者)蹂躏东南,商业荡然,征贵贱者,群趋沪江,迨苏城陷,东山继之。……山人避地来沪者众。"(彭泽益 1995)

苏州当时是江南一带的经济文化繁盛之地,苏州话也是当时吴语区的代表方言,清末的吴语小说也都使用苏州话,对上海方言影响巨大。而那时的上海乡土方言是个松江方言片里发展相当滞后的一种方言,还保留了很多古老的语言形式,如内爆音声母、非常复杂的入声韵等。

苏州话对上海城市方言起明显影响作用的有一下几个方面:

(1) e 向 ø 的变化

这一变化发生在上海城市方言的形成期,即 20 世纪初,当时赵元任先生正好调查到这一变化,在《现代吴语的研究》里他说上海话有"新旧两派,新派类似苏州,旧派近似浦东,但许多人搀杂两种"。旧派 on(暖,南)有的字读 é[e],有的字读 ö[ø],新派一律读 ö[ø]。

这一变化钱乃荣先生认为是上海语音史上的一个标志性转变,它标志着上海话从松江话走出,走上了与北部苏州、无锡、常州、江阴等地吴语共通的道路,由一个乡村方言逐渐向城市方言转变。(钱乃荣 2003)而这一变化与大量苏州移民涌入上海城区定居的时间是相吻合的,苏州移民开埠初期大批进入上海城区,即 19 世纪中期,到 20 世纪初期的赵氏"新派"就完成了这一变化。

(2)"雷＝来＝兰"

这一历时百年的变化,到上海城市方言的成熟期才彻底完成,20 世纪中期"雷＝来＝兰",在第一章第三节对这一过程作了相关叙述。在《现代吴语的研究》里,赵氏的"旧派""雷 e＝来 e≠兰 ɛ","新派"则"雷 e≠来 ɛ＝兰 ɛ",而同期的苏州话三类字早就"雷＝来＝兰 ɛ",因此这一变化动力来自苏州移民及苏州文化。

(3) y 向 ʮ 的转变

在 19 世纪中期,艾约瑟记录的中古遇摄知章组字,如"除、书、朱、输"等,"元音 ü[y]通常可与 û[ʮ]相通",说明那时的上海 y 正在向 ʮ 变化过渡。反映了当时处于萌芽期的上海城市方言受到苏州[ʮ]的影响,与苏州移民大量涌入上海城区的时间相吻合。

(4)疑问句式"阿＋V?"的出现

"阿＋V?"是苏州,包括太仓等地域内的疑问句式。上海固有的本土形式是"V＋伐?"。而在 19 世纪末至 20 世纪 40 年代,由于苏州话的影响,开始大量使用"阿＋V?"。所以在萌芽期和形成期的上海城市方言里,不仅语音,连疑问句式也受苏州话的很大影响,甚至还出现了上海话和苏州话叠用的疑问句式:"阿＋V＋伐?"和"阿＋V＋勿＋V?",这两种"阿"句式在苏州话里也没有的。(陈忠敏 1993,1995)

现在随着苏州话影响退出,"阿"句式被认为是种"老旧"的上海话句式,现在已基本退出上海城市方言。

总之,苏州方言对上海城市方言在萌芽期和形成期的影响巨大:一方面在开埠初期,有大批苏州移民来到上海城区定居;另一方面,苏州在整个北部吴语区的文化优势,使得上海话在前两个时期受到苏州话的巨大影响。但随着其他江浙地方的移民更大规模的到来,以及上海在整个长三角地区经济文化的强大优势,到上海城市方言的成熟期和发展期,苏州方言的影响逐渐淡出。

2. 苏北

在第一章第一节里已阐述了苏北移民人数众多,是生活在上海城区范围人数最多的"民系"。1930 年,江苏籍的占城区人口的 40%;1936 年,江苏籍占 41%;1950 年,江苏籍占 48%。所以,到上海方言成熟期,江苏籍移民差不多已占上海人口总数的一半。20 世纪 30 年代以后,江苏籍移民大部分来自苏北地区,尤其以扬州和盐城两地居多,因此,就以这两地的移民为苏北籍移民的代表。

虽说苏北籍移民是上海城区人数最多的民系,可能由于从事的职业社会地位较低,民系的威望不是很高,民系的自信心也不是很高。因此,据前人的研究,其来源地方言在上海城市方言的形成过程中起的作用不是很大,零星的有:原属 i 韵的字读成了 yø,如"全宣旋"等。(陈忠敏 1993,1995)但在成熟期后的发展期(20 世纪 60—70 年代)有一个明显的影响,即鼻化韵 ã、ɑ̃ 合并成 ã,而且合并后带上了一点鼻音尾 ȵ。

苏北民系正好与后面的宁波民系可作一对照,两个都是人数众多的外来民系,但一个威望低,一个威望高,他们在上海城市方言的形成过程中各自会有怎样的表现?留待后文分析。

3. 宁波

宁波移民是上海另一个人数众多的移民民系。由于他们从事的职业地位较高,在上海的民系威望和民系自信力也较高。近代工矿企业(包括外资和华资)是宁波移民来沪后最主要的职业。从商,包括做店员学徒、从事贸易,是宁波移民到上海后的另一个主要职业。此外,在外国商行或银行中谋职,即充当买办,也是宁波人的一大出路。19 世纪末 20 世纪初,上海的浙江籍买办(主要是宁波人)已大大超过了广东籍买办。(李瑊 2003)

据前人观察,宁波话对上海话的影响主要有以下几点:

(1) 第一人称复数"阿拉"

这是最明显的宁波移民对上海城市方言的影响。在上海乡村方言和上海城市方言的萌芽期和形成期(20 世纪 50 年代前),第一人称复数一直是"我伲"、"伲"。只有到了成熟期(20 世纪 50 年代),才变成"阿拉"了。

(2) "吃"字的韵母出现了[ioʔ]、[yoʔ]读法

(3) 尖团音的合并

上海城市方言里,尖团音的合并于成熟期完成(20 世纪 50 年代)。而在宁波、绍兴等方言里早就完成了。

(4) "辣该""高头"等语法表达的出现

宁波话里有类似的表达,上海话里本来没有,到今天还不是所有人能接受,使用情况受本人的移民背景的影响,可见后文分析。

4. 绍兴

绍兴移民是上海人数不是很多的移民民系,而且绍兴方言也不是当时(20 世纪 50 年代以前)吴语的代表方言。因此,在上海城市方言的形成过程中,没有明显的影响作用,往往与其他来源地方言一起产生一定的影响。具体表现见后文。

选择绍兴是因为可与苏州作对比。两个民系人数都不算多,但苏州在上海城市方言的萌芽期和形成期有着文化上的优势地位,绍兴则没有,两种类型的少数民系在最终的成熟期和发展期会有怎样的表现? 留待后文分析。

5. 本地

前面 1—4 都是外来民系,最后 5 是本土民系,这也是一个人数众多的民系。指一直生活在这方水土的居民。本地民系的祖辈都是上海乡村方言的使用者,随着城市化的进程,一百五十年来,他们一代一代经历着上海方言的各种演变,最后都成为了上海城市方言的使用者。如何定义"本地一代"和"本地二代",在下一小节将详细说明。

综上,本项目确定了如下五个来源地:本地、宁波、绍兴、苏北、苏州。第一个是本地民系,后四个是外来民系。本地、宁波、苏北,是人

数众多的三大民系,宁波威望高,苏北威望低,而本地具有本土优势。苏州、绍兴是人数相对较少的两个民系,苏州有文化优势,绍兴无。

二、"一代移民"和"二代移民"

1. 外来民系的"一代移民"和"二代移民"

"一代移民"指本人出生在其他地方(宁波、绍兴、苏北、苏州),12岁后才从其他地方来到上海定居生活。本人母语不是上海城市方言,而是来源地(宁波、绍兴、苏北、苏州)方言,但会说带口音的上海城市方言。俗称"老宁波""老绍兴""老苏北""老苏州"。

"二代移民"指本人出生或3岁前就定居在上海当时的城区范围,由"一代移民"抚养长大。本人母语就是上海城市方言,已完全认同上海生活的方方面面,以"上海人"自称,略带一点口音。

为了使被调查的"移民背景"项可控,在本项目里,要求父母双方("一代移民")都来自同一个移民来源地,即父母都是宁波一代,或绍兴一代,或苏北一代,或苏州一代。排除掉父母来自不同来源地,如父亲是宁波一代、而母亲是苏州一代等类似情况。

2. "本地一代"和"本地二代"

为了能与外来民系作相应的对比,如何定义好"本地一代"和"本地二代"颇有难度。

"本地一代"指12岁前生活区域还是通行上海乡村方言,而到了12岁后生活区域才开始通行上海城市方言。本人12岁前不说上海城市方言,母语是上海乡村方言,到了12岁后才开始说上海城市方言。

如项目里的本地一代发音人,于1940年出生在上海浦东的杨思地区,虽说该地区在民国十七年(1928)划归上海市,成为杨思区。但由于语言发展缓于行政区划,1928年后杨思地区还一直通行"本地话"(即上海乡村方言)。据发音人回忆,幼年时候以及小学阶段,杨思地区都是本地小伙伴,说"本地话"。到上中学时,当地杨思中学才开始有市区的学生来就读。他则从初二开始住读,他的市区话(即上海城市方言)就是住读期间跟同学学会的。

"本地二代"指父母均是"本地一代",本人出生时生活区域已是上海城区范围,母语就是上海城市方言。

3. 本书"一代移民"和"二代移民"(附录一)

被调查人具体情况参见附录一。

2015年正式开展调查,能调查到的"一代移民"往往是解放前后来上海定居,具体时间为1945—1958年,也就是第一章里提到的三次上海城区人口激增的最后一次。当时他们都是20岁左右的年轻人,到调查时基本已是70—90岁的老人,本书"一代移民"最早出生于1928年,最晚是1943年,年龄跨度为72—87岁。

调查到的"二代移民"大多出生于20世纪40—60年代,即"40后""50后""60后","70后""80后"基本都是第三代移民了。本书"二代移民"最早出生在1936年,最晚是1964年,年龄跨度为51—79岁。

三、社会背景调查表的设计(附录二)

根据前一节对"一代移民"和"二代移民"的定义,分别设计了针对他们的社会背景调查表,详见附录二。

第二节　调查项目和调查方法

调查项目包括语音、词汇、语法三方面的内容,在此只呈现本书涉及的调查项目。具体的实验材料都请见附录三。

大部分发音人都在"复旦大学中文系徐彦平语言学实验室"内完成调查,少部分发音人由于年事已高,或路途过于遥远,在他们的家里完成调查。

调查人本人就是上海城市方言言语社区(speech community)的成员,调查全程用上海城市方言交流。

一、语音调查项目及调查方法

语音调查全程录音,使用 mini-box 声卡,AKG 话筒,以及装备有固体硬盘的 ThinkPad 电脑,用 Cool Edit 软件采录。大部分发音人在实验室的专业录音棚内完成调查,少部分发音人在其安静的家庭小房间内完成。

1. 声母"塞音三分"

调查的时候,将需要调查的材料嵌入承载句"迭个/特个/辩个是＿＿＿＿(这是＿＿＿＿)"。在目前上海话里表示近指的"这"可有"迭、特、辩"三种变式,让发音人选择一种他(她)最常用的。

处于声母位置的"塞音三分"是吴语区别于其他汉语方言的重要特征,赵元任先生在《现代吴语的研究》里就指出:"以有帮滂並、端透定、见溪群三级分法为吴语的特征。"(赵元任 1928)

外来移民在习得这个声母特征时,来自不同地域的情况会有所不同,特别是来自苏北地区的移民,来源地方言是江淮官话,观察这个重要上海话语音特征的习得情况很重要。

对本地民系来说,在乡村方言时期存在过"帮端"母保留百越语底层的内爆音[ɓ、ɗ](见第一章),观察"本地一代"与"本地二代"在这个语音特征上的不同表现也很有意义。

选取的材料包含三个部位的塞音:双唇部位的[p、ph、b];齿龈(齿贝)部位的[t、th、d];软腭部位的[k、kh、g]。

2. E 韵字韵母元音

调查的时候,将需要调查的材料嵌入承载句"我讲＿＿＿＿拨侬听(我讲＿＿＿＿给你听)"。

目前上海城市方言里 E 韵字韵母元音的主流形式是合并成一个单元音[ɛ],但在上海城市方言的萌芽期、形成期时,蟹开一、蟹开二为[e];咸开一、山开一从有鼻化,到鼻化脱落,[æ̃]→[ɛ],所以至形成期还有"雷[e]=来[e]≠兰[ɛ]"的对立。

并且,在最近的调查中还发现,有些人的 E 韵字的韵母有复元音,集中在蟹合一,即"雷"的韵母元音为[ei]。所以,特地设计了属于蟹开一、蟹合一、咸开一、山开一的最小对立项的字。

3. 单音节声调

进行单音节声调的实验时,不设计承载句。因为在吴语里有很明显的连读变调现象,将一个单音节放入一个承载句里,其声调很容易受前后音节影响。因此,在调查单音节声调时,让发音人就直接一个一个音节读,音节间相隔 3 秒或以上。

调查的具体材料包含了中古八个调类,每个调类含三个音节。

二、词汇调查项目及调查方法

1. 亲属称谓

亲属称谓调查时采用了直接问答的方法。亲属称谓包括:

1) 直系长辈亲属,即父母、祖父母、外祖父母。

2) 旁系长辈亲属,即父系的伯父、伯母、叔父、婶母、姑父、姑母;母系的舅舅、舅母、姨夫、姨母。

2. 夫妻称谓

调查夫妻间怎么来称呼对方,也采用了直接问答的方法。目前上海话里最通用的夫妻称谓是"老公"和"老婆",但存在两种连读变调模式。

3. 普通名词

三个普通名词的调查采用了"看图说名"的方法,让被调查人看图后直接说出图中物品。选用了一个人体部位(膝盖)、一种蔬菜(茄子)和一种昆虫(蝉),都是语言里常用,而且据初步观察,在目前上海话里都存在不同的变式。

三、词法调查项目及调查方法

词法调查都采用了直接问答的方法。

1. "辣~"格式的调查

目前上海城市方言里还存在五种"辣~"格式,即"辣""辣辣""辣海""辣该""辣浪"。

2. 指示语素的调查

上海方言里只有表示指示的语素,而无指示词,指示语素有两类,一类是定指:"迭～"[diɪʔ12]、"特～"[dəʔ12]、"箇～"[gəʔ12];一类是另指:"伊～"[i53]、"哀～"[ɛ53]。在对举的时候,前一类语素有如同普通话"这"的功能;后一类语素有普通话"那"的功能。

3. "上"类方位词的调查

上海方言里有五个"上"类方位词,"浪""浪向""高头""上头""上面"。

这三种词法在上海城市方言中都有几种不同的变式,且相互可替换,无任何条件制约,经初步观察与移民背景有一定的关系。

四、句法调查项目及调查方法

句法调查也都采用了直接问答的方法。

1. 疑问句式的调查

目前上海方言里还存在五种疑问句式:"V+伐?""V+勿+V?""阿+V?""阿+V+勿+V?""阿+V+伐?"。根据以前的调查结果(平悦铃 2012),发现"阿+V"类疑问句式在目前上海话中已很衰微,但存在这样的情况:有些动词或形容词经常同"阿"连用,固化成"阿+V"的表达形式,所以除了选用一个普通动词"去",还选用了与"阿"形成固化表达的形容词"好"、动词"是""有""会",后四个词经常形成"阿好""阿是""阿有""阿会"等固定表达形式。

2. 双宾语句式语序的调查

上海方言里存在五种双宾语句式:"V1+Od+Oi+V2""V1+Oi+V2+Od""V1+Oi+Od+V2""V1+Od+拉+Oi+V2""Od+V1+M+Oi+V2"。

3. "逆比"句式的调查

"逆比"句式即"A 不如 B"如何表达?上海方言里存在四种表达方法:"A 勿及 B""A 勿比 B""A 勿如 B""A 比勿上 B"。

第三章
移民背景与上海城市方言的声母

本章探讨移民背景与上海城市方言声母塞音三分现象,主要观察一代移民和二代移民习得声母塞音的具体情况。

声母位置的塞音三分是吴语区别于其他汉语方言的重要特征,赵元任先生在《现代吴语的研究》里就指出:"以有帮滂并、端透定、见溪群三级分法为吴语的特征。"(赵元任 1928)而在非吴语来源地的移民方言(如苏北方言)里不是三分的,有些吴语来源地方言里爆发音的具体音质有所不同。调查的语言项目及具体的调查方法参见附录三。

第一节 来源地方言的声母塞音

来源地方言的塞音情况如表 3.1 所示:

表 3.1 来源地方言里的声母塞音

来源地	塞音(双唇、舌尖、舌根)
本地	p-ph-pɦ、t-th-tɦ、k-kh-kɦ/ɓ-ph-pɦ、ɗ-th-tɦ、k-kh-kɦ
宁波	p-ph-pɦ(bɦ)、t-th-tɦ(dɦ)、k-kh-kɦ(gɦ)
绍兴	p-ph-pɦ、t-th-tɦ、k-kh-kɦ
苏北	p-ph、t-th、k-kh
苏州	p-ph-pɦ、t-th-tɦ、k-kh-kɦ

来源地方言里,除了"苏北"属于江淮官话外,其他四种都是吴语,具有吴语所谓"塞音三分"的特点。基本都是"p-ph-pɦ、t-th-tɦ、k-kh-kɦ"模式,即赵先生文章里所谓的"第一类—第三类—第六类(第七类)"。第一类是强不送气清音(p,t,k),第三类是送气清音(ph,th,kh),第六类是清音浊流(pɦ,tɦ,kɦ)。第七类是"在未爆以前声带已经颤动成乐音的。"(赵元任 1935)有关第七类赵先生其他文章里提道:"江苏的所谓浊塞音声母,在大部分闭塞时间通常是清音,继之以浊的送气。相应的字在浙江话里总的说来浊得更充分。"(赵元任 1967)这类以"清音浊流"出名的声母在词中位置却是真正的浊音。

"本地话"里有种情况就是还保留了古百越语的内爆音,即赵先生文章里的第九类(赵元任 1935),对应于吴语通常情况下的清不送气音。此类音倒是真正的浊音,声带在未爆破前就开始颤动了。

对塞音类型的区分方法,最有名的就是所谓的"嗓音起始时间"(Voice Onset Time),简称"VOT",由 Lisker 和 Abramson 提出,指塞音爆破到声带振动的时间段。(Lisker & Abramson 1964)有的塞音在爆破前声带就已经振动,VOT 的值小于零,称为浊塞音(voiced stop);有的则在爆破时或爆破后一段时间声带才开始振动,那么 VOT 的值就等于或大于零,称为清塞音(voiceless stop)。(陈忠敏 2010)如此,吴语的位于词首的三套塞音都是 VOT 大于零,无法用 VOT 来进行有效区分。(平悦铃 2006)只有位于词中位置的赵先生的第六或第七类才是 VOT 小于零,还有就是乡村上海话里保留古百越语的内爆音 ɓ、ɗ 的 VOT 也小于零,只有这两类情况才是符合用 VOT 值来定义的"浊音"(voiced)。

近年来的研究表明,赵先生的"清音浊流"现象实际是由声母辅音后的元音的气声态(breathy voice)所引起的,"浊"感是由前大半部声带振动所引起的,"流"感是气流从声带后小半部空隙流出来撞击假声带或会厌所产生的噪音。这种气声发声贯穿于整个后接元音段,但是逐渐减弱的,前半段强,后半段弱。其声学特征在元音前半段更显著,因此很多学者用后接元音前半段的功力谱上的 H1 - H2、H1 - F2、

H1-F1的dB差的数值（H1指第一谐波、H2指第二谐波、F1指第一共振峰、F2指第二共振峰）来判断是否为气声发声，其中H1-H2的数值被认为是反映声带振动的开商（open quotient），所以在鉴定气声时尤为重要。H1-H2＞0是气声态（breathy voice）的特征；H1-H2＜0是正常发声态（modal voice）。

但在判定上海话（上海城市方言）里的气声时有一定的问题。因此，有学者提出比较全面的判定上海话（上海城市方言）气声的声学特征，表现主要有：（1）功力谱振动幅度气声发声明显小于正常发声；（2）气声发声所产生的噪音明显大于正常发声；（3）气声发声的H2和F2要比对应的正常发声的H2和F2低。其中特征（1）最为显著。（陈忠敏 2010）

而从感知实验获得的认识是：（1）在词首位置，后接元音的基频低是人们判定"清音浊流"塞音的依据；（2）在词中位置，持阻时长的长短是人们判定清音和浊音的依据，越长越可能判定为清音，越短越可能判定为浊音；（3）在词中位置，虽然后接元音基频单独对感知清浊作用不大，但能影响持阻时长在分辨清浊时的程度作用。（王轶之、陈忠敏 2016）

第二节　一代移民的声母塞音

一、判定声母塞音习得的声学参数

据前一节内容，在习得上海城市方言的三套塞音时，不同来源地的一代移民的情况是不同的。

来自本地民系的"一代本地"，他们的母语是上海乡村方言，还保留了来自古百越语底层的内爆音ɓ、ɗ，此类塞音要转换成相应的肺部动力的塞音p、t，也就是发音方法要从喉动力改成肺动力。

来自非吴语区的苏北移民最为复杂，"一代苏北"的来源地母语里声母塞音只有两套,即清不送气塞音和清送气塞音,而没有另外很特殊的一套,即位于词首位置的"清音浊流"塞音和位于词中位置的真"浊音"塞音,他们要习得一套母语里从来没有的声母塞音。

来自浙江吴语区的"一代宁波"和"一代绍兴",在习得上海方言的声母塞音时基本没有问题,因为宁波话和绍兴话也是吴语,具有塞音三分的共同特征,据赵先生(赵元任1967)观察最多在音色上更"浊"一点而已。

来自江苏吴语区的"一代苏州"最不成问题,苏州话声母塞音情况与上海话完全一致。

在判定各类移民习得上海话声母塞音时,要分词首和词中位置。主要观察并采样以下三个声学参数:

1. VOT 值

虽说在区分"清音浊流"类塞音时不是很有效,但 VOT 还是一个重要的判定塞音类型的声学特征。比如判定"一代本地"是否将内爆音转换成相应的肺部动力塞音,VOT 值是否从负值转换成正值?判定"一代宁波"和"一代绍兴"的浙江吴语的"清音浊流"塞音音色是否变得更"清"一点?等等。

2. 后接元音 30 毫秒处的 H1 与 H2 的 dB 差

根据前节,虽然 H1 与 H2 的 dB 差不是气声发声最为显著的特征,但很多学者都采用过此方法,因此也将此作为判定各类移民习得"清音浊流"类塞音的一项声学特征。

3. 后接元音的基频

根据感知实验,后接元音的基频低是判定"清音浊流"塞音的依据。所以测量此项声学参量,对于判定各类移民习得"清音浊流"类塞音也很重要。

虽然陈忠敏(2010)认为的气声发声的功力谱的谐波振动幅度小于正常发声是很重要的一个声学特征,但由于很难量化观察测算,所以此特征暂缓研究。

二、一代移民声母塞音的声学数据采样

10个一代移民来自五个不同来源地,对他们的声母塞音作声学实验,测量上文里的3个声学参数,所得的实验数据见表3.2.1—表3.2.3。

表格统一说明如下：bd 为"本地";nb 为"宁波";sx 为"绍兴";sb 为"苏北";sz 为"苏州"。m 为"男";f 为"女"。/p/1 代表位于词首位置的音节含有的/p/音位,如"宝宝"中的第一个音节的声母辅音;/p/2 代表位于词中位置的音节含有的/p/音位,如"宝宝"中的第二个音节的声母辅音;其他音位照此法标记。

表 3.2.1(1)　一代移民的声母塞音 VOT 值(ms)-1

编号	背景	性别	年龄	/p/1	/p/2	/ph/1	/ph/2	/b/1	/b/2	/t/1	/t/2	/th/1	/th/2
1	bd	m	75	−137	27	146	149	33	−25	23	22	65	/
2	nb	m	83	24	45	109	112	85	−80	48	17	127	84
3	nb	f	78	7	9	69	52	12	−81	11	11	53	60
4	sx	f	73	14	14	94	106	49	−75	26	36	70	81
5	sx	m	83	15	36	66	77	32	−93	12	7	79	74
6	sb	f	77	14	25	71	81	16	−63	11	17	78	48
7	sb	m	87	13	−76	49	−69	22	−58	10	−71	48	−65
8	sz	f	77	9	21	107	39	12	−39	12	18	92	42
9	sz	f	78	5	10	61	60	26	−68	10	13	78	68
10	sz	m	72	6	9	58	62	18	24	8	11	72	68

表 3.2.1(2)　一代移民的声母塞音 VOT 值(ms)-2

编号	背景	性别	年龄	/d/1	/d/2	/k/1	/k/2	/kh/1	/kh/2	/g/1	/g/2
1	bd	m	75	12	−65	56	32	96	84	53	22
2	nb	m	83	16	−52	26	35	142	133	38	−40
3	nb	f	78	46	−51	18	22	84	71	19	−38

续 表

编号	背景	性别	年龄	/d/1	/d/2	/k/1	/k/2	/kh/1	/kh/2	/g/1	/g/2
4	sx	f	73	5	−28	16	17	126	74	/	/
5	sx	m	83	12	−62	18	34	86	98	28	−42
6	sb	f	77	21	/	29	42	101	92	19	26
7	sb	m	87	11	−76	43	−38	92	67	19	−25
8	sz	f	77	9	0	14	28	74	82	21	−33
9	sz	f	78	9	−61	15	12	101	44	17	−70
10	sz	m	72	17	21	35	36	112	80	27	29

表 3.2.2(1)　一代移民的声母塞音后接元音 30 毫秒处的 H1‑H2(dB)‑1

编号	背景	性别	年龄	/p/1	/p/2	/ph/1	/ph/2	/b/1	/b/2	/t/1	/t/2	/th/1	/th/2
1	bd	m	75	3	−3	−1	7	10	5	3	2	3	/
2	nb	m	83	−1	3	−1	−1	3	16	17	5	17	−1
3	nb	f	78	−1	−1	2	5	2	−2	11	2	11	4
4	sx	f	73	/	/	/	/	/	/	/	/	/	/
5	sx	m	83	5	−15	2	8	5	11	8	−24	8	14
6	sb	f	77	3	3	5	6	5	6	5	3	6	4
7	sb	m	87	−5	2	2	14	5	0	2	11	2	6
8	sz	f	77	−8	5	6	14	4	4	9	7	9	20
9	sz	f	78	−2	−1	3	7	2	3	5	2	5	3
10	sz	m	72	−4	−4	0	0	2	0	2	0	2	−1

表 3.2.2(2)　一代移民的声母塞音后接元音 30 毫秒处的 H1‑H2(dB)‑2

编号	背景	性别	年龄	/d/1	/d/2	/k/1	/k/2	/kh/1	/kh/2	/g/1	/g/2
1	bd	m	75	−1	6	10	−2	6	1	1	4
2	nb	m	83	−1	0	−1	1	2	2	6	6

续表

编号	背景	性别	年龄	/d/1	/d/2	/k/1	/k/2	/kh/1	/kh/2	/g/1	/g/2
3	nb	f	78	4	−1	−2	−1	−1	8	7	−1
4	sx	f	73	/	/	5	6	/	/	/	/
5	sx	m	83	7	14	7	12	13	15	6	19
6	sb	f	77	0	/	−2	−3	7	6	10	12
7	sb	m	87	−1	3	−4	−2	1	7	5	−7
8	sz	f	77	13	7	36	3	12	7	5	3
9	sz	f	78	9	26	3	1	2	7	3	0
10	sz	m	72	2	−1	−4	−4	−1	−1	2	3

表 3.2.3(1)　一代移民的声母塞音后接元音的基频(Hz)-1

编号	背景	性别	年龄	/p/1	/p/2	/ph/1	/ph/2	/b/1	/b/2	/t/1	/t/2	/th/1	/th/2
1	bd	m	75	140	178	185	146—90	111	145	122	164	181	/
2	nb	m	83	162	176	167	175	135	167	164	181	199	170—130
3	nb	f	78	137	156	146	143—122	117	128	151	/	139	163—117
4	sx	f	73	/	/	/	/	/	/	/	/	/	/
5	sx	m	83	177	180	189	196—160	154	172	/	/	187	174—146
6	sb	f	77	180	187	195	191	192	188	197	190	196	194
7	sb	m	87	120	133	149	122—105	105	117	140	118	148	140—104
8	sz	f	77	/	174	162	176	131	149	153	162	152	183
9	sz	f	78	161	173	181	160—105	116	159	154	161	180	144—131
10	sz	m	72	125—100	114	122—91	108	87	116	102	113	131—97	112

表 3.2.3(2)　一代移民的声母塞音后接元音的基频(Hz)－2

编号	背景	性别	年龄	/d/1	/d/2	/k/1	/k/2	/kh/1	/kh/2	/g/1	/g/2
1	bd	m	75	104	152	133	177	129	160	104	138
2	nb	m	83	134	165	163	177	174	178	141	166
3	nb	f	78	123	129	133	144	/	/	117	142
4	sx	f	73	/	/	172	/	/	/	/	/
5	sx	m	83	149	156	172	164	173	171	154	158
6	sb	f	77	/	/	203	192	188	187	133	166
7	sb	m	87	109	117	145	130—107	111	123	112	109
8	sz	f	77	115	138	163	169	154	160	130	149
9	sz	f	78	141	143	156	167	/	/	123	153
10	sz	m	72	92	116	116	137	126—95	121	95	112

三、一代移民声母塞音的声学数据分析

从前节展示的声学数据可以发现，声母塞音的类别是三类声学参数的综合反映，没有一种数据可以单独加以区分。下面对三类声学参数加以分析：

1. VOT 值(ms)

这是判定辅音类型的很重要的一种参数，特别是区分"带声(voiced)—不带声(unvoiced)""送气(asperated)—不送气(unasperated)"的语音特征上很有用，只是在遇到不同发声类型(phonation type)时不能加以有效区分。

(1) /p/1、/p/2、/t/1、/t/2、/k/1、/k/2 六个音位的习得

从一代移民的情况看，习得/p/1、/p/2、/t/1、/t/2、/k/1、/k/2 六个音位时，基本都是 0＜VOT＜60，与一般的不送气塞音的 VOT 特征相符。例外的情况分析如下：

本地一代(编号 1)的/p/1 的 VOT＜0,因为他的这个音位还保留

了上海乡村方言中的内爆音[ɓ]。但他的/t/1音位同其他来源地的一代移民一样，VOT＞0，说明他没有保留上海乡村方言中的内爆音[ɗ]，而是与其他来源地移民一样都是[t]了(见图3.1)。

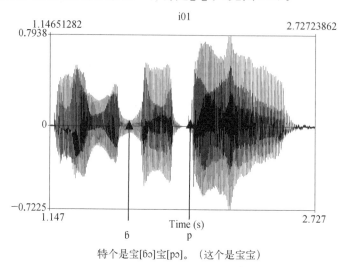

特个是宝[ɓɔ]宝[pɔ]。（这个是宝宝）

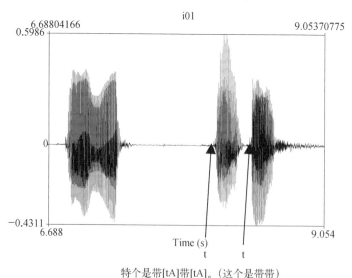

特个是带[tA]带[tA]。（这个是带带）

图3.1　一代本地(男，编号1)的/p/音位与/t/音位

有意思的还有一代苏北移民（编号7），他的/p/2、/t/2、/k/2 的VOT＜0，为什么会小于零呢？推测如下：因为官话中的塞音如赵元任指出的,其实比吴语的塞音更软,记成[b̥、d̥、g̥]更合适。在词中位置,就会直接弱化为浊音。(赵元任 1935)所以,一个苏北移民(编号 7)还保留了官话中清塞音的发音特点,较软,在词中弱化为浊音。因此他的/p/2、/t/2、/k/2 的 VOT<0(见图 3.2)。

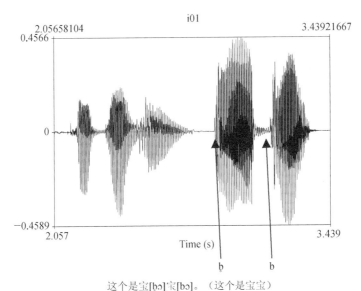

这个是宝[bɔ]宝[bɔ]。(这个是宝宝)

图 3.2　一代苏北(男,编号 7)的/p/音位

而且,这个一代苏北(编号 7)在读载体句"迭个/特个/辩个是_____"时不能使用上海城市方言的格式,只会用苏北方言的格式"这个是_____"。基本上他还是在使用母语苏北方言。所以,从这也可看出一代苏北(编号 7)并没有能习得上海城市方言的清不送气塞音的语音特征,还是在用自己母语方言。相比较,女性一代苏北(编号 6)则已习得了上海城市方言的语音特征,见图 3.3:

这个女性一代苏北(编号 6)在载体句使用时已经采用了上海城市方言的形式。

(2) /ph/1、/ph/2、/th/1、/th/2、/kh/1、/kh/2 六个音位的习得

10 个一代移民在习得这六个音位时,VOT>40。所以同相应的不送气塞音比,VOT 值不仅大于零,而且大于相应的不送气塞音。

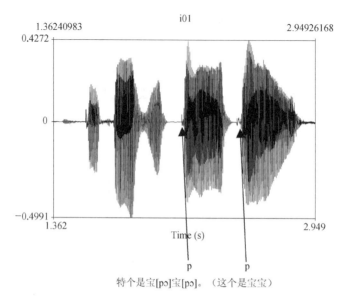

特个是宝[pɔ]宝[pɔ]。（这个是宝宝）

图 3.3　一代苏北(女,编号 6)的/p/音位

例外情况仍然来自一代苏北(编号 7)，他的/ph/2、/th/2、/kh/2 的 VOT<0。他的这三个音位从音质来说是带声的浊音，声带在成阻、持阻阶段一直在颤动。见图 3.4：

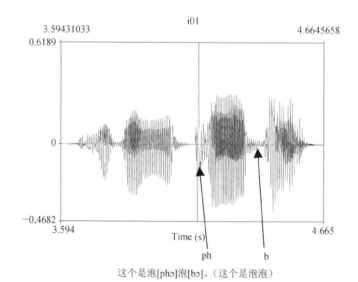

这个是泡[phɔ]泡[bɔ]。（这个是泡泡）

图 3.4　一代苏北(男,编号 7)的/ph/音位

因此,这个男性一代苏北移民在上海方言清送气塞音习得时,词中位置仍然采用了苏北方言,弱化成带声的浊辅音。

(3) /b/1、/b/2、/d/1、/d/2、/g/2、/g/2 六个音位的习得

上海城市方言的这六个音位里,/b/1、/d/1、/g/1 就是赵元任先生所谓的"清音浊流",从 VOT 值来看同/p/1、/t/1、/k/1 一样,都是大于零,小于相应的送气清音。/b/2、/d/2、/g/2 则是真浊音,即 VOT<0,在成阻、持阻段声带已经颤动了。

从 10 个一代移民的情况看,VOT 值的表现基本都符合这类塞音。连男性一代苏北也符合。除了 1 个男性一代苏州(编号 10),他的/b/2、/d/2、/g/2 的 VOT>0,说明他的在词中位置的这套塞音同词首一样,都变成了"清音浊流"的了。请看图 3.5:

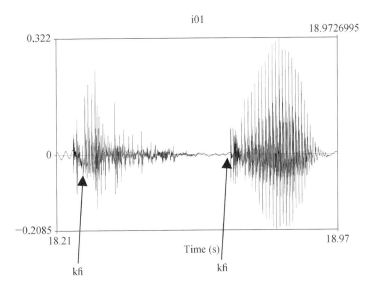

图 3.5 一代苏州(男,编号 10)的"搞[kɦɔ]搞[kɦɔ]"

比较图 3.5 和图 3.6 可明显发现,"搞搞"的第二个音节的声母辅音,男性一代苏州(编号 10)在成阻、持阻阶段声带不颤动,而女性一代苏州(编号 9)则在成阻、持阻阶段声带已经在颤动了。

除了这个男性一代苏州(编号 10),其他 9 个人的这套塞音,词首

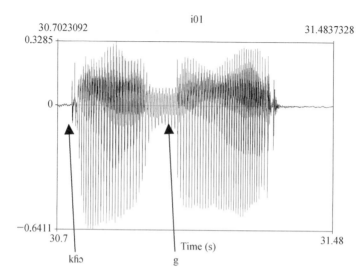

图 3.6 一代苏州(女,编号 9)的"搞[kʰɔ]搞[gɔ]"

位置和词中位置都符合上海城市方言的特征。说明这套独特的塞音的 VOT 特征,非但来自吴语区的外来移民掌握了,而且来自官话区的苏北移民也掌握了。

2. 后接元音 30 毫秒处的 H1 与 H2 的 dB 差

这个声学参量,具体指的是声母辅音后接元音 30 毫米处的功率谱上,第一谐波与第二谐波的 dB 差。

观察表 3.2.2(1)和 3.2.2(2),可以发现存在两种情况:一种是 H1-H2>0,另一种就是 H1-H2<0。根据前人研究,H1-H2<0 是正常发声态(normal voice)特征,H1-H2>0 是气声态(breathy voice)特征。

但是,通过本次研究发现,有很多情况会影响 H1-H2 的绝对数值。比如送气清音,也有很多气流从声门漏出,会造成 H1-H2>0;而且一代移民都是 70—80 岁的老年人,老人本来声门关闭不紧,很容易造成"漏气"现象。下面来看看 H1-H2 的具体表现:

(1) /p/1、/p/2、/t/1、/t/2、/k/1、/k/2 六个音位的习得

表 3.3.1　一代移民/p/1、/p/2、/t/1、/t/2、/k/1、/k/2
后接元音 30 毫秒处 H1－H2

编号	背景	性别	年龄	/p/1	/p/2	/t/1	/t/2	/k/1	/k/2
1	bd	m	75	＋	－	＋	＋	＋	－
2	nb	m	83	－	＋	＋	＋	－	＋
3	nb	f	78	＋	＋	＋	＋	－	－
4	sx	f	73	/	/	/	/	/	/
5	sx	m	83	＋	＋	＋	＋	＋	＋
6	sb	f	77	－	＋	＋	＋	＋	＋
7	sb	m	87	－	－	＋	＋	＋	＋
8	sz	f	77	－	＋	＋	＋	＋	＋
9	sz	f	76	－	－	＋	＋	＋	＋
10	sz	m	72	－	－	－	＋	－	＋

说明：bd 为"本地"；nb 为"宁波"；sx 为"绍兴"；sb 为"苏北"；sz 为"苏州"。m 为"男"；f 为"女"。"＋"表示 H1－H2＞0；"－"表示 H1－H2＜0。

由表 3.3.1 可知，从/p/1 来看，9 个发音人（10 个发音人中有 1 个无法测量）的 H1－H2 有 3 个人"＋"，6 个人"－"。正常发声态的比率为 66.7%，气声态的比率为 33.3%。

从/p/2 来看，9 个发音人（10 个发音人中有 1 个无法测量）的 H1－H2 有 5 个人"＋"，4 个人"－"。正常发声态的比率为 44.4%，气声态的比率为 55.6%。

从/t/1 来看，9 个发音人（10 个发音人中有 1 个无法测量）的 H1－H2 有 8 个人"＋"，1 个人"－"。正常发声态的比率为 11.1%，气声态的比率为 88.9%。

从/t/2 来看，9 个发音人（10 个发音人中有 1 个无法测量）的 H1－H2 全部都是"＋"，气声态的比率为 100%。

从/k/1 来看，9 个发音人（10 个发音人中有 1 个无法测量）的 H1－H2 有 4 个人"＋"，5 个人"－"。正常发声态的比率为 55.6%，气声态的比率为 44.4%。

从/k/2来看,9个发音人(10个发音人中有1个无法测量)的H1-H2有5个人"+",4个人"-"。正常发声态的比率为44.4%,气声态的比率为55.6%。

这一组正常发声态的比率为37.0%,气声态有63.0%。在这组里,不同发音部位对发声态的影响也很大,从上面分析可看出,齿龈部位的/t/1和/t/2气声态高达88.9%—100%。双唇和软腭部位的/p/1、/p/2、/k/1、/k/2的气声态只有33.3%—55.6%。

下面对同部位的送气音进行观察：

(2) /ph/1、/ph/2、/th/1、/th/2、/kh/1、/kh/2六个音位的习得

表 3.3.2　一代移民/ph/1、/ph/2、/th/1、/th/2、/kh/1、/kh/2后接元音 30 毫秒处 H1-H2

编号	背景	性别	年龄	/ph/1	/ph/2	/th/1	/th/2	/kh/1	/kh/2
1	bd	m	75	-	+	+	/	+	+
2	nb	m	83	-	-	+	-	+	+
3	nb	f	78	+	+	+	+	-	+
4	sx	f	73	/	/	/	/	/	/
5	sx	m	83	+	+	+	+	+	+
6	sb	f	77	+	+	+	+	+	+
7	sb	m	87	+	+	+	+	+	+
8	sz	f	77	+	+	+	+	+	+
9	sz	f	78	+	+	+	+	+	+
10	sz	m	72	0	0	0	-	-	-

说明：bd 为"本地"；nb 为"宁波"；sx 为"绍兴"；sb 为"苏北"；sz 为"苏州"。m 为"男"；f 为"女"。"+"表示 H1-H2>0；"-"表示 H1-H2<0。

由表 3.3.2 可知,从/ph/1 来看,9 个发音人(10 个发音人中有 1 个无法测量)的 H1-H2 有 6 个人"+",2 个人"-",1 个人"0"。H1-H2=0 也作为正常发声态处理,下同。正常发声态的比率为 33.3%,

气声态的比率为66.7%。

从/ph/2来看,9个发音人(10个发音人中有1个无法测量)的H1-H2有7个人"+",1个人"-",1个人"0"。正常发声态的比率为22.2%,气声态的比率为77.8%。

从/th/1来看,9个发音人(10个发音人中有1个无法测量)的H1-H2有8个人"+",1个人"0"。正常发声态的比率为11.1%,气声态的比率为88.9%。

从/th/2来看,8个发音人(10个发音人中有2个无法测量)的H1-H2有6个人"+",2个人"-"。正常发声态的比率为25.0%,气声态的比率为75.0%。

从/kh/1来看,9个发音人(10个发音人中有1个无法测量)的H1-H2有5个人">",4个人"<"。正常发声态的比率为44.4%,气声态的比率为55.6%。

从/kh/2来看,9个发音人(10个发音人中有1个无法测量)的H1-H2有7个人"+",2个人"-"。正常发声态的比率为22.2%,气声态的比率为77.8%。

这一组正常发声态的比率只有20.8%,气声态的比率为79.2%。与同部位的不送气塞音比,气态发声比率提高,正常发声态比率下降。因此,送气清塞音在H1-H2特征上,气流现象比同部位不送气的清塞音明显。

下面将对最为复杂的一组塞音进行观察,即观察出现在词首位置的"清音浊流"类塞音,和出现在词中位置的真浊音。详见表3.3.3:

表3.3.3 一代移民/b/1、/b/2、/d/1、/d/2、/g/1、/g/2
后接元音30毫秒处H1-H2

编号	背景	性别	年龄	/b/1	/b/2	/d/1	/d/2	/g/1	/g/2
1	bd	m	75	+	+	-	+	+	+
2	nb	m	83	+	+	-	0	+	+

续 表

编号	背景	性别	年龄	/b/1	/b/2	/d/1	/d/2	/g/1	/g/2
3	nb	f	78	＋	－	＋	－	＋	－
4	sx	f	73	／	／	／	／	／	／
5	sx	m	83	＋	＋	＋	＋	＋	＋
6	sb	f	77	＋	＋	0	／	＋	＋
7	sb	m	87	＋	0	－	＋	＋	－
8	sz	f	77	＋	＋	＋	＋	＋	＋
9	sz	f	78	＋	0	＋	＋	＋	0
10	sz	m	72	＋	＋	＋	－	＋	＋

说明：bd 为"本地"；nb 为"宁波"；sx 为"绍兴"；sb 为"苏北"；sz 为"苏州"。m 为"男"；f 为"女"。"＋"表示 H1－H2＞0；"－"表示 H1－H2＜0。

从/b/1来看,9个发音人(10个发音人中有1个无法测量)的H1-H2全部都是"＋"。正常发声态的比率为0%,气声态的比率为100%。

从/b/2来看,9个发音人(10个发音人中有1个无法测量)的H1-H2有6个人"＋",1个人"－",2个人"0"。正常发声态的比率为33.3%,气声态的比率为66.9%

从/d/1来看,9个发音人(10个发音人中有1个无法测量)的H1-H2有5个人都是"＋",3个人"－",1个人"0"。正常发声态的比率为44.4%,气声态的比率为55.6%

从/d/2来看,8个发音人(10个发音人中有2个无法测量)有5个人"＋",2个人"－",1个人"0"。正常发声态的比率为37.5%,气声态的比率为62.5%。

从/g/1来看,9个发音人(10个发音人中有1个无法测量)9个人全部是"＋",正常发声态的比率为0%,气声态的比率为100%。

从/g/2来看,9个发音人(10个发音人中有1个无法测量),有6个人"＋",2个人"－",1个人"0"。正常发声态的比率为33.3%,气声态的比率为66.7%。

这组应再分成两组：1）即位于词首的/b/1、/d/1、/g/1,赵元任先生认为的"清音浊流"；2）位于词中的/b/2、/d/2、/g/2,这是真浊音，VOT<0。

这两组在这个特征上的表现确实也是不同的：第一组/b/1、/d/1、/g/1的正常发声态的比率只有14.8%,气声态的比率为85.2%。以气声态为主。第二组/b/2、/d/2、/g/2的正常发声态的比率有34.4%,气声态的比率为65.4%。正常发声态的比率比第一组上升了，气声态的比率下降了。

对以上分析作个梳理，分成4组情况考察：1）清不送气辅音；2）清送气辅音；3）位于词首的"浊音"（清音浊流）；4）位于词中的"浊音"（真浊音,VOT<0）。归纳成表3.4：

表3.4 一代移民不同类别辅音的发声态

	清不送气	清送气	词首"浊音"	词中"浊音"
正常发声态	37.0%	20.8%	14.8%	34.4%
气声态	63.0%	79.2%	85.2%	65.4%

作图3.7可更形象展示这些辅音的发声态情况：

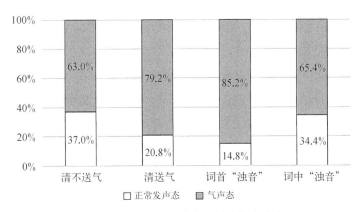

图3.7 一代移民不同类型辅音的发声态

从表 3.4 和图 3.7 可明显发现,一代移民的清不送气辅音和词中"浊音"的正常发声态的比率最高,都在 30% 以上;词首的正常发声态最低,只有 14.8%。气声态的情况则相反,清不送气和词中"浊音"的比率最低,词首"浊音"的比率最高。

以上分析可看出,虽然老年人"漏气"现象明显,但相比较而言,还是清不送气和词中"浊音"的正常发声态比率高,清送气和词首"浊音"低。气声态正好相反,清送气和词首"浊音"比率高。两者比较,词首"浊音"最高。可以说,一代移民基本习得了这三套塞音的发声态特征。

3. 后接元音的音高特征

所调查的语言材料的连读变调,《上海市区方言志》(许宝华、汤珍珠 1988)记为"33+44"或"22+44",即只有"平"的调形,而无拱度的"升、降"等调形。因此,对辅音后接元音基频采样时,就取稳定段的基频均值。作对比时,将 /p/1 的基频均值作为"M"(中),然后与之比较,与它相近的仍为"M",远高于它的为"H"(高),远低于它的为"L"(低)。这样,在上海方言里,含"/p/1＋/p/2""/ph/1＋/ph/2""/t/1＋/t/2""/th/1＋/th/2""/k/1＋/k/2""/kh/1＋/kh/2"组合的两音节音高特征应该是"M＋H"含"/b/1＋/b/2""/d/1＋/d/2""/g/1＋/g/2"组合的两音节音高特征应该是"L+H/M"。所以,归纳起来,前音节如果是正常发声态的,如"/p/1、/t/1、/k/1"的都是"M";前音节如果是气声态的,如"/b/1、/d/1、/g/1"的都是"L"。后音节则都是"H"或"M"。

有的也有例外,像"泡泡"这个语料,应该是"33+44",但有很多发音人(编号 1、3、5、7、9)发成了"55+21"。还有"太太",也应该是"33+44",但有很多人(编号 2、3、5、7)发成了"55+21"。碰到这样的情况,第一个音节没问题,第二个音节有拱度,那第二个音节就以开头和结尾的基频为依据,标记成两个特征值。这样"/ph/1＋/ph/2、/th/1＋/th/2"组合的音高特征可有两种:"M+H"或"H+ML"。

将以上陈述归纳成表 3.5:

表 3.5　上海城市方言各类组合的音高特征

组合	音高特征
/p/1+/p/2、/ph/1+/ph/2①、/t/1+/t/2、/th/1+/th/2①、/k/1+/k/2、/kh/1+/kh/2	M+H
/ph/1+/ph/2②、/th/1+/th/2②	H+ML
/b/1+/b/2、/d/1+/d/2、/g/1+/g/2	L+H/M

有 1 个苏州移民(编号 8),由于她的/p/1 基频采样失败,取她的/t/1 基频为"M"。还有 1 个苏州移民(编号 10),很多语料仍然使用了苏州话的连调模式。如"宝宝""泡泡""太太""考考"都采用了苏州的"52+11",只能以他的/p/1 的基频的均值作为"M"(中),然后与这个均值作比较。

根据以上设定,将表 3.2.3(1)和表 3.2.3(2)标记成表 3.6(1)和表 3.6(2)以作分析:

表 3.6(1)　一代移民声母塞音后接元音的音高特征-1

编号	背景	性别	年龄	/p/1	/p/2	/ph/1	/ph/2	/b/1	/b/2	/t/1	/t/2	/th/1	/th/2
1	bd	m	75	M	H	H	ML	L	M	M	H	H	/
2	nb	m	83	M	H	M	H	L	M	M	H	H	ML
3	nb	f	78	M	H	M	ML	L	M	M	/	M	HL
4	sx	f	73	/	/	/	/	/	/	/	/	/	/
5	sx	m	83	M	H	M	HL	L	M	M	/	H	ML
6	sb	f	77	M	M	M	M	M	M	M	M	M	M
7	sb	m	87	M	H	M	ML	L	M	M	M	M	HL
8	sz	f	77	/	H	M	H	M	M	M	H	M	H
9	sz	f	78	M	H	M	ML	L	M	M	M	M	ML
10	sz	m	72	HL	M	HL	M	L	M	M	M	HL	M

表 3.6(2)　一代移民声母塞音后接元音的音高特征-2

编号	背景	性别	年龄	/d/1	/d/2	/k/1	/k/2	/kh/1	/kh/2	/g/1	/g/2
1	bd	m	75	L	M	M	H	M	H	L	M
2	nb	m	83	L	M	M	H	M	H	L	M
3	nb	f	78	L	M	M	H	/	/	L	M
4	sx	f	73	/	/	/	/	/	/	/	/
5	sx	m	83	L	L	M	M	M	M	L	L
6	sb	f	77	/	/	H	M	M	M	L	L
7	sb	m	87	L	H	HL	M	L	M	L	L
8	sz	f	77	L	L	M	H	M	M	L	L
9	sz	f	78	L	L	M	M	/	/	L	M
10	sz	m	72	L	M	M	H	HL	H	L	M

(1) /p/1、/p/2、/t/1、/t/2、/k/1、/k/2 六个音位后接元音音高的习得

从 /p/1 后接元音音高来看,8 个发音人(10 个发音人中有 2 个无法测量)7 个都是"M";只有 1 个苏州移民(编号 10)是"HL",因为他还保留了苏州话里的连调特征。说明几乎所有人都习得了上海方言的这个后接元音的音高特征,习得率为 87.5%。

从 /p/2 后接元音音高来看,9 个发音人(10 个发音人中有 1 个无法测量)有 6 个都是"H",习得正确。3 个是"M",他们是 1 个绍兴移民(编号 5)、1 个苏北移民(编号 6)、1 个苏州移民(编号 10)。原因还是由于他们都保留了自己母方言的声调或连调特征。这个音位的后接元音音高特征习得率为 66.7%。

从 /t/1 后接元音音高来看,8 个发音人(10 个发音人中有 2 个无法测量)有 6 个都是"M",只有 1 个宁波移民(编号 3)和 1 个苏北移民(编号 7)是"H"。这个音位的后接元音音高特征习得率为 75.0%。

从 /t/2 后接元音音高来看,7 个发音人(10 个发音人中有 3 个无

法测量)有3个是"H",有4个是"M"。习得错误的是2个苏北移民(编号6、7)和2个苏州移民(编号9、10),都为"M"。这个音位的后接元音音高特征习得率为42.9%。

从/k/1后接元音音高来看,9个发音人(10个发音人中有1个无法测量)7个都是"M",只有2个苏北移民(编号6、7)为"H"。这个音位的后接元音音高特征习得率为77.8%。

从/k/2后接元音音高来看,9个发音人(10个发音人中有1个无法测量)5个都是"H"。习得错误的有3个是"M",他们是1个绍兴移民(编号5)、1个苏北移民(编号6)、1个苏州移民(编号9)。习得错误的还有1个苏北移民(编号7),他的音高特征为"HL"。这个音位的后接元音音高特征习得率为55.6%。

(2) /ph/1、/ph/2、/th/1、/th/2、/kh/1、/kh/2六个音位后接元音音高的习得

从/ph/1后接元音音高来看,9个发音人(10个发音人中有1个无法测量)4个是"M",4个是"H",习得错误的1个苏州移民(编号10)是"HL"。前面已论述过,上海方言里"泡泡"可有两种变调模式,所以/ph/1后接元音音高特征"M"和"H"都可以,这个音位的后接元音音高特征习得率为88.9%。

从/ph/2后接元音音高来看,9个发音人(10个发音人中有1个无法测量)2个是"H",4个"ML"。习得错误的1个绍兴移民(编号5)是"HL",还有1个苏州移民(编号10)是"M"。因此,这个音位的后接元音音高特征习得率为66.7%。

从/th/1后接元音音高来看,9个发音人(10个发音人中有1个无法测量)3个是"M",5个是"H"。习得错误的只有1个苏州移民(编号10)是"HL"。前面已论述过,上海方言里"太太"可有两种变调模式,所以/th/1后接元音音高特征"M"和"H"都可以,这个音位的后接元音音高特征习得率为88.9%。

从/th/2后接元音音高来看,8个发音人(10个发音人中有2个无法测量)只有1个"H",3个"ML"。习得错误的1个宁波移民(编号

3)和 1 个苏北移民(编号 7),都是"HL",还有 1 个苏北移民(编号 6)和 1 个苏州移民(编号 10)则是"M"。这个音位的后接元音音高特征习得率为 50.0%。

从/kh/1 后接元音音高来看,7 个发音人(10 个发音人中有 3 个无法测量)5 个是"M",习得错误的 1 个苏北移民(编号 7)是"L",1 个苏州移民(编号 10)是"HL"。这个音位的后接元音音高特征习得率为 71.4%。

从/kh/2 后接元音音高来看,7 个发音人(10 个发音人中有 3 个无法测量)3 个是"H",习得错误的是 1 个绍兴移民(编号 5)、2 个苏北移民(编号 6、7)、1 个苏州移民(编号 8),他们音高特征都是"M"。这个音位的后接元音音高特征习得率为 42.9%。

(3) /b/1、/b/2、/d/1、/d/2、/g/1、/g/2 六个音位后接元音音高的习得

从/b/1 后接元音音高来看,9 个发音人(10 个发音人中有 1 个无法测量)全部是"L",这个音位的后接元音音高特征习得率为 100%。

从/b/2 后接元音音高来看,9 个发音人(10 个发音人中有 1 个无法测量)全部是"M",这个音位的后接元音音高特征习得率为 100%。

从/d/1 后接元音音高来看,8 个发音人(10 个发音人中有 2 个无法测量)全部是"L",这个音位的后接元音音高特征习得率为 100%。

从/d/2 后接元音音高来看,8 个发音人(10 个发音人中有 2 个无法测量)5 个为"M",习得错误的 1 个绍兴移民(编号 5)、2 个苏州移民(编号 8、9),都是"L",这个音位的后接元音音高特征习得率为 62.5%。

从/g/1 后接元音音高来看,9 个发音人(10 个发音人中有 1 个无法测量)全部是"L",这个音位的后接元音音高特征习得率为 100%。

从/g/2 后接元音音高来看,9 个发音人(10 个发音人中有 1 个无法测量)6 个为"M",习得错误的 1 个绍兴移民(编号 5)、2 个苏北移民(编号 6、7),都是"L",这个音位的后接元音音高特征习得率为 66.7%。

四、一代移民三套声母塞音习得分析

1. 各地一代移民三套塞音 VOT 值习得的分析

(1) 一代本地

/p/1 音位 VOT<0,仍然保留上海乡村方言的形式,读成内爆音[ɓ]。/g/2 音位 VOT>0,读成了清塞音。

(2) 一代宁波

2 位一代宁波移民,所有的 18 个音位 VOT 值都符合上海城市方言的特征。

(3) 一代绍兴

2 位一代绍兴移民,所有的 18 个音位 VOT 值也都符合上海方言的特征。

(4) 一代苏北

2 位苏北移民情况不尽相同,编号 6 是位女性苏北移民,她的 18 个音位 VOT 值基本符合上海方言的特征,只有/g/2 音位的 VOT>0,不是个真浊音。

编号 7 是位男性苏北移民,他基本保留了苏北官话方言的语音特征,塞音发音较软,记成[b̥、d̥、g̊]更合适。在词中位置,就会直接弱化为浊音。而且,他的/ph/2、/th/2、/kh/2 的 VOT<0。这三个音位从音质来说是带声的浊音,声带在成阻、持阻阶段一直在颤动,气感也不强。不过,他的/b/1、/b/2、/d/1、/d/2、/g/1、/g/2 六个音位的 VOT 值倒是完全符合上海方言的特征。因此,这位男性一代苏北移民没能习得上海方言清不送气塞音和清送气塞音的 VOT 特征,但第三套"浊"塞音的 VOT 特征,无论在词首还是在词中倒都习得了。

(5) 一代苏州

3 位一代苏州移民,2 位女性移民的 18 个音位的 VOT 值都符合上海城市方言的特征。1 位男性苏州移民在第三套塞音处于词中位置时,即/b/2、/d/2、/g/2 的 VOT>0,都变成了清不送气塞音。

从以上分析可看出:浙江来的一代移民在习得上海方言的三套

塞音的VOT特征时最没有问题;一代本地人容易出现的问题是保留内爆音;一代苏州移民,特别是男性,塞音的VOT特征更趋新潮,位于词中的第三套塞音失去"带声"特征,也可能他年纪比较年轻点。一代苏北移民,女性基本习得了上海方言塞音的VOT特征,男性清不送气塞音和清送气塞音都没有习得,但是第三套"浊"塞音的发音方法无论在词首位置,还是词中位置,他都习得了。

2. 各地一代移民第三套塞音发声态习得分析(后接元音30毫秒处的H1－H2特征)

前文已有论述,老年人发声时常有"漏气"现象,后接元音30毫秒处的H1－H2值对于观察老年发音人的发声态虽然不是一个很好的声学参数,但各类不同辅音对照起来,还是能看出各类不同的特征。

下面将着重分析各地移民在习得上海方言的第三套塞音,即词首为"清音浊流",词中为真浊音的后接元音30毫秒处H1－H2的情况。

(1) 一代本地

位于词首位置的/b/1、/g/1为气声态,而/d/1为正常发声态。位于词中的/b/2、/d/2、/g/2都是气声态。

(2) 一代宁波

一代男性宁波移民(编号2)的/b/1、/g/1为气声态,而/d/1为正常发声态。位于词中的/d/2是正常发声态,/b/2、/g/2则是气声态。

女性(编号3)的词首的/b/1、/d/1和/g/1都是气声态。/b/2、/d/2、/g/2都是正常发声态。完全符合上海城市方言的特征。

(3) 一代绍兴

2个绍兴移民,女性(编号4)由于发声时"漏气"得太厉害,H1－H2取值都无效,因此此处只对男性(编号5)进行分析。男性发音人的词首、词中的/b/1、/d/1、/g/1、/b/2、/d/2、/g/2都是气声态。

(4) 一代苏北

一代苏北女性(编号6)词首的/d/1是正常发声态,/b/1、/g/1是气声态;词中的/b/2、/g/2也是气声态,/d/2取值无效。

一代苏北男性(编号7)词首的/d/1是正常发声态,/b/1、/g/1是气声态;词中的/b/2、/g/2是正常声态,/d/2是气声态。

(5) 一代苏州

一代苏州女性(编号8)与一代绍兴男性(编号5)一样,词首、词中的/b/1、/d/1、/g/1、/b/2、/d/2、/g/2都是气声态。

另一位一代苏州女性(编号9)词首的/b/1、/d/1、/g/1都是气声态;位于词中的/b/2、/g/2是正常声态,/d/2是气声态。

一代苏州男性(编号10)词首的/b/1、/d/1、/g/1也都是气声态;位于词中的/b/2、/g/2是气声态,/d/2是正常声态。

不同来源地的差异性在这个特征上有如下表现:本地人、苏州移民,还有绍兴移民的这套塞音,无论词首还是词中,基本都是气声态。有1个来自宁波的女性移民则能完全符合上海方言的这个声学特征,即位于词首是气声态,位于词中是正常发声态。来自苏北的两位移民的这个特征分布就显得比较杂乱,词首、词中都是既有气声态,又有正常发声态。

3. 各地一代移民三套塞音后接元音音高习得分析

将表3.6与表3.5对比,可发现各地一代移民习得上海方言这一语音特征的情况。

(1) 一代本地

表3.6里一代本地发音人(编号1)的这一语音特征与表3.5完全相符。因此,他习得了全部上海方言塞音后接元音的音高特征。

(2) 一代宁波

表3.6里男性一代宁波移民(编号2)的音高特征与表3.5完全相符。因此,他习得了全部上海方言塞音后接元音的音高特征。

表3.6里女性一代宁波移民(编号3)的/ph/1+/ph/2后接元音的音高特征是"M+ML",/th/1+/th/2的音高特征是"M+HL",与表3.4不符,其他组合的音高特征则都符合,9个组合(1个组合为"无效"值)2个不符,所以她习得了大部分上海方言塞音后接元音的音高特征。

(3) 一代绍兴

表3.6里男性一代绍兴移民(编号5)的/p/1+/p/2、/k/1+

/k/1+/k/2、/kh/1+/kh/2 的后接元音的音高特征是"M+M",/ph/1+/ph/2是"H+HL",/d/1+/d/2、/g/1+/g/2是"L+L",都与表3.4不符。9个组合里(1个组合为"无效"值)6个不符,说明这个绍兴一代移民基本没有习得上海方言塞音后接元音的音高特征,基本上还是在用母语绍兴话的连调模型。

(4) 一代苏北

表3.6里女性一代苏北移民(编号6)的/p/1+/p/2、/ph/1+/ph/2、/t/1+/t/2、/th/1+/th/2、/kh/1+/kh/2、/b/1+/b/2的后接元音音高特征都是"M+M",/k/1+/k/2是"H+M",/g/1+/g/2是"L+L",都与表3.4不符,9个组合里(1个组合为"无效"值)8个不符,所以她完全没有习得上海方言塞音后接元音的音高特征,而且显得很杂乱。

表3.6里男性一代苏北移民(编号7)的/t/1+/t/2后接元音音高特征是"H+M",/th/1+/th/2、/k/1+/k/2是"H+HL",/kh/1+/kh/2是"L+M",/g/1+/g/2是"L+L",9个组合里5个不符,所以他习得了一部分上海塞音后接元音的音高特征。

(5) 一代苏州

表3.6里第一位女性苏州移民(编号8)的/d/1+/d/2的后接元音音高特征是"L+L",/kh/1+/kh/2是"M+M",9个组合里2个不符,因此她习得了大部分上海方言塞音后接元音的音高特征。

第二位女性苏州移民(编号9)的/t/1+/t/2、/k/1+/k/2的后接元音音高特征是"M+M",/d/1+/d/2是"L+L",9个组合(1个组合为"无效"值)里3个不符,因此她习得了一部分上海塞音后接元音的音高特征。

男性苏州移民(编号10)的/p/1+/p/2、/ph/1+/ph/2、/th/1+/th/2的后接元音音高特征都是"HL+M",/t/1+/t/2是"M+M",/kh/1+/kh/2是"HL+H",9个组合里6个不符,符合的倒是第三套塞音的组合,即/b/1+/b/2、/d/1+/d/2、/g/1+/g/2都符合。因此,他习得了小部分上海方言的塞音后接元音的音高特征。

下面将以上表述整理成表3.7:

表 3.7　一代移民三类塞音后接元音音高特征的习得

编号	背景	性别	/p/1+/p/2	/ph/1+/ph/2	/b/1+/b/2	/t/1+/t/2	/th/1+/th/2	/d/1+/d/2	/k/1+/k/2	/kh/1+/kh/2	/g/1+/g/2	习得率
1	bd	m	＋	＋	＋	＋	＋	＋	＋	＋	＋	100%
2	nb	m	＋	＋	＋	＋	＋	＋	＋	＋	＋	100%
3	nb	f	－	＋	＋	＋	＋	＋	＋	n	＋	75.0%
4	sx	f	n	n	n	n	n	n	n	n	n	n
5	sx	m	－	－	＋	－	＋	－	－	－	－	25.0%
6	sb	f	－	－	－	－	－	－	－	－	－	0
7	sb	m	＋	＋	－	－	－	＋	－	－	＋	44.4%
8	sz	f	＋	＋	－	＋	＋	＋	＋	－	＋	77.8%
9	sz	f	＋	＋	＋	＋	＋	＋	－	n	＋	62.5%
10	sz	m	－	－	＋	－	－	＋	－	－	＋	33.3%

说明：bd 为"本地"；nb 为"宁波"；sx 为"绍兴"；sb 为"苏北"；sz 为"苏州"。m 为"男"；f 为"女"。"＋"表述习得了，"－"表述未习得，"n"表示无效值。

根据表3.7可作图3.8，可进一步形象展示各地一代移民的上海方言塞音后接元音音高特征的习得情况：

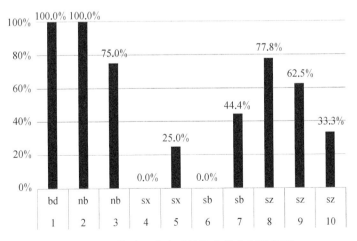

图 3.8　一代移民塞音后接元音的音高习得率

从表3.7和图3.8可看出,一代本地和一代宁波的塞音后接元音音高的习得率最高,75%—100%;一代苏州其次,33.3%—77.8%;绍兴、苏北都低于50%。

第三节 二代移民的声母塞音

一、二代移民声母塞音的声学数据采样

34个二代移民有着五种不同的家庭移民背景,对他们的声母塞音也作与一代移民相同的声学实验,测量上文里的3个声学参数,所得的实验数据见表3.8.1—表3.8.3。

表格统一说明如下:bd为"本地";nb为"宁波";sx为"绍兴";sb为"苏北";sz为"苏州"。m为"男";f为"女"。/p/1代表位于词首位置的音节含有的/p/音位,如"宝宝"中的第一个音节的声母辅音;/p/2代表位于词中位置的音节含有的/p/音位,如"宝宝"中的第二个音节的声母辅音;其他音位照此法标记。

表 3.8.1(1)　二代移民的声母塞音 VOT 值(ms)-1

编号	背景	性别	年龄	/p/1	/p/2	/ph/1	/ph/2	/b/1	/b/2	/t/1	/t/2	/th/1	/th/2
1	bd	m	69	14	12	79	97	21	−101	10	14	96	75
2	bd	f	67	16	26	61	74	12	−68	16	18	59	39
3	bd	f	63	10	22	106	115	14	20	17	19	99	115
4	bd	f	62	16	23	95	93	19	17	15	18	74	66
5	bd	m	60	19	21	58	34	19	−63	19	24	52	53
6	bd	f	52	12	19	77	46	15	−65	23	14	111	79
7	nb	m	79	9	10	78	44	20	−72	9	8	96	80

续 表

编号	背景	性别	年龄	/p/1	/p/2	/ph/1	/ph/2	/b/1	/b/2	/t/1	/t/2	/th/1	/th/2
8	nb	m	79	15	16	78	82	24	−94	16	16	80	79
9	nb	m	74	12	13	87	100	0	−101	13	23	78	35
10	nb	f	73	19	26	66	86	25	19	20	12	91	40
11	nb	f	71	18	18	115	83	20	−56	19	15	46	64
12	nb	m	68	19	22	97	65	26	−62	28	0	103	92
13	nb	f	62	10	9	95	104	14	−55	14	15	93	72
14	nb	f	58	14	20	96	95	18	−55	18	12	85	79
15	nb	m	57	10	17	82	92	23	−72	13	13	120	84
16	nb	f	54	8	21	78	109	12	17	9	10	131	51
17	nb	m	52	16	19	67	70	33	−72	14	20	42	43
18	sx	f	64	10	22	58	64	14	−60	9	15	72	84
19	sx	m	63	15	12	60	53	6	−49	23	15	54	43
20	sx	f	59	11	32	108	129	19	9	12	21	117	116
21	sb	f	72	28	37	73	86	34	−50	14	12	110	101
22	sb	m	71	18	11	117	94	16	−65	20	23	122	96
23	sb	f	63	13	16	88	55	9	−40	11	12	91	38
24	sb	m	62	11	20	68	56	13	−50	14	12	106	43
25	sb	m	58	25	18	85	66	−14	−42	19	18	107	82
26	sb	f	56	15	22	78	70	14	−63	14	18	75	50
27	sb	f	54	10	15	89	84	13	−32	11	12	102	94
28	sb	m	52	13	16	93	62	12	15	11	15	107	53
29	sb	f	52	13	22	100	90	15	36	14	16	96	77
30	sz	f	72	16	15	53	84	14	16	20	15	109	84
31	sz	m	71	10	21	60	54	14	−89	15	9	70	41

续　表

编号	背景	性别	年龄	/p/1	/p/2	/ph/1	/ph/2	/b/1	/b/2	/t/1	/t/2	/th/1	/th/2
32	sz	f	70	24	19	91	75	20	−95	17	12	96	75
33	sz	f	59	23	19	57	78	29	−45	19	18	23	84
34	sz	m	51	12	13	57	56	26	−50	11	12	59	65

表 3.8.1(2)　二代移民的声母塞音 VOT 值(ms)- 2

编号	背景	性别	年龄	/d/1	/d/2	/k/1	/k/2	/kh/1	/kh/2	/g/1	/g/2
1	bd	m	69	22	−72	23	23	89	110	23	−41
2	bd	f	67	13	−59	25	35	97	88	27	−29
3	bd	f	63	22	22	22	27	118	120	25	22
4	bd	f	62	20	12	41	46	126	94	68	22
5	bd	m	60	16	−52	41	39	91	64	41	−33
6	bd	f	52	15	22	26	32	109	103	23	26
7	nb	m	79	11	−56	22	17	100	70	18	−64
8	nb	m	79	23	−77	35	17	103	84	24	−92
9	nb	m	74	35	19	34	23	123	127	−97	−88
10	nb	f	73	13	−70	44	30	123	93	59	28
11	nb	f	71	25	−53	32	43	135	79	34	−63
12	nb	f	68	19	−32	21	42	165	77	25	−50
13	nb	f	62	25	−41	36	33	106	105	30	−78
14	nb	f	58	27	−30	38	38	88	92	38	−57
15	nb	m	57	17	−36	29	22	124	91	35	17
16	nb	f	54	16	19	32	38	106	120	37	45
17	nb	m	52	25	−62	35	28	83	66	42	−69
18	sx	f	64	15	−41	14	31	86	108	34	−83

续 表

编号	背景	性别	年龄	/d/1	/d/2	/k/1	/k/2	/kh/1	/kh/2	/g/1	/g/2
19	sx	m	63	30	0	41	21	113	78	34	0
20	sx	f	59	17	13	34	39	157	116	81	50
21	sb	f	72	16	−49	28	23	105	100	28	0
22	sb	m	71	16	−53	23	13	200	120	20	−76
23	sb	f	63	10	−57	23	16	96	55	24	−61
24	sb	m	62	12	−38	27	100	78	73	18	16
25	sb	m	58	18	−40	10	17	107	84	20	−60
26	sb	f	56	10	−57	29	34	92	101	27	−59
27	sb	f	54	8	−72	42	43	55	79	32	−74
28	sb	m	52	13	−35	23	34	101	122	40	−64
29	sb	f	52	13	14	24	21	109	86	21	36
30	sz	f	72	17	−50	15	21	129	82	15	−57
31	sz	m	71	12	−55	42	34	137	77	35	−63
32	sz	f	70	15	−62	43	47	132	97	38	49
33	sz	f	59	17	−51	36	36	72	54	40	−44
34	sz	m	51	16	−38	23	34	70	67	29	−64

表 3.8.2(1)　二代移民的声母塞音后接元音 30 毫秒处的 H1 - H2 (dB) - 1

编号	背景	性别	年龄	/p/1	/p/2	/ph/1	/ph/2	/b/1	/b/2	/t/1	/t/2	/th/1	/th/2
1	bd	m	69	−5	−3	−2	0	−7	−3	−3	−3	2	−5
2	bd	f	67	0	1	4	6	5	5	7	6	8	15
3	bd	f	63	5	8	10	11	12	5	11	11	11	15
4	bd	f	62	−4	−5	3	−1	−3	−1	−3	−2	5	0
5	bd	m	60	1	2	4	6	1	4	2	3	6	7

续　表

编号	背景	性别	年龄	/p/1	/p/2	/ph/1	/ph/2	/b/1	/b/2	/t/1	/t/2	/th/1	/th/2
6	bd	f	52	−1	−1	6	14	2	2	4	7	8	14
7	nb	m	79	−3	−3	0	−2	−2	−1	−1	−1	3	−1
8	nb	m	79	6	4	6	5	20	9	9	8	9	9
9	nb	m	74	−4	−5	1	2	1	0	3	2	5	13
10	nb	f	73	−1	−1	7	1	−3	0	2	1	7	19
11	nb	f	71	3	2	11	5	9	6	9	10	15	14
12	nb	m	68	3	4	5	8	5	7	4	3	7	12
13	nb	f	62	4	1	10	11	6	7	5	6	14	14
14	nb	f	58	3	2	2	4	4	2	7	12	10	8
15	nb	m	57	−1	−1	1	1	−1	−1	1	1	3	3
16	nb	f	54	0	0	5	5	3	6	5	4	7	12
17	nb	m	52	0	−1	1	3	−4	−1	−2	−1	4	3
18	sx	f	64	−10	−10	0	0	2	−2	2	3	6	4
19	sx	m	63	−4	−4	8	1	−1	−2	−3	−1	1	12
20	sx	f	59	0	2	5	6	2	0	6	8	8	1
21	sb	f	72	−1	−1	0	2	3	1	5	6	11	7
22	sb	m	71	−2	−1	1	1	0	1	1	1	5	2
23	sb	f	63	7	−2	1	11	0	0	6	4	14	13
24	sb	m	62	−1	−1	0	0	−2	−1	0	−1	−1	3
25	sb	m	58	1	4	2	6	−2	−2	−1	−2	0	−1
26	sb	f	56	5	1	5	2	6	5	8	8	10	13
27	sb	f	54	4	−16	6	8	6	5	11	9	14	12
28	sb	m	52	0	3	5	8	1	6	3	6	6	9
29	sb	f	52	0	0	2	3	1	5	4	5	6	6

续 表

编号	背景	性别	年龄	/p/1	/p/2	/ph/1	/ph/2	/b/1	/b/2	/t/1	/t/2	/th/1	/th/2
30	sz	f	72	−1	−3	8	4	0	1	6	8	13	8
31	sz	m	71	−3	1	1	−1	2	2	2	1	6	17
32	sz	f	70	−7	−4	1	1	3	3	5	5	7	7
33	sz	f	59	6	−10	6	8	5	7	8	10	19	2
34	sz	m	51	1	−1	2	4	−1	−4	0	2	1	2

表 3.8.2(2)　二代移民的声母塞音后接元音 30 毫秒处的 $H_1 - H_2$ (dB)-2

编号	背景	性别	年龄	/d/1	/d/2	/k/1	/k/2	/kh/1	/kh/2	/g/1	/g/2
1	bd	m	69	−4	0	−4	−4	−2	0	−7	−5
2	bd	f	67	11	8	0	0	6	6	4	4
3	bd	f	63	10	6	5	8	5	8	7	2
4	bd	f	62	0	1	−4	−5	−3	0	1	0
5	bd	m	60	5	6	3	4	2	6	5	6
6	bd	f	52	3	18	1	3	3	3	2	5
7	nb	m	79	4	0	−3	−3	−1	1	0	−2
8	nb	m	79	12	10	5	4	10	4	23	8
9	nb	m	74	3	1	−3	−2	2	3	−1	0
10	nb	f	73	−1	0	−1	0	2	4	−2	/
11	nb	f	71	26	9	−4	−2	5	10	10	5
12	nb	m	68	1	12	2	2	12	9	5	6
13	nb	f	62	7	10	5	4	8	9	4	4
14	nb	f	58	11	8	−2	1	5	4	3	2
15	nb	m	57	0	0	−1	0	0	1	3	−1
16	nb	f	54	12	9	1	2	4	6	2	4

续 表

编号	背景	性别	年龄	/d/1	/d/2	/k/1	/k/2	/kh/1	/kh/2	/g/1	/g/2
17	nb	m	52	−3	0	−4	−2	−2	0	−5	−2
18	sx	f	64	6	5	−6	−8	−4	2	2	1
19	sx	m	63	−1	0	−3	−3	0	−1	−2	−2
20	sx	f	59	3	4	−2	0	2	2	2	2
21	sb	f	72	6	4	1	1	3	6	3	2
22	sb	m	71	2	1	1	2	3	3	0	0
23	sb	f	63	3	1	−3	−8	1	4	−1	−2
24	sb	m	62	0	0	−1	0	0	0	−2	−1
25	sb	m	58	0	−1	−1	−3	2	1	0	−3
26	sb	f	56	9	8	0	−2	5	4	4	3
27	sb	f	54	10	9	0	5	28	7	5	6
28	sb	m	52	0	4	1	3	5	5	1	5
29	sb	f	52	12	15	−2	0	3	2	1	0
30	sz	f	72	7	4	−1	−2	1	6	0	3
31	sz	m	71	4	10	−1	4	5	5	6	13
32	sz	f	70	8	14	0	0	0	2	2	4
33	sz	f	59	7	9	3	5	5	8	2	4
34	sz	m	51	5	0	2	2	0	4	1	−2

表 3.8.3(1)　二代移民的声母塞音后接元音的基频(Hz)-1

编号	背景	性别	年龄	/p/1	/p/2	/ph/1	/ph/2	/b/1	/b/2	/t/1	/t/2	/th/1	/th/2
1	bd	m	69	132	150	186	107—77	96	140	125	137	169	113—76
2	bd	f	67	186	181	210	165—115	120	151	184	191	220	172—111

续 表

编号	背景	性别	年龄	/p/1	/p/2	/ph/1	/ph/2	/b/1	/b/2	/t/1	/t/2	/th/1	/th/2
3	bd	f	63	158	198	177	198	131	162	172	225	259	231—122
4	bd	f	62	155	170	187	143—92	118	134	148	170	179	142—96
5	bd	m	60	105	114	128	115	89	110	108	111	125	103—79
6	bd	f	52	192	198	185	196	150	174	187	193	175	195
7	nb	m	79	121	133	150	160—116	101	140	128	142	160	109—82
8	nb	m	79	144	164	149	165	121	160	148	164	143	158
9	nb	m	74	168	178	156	173	116	149	139	153	158	161
10	nb	f	73	168	166	158	163	109	160	158	163	181	163—138
11	nb	f	71	186	197	194	193	139	176	194	198	242	188—110
12	nb	m	68	104	115	111	105	82	116	111	121	114	129
13	nb	f	62	200	210	195	206	162	170	191	208	200	212
14	nb	f	58	181	187	238	181—125	127	158	184	197	233	166—139
15	nb	m	57	122	141	121	144	81	118	128	144	122	142
16	nb	f	54	188	189	172	174	67	150	178	184	156	160
17	nb	m	52	103	106	113	90—53	70	91	92	102	106	107—68
18	sx	f	64	221	234	250	223—126	155	207	217	236	318	209—127
19	sx	m	63	97	101	86	92	72	87	88	94	83	86
20	sx	f	59	182	200	218	168—52	125	164	83	91	212	/
21	sb	f	72	164	169	210	177—109	127	151	176	198	218	173—102

续 表

编号	背景	性别	年龄	/p/1	/p/2	/ph/1	/ph/2	/b/1	/b/2	/t/1	/t/2	/th/1	/th/2
22	sb	m	71	117	125	121	109—54	70	97	105	109	96	108
23	sb	f	63	188	227	262	189—158	137	200	203	250	310	233—158
24	sb	m	62	122	127	120	126	90	120	113	118	107	119
25	sb	m	58	138	157	132	144	99	125	135	149	134	150
26	sb	f	56	202	223	220	225	164	194	210	221	212	230
27	sb	f	54	188	217	197	217	141	172	207	224	236	237
28	sb	m	52	100	116	115	135	70	112	116	129	121	139
29	sb	f	52	159	168	153	164	126	153	179	180	171	167
30	sz	f	72	186	199	275	175—90	118	176	207	228	249	181—140
31	sz	m	71	122	123	126	91	93	113	113	115	128	100
32	sz	f	70	184	186	182	185	143	160	177	182	186	184
33	sz	f	59	153	159	194	160—132	141	150	162	154	183	71—53
34	sz	m	51	110	119	100	118	76	93	95	119	88	104

表 3.8.3(2) 二代移民的声母塞音后接元音的基频(Hz)- 2

编号	背景	性别	年龄	/d/1	/d/2	/k/1	/k/2	/kh/1	/kh/2	/g/1	/g/2
1	bd	m	69	87	124	138	169	135	185	96	135
2	bd	f	67	121	160	181	190	179	192	121	161
3	bd	f	63	124	158	180	216	166	217	127	178
4	bd	f	62	111	140	157	168	157	175	108	124
5	bd	m	60	89	104	117	136	108	130	95	119
6	bd	f	52	123	181	184	194	179	197	137	171
7	nb	m	79	98	125	141	154	137	145	106	136

续 表

编号	背景	性别	年龄	/d/1	/d/2	/k/1	/k/2	/kh/1	/kh/2	/g/1	/g/2
8	nb	m	79	116	160	150	167	149	162	114	182
9	nb	m	74	120	143	177	185	166	181	130	162
10	nb	f	73	85	147	169	174	153	150	83	90
11	nb	f	71	144	166	226	235—171	216	164	134	190
12	nb	m	68	94	128	120	136	113	136	93	127
13	nb	f	62	189	204	186	201	194	228	158	216
14	nb	f	58	125	157	225	176	181	195	126	160
15	nb	m	57	77	109	134	149	128	148	79	114
16	nb	f	54	131	141	178	179	165	167	131	144
17	nb	m	52	71	90	96	105	97	109	79	98
18	sx	f	64	173	220	224	250	334	186—123	152	197
19	sx	m	63	69	78	93	98	88	92	70	84
20	sx	f	59	57	90	214	171—135	187	224	61	96
21	sb	f	72	125	148	172	182	195	226	128	167
22	sb	m	71	64	97	99	114	99	116	73	104
23	sb	f	63	142	166	221	280	210	253	140	193
24	sb	m	62	79	111	128	128	129	129	94	115
25	sb	m	58	68	127	190	155—85	155	185	111	154
26	sb	f	56	159	187	215	232	205	234	174	196
27	sb	f	54	74	182	270	209—148	200	226	149	171
28	sb	m	52	82	109	128	142	123	146	80	118
29	sb	f	52	118	150	203	/	150	163	107	141

续 表

编号	背景	性别	年龄	/d/1	/d/2	/k/1	/k/2	/kh/1	/kh/2	/g/1	/g/2
30	sz	f	72	106	181	224	236	209	230	128	205
31	sz	m	71	94	103	119	115	137	97	91	102
32	sz	f	70	119	145	179	187	185	180	142	155
33	sz	f	59	142	146	162	160	198	196	139	162
34	sz	m	51	74	81	111	129	96	112	72	93

二、二代移民声母塞音的声学数据分析

与一代移民的分析方法相同,二代移民的声母塞音的研究也将从以下三类声学参数入手:

1. VOT 值(ms)

(1) /p/1、/p/2、/t/1、/t/2、/k/1、/k/2 六个音位的习得

从二代移民的情况看,他们的/p/1、/p/2、/t/1、/t/2、/k/1、/k/2 六个音位的 VOT 基本都是 0＜VOT＜60,与一般的不送气塞音的 VOT 特征相符。

(2) /ph/1、/ph/2、/th/1、/th/2、/kh/1、/kh/2 六个音位的习得

34 个二代移民在习得这六个音位时,VOT＞40。所以,同相应的不送气塞音比,VOT 值不仅大于零,而且大于相应的不送气塞音。

(3) /b/1、/b/2、/d/1、/d/2、/g/1、/g/2 六个音位的习得

上海城市方言的这六个音位里,/b/1、/d/1、/g/1 就是赵元任先生所谓的"清音浊流",从 VOT 值来看同/p/1、/t/1、/k/1 一样,都是大于零,小于相应的送气清音。/b/2、/d/2、/g/2 则是真浊音,即 VOT＜0,在成阻、持阻段声带已经颤动了。

从 34 个二代移民的情况看,VOT 值的表现基本都符合这类塞音。只是有的/b/2、/d/2、/g/2 的 VOT 大于零。

/b/2 音位 VOT＞0 的有:2 个本地人(编号 3、4);2 个宁波移民

(编号 10、16);1 个绍兴移民(编号 20);2 个苏北移民(编号 28、29);1 个苏州移民(编号 30)。

/d/2 音位 VOT>0 的有:3 个本地人(编号 3、4、6);2 个宁波移民(编号 9、16);1 个绍兴移民(编号 20);1 个苏北移民(编号 29)。

/g/2 音位 VOT>0 的有:3 个本地人(编号 3、4、6);3 个宁波移民(编号 10、14、15);1 个绍兴移民(编号 20);2 个苏北移民(编号 23、29);1 个苏州移民(编号 32)。

从以上罗列的情况可发现,所有家庭背景的二代移民都会出现词中位置的/b/2、/d/2、/g/2 大于零的现象。/b/2 音位共出现 34 次,大于零的出现了 8 次,占 23.5%;/d/2 共出现 34 次,大于零的 7 次,占 20.6%;/g/2 共出现 34 次,大于零的 10 次,占 29.4%。

根据以上分析归纳出表 3.9:

表 3.9 二代移民/b/2、/d/2、/g/2 的 VOT 情况

编号	背景	性别	年龄	/b/2	/d/2	/g/2
1	bd	m	69	<	<	<
2	bd	f	67	<	<	<
3	bd	f	63	>	>	>
4	bd	f	62	>	>	>
5	bd	m	60	<	<	<
6	bd	f	52	<	>	>
7	nb	m	79	<	<	<
8	nb	m	79	<	<	<
9	nb	m	74	<	>	<
10	nb	f	73	>	<	>
11	nb	f	71	<	<	<
12	nb	m	68	<	<	<

续 表

编号	背景	性别	年龄	/b/2	/d/2	/g/2
13	nb	f	62	<	<	<
14	nb	f	58	<	<	<
15	nb	m	57	<	<	>
16	nb	f	54	>	>	>
17	nb	m	52	<	<	<
18	sx	f	64	<	<	<
19	sx	m	63	<	≈	≈
20	sx	f	59	>	>	>
21	sb	f	72	<	<	≈
22	sb	m	71	<	<	<
23	sb	f	63	<	<	<
24	sb	m	62	<	<	>
25	sb	m	58	<	<	<
26	sb	f	56	<	<	<
27	sb	f	54	<	<	<
28	sb	m	52	>	<	<
29	sb	f	52	>	>	>
30	sz	f	72	>	<	<
31	sz	m	71	<	<	<
32	sz	f	70	<	<	>
33	sz	f	59	<	<	<
34	sz	m	51	<	<	<

说明：bd 为"本地"；nb 为"宁波"；sx 为"绍兴"；sb 为"苏北"；sz 为"苏州"。m 为"男"；f 为"女"；">"表示大于零；"<"表示小于零。"≈"表示约等于零。

据表3.9可归纳出表3.10：

表3.10 二代移民/b/2、/d/2、/g/2的VOT情况的百分比分布

/b/2		/d/2		/g/2	
VOT>0	VOT<0	VOT>0	VOT<0	VOT>0	VOT<0
8	26	8	26	12	22
23.5%	76.5%	23.5%	76.5%	35.3%	64.7%

说明："VOT>0"包括"VOT≈0"的情况。

据表3.10作图3.9，更可形象展现二代移民/b/2、/d/2、/g/2的VOT分布：

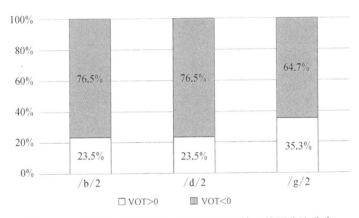

图3.9 二代移民/b/2、/d/2、/g/2的VOT情况的百分比分布

从表3.9和图3.8可明显发现：/b/2、/d/2、/g/2的VOT>0的情况都比VOT<0的情况少，/b/2、/d/2的VOT>0的情况更少些，只占23.5%；/g/2的VOT>0占比稍高些，但也只有35.3%。

从这可看出，二代移民对词中位置的第三套塞音的带声（voicing）的发声特征把握得还是很好的。

2. 后接元音30毫秒处的H1与H2的dB差

这个声学参数，具体指的是声母辅音后接元音30毫米处的功力谱上，第一谐波与第二谐波的dB差。

与一代发音人对这个参量的分析不同,二代发音人直接观察他们的H1和H2的差值,即H1-H2的值。因为与一代相比,二代发音人年龄较轻点,对声门控制能力较好,不会无故"漏气"。除了发送气塞音时,由于发此类塞音时,气流量较大,会造成H1-H2>0。

观察表3.2.2(1)和(2),可以发现存在两种情况:一种是H1-H2>0,另一种就是H1-H2<0。根据前人研究,H1-H2<0是正常发声态(normal voice)特征,H1-H2>0是气声发声态(breathy voice)特征。

像一代移民的分析方法相同,分三组进行讨论:

(1) /p/1、/p/2、/t/1、/t/2、/k/1、/k/2六个音位的习得

表3.11.1　二代移民/p/1、/p/2、/t/1、/t/2、/k/1、/k/2
后接元音30毫秒处H1-H2

编号	背景	性别	年龄	/p/1	/p/2	/t/1	/t/2	/k/1	/k/2
1	bd	m	69	−	−	−	−	−	−
2	bd	f	67	0	+	+	+	0	0
3	bd	f	63	+	+	+	+	+	+
4	bd	f	62						
5	bd	m	60	+	+	+	+	+	+
6	bd	f	52	−	−	+	+	+	+
7	nb	m	79	−	−	−	−	−	−
8	nb	m	79	+	+	+	+	+	+
9	nb	m	74	−	−	+	−	−	−
10	nb	f	73	−	−	+	+	+	0
11	nb	f	71	+	+	+	+	+	+
12	nb	m	68	+	+	+	+	+	+
13	nb	f	62	+	+	+	+	+	+
14	nb	f	58	+	+	+	+	−	+

续 表

编号	背景	性别	年龄	/p/1	/p/2	/t/1	/t/2	/k/1	/k/2
15	nb	m	57	－	－	＋	＋	－	0
16	nb	f	54	0	0	＋	＋	＋	＋
17	nb	m	52	0	＋	＋	＋	＋	＋
18	sx	f	64	－	－	＋	＋	－	－
19	sx	m	63	－	－	－	－	－	－
20	sx	f	59	0	＋	＋	＋	－	0
21	sb	f	72	－	－	＋	＋	＋	＋
22	sb	m	71	－	＋	＋	＋	＋	＋
23	sb	f	63	＋	＋	＋	＋	＋	＋
24	sb	m	62	－	－	0	＋	＋	＋
25	sb	m	58	＋	＋	＋	＋	＋	＋
26	sb	f	56	＋	＋	＋	＋	0	－
27	sb	f	54	＋	＋	＋	＋	0	＋
28	sb	m	52	0	＋	＋	＋	＋	＋
29	sb	f	52	0	0	＋	＋	－	0
30	sz	f	72	－	－	＋	＋	－	－
31	sz	m	71	－	＋	＋	＋	＋	＋
32	sz	f	70	－	－	＋	＋	0	0
33	sz	f	59	＋	＋	＋	＋	＋	＋
34	sz	m	51	＋	＋	0	＋	＋	＋

说明：bd 为"本地"；nb 为"宁波"；sx 为"绍兴"；sb 为"苏北"；sz 为"苏州"。m 为"男"；f 为"女"。"＋"表示 $H1-H2>0$；"－"表示 $H1-H2<0$。

由表 3.11.1 可知，从/p/1 来看，34 个发音人的 H1－H2 有 13 个人"＋"，15 个人"－"，6 个人"0"。H1－H2＝0 也作为正常发声态处理，下同。正常发声态的比率为 61.8％，气声态的比率为 38.2％。

/p/2情况与/p/1基本相同,34个发音人的H1-H2有13个人"＋",19个人"－",2个人"0"。正常发声态的比率为61.8%,气声态的比率为38.2%。

从/t/1来看,34个发音人的H1-H2有26个人"＋",6个人"－",2个人"0"。正常发声态的比率为23.5%,气声态的比率为76.5%。

从/t/2来看,34个发音人的H1-H2有27个人"＋",7个人"－"。正常发声态的比率为20.6%,气声态的比率为79.4%。

从/k/1来看,34个发音人的H1-H2有12个人"＋",18个人"－",4个人"0"。正常发声态的比率为64.7%,气声态的比率为35.3%。

从/k/2来看,34个发音人的H1-H2有15个人"＋",12个人"－",7个人"0"。正常发声态的比率为55.9%,气声态的比率为44.1%。

这一组正常发声态的比率为48.0%,气声态有52.0%。与一代移民的情况相同,不同发音部位对发声态的影响也很大,从上面分析可看出,齿龈部位的/t/1和/t/2气声态高达88.9%—100%。双唇和软腭部位的/p/1、/p/2、/k/1、/k/2的气声态只有33.3%—55.6%。

（2）/ph/1、/ph/2、/th/1、/th/2、/kh/1、/kh/2六个音位的习得

表3.11.2　二代移民/ph/1、/ph/2、/th/1、/th/2、/kh/1、/kh/2后接元音30毫秒处H1-H2

编号	背景	性别	年龄	/ph/1	/ph/2	/th/1	/th/2	/kh/1	/kh/2
1	bd	m	69	－	0	＋	－	－	0
2	bd	f	67	＋	＋	＋	＋	＋	＋
3	bd	f	63	＋	＋	＋	＋	＋	＋
4	bd	f	62	＋	－	＋	0	－	0
5	bd	m	60	＋	＋	＋	＋	＋	＋
6	bd	f	52	＋	＋	＋	＋	＋	＋
7	nb	m	79	0	－	＋	－	－	＋
8	nb	m	79	＋	＋	＋	＋	＋	＋

续 表

编号	背景	性别	年龄	/ph/1	/ph/2	/th/1	/th/2	/kh/1	/kh/2
9	nb	m	74	+	+	+	+	+	+
10	nb	f	73	+	+	+	+	+	+
11	nb	f	71	+	+	+	+	+	+
12	nb	m	68	+	+	+	+	+	+
13	nb	f	62	+	+	+	+	+	+
14	nb	f	58	+	+	+	+	+	+
15	nb	m	57	+	+	+	+	0	+
16	nb	f	54	+	+	+	+	+	+
17	nb	m	52	+	+	+	+	−	0
18	sx	f	64	0	0	+	+	−	+
19	sx	m	63	+	+	+	+	0	−
20	sx	f	59	+	+	+	+	+	+
21	sb	f	72	0	+	+	+	+	+
22	sb	m	71	+	+	+	+	+	+
23	sb	f	63	+	+	+	+	+	+
24	sb	m	62	0	0	−	+	0	0
25	sb	m	58	+	+	0	−	+	+
26	sb	f	56	+	+	+	+	+	+
27	sb	f	54	+	+	+	+	+	+
28	sb	m	52	+	+	+	+	+	+
29	sb	f	52	+	+	+	+	+	+
30	sz	f	72	+	+	+	+	+	+
31	sz	m	71	+	−	+	+	+	+
32	sz	f	70	+	+	+	+	0	+

续 表

编号	背景	性别	年龄	/ph/1	/ph/2	/th/1	/th/2	/kh/1	/kh/2
33	sz	f	59	＋	＋	＋	＋	＋	＋
34	sz	m	51	＋	＋	＋	0	＋	＋

说明：bd 为"本地"；nb 为"宁波"；sx 为"绍兴"；sb 为"苏北"；sz 为"苏州"。m 为"男"；f 为"女"。"＋"表示 H1－H2＞0；"－"表示 H1－H2＜0。

由表 3.11.2 可知，从/ph/1 来看，34 个发音人的 H1－H2 有 29 个人"＋"，1 个人"－"，4 个人"0"。正常发声态的比率为 14.7%，气声态的比率为 85.3%。

从/ph/2 来看，34 个发音人的 H1－H2 有 28 个人"＋"，3 个人"－"，3 个人"0"。正常发声态的比率为 17.6%，气声态的比率为 82.4%。

从/th/1 来看，34 个发音人的 H1－H2 有 32 个人"＋"，1 个人"－"，1 个人"0"。正常发声态的比率为 5.9%，气声态的比率为 94.1%。

从/th/2 来看，34 个发音人的 H1－H2 有 30 个人"＋"，3 个人"－"，1 个人"0"。正常发声态的比率为 11.8%，气声态的比率为 88.2%。

从/kh/1 来看，34 个发音人的 H1－H2 有 24 个人"＋"，5 个人"－"，5 个人"0"。正常发声态的比率为 29.4%，气声态的比率为 70.6%。

从/kh/2 来看，34 个发音人的 H1－H2 有 29 个人"＋"，1 个人"－"，4 个人"0"。正常发声态的比率为 14.7%，气声态的比率为 85.3%。

这一组正常发声态的比率只有 15.7%，气声态有 84.3%。与上一组同部位不送气塞音比，这组气化明显，气声态比率高达 84.3%。

(3) /b/1、/b/2、/d/1、/d/2、/g/1、/g/2 六个音位的习得

表 3.11.3　二代移民/b/1、/b/2、/d/1、/d/2、/g/1、/g/2
后接元音 30 毫秒处 H1－H2

编号	背景	性别	年龄	/b/1	/b/2	/d/1	/d/2	/g/1	/g/2
1	bd	m	69	－	－	－	0	－	－
2	bd	f	67	＋	＋	＋	＋	＋	＋

续　表

编号	背景	性别	年龄	/b/1	/b/2	/d/1	/d/2	/g/1	/g/2
3	bd	f	63	＋	＋	＋	＋	＋	＋
4	bd	f	62	－	－	0	＋	＋	0
5	bd	m	60	＋	＋	＋	＋	＋	＋
6	bd	f	52	＋	＋	＋	＋	＋	＋
7	nb	m	79	－	－	＋	0	0	－
8	nb	m	79	＋	＋	＋	＋	＋	＋
9	nb	m	74	＋	0	＋	＋	－	0
10	nb	f	73	－	0	－	0	－	/
11	nb	f	71	＋	＋	＋	＋	＋	＋
12	nb	m	68	＋	＋	＋	＋	＋	＋
13	nb	f	62	＋	＋	＋	＋	＋	＋
14	nb	f	58	＋	＋	＋	＋	＋	＋
15	nb	m	57	－	－	0	0	＋	－
16	nb	f	54	＋	＋	＋	＋	＋	＋
17	nb	m	52	－	－	－	0	－	－
18	sx	f	64	＋	＋	＋	＋	＋	＋
19	sx	m	63	－	－	－	0	－	－
20	sx	f	59	＋	0	＋	＋	＋	＋
21	sb	f	72	＋	＋	＋	＋	＋	＋
22	sb	m	71	0	＋	＋	＋	0	0
23	sb	f	63	0	0	＋	＋	－	－
24	sb	m	62	－	－	0	0	－	－
25	sb	m	58	－	－	0	－	0	－
26	sb	f	56	＋	＋	＋	＋	＋	＋

续 表

编号	背景	性别	年龄	/b/1	/b/2	/d/1	/d/2	/g/1	/g/2
27	sb	f	54	＋	＋	＋	＋	＋	＋
28	sb	m	52	＋	＋	0	＋	＋	＋
29	sb	f	52	＋	＋	＋	＋	＋	0
30	sz	f	72	0	＋	＋	＋	0	＋
31	sz	m	71	＋	＋	＋	＋	＋	＋
32	sz	f	70	＋	＋	＋	＋	＋	＋
33	sz	f	59	＋	＋	＋	＋	＋	＋
34	sz	m	51	－	－	＋	0	＋	－

说明：bd 为"本地"；nb 为"宁波"；sx 为"绍兴"；sb 为"苏北"；sz 为"苏州"。m 为"男"；f 为"女"。"＋"表示 H1－H2＞0；"－"表示 H1－H2＜0。

由表 3.11.3 可知，从/b/1 来看，34 个发音人的 H1－H2 有 21 个人"＋"，10 个人"－"，3 个人"0"。H1－H2＝0 也作为正常发声态处理，下同。正常发声态的比率为 38.2%，气声态的比率为 61.8%。

从/b/2 来看，34 个发音人的 H1－H2 有 20 个人"＋"，10 个人"－"，4 个人"0"。正常发声态的比率为 41.2%，气声态的比率为 58.8%。

从/d/1 来看，34 个发音人的 H1－H2 有 25 个人"＋"，4 个人"－"，5 个人"0"。正常发声态的比率为 26.5%，气声态的比率为 73.5%。

从/d/2 来看，34 个发音人的 H1－H2 有 25 个人"＋"，1 个人"－"，8 个人"0"。正常发声态的比率为 26.5%，气声态的比率为 73.5%。

从/g/1 来看，34 个发音人的 H1－H2 有 20 个人"＋"，9 个人"－"，5 个人"0"。正常发声态的比率为 41.2%，气声态的比率为 58.8%。

同一代移民一样处理，将这组再分成两小组：(1) 位于词首位置的"清音浊流"/b/1、/d/1、/g/1；(2) 位于词中位置的 VOT＜0 的/b/2、/d/2、/g/2。

两小组在这个特征上的表现如下：第一组/b/1、/d/1、/g/1 的正常发声态的比率只有 32.4%，气声态的比率为 67.6%；第二组 b/2、

/d/2、/g/2 的正常发声态的比率有 36.3%,气声态的比率为 63.7%。两组差异不是很大,第二组的正常发声态率略有上升,气声态比率略有下降。

对以上论述作个梳理,归纳出表 3.12：

表 3.12　二代移民不同类别辅音的发声态

	清不送气	清送气	词首"浊音"	词中"浊音"
正常发声态	48.0%	15.7%	32.4%	36.3%
气声态	52.0%	84.3%	67.6%	63.7%

作图 3.10 可更形象展示这些辅音的发声态情况：

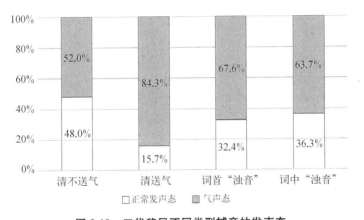

图 3.10　二代移民不同类型辅音的发声态

从表 3.12 和图 3.10 可明显发现,二代移民的清不送气辅音的正常发声态比率最高,为 48.0%;其次是词首"浊音"和词中"浊音",都在 30.0% 以上;最低的是清送气辅音,只有 15.7%。气声态情况相反,清送气辅音最高,清不送气最低。

同一代移民相比,词首"浊音"和词中"浊音"的发声态区别不是很大,下面对两代移民不同类型辅音的发声态作一对比分析(见表 3.13)：

表 3.13　两代移民不同类型辅音的发声态

	清不送气		清送气		词首"浊音"		词中"浊音"	
	一代	二代	一代	二代	一代	二代	一代	二代
正常发声态	37.0%	48.0%	20.8%	15.7%	14.8%	32.4%	34.4%	36.3%
气声态	63.0%	52.0%	79.2%	84.3%	85.2%	67.6%	65.4%	63.7%

作图 3.11,形象展现两代移民的不同类型辅音发声类型的差异:

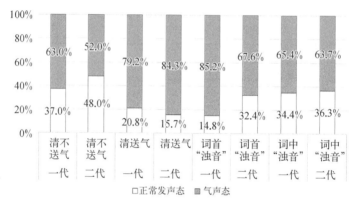

图 3.11　两代移民不同类型辅音的发声态

根据表 3.12 和图 3.11,两代移民在四类辅音发声态方面的差异如下:

(1) 清不送气塞音

正常发声态比率提高,从一代移民的 37.0%,到二代移民的 48.0%;气声态的比率下降,从一代移民的 63.0%,到二代移民的 52.0%。

这可能是由于二代移民的年龄较清,声门的控制能力加强,不再像一代移民那样容易漏气。所以,这个变化应该是随着年龄变化而发生的正常生理变化。

(2) 清送气塞音

两代移民在这类塞音的发声态表现上差不多,差值在 10% 以内。都是以气声态为主,一代的气声态率为 79.2%,二代还要高点,为 84.3%。

(3) 词首"浊音"

这套以"清音浊流"出名的塞音,一代移民和二代移民有明显差异。反而是一代移民气声态比率更高,为85.2%,而二代移民下降为67.6%。一代的气化特征更明显。

(4) 词中"浊音"

两代移民在这类塞音的发声态表现上也差不多,差值在5%以内。一代的正常发声态比率为34.4%,二代为36.3%。一代的气声态比率为65.4%,二代为63.7%。

综上,两代移民在辅音发声态上的变化值得关注的主要是词首"浊音",这套以"清音浊流"著名的塞音,一代移民反而气化率更高,二代移民的气化率下降,变得同词中"浊音"差不多。也就是说,一代移民词首和词中两套塞音在发声态上有显著差异,而二代移民反而没有了显著差异。

3. 后接元音的音高特征

二代移民的音高特征转写方法与一代移民有所不同,一代移民是以他们的/p/1的基频均值作为"M"(中),然后与之比较,与它相近的仍为"M",远高于它的为"H"(高),远低于它的为"L"(低)。二代移民以辅音后接元音的基频算数平均值(mean)和中位值(median)作为这个发音人的音高特征"M"(中),然后与这两个值比较,远高于它们的作为"H"(高),远低于它们的为"L"(低)。因为二代移民与一代移民在习得上有所不同,他们不会刻意去模仿,所以不会作刻意区分,可以从总的格局上做分析。据此,将表3.8.3(1)和表3.8.3(2)标记成表3.14(1)和表3.14(2)以作分析:

表3.14(1) 二代移民声母塞音后接元音的音高特征-1

编号	背景	性别	年龄	均值	中位值	/p/1	/p/2	/ph/1	/ph/2	/b/1	/b/2	/t/1	/t/2
1	bd	m	69	129	134	M	M	H	ML	L	M	M	M
2	bd	f	67	166	176	H	H	H	ML	L	M	H	H

续　表

编号	背景	性别	年龄	均值	中位值	/p/1	/p/2	/ph/1	/ph/2	/b/1	/b/2	/t/1	/t/2
3	bd	f	63	179	177	M	H	M	H	L	M	M	H
4	bd	f	62	144	146	M	H	H	ML	L	M	M	H
5	bd	m	60	110	110	M	M	H	M	L	M	M	M
6	bd	f	52	178	185	H	H	M	H	L	M	M	H
7	nb	m	79	129	135	M	M	H	HL	L	M	M	H
8	nb	m	79	151	154	H	M	M	H	L	H	M	H
9	nb	m	74	156	160	M	H	M	H	L	M	M	M
10	nb	f	73	146	158	H	H	M	H	L	M	M	H
11	nb	f	71	190	194	M	M	M	M	L	M	M	H
12	nb	m	68	114	115	M	M	M	M	L	M	M	H
13	nb	f	62	197	198	M	M	M	H	L	M	M	H
14	nb	f	58	173	179	M	H	H	ML	L	M	M	H
15	nb	m	57	122	125	M	H	M	H	L	M	M	H
16	nb	f	54	159	166	H	H	M	H	L	M	H	H
17	nb	m	52	92	97	H	H	M	ML	L	M	M	H
18	sx	f	64	209	217	M	H	H	HL	L	M	M	H
19	sx	m	63	87	88	H	H	M	H	L	M	M	H
20	sx	f	59	143	164	H	H	H	ML	L	M	L	L
21	sb	f	72	166	171	M	M	H	ML	L	M	M	H
22	sb	m	71	99	104	H	H	H	ML	L	M	M	M
23	sb	f	63	206	202	M	H	H	L	L	M	M	H
24	sb	m	62	115	120	M	H	M	H	L	M	M	M
25	sb	m	58	136	138	M	M	M	M	L	M	M	H
26	sb	f	56	206	211	M	H	H	H	L	M	M	H

续 表

编号	背景	性别	年龄	均值	中位值	/p/1	/p/2	/ph/1	/ph/2	/b/1	/b/2	/t/1	/t/2
27	sb	f	54	193	200	M	H	M	H	L	M	M	H
28	sb	m	52	116	117	M	M	M	H	L	M	M	H
29	sb	f	52	156	159	M	H	M	H	L	M	H	H
30	sz	f	72	187	193	M	M	H	ML	L	M	H	H
31	sz	m	71	110	113	H	H	H	H	L	M	M	M
32	sz	f	70	170	181	H	H	H	H	M	M	M	M
33	sz	f	59	151	157	M	M	H	ML	M	M	M	M
34	sz	m	51	99	98	M	H	M	H	L	M	M	H

表 3.14(2)　二代移民声母塞音后接元音的音高特征-2

编号	背景	性别	年龄	/th/1	/th/2	/d/1	/d/2	/k/1	/k/2	/kh/1	/kh/2	/g/1	/g/2
1	bd	m	69	H	ML	L	M	M	H	M	H	L	M
2	bd	f	67	H	ML	L	M	H	H	M	H	L	M
3	bd	f	63	H	HL	L	M	M	H	M	H	L	M
4	bd	f	62	H	ML	L	M	M	H	M	H	L	L
5	bd	m	60	H	ML	L	M	M	H	M	H	L	M
6	bd	f	52	M	H	L	M	M	H	M	H	L	M
7	nb	m	79	H	L	L	M	M	H	M	H	L	M
8	nb	m	79	M	H	L	M	M	H	M	H	L	H
9	nb	m	74	M	M	L	M	M	H	M	H	L	M
10	nb	f	73	H	HL	L	M	H	H	M	M	M	L
11	nb	f	71	H	H	L	M	H	H	H	M	L	M
12	nb	m	68	M	H	L	M	M	H	M	H	L	H
13	nb	f	62	M	H	L	M	M	H	M	H	L	H

续表

编号	背景	性别	年龄	/th/1	/th/2	/d/1	/d/2	/k/1	/k/2	/kh/1	/kh/2	/g/1	/g/2
14	nb	f	58	H	ML	L	M	H	M	M	H	L	M
15	nb	m	57	M	H	L	M	M	H	M	H	L	M
16	nb	f	54	M	M	L	M	H	H	M	M	L	M
17	nb	m	52	H	HL	L	M	H	M	H	M	L	M
18	sx	f	64	H	ML	L	M	M	H	H	ML	L	M
19	sx	m	63	M	M	L	M	M	H	M	H	L	M
20	sx	f	59	H	/	L	M	H	ML	H	H	L	L
21	sb	f	72	H	ML	L	M	M	H	H	H	L	M
22	sb	m	71	M	M	L	M	H	H	M	H	L	M
23	sb	f	63	H	HL	L	L	H	H	M	H	L	M
24	sb	m	62	M	M	L	M	M	H	H	H	L	M
25	sb	m	58	M	M	L	M	H	ML	M	H	L	M
26	sb	f	56	M	H	L	M	M	H	H	H	L	M
27	sb	f	54	H	H	L	M	H	ML	H	H	L	M
28	sb	m	52	H	H	L	M	H	H	M	H	L	M
29	sb	f	52	H	M	L	M	H	/	M	H	L	M
30	sz	f	72	H	ML	L	M	H	H	M	H	L	M
31	sz	m	71	H	L	L	L	M	M	H	L	L	L
32	sz	f	70	H	H	L	L	M	H	H	H	L	L
33	sz	f	59	H	L	L	L	M	M	H	H	L	M
34	sz	m	51	M	M	L	M	M	H	M	H	L	M

将表 3.14(1)和表 3.14(2)与表 3.5 相比,可看出二代移民辅音后接元音的音高特征:

(1) /p/1、/p/2、/t/1、/t/2、/k/1、/k/2 六个音位后接元音的音高特征

从/p/1 后接元音音高来看,34 个发音人 10 个是"H",24 个是"M"。所以这个位置的元音音高以"M"特征为主,占 70.6%;剩下的全部是"H"特征,占 29.4%。

从/p/2 后接元音音高来看,34 个发音人有 24 个是"H",10 个是"M"。所以这个位置的元音音高以"H"特征为主,占 70.6%;剩下的全部是"M"特征,占 29.4%。

而从"/p/1+/p/2"配合情况看,34 个发音人有 14 个人是"M+H",占 41.2%;10 个人是"H+H",占 29.4%;10 个人是"M+M",也占 29.4%。

以上分析可推论出:/p/1、/p/2 的后接元音音高特征为"M"或"H"特征,组合时以"M+H"为主,"H+H"和"M+M"为辅。完全符合表 3.5 中此组合的特征的比率为 41.2%。

从/t/1 后接元音音高来看,34 个发音人有 4 个是"H",29 个是"M",1 个是"L"。这个位置的元音音高以"M"特征为主,占 85.3%;"H"特征只占 11.8%;"L"特征很零星,只占 2.9%。

从/t/2 后接元音音高来看,34 个发音人有 25 个是"H",8 个是"M",1 个是"L"。这个位置的元音音高以"H"特征为主,占 73.4%;"M"特征只占 23.5%;"L"特征很零星,只占 2.9%。

而从"/t/1+/t/2"配合情况看,34 个发音人有 21 个人是"M+H",占 61.8%;4 个人是"H+H",占 11.8%;8 个人是"M+M",占 23.5%;1 个人是"L+L",占 2.9%。

以上分析可推论出:"/t/1+/t/2"组合非常符合表 3.5 对上海城市方言连读变调的特征描写,"M+H"为主要的组合,占比比"/p/1+/p/2"组合还要高。其次是"M+M",再次是"H+H",但占比都远小于 30%,最少的"L+L",只有不到 3%。完全符合表 3.5 中此组合的特征的比率为 61.8%。

从/k/1 后接元音音高来看,34 个发音人有 13 个是"H",21 个是

"M"。这个位置的元音音高以"M"特征为主,占 61.8%;"H"特征只占 38.2%。

从/k/2 后接元音音高来看,33 个发音人(1 个发音人采样失败,编号 29)有 27 个是"H",3 个是"M",3 个是"ML"。这个位置的元音音高以"H"特征为主,高达 81.8%;"M"特征只占 9.1%,"ML"特征也只占 9.1%。

而从"/k/1+/k/2"配合情况看,33 个发音人(编号 29 发音人的/k2/采样失败)有 19 个人是"M+H",占 57.6%;7 个人是"H+H",占 21.2%;2 个人是"M+M",占 6.1%;3 个人是"H+ML",占 9.1%;1 个人是"H+M",占 3.0%。完全符合表 3.5 中此组合特征的比率为 57.6%。

以上分析可推论出:"/k/1+/k/2"组合时以"M+H"为主,其他都远小于 30%。

总之,在/p/1、/t/1、/k/1 的后接元音音高以"M"为主,占比分别为:70.6%、85.3%、61.8%。/p/2、/t/2、/k/2 的后接元音以"H"为主,占比分别为:70.6%、73.4%、81.8%。"/p/1+/p/2"、"/t/1+/t/2"、"/k/1+/k/2"都以"M+H"为主,即符合表 3.5 中上海城市方言连读变调特征的占比分别为 41.2%、61.8%、57.6%。

(2) /ph/1、/ph/2、/th/1、/th/2、/kh/1、/kh/2 六个音位后接元音的音高特征

从/ph/1 后接元音音高来看,34 个发音人 18 个是"H",16 个是"M"。所以这个位置的元音音高是"H"或"M"特征,"H"占 52.9%;"M"占 47.1%。

从/ph/2 后接元音音高来看,34 个发音人有 16 个是"H",4 个是"M",2 个是"L",10 个是"ML",2 个是"HL"。"H"占 47.1%;"M"占 11.8%;"L"占 5.9%;"ML"占 29.4%;"HL"占 5.9%。

据表 3.5,"/ph/1+/ph/2"有两种连读变调形式,"M+H"或"H+ML",所以导致这两个位置形式比较多。/ph/1 位置是只出现两个特征"M"和"H",分别对应两种变调的前字形式。/ph/2 位置出现

的特征比较多样,但可分成两大类:① 对应了表3.5里"M+H"的连调后字的形式,有特征"H"(16个),还有部分的"M"(3个);② 其他特征如"ML"(10个)、"HL"(2个)、"M"(1个)、"L"(2个)都对应了表3.5里的"H+ML"的连调后字的形式。

下面从"/ph/1+/ph/2"配合情况看,其实要分两种情况:① 对应表3.5里"M+H"形式的,34个发音人有16个人是"M+H",占41.2%;34个发音人有2个人是"M+M",占5.9%。② 对应表3.5里"H+ML"形式,34个发音人有10个人是"H+ML",占29.4%;有2个人是"H+HL",占5.9%;有1个是"H+M",占2.9%;有2个人是"H+L",占5.9%。

以上分析可推论出:由于存在两类连读变调模式,/ph/1、/ph/2的后接元音音高特征有两种情况:① 对应于表3.5的"M+H",/ph/1全部都是"M"特征,/ph/2绝大部分是"H"特征;② 对应于表3.5的"H+ML",/ph/1全部都是"H"特征,/ph/2大部分是"ML",其他形式都较为零星。统观①和②两种情况,34个发音人采用表3.5的"M+H"或"H+ML"形式的总共有26个人,占76.5%。因此,大部分人都符合表3.5的上海城市方言连读变调的特征,不太符合的只有23.5%。

从/th/1后接元音音高来看,34个发音人20个是"H",14个是"M"。所以这个位置的元音音高是"H"或"M"特征,"H"占58.8%;"M"占41.2%。

从/th/2后接元音音高来看,33个发音人(编号20的发音人采样失败)有10个是"H",8个是"M",3个是"L",8个是"ML",4个是"HL"。"H"占30.3%;"M"占24.2%;"L"占9.1%;"ML"占24.2%;"HL"占12.1%。

据表3.5,"/th/1+/th/2"有两种连读变调形式,"M+H"或"H+ML",导致这两个位置形式比较多。/th/1位置是只出现两个特征"M"和"H",分别对应两种变调的前字形式。/th/2位置出现的特征比较多样,可分成两大类:① 对应了表3.5里"M+H"的连调后字的形式,有特征"H"(10个),还有部分的"M"(7个);② 其他特征如"ML"(8个)、"HL"(4个)、"M"(1个)、"L"(3个)都对应了表3.5里的"H+ML"的连调后字的形式。

下面从"/th/1+/th/2"配合情况看,也要分两种情况:① 对应表3.5里"M+H"形式的,33个发音人有10个人是"M+H",占30.3%;33个发音人有7个人是"M+M",占21.2%。② 对应表3.5里"H+ML"形式,34个发音人有8个人是"H+ML",占24.2%;有4个人是"H+HL",占12.1%;有1个是"H+M",占3.0%;有3个人是"H+L",占9.1%。

以上分析可推论出:由于存在两类连读变调模式,/th/1、/th/2的后接元音音高特征有两种情况:① 对应于表3.5的"M+H",/th/1全部都是"M"特征,/th/2大部分是"H"特征。② 对应于表3.5的"H+ML",/th/1全部都是"H"特征,/th/2大部分是"ML",其他形式较为零星。统观①和②两种情况,33个发音人采用表3.5的"M+H"或"H+ML"形式的总共有18个人,占54.5%。因此,半数以上的人都符合表3.5的上海城市方言连读变调的特征,不太符合的占45.5%。

从/kh/1后接元音音高来看,34个发音人8个是"H",26个是"M"。所以这个位置的元音音高以"M"特征为主,"H"只占23.5%;"M"占76.5%。

从/kh/2后接元音音高来看,34个发音人有29个是"H",3个是"M",1个是"L",1个是"ML"。"H"占85.3%;"M"占8.8%;"L"占2.9%;"ML"占2.9%。

而从"/kh/1+/kh/2"配合情况看,34个发音人有个人是25"M+H",占73.5%;4个人是"H+H",占11.8%;2个人是"M+M",占5.9%;1个人是"H+ML",占2.9%;1个人是"H+L",占2.9%;1个人是"H+M",占2.9%。

以上分析可推论出:"/kh/1+/kh/2"组合时以"M+H"为主,占比73.5%。其他都远小于20%。

总之,"/ph/1+/ph/2""/th/1+/th/2""/kh/1+/kh/2"符合了表3.5的上海城市方言连读变调的特征的比率分别为76.5%、54.5%、73.5%。

(3) /b/1、/b/2、/d/1、/d/2、/g/1、/g/2六个音位后接元音的音高特征

从/b/1后接元音音高来看,34个发音人全部都是"L"。这个位置的音高特征非常明确,就是处于调域的底部。

从/b/2后接元音音高来看,34个发音人只有1个是"H",33个都是"M"。所以这个位置的元音音高以"M"特征为绝对主流,占97.1%;只有1个是"H"特征,仅占2.9%。

而从"/b/1+/b/2"的配合情况看,也都是符合表3.5的"L+M/H"。说明这一组合全部符合上海城市方言的音高特征,达到100%。

从/d/1后接元音音高来看,34个发音人全部都是"L"。这个位置的音高特征与/b/1完全一样,就是处于调域的底部。

从/d/2后接元音音高来看,34个发音人有2个是"H",28个是"M",4个是"L"。所以这个位置的元音音高也以"M"特征为主流,占82.4%;"H"特征占5.9%;"L"特征仅占2.9%。

而从"/d/1+/d/2"的配合情况看,34个发音人有28个人是"L+M",占82.4%;2个人是"L+H",占5.4%;1个人是"L+L",只占2.9%。

以上分析可推论出:/d/1的后接元音音高特征为"L";/d/2主要是"M",零星有些"H"和"L",组合时以"L+M"为主。因此符合表3.5中此组合特征的比率高达87.8%。

从/g/1后接元音音高来看,34个发音人全部都是"L"。这个位置的音高特征也非常明确,就是处于调域的底部。

从/g/2后接元音音高来看,34个发音人有3个是"H",26个是"M",5个是"L"。所以这个位置的元音音高也以"M"特征为主流,占76.5%;"H"特征占8.8%;"L"特征占14.7%。

而从"/g/1+/g/2"的配合情况看,34个发音人有26个人是"L+

M",占 76.5%;3 个人是"L＋H",占 8.8%;5 个人是"L＋L",占 14.7%。

以上分析可推论出:/g/1 的后接元音音高特征为"L";/g/2 主要是"M",零星有些"H"和"L",组合时以"L＋M"为主。符合表 3.5 中此组合特征的比率高达 85.3%。

总之,在/b/1、/d/1、/g/1 的后接元音音高全部都是"L"特征,表现出发音人在这一位置音高特征的高度一致性。/b/2、/d/2、/g/2 的后接元音以"M"为主。"/b/1＋/b/2""/d/1＋/d/2""/g/1＋/g/2"都以"L＋M"为主,也有零星的"L＋H"和"L＋L",即符合表 3.5 中上海城市方言连读变调特征的占比分别为 100%、87.8%、85.3%。

三、二代移民三套声母塞音习得表现

1. 各地二代移民三套塞音 VOT 值习得表现

此处主要分析各地二代移民习得/b/2、/d/2、/g/2 的情况。前文已述,/b/2、/d/2、/g/2 应该是真浊音,即 VOT＜0,在成阻、持阻段声带已经颤动了。但有的发音人/b/2、/d/2、/g/2 的 VOT 大于零,下面就来看看移民背景与它的关系。

据前文的表 3.9,整理出表 3.15:

表 3.15　家庭背景与二代移民/b/2、/d/2、/g/2 的 VOT

家庭背景	/b/2		/d/2		/g/2		三个位置	
	VOT＞0	VOT＜0	VOT＞0	VOT＜0	VOT＞0	VOT＜0	VOT＞0	VOT＜0
本地	33.3%	66.7%	50.0%	50.0%	50.0%	50.0%	44.4%	55.6%
宁波	18.2%	81.8%	18.2%	81.8%	27.3%	72.7%	21.2%	78.8%
绍兴	33.3%	66.7%	66.7%	33.3%	66.7%	33.3%	55.6%	44.4%
苏北	22.2%	77.8%	11.1%	88.9%	33.3%	66.7%	22.2%	77.8%
苏州	20.0%	80.0%	0.0%	100.0%	20.0%	80.0%	13.3%	86.7%
平均	23.5%	76.5%	23.5%	76.5%	35.3%	64.7%	27.5%	72.5%

将表 3.15 展示成图 3.12.1—3.12.4：

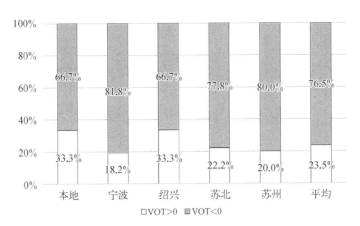

图 3.12.1　家庭背景与二代移民/b/2 的 VOT

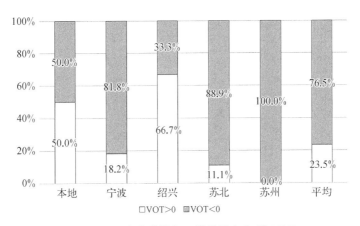

图 3.12.2　家庭背景与二代移民/d/2 的 VOT

据表 3.15 和图 3.12.1，不同家庭背景的/b/2 的 VOT<0 的比率从高到低为：宁波>苏州>苏北>绍兴＝本地。比率都很高，分布范围(66.7％,81.8％)。说明/b/2 保留真浊音的比率很高，保留真浊音低于平均水平的民系是：二代本地和二代绍兴。

据表 3.15 和图 3.12.2，不同家庭背景的/d/2 的 VOT<0 的比率从高到低为：苏州>苏北>宁波>本地>绍兴。比率分布范围广泛(33.3％,100％)。说明不同家庭背景对/d/2 真浊音的保留与否分歧较大，保留真浊音低于平均水平的民系是：二代绍兴和二代本地。

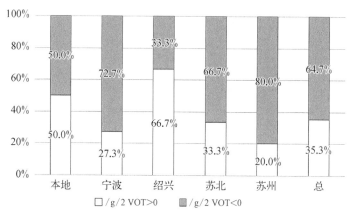

图 3.12.3　家庭背景与二代移民/g/2 的 VOT

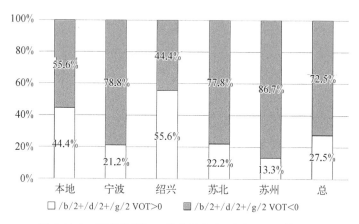

图 3.12.4　家庭背景与二代移民/b/2、/d/2、/g/2 的 VOT

据表 3.15 和图 3.12.3,不同家庭背景的/g/2 的 VOT<0 的比率从高到低为:苏州>宁波>苏北>本地>绍兴。比率分布范围也很广泛(33.3%,80.0%)。说明不同家庭背景对/g/2 真浊音的保留与否分歧较大,保留真浊音低于平均水平的民系还是:二代绍兴和二代本地。

据表 3.15 和图 3.12.4,不同家庭背景的三个辅音总的 VOT<0 的比率从高到低为:苏州>宁波>苏北>本地>绍兴。比率分布范围(44.4%,86.7%)。说明三个辅音保留真浊音的情况同单个情况也差不多,保留真浊音最多的民系是二代苏州,保留率低于平均水平的是二代绍兴和二代本地。二代宁波和二代苏北略高于平均水平。

2. 各地二代移民第三套塞音发声态习得表现（后接元音 30 毫秒处的 H1 - H2 特征）

前文已发现，以"清音浊流"著名的词首"浊音"，一代移民反而气化率更高，二代移民的气化率下降，变得同词中"浊音"差不多。即：一代移民词首和词中两套塞音在发声态上有显著差异，而二代移民反而没有了显著差异。

下面来看看各地二代移民的具体表现：

表 3.16　家庭背景与二代移民 /b/1、/d/1、/g/1 的发声态

家庭背景	/b/1		/d/1		/g/1	
	气声态	正常声态	气声态	正常声态	气声态	正常声态
本地	66.7%	33.3%	66.7%	33.3%	83.3%	16.7%
宁波	63.6%	36.4%	72.7%	27.3%	63.6%	36.4%
绍兴	66.7%	33.3%	66.7%	33.3%	66.7%	33.3%
苏北	55.6%	44.4%	66.7%	33.3%	55.6%	44.4%
苏州	60.0%	40.0%	100%	0%	80.0%	20.0%
平均	61.8%	38.2%	73.5%	26.5%	67.6%	32.4%

将表 3.16 展示成图 3.13.1—3：

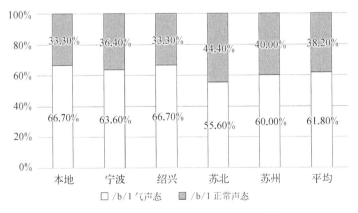

图 3.13.1　家庭背景与二代移民的 /b/1 的发声态

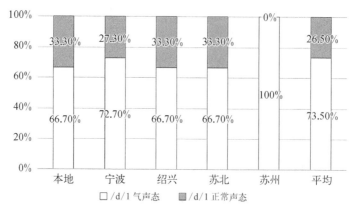

图 3.13.2　家庭背景与二代移民的/d/1 的发声态

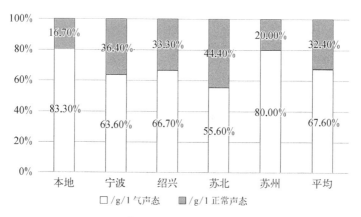

图 3.13.3　家庭背景与二代移民的/g/1 的发声态

观察表 3.16 和图 3.13.1—3 可发现：

/b/1 的发声态，各类家庭背景都差不多，气声态和正常声态的占比都在均值附近。

/d/1 的发声态，各类家庭背景也都差不多，除了二代苏州移民，他们气声态占比高达 100%。

/g/1 的发声态，气声态占比从高到低为：本地＞苏州＞绍兴＞宁波＞苏北。高于均值的民系是"本地"和"苏州"，均值附近的是"绍兴"和"宁波"，"苏北"最低。

这样的情况说明，在/b/1 和/d/1 位置，各个民系的发声态已经没有太大差异。/g/1位置,"本地"和"苏州"发成气声态的比率较高,保留上海方言原有特征更好。"苏北"气声态比率最低,失去上海方言原有特征最厉害。

表 3.17 二代移民/b/2、/d/2、/g/2 的各类发声态百分比

家庭背景	/b/2		/d/2		/g/2	
	气声态	正常声态	气声态	正常声态	气声态	正常声态
本地	66.7%	33.3%	83.3%	16.7%	66.7%	33.3%
宁波	54.5%	45.5%	63.6%	36.4%	60.0%	40.0%
绍兴	0%	100%	66.7%	33.3%	66.7%	33.3%
苏北	66.7%	33.3%	77.8%	22.2%	44.4%	55.6%
苏州	80.0%	20.0%	80.0%	20.0%	80.0%	20.0%
平均	58.8%	41.2%	73.5%	26.5%	63.7%	36.3%

将表 3.17 展示成图 3.14.1—图 3.14.3:

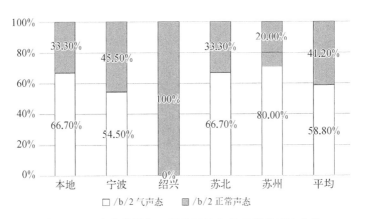

图 3.14.1 家庭背景与二代移民的/b/2 各类发声态占比

观察表 3.17 和图 3.14.1—图 3.14.3 可发现:

/b/2 的发声态,正常声态的占比从高到低为:绍兴>宁波>本地=苏北>苏州。这个位置只有"绍兴"的正常声态占比达到了100%,远高于均值;"宁波"在均值附近;"本地""苏北""苏州"都小于均值。

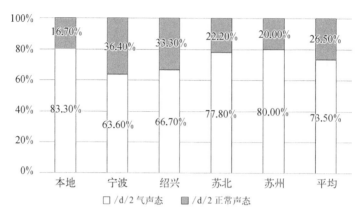

图 3.14.2　家庭背景与二代移民的/d/2 各类发声态占比

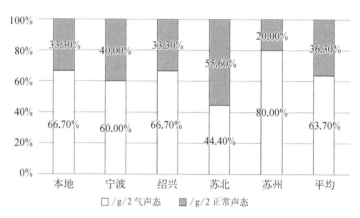

图 3.14.3　家庭背景与二代移民的/g/2 各类发声态占比

/d/2 的发声态,正常声态占比都不是很高,从高到低为:宁波＞绍兴＞苏北＞苏州＞本地,"宁波"和"绍兴"略高于均值;"苏北"和"苏州"略低于均值;"本地"最低。

/g/3 的发声态,正常声态的占比从高到低为:苏北＞宁波＞本地＝绍兴＞苏州。"苏北"高于均值;"本地"和"绍兴"在均值附近;"苏州"远小于均值。

词中位置的"浊音",二代的气化情况也很厉害,气声态的比率与词首位置差不多。其中,二代苏州好像气化最厉害,三个位置都达到了 80%,正常发声态只占 20%。其他家庭背景的分布情况与均值相差不大。

综合来看,家庭移民背景对这第三套塞音的发声态影响已经不是很大。不像一代移民,一代宁波移民习得比较到位,最不到位的是苏北移民。二代移民,分布情况都差不多。

3. 二代移民三套塞音后接元音音高习得分析

与一代移民研究方法相同,将表 3.14 与表 3.5 对比,可发现二代移民习得上海方言这一语音特征的情况。

整理成表 3.18:

表 3.18 二代移民三类塞音后接元音音高特征的习得表现

编号	背景	性别	/p/1+/p/2	/ph/1+/ph/2	/b/1+/b/2	/t/1+/t/2	/th/1+/th/2	/d/1+/d/2	/k/1+/k/2	/kh/1+/kh/2	/g/1+/g/2	习得率
1	bd	m	−	+	+	−	+	+	+	+	+	77.8%
2	bd	f	−	+	+	−	+	+	−	+	+	66.7%
3	bd	f	+	+	+	+	−	+	+	+	+	88.9%
4	bd	f	+	+	+	+	+	+	+	+	−	88.9%
5	bd	m	+	+	+	−	+	−	+	+	−	66.7%
6	bd	f	+	+	+	+	+	+	+	−	+	88.9%
7	nb	m	+	+	+	−	+	−	+	+	+	66.7%
8	nb	m	+	+	−	+	+	−	+	+	+	77.8%
9	nb	m	+	+	+	−	−	+	+	+	+	66.7%
10	nb	f	−	+	+	+	−	+	−	−	+	44.4%
11	nb	f	−	+	+	−	−	−	+	−	+	33.3%
12	nb	f	−	+	+	−	+	+	+	−	−	55.6%
13	nb	f	+	+	+	+	+	+	−	+	+	88.9%
14	nb	f	+	+	+	+	+	−	−	+	+	88.9%
15	nb	m	+	+	+	+	+	+	+	+	+	100%
16	nb	f	−	−	+	−	−	+	−	−	+	33.3%

续 表

编号	背景	性别	/p/1+/p/2	/ph/1+/ph/2	/b/1+/b/2	/t/1+/t/2	/th/1+/th/2	/d/1+/d/2	/k/1+/k/2	/kh/1+/kh/2	/g/1+/g/2	习得率
17	nb	m	−	+	+	+	−	+	+	−	+	66.7%
18	sx	f	+	−	+	+	+	+	+	+	+	88.9%
19	sx	m	−	+	+	+	+	+	+	+	+	77.8%
20	sx	f	−	+	+	+	−	/	+	+	−	50.0%
21	sb	f	−	+	+	+	+	+	+	−	+	77.9%
22	sb	m	−	+	+	−	−	+	+	+	+	66.7%
23	sb	f	+	−	+	+	−	−	−	+	+	55.6%
24	sb	m	+	+	+	−	+	−	−	−	+	55.6%
25	sb		−	+	+	+	−	+	+	+	+	66.7%
26	sb	f	+	+	+	+	+	+	+	−	+	88.9%
27	sb	f	+	+	+	+	+	+	+	+	−	88.9%
28	sb	m	−	+	+	+	+	+	+	+	+	88.9%
29	sb	f	+	+	+	−	−	+	/	+	+	75.0%
30	sz	f	−	+	+	+	−	+	+	+	+	66.7%
31	sz	m	−	−	+	−	−	−	−	−	−	11.1%
32	sz	f	−	−	+	+	−	−	+	−	−	33.3%
33	sz	f	−	+	−	−	−	−	−	+	−	33.3%
34	sz	m	+	+	+	+	−	+	+	+	+	88.9%

说明：bd 为"本地"；nb 为"宁波"；sx 为"绍兴"；sb 为"苏北"；sz 为"苏州"。m 为"男"；f 为"女"。"+"表述习得了，"−"表述未习得，"n"表示无效值。

据表 3.18 可得出各地移民背景的平均习得情况：

表 3.19 家庭背景与二代移民塞音后元音音高习得率

	本地	宁波	绍兴	苏北	苏州	平均
塞音后元音音高习得率	79.7%	65.7%	72.2%	73.8%	46.7%	68.1%

将表 3.18 形象展示成图 3.15：

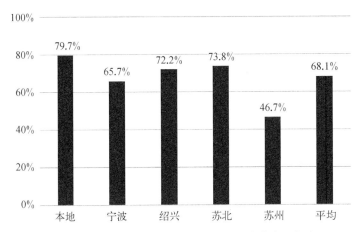

图 3.15　家庭背景与二代移民塞音后元音音高习得率

根据表 3.18 和图 3.15 可知，最高习得率是"本地"民系，最低是"苏州"。其他民系与二代移民塞音后元音音高的习得已经没有很大关系，都在均值附近。

第四章
移民背景与上海城市方言的韵母

上海方言从乡村方言演变成城市方言,韵母经历了大量的变化,本章主要探讨移民背景与上海城市方言 E 韵字的分合表现。

平悦铃 2014 里曾提及:上海城市方言中,蟹、止、咸、山等摄字占主流的读法是[ɛ],前有 u 介音为[uɛ],如:"雷[lɛ]=来[lɛ]=兰[lɛ]","胃[ɦuɛ]=还[ɦuɛ](动词)"。即《上海市区方言志》(许宝华、汤珍珠 1988)中的中派读法。《上海语言发展史》(钱乃荣 2003)也认为,到 20 世纪五六十年代在市中心就以"雷=来=兰"为主流。故她将这批字称为"上海方言 E 韵字",并且发现目前在某些人群里这批 E 韵字又产生了新的分化,出现了一个上海话历史上从未有过的前响复韵母[ei]。(平悦铃 2014)

随后,在进一步研究里发现:这种前响复韵母可能同移民背景有关。(平悦铃、马良 2017)本研究将继续观察这一现象与移民背景的关系。

实验所采用的调查材料详见附录三。

第一节　来源地方言里的 E 韵字韵母

在考察一代和二代移民上海城市方言里的 E 韵字韵母之前,先来看看五个来源地方言里 E 韵字的情况。

一、上海县城、周边乡镇的上海方言的 E 韵字韵母

先来看看《上海市区方言志》(许宝华、汤珍珠 1988)里提到的与目前研究相关的四个音系：

1. 市区老派音系

这个音系是上海城市方言形成期的一种音系,《上海市区方言志》记录调查的 1980 年代,由上海市区 60 岁以上的部分老年人使用,他们主要聚居在当时南市区,即过去的旧上海县城内。这种音系只有[e]、[ɛ]两类,如"雷[le]＝来[le]≠兰[lɛ]"。

与这个音系类似,在《上海方言词典》(许宝华、陶寰 1997)也记载了分为[e]、[ɛ]两类,即蟹开一和蟹合一为[e],而咸开一和山开一为[ɛ]。

包括再往前人们记录研究的上海方言,像《上海话语法》(*A Grammar of Colloquial Chinese as Exhibited in the Shanghai Dialect*, J. Edkins 1853)、《现代吴语的研究》(赵元任 1928)里 E 韵字韵母也没有复元音。一百七十多年前、九十年前的上海话 E 韵字韵母的分布情况与上海老派相同,即"雷[le]＝来[le]≠兰[læ̃]"(J. Edkins1853),"雷[le]＝来[le]≠兰[lɛ]"。

因此,在上海城市方言发展的历史上,E 韵字的韵母没有复元音。

再看看同时期的上海乡村方言：

2. 浦东音系

据《上海市区方言志》(许宝华、汤珍珠 1988),所谓的"浦东音系"是 20 世纪 80 年代还生活在当时市区范围的南市区、黄浦区老年人的音系。E 韵字韵母的分合情况与市区老派相同,即"雷[le]＝来[le]≠兰[lɛ]"。因此,这个音系的 E 韵字韵母也没有复元音。

3. 吴淞音系

这是 20 世纪 80 年代,当时的吴淞区区政府所在的宝山镇上本地老年人的音系。这个音系里的 E 韵字韵母有复元音分布,如"雷[lɤy]""妹[mʌi]"。而"来[lɛ]＝兰[lɛ]"。

4. 闵行音系

这是 20 世纪 80 年代，当时的闵行区闵行镇区政府所在地老街上老年人的音系。这个音系的 E 韵字韵母也没有复元音，同当时的市区老派一样，"雷[le]＝来[le]≠兰[lɛ]"。

从以上分析可看到，只有分布在市区北部的"吴淞音系"，即原属于古淞北地区的乡村方言里 E 韵字韵母才有复元音分布，而且分布在蟹合一，如"雷"字。原属于古淞南地区的"上海县城""浦东音系"和"闵行音系"E 韵字的韵母都没有复元音分布。

二、四个外来移民来源地的 E 韵字韵母

1. 宁波方言

宁波方言 E 韵字的韵母有复元音分布，据《宁波方言词典》（汤珍珠、陈忠敏、吴新贤 1997），"雷[lɐɪ24]≠来[le24]≠兰[lɛ24]"。《鄞州方言研究》（肖萍、郑晓芳 2014）里的 E 韵字韵母也有复元音分布，"雷[lɐɪ22]≠来[le22]≠兰[lɛ22]"。也分布在蟹合一，如"雷"字。

但同样在宁波地区，有的方言 E 韵字韵母就没有复元音，据《余姚方言志》（肖萍 2011），"雷[le13]＝来[le13]≠兰[lã13]"。

2. 绍兴方言

绍兴方言 E 韵字的韵母没有复元音分布，据《绍兴方言研究》（王福堂 2015），"雷[lɛ]＝来[lɛ]≠兰[læ̃]"。

3. 苏北方言（扬州和盐城）

扬州方言的 E 韵字韵母有复元音分布，据《扬州方言词典》（王世华、黄继林 1996），"雷[luɪ35]≠来[lɛ35]≠兰[liæ24]"。同样分布在蟹合一，如"雷"字。

盐城方言的 E 韵字韵母没有复元音分布，据《盐城方言研究》（蔡华详 2011），"雷[lɪ213]≠来[le213]≠兰[læ213]"。

4. 苏州方言

据《苏州方言词典》（叶翔苓 1993）和《苏州方言研究》（汪平 2011），苏州的 E 韵字韵母没有复元音，而且同成熟期上海市方言一

样,"雷[lE]＝来[lE]＝兰[lE]"。

三、来源地方言 E 韵字韵母总结

据前文论述,将来源地方言 E 韵字韵母元音归纳成表 4.1:

表 4.1　来源地方言 E 韵字韵母

来源地		蟹合一	蟹开一	咸开一/山开一
上海本地	县城、浦东、闵行	e	e	E/ɛ
	吴淞(古淞北)	ɤy、ʌy	ʌI、ʌy	E
宁波	城区、鄞州	ɐI	e	E
	余姚	e	e	ã
绍兴		E	E	æ̃
苏北	扬州	uI	ɛ	iæ̃
	盐城	I	e	æ
苏州		E	E	E

从表 4.1 可明显看出,有复元音(前响)的方言是:上海本地的"吴淞音系"、宁波城区、鄞州、苏北的扬州。没有复元音(前响)的方言是:上海本地(除了原属古淞北的地区)、宁波的余姚、绍兴、苏北的盐城、苏州。

四、上海城市方言 E 韵字韵母与来源地方言关系初步推断

从来源地方言的 E 韵字分布情况看,成熟期的上海城市方言 E 韵字韵母的分布受到了苏州方言的影响,因为在形成期或乡村方言时期,蟹开一和蟹合一读音相同,而咸开一和山开一开口度要大点。但同时期的苏州方言已经合并成一个不大不小的[E],所以可以推断受到了苏州方言的影响。

但在某些来源地方言里 E 韵字韵母有复元音分布,而且都分布在蟹合一,如"雷"字。像宁波市区、鄞州、苏北的扬州等。也就是说,两大外来民系——宁波和苏北都有。这种分布在蟹合一的复元音随着

一代移民和部分上海本地人(古淞北)而带入上海城市方言的通行区域,对一代和二代移民的 E 韵字的韵母将产生怎样的影响,请见下文。

第二节　一代移民的上海城市方言的 E 韵字[①]

一、一代移民 E 韵字的实验结果及统计分析

1. 一代移民 F1 和 F2 数据的采样方法

(1) 首先取每一音节中元音 20% 时刻点的 F1、F2 值,80% 时刻点的 F1、F2 值。

(2) 如所得的两个 F1 值的差值小于 20%,判定为单元音;如大于 20%,判定为复元音。

(3) 如为单元音,则取元音的稳定段,一般为 30%～70% 时刻点间的元音段,取这段的 F1、F2 的平均值。

2. 一代移民 E 韵字的 F1 和 F2

各地一代移民和本地人 E 韵字的 F1 和 F2 数据可参见表 4.2:

表 4.2　一代移民 E 韵字的 F1、F2(Hz)

发音人	移民背景	性别	年龄		雷	来	蓝	袋1	袋2	谈1	谈2
M1	BD	M	75	F1	358	368	490	387	389	446	457
				F2	1 801	1 771	1 746	1 850	1 763	1 770	1 596
				IPA	e	e	E	e	e	E	E
M2	NB	M	88	F1	525	348	486	486	495	396	452	450	514
				F2	1 667	1 906	1 879	1 879	1 836	1 938	1 853	1 969	1 854

---

① 本节内容据平悦铃、马良《一代移民习得上海城市方言 E 韵字初探》(载于《语言研究集刊(第十七辑)》,上海辞书出版社,2017 年 1 月)。

续　表

发音人	移民背景	性别	年龄		雷	来	蓝	袋1	袋2	谈1	谈2
M3	NB	M	83	IPA	EI	E	E	EI		E	E	E
				F1	481	291	331	449	397	416	435	497
				F2	1 882	2 059	2 112	2 124	2 152	1 934	2 088	1 921
W1	NB	F	78	IPA	EI		e	E	E		E	E	E
				F1	494		497	499	399	462	496	519
				F2	2 334		2 288	2 339	2 568	2 421	2 368	2 181
W2	SX	F	73	IPA	E		E	E	e	e	E	E
				F1	389		427	429	376	406	364	402
				F2	2 412		2 282	2 259	2 547	2 318	2 335	2 172

改	减	妹1	妹2		慢1	慢2	杯		般
IPA	E	E	E		E	E	E	E		E
348	395	386	373		411	458	409		469
1 867	1 831	1 794	1 875		1 829	1 710	1 887		1 715
e	E	e	e		E	E	e		E
386	397	470	505		524	489	497		510
1 896	1 926	1 688	1 776		1 831	1 744	1 791		1 876
e	e	E	E		E	E	E		E
356	367	291	343		423	470	396	307	417
2 004	1 985	2 157	2 079		2 083	1 888	2 046	1 743	2 069
e	e	E	E		e	E	E	E	
393	487	438	454		494	586	479		557
2 370	2 318	2 354	2 152		2 209	2 111	2 131		2 064
e	E	E	E		e	E	E		E
262	365	374	408		441	525	396		—
1 733	2 729	2 057	2 268		2 430	2 348	2 358		
e	E	E	E		E	E	E		E

说明：表1中BD指本地，NB指宁波，SX指绍兴，M指男性，F指女性。

由于数据过于庞杂,第 6—11 发音人,即 M4、M5、M6、W3、W4、W5 的 F1、F2 数据不再列出,以图 4.1 来表示。

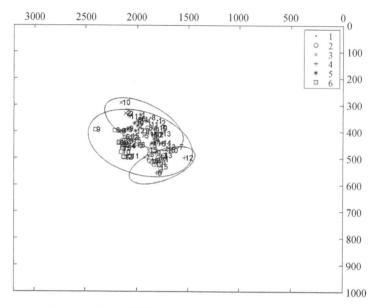

图 4.1　男性一代移民 E 韵字的 F1 - F2(除却复合元音)

数据点的形状代表发音人 W1—W6,数据点左侧标记代表该发音人的音节序,椭圆由协方差误差计算。

据图 4.1 可看出,男性一代还存在[e]、[ɛ]、[ɛ]的对立。

图 4.2 中 W2 的 8 号圆圈"改"音节为一孤点,去掉此点,得到图 4.3。我们发现修正后的图形位于上面的两个椭圆呈重叠状态,说明女性一代移民的[e]与[ɛ]已合并。并且只有 W3(苏北移民)保留了[ɛ],其他都没有。

数据点的形状代表发音人 M2—M4,数据点左侧标记代表该发音人的音节序号,箭头由复元音的第一元音指向第二元音。

3. ANOVA 单因素方差分析法和 LSD 的 Post - Hoc 事后比较法对数据的统计分析

(1) 男性一代移民 E 韵字(除却复合元音)数据统计分析

图 4.1 可看出男性一代移民的 E 韵字有[e]、[ɛ]、[ɛ]的对立。

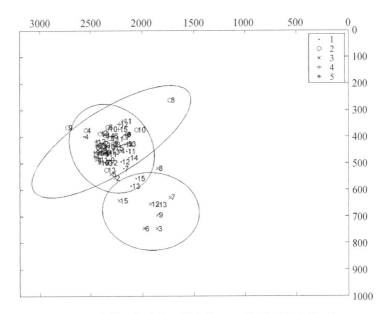

图 4.2 女性一代移民 E 韵字的 F1 - F2(除却复合元音)

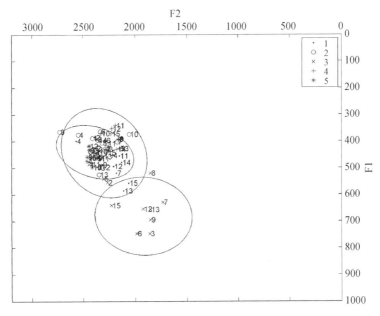

图 4.3 修正后女性一代移民 E 韵字的 F1 - F2(除却复合元音)

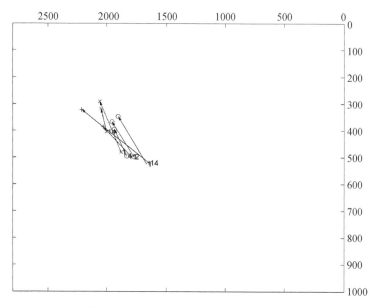

图 4.4　男性一代移民的复合元音 F1 - F2

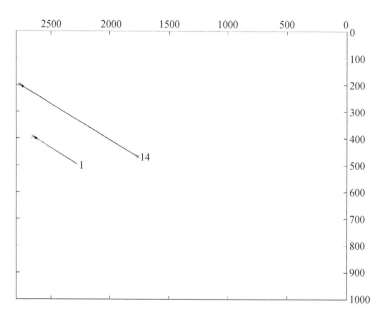

图 4.5　女性一代移民 W3 的复合元音 F1 - F2

ANOVA 单因素方差分析结果同样显示[e]、[ɛ]、[ɛ]三组 F1 值存在显著差异(p=0.000),LSD 的事后比较显示每两组之间的差异也全部显著(p=0.000)。(见图 4.6 左)ANOVA 分析结果显示三组 F2 值存在显著差异(p=0.009),LSD 的事后比较则显示[e]和[ɛ]两组之间的 F2 差异不显著(p=0.383),[e]与[ɛ]之间的差异显著(p=0.018),[ɛ]与[ɛ]之间差异也显著(p=0.002)。(见图 4.6 右)

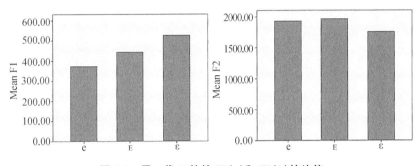

图 4.6　男一代 E 韵的 F1(a)和 F2(b)的均值

结合图 4.1 可知:

① 男一代移民三组 F1 呈显著性差别,形成明显的三分情况。

② 男一代移民三组 F2 也存在差别,差别主要体现在[ɛ]与[e]和[ɛ]区分上,而[e]和[ɛ]的 F2 在统计上没有显著性差别。

(2) 女性一代移民 E 韵字(除却复合元音)数据统计分析

图 4.3 显示女性一代移民[e]与[ɛ]已合并。并且,只有 W3(苏北移民)保留了[ɛ],其他女性一代都没有。

ANOVA 分析结果显示女一代移民三组 F1 值存在显著差异(p=0.000),LSD 的事后比较显示[e]与[ɛ]两组之间的 F1 差异不显著(p=0.863),[e]与[ɛ]之间的差异显著(p=0.000),[ɛ]与[ɛ]之间差异也显著(p=0.000)。(见图 4.7 左)

ANOVA 分析结果同时显示三组 F2 值存在显著差异(p=0.000),LSD 的事后比较显示[e]与[ɛ]两组之间的 F2 差异不显著(p=0.117),[e]与[ɛ],[ɛ]与[ɛ]之间差异均显著(p=0.000)。(见图 4.7 右)

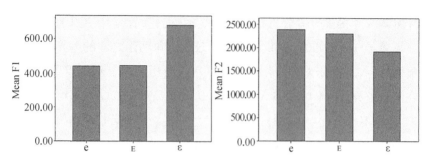

图 4.7 女一代移民 E 韵的 F1(a)和 F2(b)的均值

结合图 4.3 可知：

① 女一代移民的[e]和[E]在 F1 和 F2 上都不存在显著性差异，可以认为两者已经合并。

② 女一代移民的[ɛ]与[e]、[ɛ]与[E]在 F1 和 F2 上都存在显著性差异。

③ 女一代移民实际只存在两个对立项，即[ɛ]与[E]的对立。

4. 一代移民的 E 韵字韵母

综上分析，可得表 4.3：

表 4.3　一代移民 E 韵字的韵母

发音人	移民背景	性别	年龄	雷	来	蓝	袋1	袋2	谈1	谈2
M1	BD	M	75	e	e	E	E	e	E	E
M2	NB	M	88	EI	E	E	EI	E	E	E
M3	NB	M	83	EI	e	E	E	E	E	E
W1	NB	F	78	E	E	E	E	E	E	E
W2	SX	F	73	E	E	E	E	E	E	E
M4	SB	M	87	EI	e	Eⁿ	E	E	ɛn	ɛn
W3	SB	F	77	EI	E	ɛn	E	E	ɛn	ɛ̃
M5	SZ	M	79	E	E	E	E	E	E	E
W4	SZ	F	77	E	E	E	E	E	E	E
W5	SZ	F	76	E	E	E	E	E	E	E
M6	SZ	M	72	E	E	E	E	E	E	E

续　表

改	减	妹1	妹2	慢1	慢2	杯	般
e	E	e	e	E	E	e	E
e	e	E	E	E	E	E	E
e	e	e	e	E	E	EI	E
E	E	E	E	E	E	E	E
e	E	E	E	E	E	E	—
e	E	E	e	ɛ	ɛ	EI	ɛ
E	ɛn	E	E	ɛ̃	ɛ̃	ei	ɛ̃
E	E	E	E	E	E	E	E
E	E	E	E	E	E	E	E
E	E	E	E	E	E	E	E
E	E	E	E	E	E	E	E

说明：表 4.3 中 BD 指本地，NB 指宁波，SX 指绍兴，SB 指苏北，SZ 指苏州，M 指男性，F 指女性。

二、一代移民 E 韵字的习得特征以及与移民背景的关系

1. 一代移民 E 韵字的习得特征

从表 4.3 看出一代移民在习得上海方言 E 韵字时具有以下一些特征：

（1）一代苏州移民和一代绍兴移民都习得为[E]。

（2）只有一代宁波移民（M2、M3）和一代苏北移民（M4、W3）出现了复合元音，即[EI]或[ei]。主要集中在"雷""杯"两音节。常用的"妹妹"中反而没出现。

（3）苏北移民（M4、W3）在咸山摄字（"蓝""谈 1""谈 2""减""慢 1""慢 2""般"）中还保留了鼻音尾[ɛn]、鼻化[ɛ̃]读法，或者鼻音成分脱落的[ɛ]。

（4）女性宁波移民（W1）非但没有出现复合元音，而且全部合并为[E]。

(5) 本地人(M1)的蟹止二摄读成[e],咸山摄读成[ɛ]。即"雷[le]=来[le]≠蓝[lɛ]"。

2. 一代移民 E 韵字的习得特征与移民背景的关系

从不同的移民来源背景来分析,可得以下一些认识:

(1) 一代移民在习得上海方言时还是保留母语方言的特点,比如上海本地人还是保留乡村方言时期的蟹开一、蟹合一为[e];咸开一、山开一为[ɛ]。苏北移民还保留咸山摄的鼻音尾、鼻化色彩等。男性宁波移民保留二合元音。母语本来没有复元音的民系将 E 韵字都合并成[ɛ],如苏州和绍兴。

(2) 女性一代移民比男性更趋向合并成[ɛ],如女性宁波一代移民都合并成[ɛ],而男性宁波一代不仅残留了二合元音,还保留一定的[e]、[ɛ]对立。

(3) 合并成[ɛ]是总趋势,人数不占优势的一代移民(如绍兴)走得更快,女性移民走得更快。

第三节　二代移民的上海城市方言的 E 韵字

二代移民的研究方法与一代有所不同,一代的个体差异性非常大,他们的母语方言都各不相同,因此对每个人发的每个 E 韵字都仔细观察分析。而二代移民的母语方言就是上海城市方言,只是家庭语言背景有所不同,因此,注重民系的整体观察,关注点在于民系间的差异性。

基于以往对 E 韵字的研究(平悦铃 2014),目前的上海城市方言里 E 韵字出现了新的变体形式,即出现了复元音,具体音值有:[ei]和[ɛi]。具体来说就是观察韵母元音 20% 与 80% 时刻点的 F1 和 F2 的变化斜率,来分析 E 韵字有无出现复韵母。

F1 和 F2 的斜率(slope of F1, slope of F2)指:80% 时刻点的 F1

与 20%时刻点的 F1 之间的差值与 80%与 20%时刻点之间的时长的比值;80%时刻点的 F2 与 20%时刻点的 F2 之间的差值与 80%与 20%时刻点之间的时长的比值。公式可写成:

$$\text{Slope of F1}=\frac{\Delta \text{F1}}{\Delta \text{time}}=\frac{\text{F1}_{80\%}-\text{F1}_{20\%}}{\text{T}_{80\%}-\text{T}_{20\%}} \quad （公式一）$$

$$\text{Slope of F2}=\frac{\Delta \text{F2}}{\Delta \text{time}}=\frac{\text{F2}_{80\%}-\text{F2}_{20\%}}{\text{T}_{80\%}-\text{T}_{20\%}} \quad （公式二）$$

如果是单韵母[ɛ]的话,20%和 80%时刻的 F1 和 F2 差值不会有较明显的变化。尤其是观察 F2 的斜率,会比较明显看出韵母元音是否已经出现复元音的趋势。(胡方 2013)

同时再对 30%、40%……70%这五个时刻点的 F1 和 F2 采样,得出这五个时刻点的 F1 和 F2 均值。

一、二代移民 E 韵字的 F1 和 F2 数据及分析

表 4.4 二代移民 E 韵字的 F1(Hz)

编号	背景	性别	年龄	音标	例 字	F1			
						均值(30%—70%时刻)	20%时刻	80%时刻	斜率
1	bd	m	69	ɛ	来蓝袋1袋2谈1谈2改减慢1慢2般	468	423	484	0.63
				ei	雷妹1妹2杯	357	394	341	−0.47
2	bd	f	67	ɛ	来蓝谈1谈2改减妹1妹2慢1慢2般	493	450	504	0.95
				e	袋1袋2	449	414	470	0.86
				ei	雷杯	430	505	390	−1.78
3	bd	f	63	ɛ	来蓝袋1袋2谈1谈2改减慢1慢2般	482	493	458	−0.28
				ei	雷妹1妹2杯	415	507	366	−1.36

续 表

编号	背景	性别	年龄	音标	例字	F1 均值(30%—70%时刻)	20%时刻	80%时刻	斜率
4	bd	f	62	e	雷来蓝袋1袋2谈1谈2改减妹1妹2杯	395	400	402	0.01
				E	慢1慢2般	452	412	468	0.65
5	bd	m	60	E	慢1慢2般	482	430	505	0.93
				e	雷来蓝袋1袋2谈1谈2改减妹1妹2杯	452	436	452	0.26
6	bd	f	52	E	来蓝袋1袋2谈1谈2改减妹1妹2慢1慢2杯般	492	503	468	−0.72
				Ei	雷	420	503	357	−1.84
7	nb	m	79	E	来蓝袋1袋2谈1谈2改减慢1慢2般	487	452	489	0.41
				ei	雷妹1妹2杯	419	473	383	−0.95
8	nb	m	79	e	雷来蓝袋1袋2改减妹1妹2杯	372	367	369	0.08
				E	蓝谈1谈2慢1慢2般	424	408	434	0.27
9	nb	m	74	E	来蓝袋1袋2谈1谈2改减慢1慢2般	507	439	528	0.92
				ei	雷妹1妹2杯	405	464	373	−0.73
10	nb	f	73	E	雷来蓝袋1袋2谈1谈2改减妹1妹2慢1慢2杯般	488	460	489	0.39
11	nb	f	71	E	来蓝袋1袋2谈1谈2改减慢1慢2般	456	437	477	0.52
				e	妹1妹2杯	458	486	438	−0.78
				ei	雷	407	469	320	−1.02
12	nb	m	68	E	雷来蓝袋1袋2谈1谈2改减妹1妹2慢1慢2杯般	414	381	425	0.46
13	nb	f	62	E	来蓝袋1袋2谈1谈2改减慢1慢2般	519	482	548	0.87

续 表

编号	背景	性别	年龄	音标	例 字	F1 均值(30%—70%时刻)	20%时刻	80%时刻	斜率
				ei	雷妹1妹2杯	431	489	396	−1.00
14	nb	f	58	E	来蓝袋1袋2谈1谈2改减慢1慢2般	446	434	448	0.11
				ei	雷妹1妹2杯	434	510	391	−1.49
15	nb	m	57	E	来蓝袋1袋2谈1谈2改减慢1慢2般	423	397	442	0.72
				e	妹1妹2	440	465	424	−0.75
				ei	雷杯	390	429	358	−0.99
16	nb	f	54	E	来蓝袋1袋2谈1谈2改减妹1妹2慢1慢2杯般	533	516	538	0.37
				ei	雷	492	616	418	−3.06
17	nb	m	52	E	来蓝袋1袋2谈1谈2改减妹1妹2慢1慢2杯般	410	378	414	0.71
				ei	雷	415	399	417	0.25
18	sx	f	64	E	雷来蓝袋1袋2谈1谈2改减妹1妹2慢1慢2杯般	489	468	494	0.26
19	sx	m	63	E	雷来蓝袋1袋2谈1谈2改减妹1妹2慢1慢2杯般	392	367	395	0.52
20	sx	f	59	E	雷来蓝袋1袋2谈1谈2改减妹1妹2慢1慢2杯般	440	418	454	0.26
21	sb	f	72	E	雷来蓝袋1袋2谈1谈2改减妹1妹2慢1慢2杯般	441	419	440	0.27
22	sb	m	71	E	雷来蓝袋1袋2谈1谈2改减慢1慢2般	444	423	460	0.43
				ei	妹1妹2杯	410	410	397	−0.94
23	sb	f	63	E	蓝袋1袋2谈1谈2改减妹1妹2慢1慢2杯般	444	426	442	0.22
				ei	雷来	386	403	332	−0.70

续 表

编号	背景	性别	年龄	音标	例 字	F1 均值(30%—70%时刻)	20%时刻	80%时刻	斜率
24	sb	m	62	ɛ	雷来蓝袋1袋2谈1谈2改减妹1妹2慢1慢2杯般	405	394	412	0.23
25	sb	m	58	ɛ	来蓝袋1袋2谈1谈2改减慢1慢2般	374	343	402	0.78
				ei	雷妹1妹2杯	346	401	330	−0.85
26	sb	f	56	ɛ	雷来蓝袋1袋2谈1谈2改减妹1妹2般	476	501	477	−0.26
				ɛ	慢1慢2	545	530	538	0.12
				ei	杯	513	553	457	−0.95
27	sb	f	54	ɛ	雷来蓝袋1袋2谈1谈2改减妹1妹2慢1慢2般	498	503	500	0.03
				ei	杯	522	573	480	−0.87
28	sb	m	52	ɛ	雷来蓝袋1袋2谈1谈2改减妹1妹2慢1慢2杯般	399	399	391	−0.03
29	sb	f	52	ɛ	雷来蓝袋1袋2谈1谈2改减妹1妹2慢1慢2杯般	451	444	463	0.29
30	sz	f	72	ɛ	雷来蓝袋1袋2谈1谈2改减妹1妹2慢1慢2杯般	476	471	484	0.18
31	sz	m	71	ɛ	雷来蓝袋1袋2谈1谈2改减妹1妹2慢1慢2杯般	409	387	401	0.27
32	sz	f	70	ɛ	雷来蓝袋1袋2谈1谈2改减妹1妹2慢1慢2般	509	492	510	0.16
				e	杯	431	438	439	0.01
33	sz	f	59	ɛ	雷来蓝袋1袋2谈1谈2改减妹1妹2慢1慢2杯般	509	492	525	0.53
34	sz	m	51	ɛ	雷来蓝袋1袋2谈1谈2改减妹1妹2慢1慢2杯般	371	341	378	0.73

说明：bd指本地，nb指宁波，sx指绍兴，sb指苏北，sz指苏州，m指男性，f指女性。

表 4.5　二代移民 E 韵字的 F2(Hz)

编号	背景	性别	年龄	音标	F2			
					均值(30%—70%时刻)	20%时刻	80%时刻	斜率
1	bd	m	69	E	2 184	2 175	2 167	−0.17
				ei	2 232	2 034	2 290	2.65
2	bd	f	67	E	2 245	2 200	2 251	0.87
				e	2 345	2 361	2 326	−0.54
				ei	2 282	2 094	2 135	0.76
3	bd	f	63	E	2 310	2 208	2 316	0.75
				ei	2 277	2 263	2 006	−1.99
4	bd	f	62	e	2 102	2 080	2 231	1.37
				E	2 204	1 927	2 162	1.83
5	bd	m	60	E	2 071	2 013	1 992	−0.37
				e	1 985	1 953	1 936	−0.53
6	bd	f	52	E	2 174	2 254	2 149	−2.67
				Ei	2 677	2 568	2 695	0.40
7	nb	m	79	E	1 977	1 979	1 957	−0.35
				ei	2 025	1 839	2 098	2.92
8	nb	m	79	e	2 013	1 932	1 999	0.73
				E	1 921	1 892	1 881	−0.22
9	nb	m	74	E	2 023	2 029	2 001	−0.35
				ei	2 214	2 007	2 303	2.60
10	nb	f	73	E	2 145	2 087	2 064	−0.25
11	nb	f	71	E	2 185	2 183	2 148	−1.07
				e	2 227	2 088	2 228	2.06
				ei	2 293	2 098	2 401	2.06

续 表

编号	背景	性别	年龄	音标	F2			
					均值(30%—70%时刻)	20%时刻	80%时刻	斜率
12	nb	m	68	E	2 105	1 911	2 116	2.01
13	nb	f	62	E	1 992	1 780	2 179	4.78
				ei	1 364	1 472	1 699	3.53
14	nb	f	58	E	2 382	2 293	2 365	0.55
				ei	2 522	2 372	2 609	2.74
15	nb	m	57	E	2 063	2 058	2 039	−0.30
				e	1 993	1 801	2 063	4.10
				ei	2 051	1 802	2 114	4.81
16	nb	f	54	E	2 143	2 151	2 182	0.39
				ei	2 463	2 216	2 530	4.86
17	nb	m	52	E	2 043	2 029	2 014	−0.48
				ei	2 129	2 074	2 147	1.02
18	sx	f	64	E	2 218	2 247	2 256	0.44
19	sx	m	63	E	1 718	1 710	1 703	−0.37
20	sx	f	59	E	1 801	1 793	1 794	−0.39
21	sb	f	72	E	2 196	1 960	2 125	2.41
22	sb	m	71	E	1 945	1 992	1 858	−1.04
				ei	2 134	2 056	2 145	−0.99
23	sb	f	63	E	2 478	2 226	2 525	4.60
				ei	2 652	1 698	2 597	9.30
24	sb	m	62	E	2 142	2 107	2 117	0.14
25	sb	m	58	E	1 941	1 939	1 965	0.28
				ei	1 940	1 773	2 007	2.89

续 表

编号	背景	性别	年龄	音标	F2			
					均值(30%—70%时刻)	20%时刻	80%时刻	斜率
26	sb	f	56	E	2 418	2 328	2 440	1.26
				ε	2 398	2 253	2 398	1.61
				ei	2 492	2 264	2 541	2.76
27	sb	f	54	E	2 291	2 162	2 230	0.55
				ei	2 271	2 199	1 846	−3.31
28	sb	m	52	E	2 156	2 101	2 160	0.65
29	sb	f	52	E	1 894	2 018	1 986	−1.06
30	sz	f	72	E	1 648	1 523	1 835	2.85
31	sz	m	71	E	1 648	1 523	1 835	2.85
32	sz	f	70	E	2 177	2 133	2 149	0.23
				e	2 597	2 549	2 587	0.33
33	sz	f	59	E	2 630	2 514	2 630	0.82
34	sz	m	51	E	2 361	2 354	2 350	−0.14

说明：bd指本地，nb指宁波，sx指绍兴，sb指苏北，sz指苏州，m指男性，f指女性。

观察表4.4和表4.5，比较两类韵母元音，单元音（包含[E]、[e]、[ε]三种）和复元音（包含[ei]、[Ei]两种），可以发现：

(1) 复元音例字分布有一定的规律性，只分布于"雷、妹1、妹2、杯"这四个字上，其他例字都没有分布。也就是说，都分布在蟹合一。这同来源地方言E韵字韵母复元音分布条件完全一致。

(2) 二代移民出现韵母复元音，与他们的家庭移民背景有关。本地民系（共6人）有3人出现复元音，占50%；宁波民系（共11人）有8人出现复元音，占72.7%；绍兴民系没有人出现复元音，因此出现率为0%；苏北民系（共9人）有5人，出现率为55.6%；苏州民系没有人出现复元音，出现率为0%。

因此,出现复元音的都是些来源地方言本来就有复元音分布的民系,包括:二代本地、二代宁波、二代苏北,出现率一般在 50% 左右,"宁波"最高,达 72.7%。

二、二代移民 E 韵字的 F1 和 F2 的斜率分析

根据"公式一"和"公式二"可得到二代移民各个 E 韵字的 F1 和 F2 斜率。下面分析单元音(包含[ɛ]、[e]、[ɛ]三种)和复元音(包含[ei]、[ɛi]两种)在 F1 和 F2 斜率上的表现,可见图 4.8:

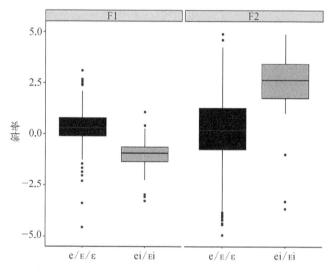

图 4.8 二代移民 E 韵字的两类元音的 F1 斜率和 F2 斜率

观察图 4.8 可明显发现:二代移民的 E 韵字韵母如果是单元音(包含[ɛ]、[e]、[ɛ]三种),F1 斜率和 F2 斜率都分布于"0"附近;如果是复元音([ei]、[ɛi]两种),F1 斜率大部分都分布于"−1"附近,F2 的斜率大部分都分布于"2.5"附近。

下面将采用 Mann-Whitney U 检验方法再来看看这两类元音是否存在显著性差异。由于这两类元音的样本数量不同,且不符合正态分布,因此采用非参数检验的方法。检验结果为:第一共振峰 F1 的 W=17 436,p-value<0.000 1;第二共振峰 F2 的 W=4 652,p-value<

0.000 1。说明两类元音的 F1 和 F2 都有显著差异。

从以上统计分析可明显看出,上海城市方言 E 韵字的韵母确实有两类分布,一类是 F1 和 F2 斜率接近"0"的,从语音学角度看是单元音,包括[ɛ]、[e]、[ɛ]三种;一类是 F1 斜率在"-1"附近,F2 斜率在"2.5"附近,从语音学角度看是复元音,可以推断的是:

1) 舌位逐渐上升(F1 斜率≈-1);
2) 舌位逐渐往前(F2 斜率≈2.5)。

从[ɛ]、[e]、[ɛ]三类音素的舌位往前向上的应该就是[ɪ,i]。

三、移民背景与二代移民 E 韵字韵母元音

1. E 韵字韵母元音合并为[ɛ]

一代移民 E 韵字就已经出现合并成一个[ɛ]的倾向,比如一代女性宁波移民,一代女性绍兴移民。苏州方言由于当时就已经合并成一个单元音[ɛ]了,所以一代苏州移民的 E 韵字韵母都是[ɛ]。到二代这个趋势更加明显,[e]、[ɛ]对立,以及复元音[ei]都已经不成系统,成为一种残留现象。

二代移民 E 韵字韵母彻底合并为[ɛ]的共有 13 人,总共 34 人,合并率 38.2%。其中男性 6 个、女性 7 个,性别差异不大。图 4.9 展示了移民背景与合并率:

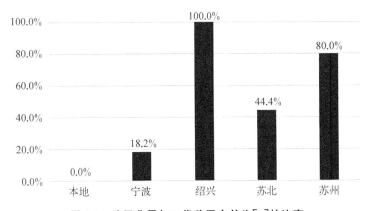

图 4.9 移民背景与二代移民合并为[ɛ]的比率

从前文描述及图 4.9 可明显看出：二代移民的家庭背景与合并率有很大关系。最高的是二代绍兴，达到 100%；二代苏州其次，达到 80.0%；二代苏北接近一半，达到 44.4%；二代宁波只有 18.2%；二代本地最低，为 0%。人数较少的民系(绍兴和苏州)合并率高，人数多的民系(本地、宁波、苏北)合并率低。

2. 复元音[ei]/[ɛi]是来源地方言的残留

一代移民的上海城市方言 E 韵字韵母出现复元音的民系，只有一代宁波和一代苏北，可推断的原因是：他们的母语方言本来就有复元音。

二代移民出现复元音的民系有所扩大，除了宁波和苏北，本地民系也有了。原因前文曾提到：由于成熟期上海城市方言通行范围横跨古淞北和古淞南两个地区，古淞北地区原来的方言很有可能就有复元音，因此蟹合一为复元音这个语音特征出现在了二代本地某些人的嘴里。

本项研究里韵母出现复元音的字集中在蟹合一的"雷""妹1""妹2""杯"。

先看"雷"，34 人里有 14 人的韵母为复元音，占 41.2%。其中二代本地 4 人、共 6 人，占 66.7%；二代宁波 8 人，共 11 人，占 72.7%；二代苏北 2 人，共 9 人，占 22.2%；二代绍兴 0%；二代苏州 0%。

"妹1"和"妹2"，34 人里有 8 个人的韵母为复元音，占 23.5%。其中二代本地 2 人，共 6 人，占 33.3%；二代宁波 4 人，共 11 人，占 36.4%；二代苏北 2 人，共 9 人，占 22.2%；二代绍兴 0%；二代苏州 0%。

"杯"，34 个人里有 10 个人的韵母为复元音，占 29.4%。其中二代本地 3 人，共 6 人，占 50.0%；二代宁波 5 人，共 11 人，占 45.5%；二代苏北 2 人，共 9 人，占 22.2%；二代绍兴 0%；二代苏州 0%。

整理成表格如表 4.6：

表 4.6 移民背景与 E 韵字韵母复元音的出现率

民　系	"雷"	"妹 1"和"妹 2"	"杯"
本　地	66.7%	33.3%	50.0%
宁　波	72.7%	36.4%	45.5%
绍　兴	0%	0%	0%
苏　北	22.2%	22.2%	22.2%
苏　州	0%	0%	0%
总　计	41.2%	23.5%	29.4%

图 4.10 将形象展示移民背景与 E 韵字韵母出现复元音的关系：

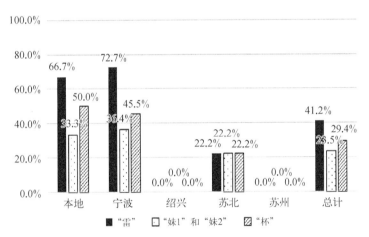

图 4.10 移民背景与 E 韵字韵母复元音的出现率

从表 4.6 和图 4.10 可明显看出，二代移民 E 韵字韵母出现复元音的比率不是很高，总的出现率 50％都不到。

但某些民系则相对较高，其中尤其以二代本地和二代宁波为代表。二代苏北则略低于总体出现率。二代绍兴和二代苏州根本没有复元音。所以，三个来源地方言里有复元音的民系——本地、宁波和苏北在二代上海城市方言里把这一语音特征存留下来了。但也不是成系统地存留，"雷"出现复元音的比率最高，"妹 1 妹 2"最低。

外来民系,如果民系意识强,而且在上海的威望也较高,保留地就比较多,如二代宁波。相反,民系意识强,但威望低的民系保留地较少,如二代苏北。

本地民系保留率也较高,出现复元音的 4 个被调查人,3 个(二代编号 1,2,3)都是出生居住在原古淞北地区的,编号 1 发音人是榆林区(现属杨浦区),编号 2 发音人是谭家桥地区(现属虹口区),编号 3 发音人是张桥地区(现属杨浦区)。只有编号 6 发音人是万航渡路地区(现属徐汇区),但她仅有 1 个字,即"雷"字的韵母为复元音。很明显,生活在原古淞北地域的本地民系较多保留了复元音,而古淞南地域的本地民系就很少出现复元音。

综上,E 韵字韵母保留复元音,是来源地方言的残留特征。人数多,而且威望高的民系保留较多,如二代本地(古淞北地区)和二代宁波;人数多,威望低的民系,如二代苏北保留较少,他们更愿意去习得主流形式,即合并为一个单元音[E]。人数少的民系,二代绍兴和二代苏州,正巧他们的来源地方言里就没有复元音,所以这两个民系就没有复元音。

第五章
移民背景与上海城市方言的声调

本章探讨移民背景与成熟期上海方言声调的关系,将着重研究一代和二代移民习得上海城市方言单音节声调系统的情况。下文将"单音节声调"简称为"声调"。

各个移民来源地方言的声调系统与成熟期上海城市方言的声调系统是不一样的,包括母语为上海乡村方言的本地人,声调系统与上海城市方言的声调系统也是不同的。

首先来看看各个移民来源地方言中的声调系统:

第一节 来源地方言的声调系统

据各类方言志、方言词典的记载,五个来源地方言的声调系统如下:

表 5.1 上海乡村方言声调(6个)

阴平 53 刚知专开商	
阴上 44 古展口好手	
阴去 34/335 盖正对唱汉	阳去 23/224 穷女近共害
阴入 55 急竹曲出黑	阳入 12 额入麦局合

说明:这个声调系统综合了《上海市区方言志》(许宝华、汤珍珠1988)里"上海市区老派音系"和"浦东音系"里的声调系统,两者差别只在"阴去"和"阳去","阴去"的老派音系为34,浦东音系为335;"阳去"老派音系为23,浦东音系为224。其他调类两个音系都相同。(据许宝华、汤珍珠1988《上海市区方言志》:57—58,74)

表 5.2　宁波方言声调(7 个)

阴平 53	阴上 35	阴去 44	阴入 55
阳平 24		阳去 213	阳入 12

据汤珍珠、陈忠敏、吴新贤 1997《宁波方言词典》:7

表 5.3　绍兴方言声调(8 个)

阴平 52	阴上 335	阴去 33	阴入 45
阳平 231	阳上 113	阳去 11	阳入 23

据王福堂 2015《绍兴方言研究》:7

表 5.4　苏北方言声调(5 个)

阴平 52/31	上声 42/33	去声 55/35	入声 4/5
阳平 231			

说明：此表综合了扬州和盐城两地的声调系统，"/"左边为扬州的调值，"/"右边为盐城的调值。无"/"，则表示两地调值一样。苏北两地的调类分布完全一致，只在具体调值上有一定的差异。(据王世华、黄继林 1996《扬州方言词典》:7;蔡华详 2011《盐城方言研究》:55)

表 5.5　苏州方言声调(7 个)

阴平 44　诗高低边粗筋	阳平 223　穷陈唐难云皮
阴上 51　古展口好手	
阴去 523　正对唱怕四剑	阳去 231　是厚大饭五女
阴入 43　急一笔尺福鸭	阳入 23　六读滑十热佛

据汪平 2011《苏州方言研究》:28

　　从表 5.1—5.5 可看出,其中四个来源地方言为北部吴语,具有吴语声调的一些共同特征,例如：总的调类数目在 6—8 个;有入声,且分阴阳;三个舒声阴调类都保留,三个舒声阳调类有的保留(如绍兴方言),有的阳上归去(如宁波方言、苏州方言),有的全部合并(如上海乡村方言)。只有苏北两地方言,扬州和盐城是江淮官话的声调面貌：平分阴阳;上去不分阴阳;有入声,但不分阴阳。

第二节 一代移民的上海方言的声调系统

成熟期上海城市方言的声调系统,只有5个调类,阴上归阴去,三个舒声阳调类都归阳去,入声仍分阴阳,详见表5.6:

表5.6 上海城市方言声调(5个)

阴平 53	刀浆司东刚知		
阴去 34	岛到奖酱水四	阳去 23	桃导道墙象匠
阴入 55	雀削说踢足笔	阳入 12	嚼石局读食合

据许宝华、汤珍珠1988《上海市区方言志》:8

这些一代移民在习得成熟期上海城市方言的声调系统时各有什么表现呢?

研究将从声学特征分析入手,主要观察两个声学参量:(1)音高;(2)调长。采样的具体方法可见《吴语声调的实验研究》(第一章)。(平悦铃等2001)

一、音高研究

1. 基频F0数值

表5.7.1—5.7.10将具体展现10个一代发音人的8个调类的音高数据:

表5.7.1 一代本地(男,编号1)8个调类的基频F0数值

F0 单位:赫(Hz)　样本数:3

百分时刻	10%	20%	30%	40%	50%	60%	70%	80%	90%	100%
阴平	178	190	187	186	182	173	161	147	133	122
标准偏差	24	16	17	17	16	15	12	10	8	6
阳平	138	123	122	120	121	123	127	135	147	160

续 表

标准偏差	10	4	3	6	10	13	16	16	14	13
阴上	164	158	155	153	153	152	151	151	150	150
标准偏差	7	4	3	3	2	2	3	3	3	4
阳上	144	123	120	118	118	120	126	135	153	180
标准偏差	7	4	5	6	7	7	8	12	18	21
阴去	173	153	148	151	157	165	172	178	182	183
标准偏差	14	6	3	4	7	9	9	10	10	11
阳去	158	135	134	137	143	152	165	176	183	189
标准偏差	4	5	2	1	2	3	3	5	6	10
阴入	209	205	202	199	197	197	198	200	200	200
标准偏差	11	12	15	16	15	15	15	16	16	16
阳入	165	147	139	137	138	141	148	158	168	169
标准偏差	9	8	8	10	12	15	18	22	26	24

表 5.7.2 一代宁波(男,编号 2)8 个调类的基频 F0 数值

F0 单位:赫(Hz) 样本数:3

百分时刻	10%	20%	30%	40%	50%	60%	70%	80%	90%	100%
阴平	178	190	187	186	182	173	161	147	133	122
标准偏差	24	16	17	17	16	15	12	10	8	6
阳平	138	123	122	120	121	123	127	135	147	160
标准偏差	9	4	3	6	10	13	16	16	14	13
阴上	164	158	155	153	153	152	151	151	150	150
标准偏差	7	4	3	2	2	2	3	3	3	4
阳上	144	123	120	118	118	120	126	135	153	180
标准偏差	7	3	5	6	7	7	8	12	18	21
阴去	173	153	148	151	157	165	172	178	182	183

续 表

标准偏差	14	6	3	4	7	9	8	10	11	11
阳去	158	135	134	137	143	152	165	176	183	189
标准偏差	4	4	2	1	2	3	3	5	6	10
阴入	209	205	202	199	197	197	198	200	200	200
标准偏差	11	12	15	16	15	15	15	16	16	16
阳入	165	147	139	137	138	141	148	158	168	169
标准偏差	9	8	8	10	12	15	18	22	26	24

表 5.7.3　一代宁波(女,编号 3)8 个调类的基频 F0 数值

F0 单位:赫(Hz)　样本数:3

百分时刻	10%	20%	30%	40%	50%	60%	70%	80%	90%	100%
阴平	249	266	260	256	249	237	220	194	164	133
标准偏差	37	19	29	29	26	24	22	16	6	8
阳平	152	145	154	168	186	199	207	209	206	199
标准偏差	9	12	15	23	27	29	31	30	26	19
阴上	206	221	212	204	194	183	173	160	148	135
标准偏差	29	31	31	27	18	6	8	20	35	49
阳上	151	143	140	141	145	151	160	173	186	195
标准偏差	14	2	5	4	8	12	14	19	28	31
阴去	210	231	224	219	216	213	207	200	193	184
标准偏差	8	19	17	15	15	14	16	19	23	27
阳去	184	146	146	147	150	156	166	179	191	203
标准偏差	16	14	13	11	8	8	11	16	21	27
阴入	229	230	232	233	233	232	230	227	224	223
标准偏差	6	12	17	19	20	20	19	16	12	11
阳入	177	167	162	163	167	172	179	185	186	187
标准偏差	19	15	10	7	6	6	8	10	10	17

表 5.7.4　一代绍兴(女,编号 4)8 个调类的基频 F0 数值

F0 单位：赫(Hz)　样本数：3

百分时刻	10%	20%	30%	40%	50%	60%	70%	80%	90%	100%
阴平	177	174	168	165	161	156	151	147	144	147
标准偏差	55	61	64	62	59	57	54	52	46	30
阳平	150	145	146	152	155	132	114	120	146	157
标准偏差	32	19	18	15	13	18	33	34	53	61
阴上	130	112	108	106	104	102	108	128	134	133
标准偏差	21	34	34	33	33	34	32	42	48	46
阳上	144	148	147	147	148	148	147	130	147	158
标准偏差	21	10	10	10	10	10	11	37	12	9
阴去	110	93	99	104	101	94	87	85	91	114
标准偏差	21	9	24	35	34	24	15	10	10	40
阳去	113	105	113	118	118	118	117	119	125	135
标准偏差	20	27	25	28	28	28	27	25	21	26
阴入	239	226	221	222	224	224	223	219	212	200
标准偏差	112	124	145	159	171	173	172	162	151	138
阳入	121	126	125	123	123	123	123	122	120	116
标准偏差	16	21	23	23	22	23	23	23	21	19

表 5.7.5　一代绍兴(男,编号 5)8 个调类的基频 F0 数值

F0 单位：赫(Hz)　样本数：3

百分时刻	10%	20%	30%	40%	50%	60%	70%	80%	90%	100%
阴平	182	212	210	201	191	181	165	146	126	106
标准偏差	17	7	8	4	3	2	3	3	1	4
阳平	135	170	180	180	184	183	172	155	132	109
标准偏差	11	22	21	14	13	6	1	6	5	4
阴上	163	193	193	185	183	183	180	173	160	136
标准偏差	13	13	19	12	4	7	12	22	28	23

续 表

阳上	150	154	158	153	159	167	180	192	198	190
标准偏差	18	20	15	5	7	10	19	24	26	25
阴去	191	214	213	211	208	204	199	194	184	171
标准偏差	18	9	10	8	8	9	7	8	8	12
阳去	167	179	186	188	187	184	180	178	172	157
标准偏差	17	15	7	2	5	8	9	11	11	11
阴入	200	212	220	225	230	233	233	232	227	215
标准偏差	24	4	5	9	13	15	13	10	10	14
阳入	197	163	164	167	173	180	192	204	209	213
标准偏差	31	31	30	29	27	23	15	9	9	6

表 5.7.6 一代苏北(女,编号 6)8 个调类的基频 F0 数值

F0 单位：赫(Hz) 样本数：3

百分时刻	10%	20%	30%	40%	50%	60%	70%	80%	90%	100%
阴平	179	186	156	148	142	137	145	141	132	127
标准偏差	21	6	50	54	51	41	8	3	4	7
阳平	167	152	146	147	156	166	176	186	189	186
标准偏差	7	13	8	8	12	19	18	18	21	22
阴上	172	185	182	179	176	172	166	158	150	139
标准偏差	10	19	18	16	16	16	15	13	10	8
阳上	189	193	191	192	194	201	205	209	205	196
标准偏差	4	17	21	28	27	18	8	5	11	15
阴去	196	203	206	211	216	217	216	214	207	202
标准偏差	10	4	5	11	16	19	20	21	19	18
阳去	213	219	226	236	242	245	246	237	222	207
标准偏差	3	16	13	11	12	16	19	19	18	18
阴入	213	213	220	226	228	229	231	231	221	204

续 表

标准偏差	19	44	47	44	40	36	25	15	13	17
阳入	206	204	210	216	225	232	236	236	230	220
标准偏差	26	31	27	19	7	9	16	18	7	9

表 5.7.7　一代苏北(男,编号 7)8 个调类的基频 F0 数值

F0 单位：赫(Hz)　样本数：3

百分时刻	10%	20%	30%	40%	50%	60%	70%	80%	90%	100%
阴平	165	176	175	169	161	152	141	130	120	116
标准偏差	31	26	25	23	21	18	15	11	8	6
阳平	126	115	114	113	116	123	131	138	144	150
标准偏差	14	7	7	10	12	13	14	16	19	21
阴上	117	118	112	104	98	94	92	91	91	94
标准偏差	9	6	8	7	5	4	4	5	6	5
阳上	124	130	129	127	125	123	120	118	116	114
标准偏差	6	16	19	23	27	30	31	31	30	28
阴去	133	146	145	144	143	142	141	138	134	130
标准偏差	6	7	6	6	6	7	8	9	9	8
阳去	149	152	154	154	154	152	151	152	151	153
标准偏差	4	5	5	4	3	2	3	3	4	4
阴入	144	141	140	141	142	144	146	147	147	144
标准偏差	8	11	13	13	13	14	14	14	13	10
阳入	131	130	129	129	129	129	130	130	130	130
标准偏差	2	2	2	2	3	4	4	5	5	5

表 5.7.8　一代苏州(女,编号 8)8 个调类的基频 F0 数值

F0 单位：赫(Hz)　样本数：3

百分时刻	10%	20%	30%	40%	50%	60%	70%	80%	90%	100%
阴平	218	222	220	217	212	206	198	187	174	167

续 表

	25	16	14	16	18	21	22	24	29	34
标准偏差	25	16	14	16	18	21	22	24	29	34
阳平	142	154	154	153	151	157	169	180	165	138
标准偏差	25	5	1	3	7	6	4	6	35	57
阴上	183	201	201	197	192	185	179	172	165	164
标准偏差	13	5	1	1	3	7	9	6	4	7
阳上	169	155	153	154	156	162	172	182	186	184
标准偏差	4	4	3	4	6	8	9	9	10	8
阴去	193	195	189	185	184	184	186	190	191	189
标准偏差	9	4	4	3	2	4	7	8	6	4
阳去	177	152	151	152	156	163	175	188	197	201
标准偏差	5	3	2	4	7	6	3	2	4	6
阴入	204	206	209	211	213	213	212	208	199	183
标准偏差	17	18	16	12	9	8	6	3	6	18
阳入	142	149	151	151	152	154	155	156	150	142
标准偏差	15	5	5	8	10	12	13	13	9	18

表 5.7.9　一代苏州(女,编号 9)8 个调类的基频 F0 数值

F0 单位：赫(Hz)　样本数：3

百分时刻	10%	20%	30%	40%	50%	60%	70%	80%	90%	100%
阴平	183	194	194	191	185	177	168	158	147	135
标准偏差	50	33	29	23	18	14	8	8	17	20
阳平	138	127	126	127	134	144	155	164	168	163
标准偏差	6	7	12	17	24	30	32	30	23	15
阴上	180	183	177	169	164	166	171	177	180	180
标准偏差	14	1	11	18	16	14	10	5	1	8
阳上	140	126	129	134	140	149	158	167	175	176
标准偏差	7	14	14	12	16	20	15	11	10	10

续 表

阴去	191	187	175	166	161	159	160	164	167	167
标准偏差	6	7	6	6	9	14	16	16	15	18
阳去	150	131	128	136	148	159	170	181	191	193
标准偏差	11	11	8	7	9	9	9	7	1	3
阴入	201	200	201	204	207	209	208	205	199	192
标准偏差	20	25	25	20	16	16	19	22	24	25
阳入	149	142	141	142	142	145	149	152	153	155
标准偏差	3	9	7	6	7	6	3	3	4	5

表 5.7.10 一代苏州(男,编号 10)8 个调类的基频 F0 数值

F0 单位：赫(Hz)　样本数：3

百分时刻	10%	20%	30%	40%	50%	60%	70%	80%	90%	100%
阴平	147	161	163	162	157	148	135	120	105	100
标准偏差	23	13	15	18	20	21	22	21	16	13
阳平	104	100	98	96	97	101	110	121	126	124
标准偏差	12	9	9	4	2	3	5	6	6	36
阴上	153	149	138	132	127	124	125	128	133	138
标准偏差	8	10	8	6	4	6	7	8	10	8
阳上	135	118	112	109	104	102	104	114	129	146
标准偏差	5	6	9	8	8	8	8	10	15	18
阴去	158	144	136	131	128	128	130	134	140	148
标准偏差	14	5	4	2	2	4	5	6	9	11
阳去	138	117	111	107	103	102	106	117	131	145
标准偏差	11	6	1	1	2	3	3	5	5	3
阴入	200	189	183	187	191	193	194	193	191	189
标准偏差	30	17	31	43	54	65	73	80	81	79
阳入	127	117	114	118	125	130	135	142	150	153
标准偏差	22	17	11	6	3	3	4	6	10	13

图 5.1.1—5.1.10(缺省图 5.1.4,原因下文阐述)将形象展示表 5.7.1—5.7.10 的情况,舒声和入声分两张图:

在作图时,观察各百分时刻点的标准偏差值,如大于 F0 值的 20%,说明此百分时刻点的采样误差过大,此处的 F0 值就不在图中显示。每位发音人都分舒声和入声两张图,上图为舒声调,下图为入声调。

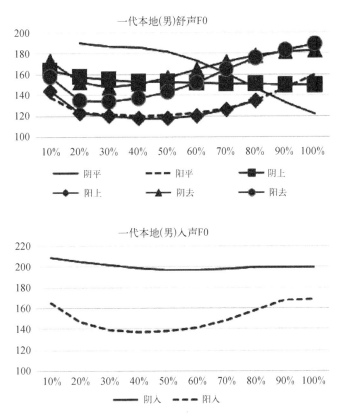

图 5.1.1　一代本地(男,编号 1)声调 F0 曲线图

从图 5.1.1 可看出,一代本地还保留了上海乡村方言或者说是在成熟期前的上海城市方言的声调格局,上图中的阴上 F0 曲线(实线上加 ■)不与阴去 F0 曲线相重合(实线上加▲),具体的声调分合情况待归一化(normalization)后再看。

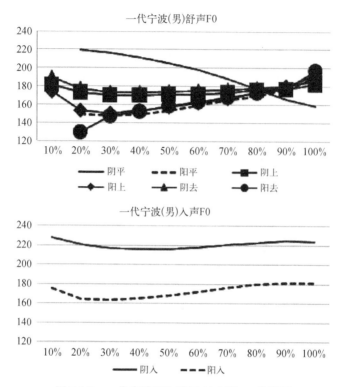

图 5.1.2　一代宁波(男,编号 2)声调 F0 曲线图

从图 5.1.2 可看出,一代宁波(男)声调格局同成熟期的上海城市方言相同,为 5 个调类,即上图中的阴上(实线上加■)与阴去(实线上加▲)重合;三个舒声阳调(虚线、实线上加◆、实线上加●)重合;下图中的入声分阴阳,不重合。

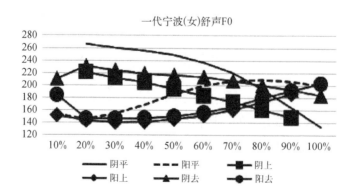

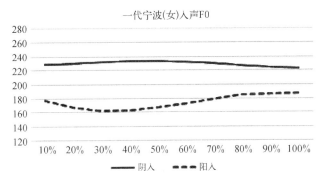

图 5.1.3　一代宁波(女,编号 3)声调 F0 曲线图

从图 5.1.3 可看出,一代宁波(女)同一代宁波(男)不同调类,阴上(实线上加■)和阴去(实线上加▲)有相同的趋势,但阳平(虚线)还未与阳去(实线上加●)相重合。具体情况待归一化后再分析。

一代绍兴(女)由于各百分时刻点的标准偏差值都比较大,因此,她的 F0 值就不作曲线图了,为便于编号,故缺省图 5.1.4。

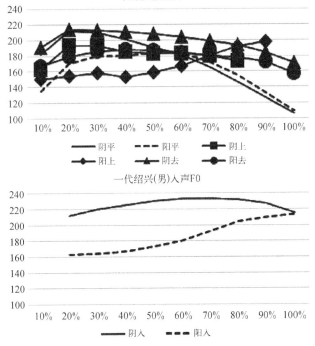

图 5.1.5　一代绍兴(男,编号 5)声调 F0 曲线图

从图 5.1.5 来看,一代绍兴(男)的声调系统可能还保留了绍兴方言的面貌,即保留了中古 8 个调类,具体情况可等归一化(normalization)后再看。

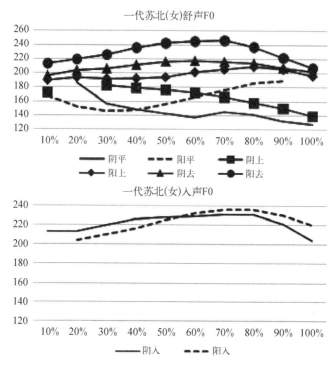

图 5.1.6　一代苏北(女,编号 6)声调 F0 曲线图

从图 5.1.6 可看出,一代苏北(女)的声调系统还保留了苏北方言的特点,除了平声分阴阳,上去入都不分阴阳。

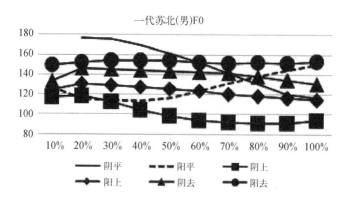

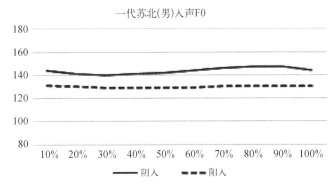

图 5.1.7　一代苏北(男,编号 7)声调 F0 曲线图

图 5.1.7 和图 5.1.6 相似,一代苏北(男)的声调系统也保留了苏北方言的特点,平声分阴阳,上去入都不分。

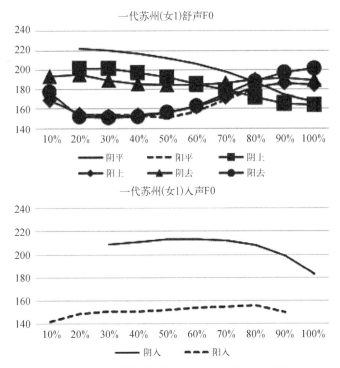

图 5.1.8　一代苏州(女,编号 8)声调 F0 曲线图

从图 5.1.8 可看出,一代苏州(女 1)的三个舒声阳调 F0 曲线以及重合,三个舒声阴调 F0 曲线还未重合。

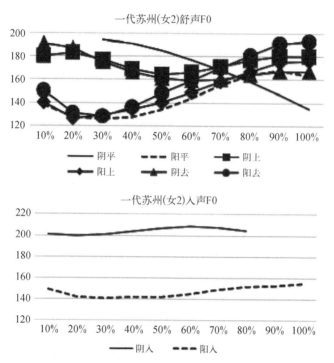

图 5.1.9　一代苏州(女,编号 9)声调 F0 曲线图

从图 5.1.9 可发现,这位一代苏州女移民同前面一位不同,她的阴上(实线上加■)和阴去(实线上加▲)F0 曲线发生了重合,三个阳调舒声 F0 曲线也重合,因此,她的声调格局和成熟期的上海城市方言相同,即阴上归阴去,三个舒声阳调合并,入声仍分阴阳。

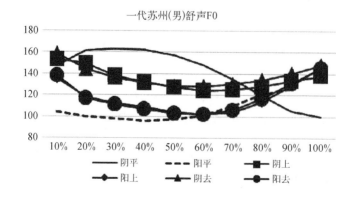

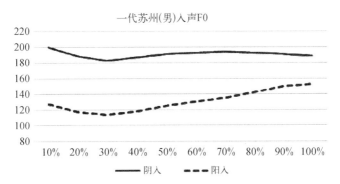

图 5.1.10　一代苏州(男,编号 10)声调 F0 曲线图

图 5.1.10 表明,这位一代苏州男移民也同前一位苏州女移民一样,阴上(实线上加■)和阴去(实线上加▲)F0 曲线发生了重合,三个阳调舒声 F0 曲线也重合,他的声调格局同成熟期的上海城市方言相同,阴上归阴去,三个舒声阳调合并,入声仍分阴阳。

2. 音高的归一化(normalization)

基频 F0 值和绝对调长值还不具有语言学研究意义,因为具有同一语言意义的声学现象的变体实在太多,即使是同一个发音人也不可能发出两个在声学特性上完全相同的音,所以必须对声学数据进行归一化处理。本小节里将对音高进行归一化处理。

音高的归一化方法采用求 lz-score(logarithmic z-score)的方法,其基本思想与 z-score 一样,只是所有的原始数据都经过对数处理之后,再求 z-score。运算公式如下:

$$z'_i = \frac{y_i - m_y}{s_y}$$

$$= \frac{\log_{10} x_i - \frac{1}{n}\sum_{i=1}^{n} \log_{10} x_i}{\sqrt{\frac{1}{n-1}\sum_{i=1}^{n}\left(\log_{10} x_i - \frac{1}{n}\sum_{i=1}^{n} \log_{10} x_i\right)^2}} \quad \text{(公式三)}$$

其中,x_i 是采样点的基频 F0 值,$y_i = \log_{10} x_i$,所以 y_i 是基频 F0 的常对数值,而 m_y 和 s_y 分别是 $y_i(i=1, 2, \cdots, n)$ 算术平均值

和标准偏差值,因此 m_y 就是原始 F0 数值的对数几何平均值。(平悦铃等 2001)

根据"公式三"对 9 位一代移民的音高进行归一化处理,得表 5.8.1—5.8.10(缺省表 5.8.4)。

表 5.8.1　一代本地(男,编号 1)音高的 lz-score 值

百分时刻	10%	20%	30%	40%	50%	60%	70%	80%	90%	100%
阴平		1.27	1.17	1.14	1.00	0.69	0.24	−0.32	−0.94	−1.48
阳平	−0.72	−1.43	−1.48	−1.58	−1.53	−1.43	−1.23	−0.85	−0.32	0.20
阴上	0.35	0.12	0.00	−0.08	−0.08	−0.12	−0.16	−0.16	−0.20	−0.20
阳上	−0.45	−1.43	−1.58	−1.69	−1.69	−1.58	−1.28	−0.85		
阴去	0.69	−0.08	−0.28	−0.16	0.08	0.39	0.65	0.86	1.00	1.04
阳去	0.12	−0.85	−0.90	−0.76	−0.50	−0.12	0.39	0.79	1.04	1.24
阴入	1.86	1.74	1.65	1.56	1.49	1.49	1.52	1.59	1.59	1.59
阳入	0.39	−0.32	−0.67	−0.76	−0.72	−0.58	−0.28	0.12	0.50	0.54

表 5.8.2　一代宁波(男,编号 2)音高的 lz-score 值

百分时刻	10%	20%	30%	40%	50%	60%	70%	80%	90%	100%
阴平		1.81	1.69	1.49	1.24	0.93	0.48	−0.04	−0.60	−1.03
阳平		−1.54	−1.59	−1.54	−1.31	−0.97	−0.65	−0.44	−0.04	0.53
阴上	0.15	−0.24	−0.39	−0.39	−0.34	−0.34	−0.24	−0.09	−0.04	0.20
阳上	−0.19	−1.31	−1.48	−1.31	−1.08	−0.81	−0.55	−0.24	0.11	0.67
阴去	0.53	−0.04	−0.24	−0.24	−0.19	−0.14	−0.09	0.01	0.11	0.39
阳去		−2.79	−1.65	−1.36	−1.03	−0.76	−0.49	−0.24	−0.04	0.89
阴入	2.16	1.89	1.73	1.69	1.69	1.77	1.89	1.97	2.04	2.00
阳入	−0.14	−0.70	−0.76	−0.65	−0.49	−0.29	−0.09	0.11	0.15	0.15

表 5.8.3　一代宁波(女,编号 3)音高的 lz-score 值

百分时刻	10%	20%	30%	40%	50%	60%	70%	80%	90%	100%
阴平		1.94	1.81	1.73	1.58	1.31	0.91	0.22	−0.69	−1.83
阳平	−1.10	−1.36	−1.03	−0.56	−0.01	0.36	0.57	0.63	0.55	0.36
阴上		0.93	0.70	0.50	0.22	−0.09	−0.40	−0.82	−1.25	
阳上	−1.14	−1.43	−1.55	−1.51	−1.36	−1.14	−0.82	−0.40	−0.01	
阴去	0.65	1.17	1.00	0.88	0.81	0.73	0.57	0.39	0.19	−0.06
阳去	−0.06	−1.32	−1.32	−1.28	−1.17	−0.96	−0.62	−0.21	0.14	0.47
阴入	1.12	1.15	1.19	1.22	1.22	1.19	1.15	1.08	1.00	0.98
阳入	−0.28	−0.59	−0.76	−0.72	−0.59	−0.43	−0.21	−0.04	−0.01	0.02

表 5.8.5　一代绍兴(男,编号 5)音高的 lz-score 值

百分时刻	10%	20%	30%	40%	50%	60%	70%	80%	90%	100%
阴平	0.00	0.95	0.89	0.62	0.30	−0.03	−0.61	−1.37	−2.28	−3.35
阳平	−1.85	−0.42	−0.07	−0.07	0.07	0.04	−0.35	−1.00	−1.99	−3.18
阴上	−0.68	0.37	0.37	0.10	0.04	0.04	−0.07	−0.31		
阳上	−1.20	−1.04	−0.88	−1.08	−0.84	−0.53	−0.07	0.33	0.52	
阴去	0.30	1.01	0.98	0.92	0.83	0.71	0.56	0.40	0.07	−0.39
阳去	−0.53	−0.10	0.14	0.20	0.17	0.07	−0.07	−0.14	−0.35	−0.92
阴入		0.95	1.18	1.32	1.45	1.53	1.53	1.51	1.37	1.03
阳入		−0.68	−0.65	−0.53	−0.31	−0.07	0.33	0.71	0.86	0.98

表 5.8.6　一代苏北(女,编号 6)音高的 lz-score 值

百分时刻	10%	20%	30%	40%	50%	60%	70%	80%	90%	100%
阴平		0.44	−0.41	−0.66	−0.86	−1.04	−0.76	−0.90	−1.22	−1.40
阳平	−0.08	−0.54	−0.73	−0.70	−0.41	−0.11	0.17	0.44	0.52	
阴上	0.06	0.44	0.33	0.25	0.17	0.06	−0.11	−0.35	−0.60	−0.97

续　表

	10%	20%	30%	40%	50%	60%	70%	80%	90%	100%
阳上	0.52	0.62	0.57	0.59	0.64	0.81	0.91	1.00	0.91	0.69
阴去	0.69	0.86	0.93	1.05	1.16	1.18	1.16	1.12	0.96	0.84
阳去	1.09	1.23	1.38	1.59	1.71	1.77	1.79	1.61	1.29	0.96
阴入	−0.80	−0.90	−0.93	−0.90	−0.86	−0.80	−0.73	−0.70	−0.70	−0.80
阳入	−1.25	−1.29	−1.33	−1.33	−1.33	−1.33	−1.29	−1.29	−1.29	−1.29

表 5.8.7　一代苏北(男,编号 7)音高的 lz-score 值

百分时刻	10%	20%	30%	40%	50%	60%	70%	80%	90%	100%
阴平		2.09	2.05	1.80	1.45	1.03	0.49	−0.10	−0.68	−0.93
阳平	−0.33	−0.99	−1.05	−1.12	−0.93	−0.50	−0.05	0.33	0.64	0.93
阴上	−0.86	−0.80	−1.18	−1.72	−2.15	−2.45	−2.60	−2.68	−2.68	−2.45
阳上	−0.44	−0.10	−0.16	−0.27	−0.38	−0.50	−0.68	−0.80	−0.93	−1.05
阴去	0.06	0.74	0.69	0.64	0.59	0.54	0.49	0.33	0.12	−0.10
阳去	0.89	1.03	1.13	1.13	1.13	1.03	0.98	1.03	0.98	1.08
阴入	0.64	0.49	0.44	0.49	0.54	0.64	0.74	0.79	0.79	0.64
阳入	−0.05	−0.10	−0.16	−0.16	−0.16	−0.16	−0.10	−0.10	−0.10	−0.10

表 5.8.8　一代苏州(女,编号 8)音高的 lz-score 值

百分时刻	10%	20%	30%	40%	50%	60%	70%	80%	90%	100%
阴平		1.93	1.85	1.73	1.53	1.28	0.93	0.44	−0.19	−0.55
阳平		−1.25	−1.25	−1.31	−1.42	−1.08	−0.44	0.11		
阴上		1.06	1.06	0.89	0.67	0.34	0.06	−0.29	−0.65	−0.70
阳上	−0.44	−1.19	−1.31	−1.25	−1.14	−0.81	−0.29	0.20	0.39	0.30
阴去	0.71	0.80	0.53	0.34	0.30	0.30	0.39	0.58	0.62	0.53
阳去	−0.04	−1.36	−1.42	−1.36	−1.14	−0.76	−0.14	0.48	0.89	1.06
阴入			1.40	1.49	1.57	1.57	1.53	1.36	0.98	0.25
阳入	−1.95	−1.54	−1.42	−1.42	−1.36	−1.25	−1.19	−1.14	−1.48	

表 5.8.9　一代苏州(女,编号 9)音高的 lz-score 值

百分时刻	10%	20%	30%	40%	50%	60%	70%	80%	90%	100%
阴平			1.30	1.18	0.95	0.63	0.26	−0.19	−0.71	−1.33
阳平	−1.17	−1.77	−1.83	−1.77	−1.38	−0.86	−0.33	0.08	0.26	0.04
阴上	0.75	0.87	0.63	0.30	0.08	0.17	0.38	0.63	0.75	0.75
阳上	−1.06	−1.83	−1.66	−1.38	−1.06	−0.61	−0.19	0.21	0.55	0.59
阴去	1.18	1.03	0.55	0.17	−0.05	−0.14	−0.10	0.08	0.21	0.21
阳去	−0.57	−1.55	−1.71	−1.27	−0.66	−0.14	0.34	0.79	1.18	1.26
阴入	1.55	1.52	1.55	1.66	1.77	1.84	1.80	1.70		
阳入	−0.61	−0.96	−1.01	−0.96	−0.96	−0.81	−0.61	−0.47	−0.42	−0.33

表 5.8.10　一代苏州(男,编号 10)音高的 lz-score 值

百分时刻	10%	20%	30%	40%	50%	60%	70%	80%	90%	100%
阴平	0.53	0.96	1.02	0.99	0.84	0.56	0.11	−0.45	−1.10	−1.33
阳平	−1.14	−1.33	−1.43	−1.53	−1.48	−1.29	−0.87	−0.41	−0.22	
阴上	0.72	0.59	0.22	0.01	−0.18	−0.30	−0.26	−0.14	0.04	0.22
阳上	0.11	−0.53	−0.79	−0.92	−1.14	−1.24	−1.14	−0.70	−0.10	0.49
阴去	0.87	0.43	0.15	−0.03	−0.14	−0.14	−0.07	0.08	0.29	0.56
阳去	0.22	−0.58	−0.83	−1.01	−1.19	−1.24	−1.05	−0.58	−0.03	0.46
阴入	2.01	1.74	1.58	1.69	1.79	1.84	1.86	1.84	1.79	1.74
阳入	−0.18	−0.58	−0.70	−0.53	−0.26	−0.07	0.11	0.36	0.62	0.72

据表 5.8.1 可作图 5.2.1：

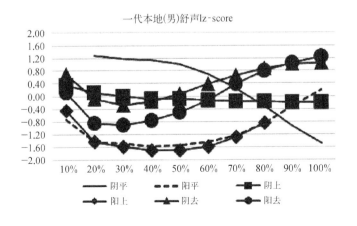

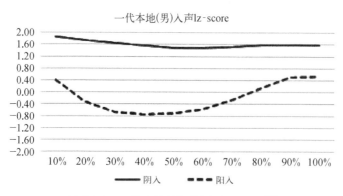

图 5.2.1　一代本地(男,编号 1)lz-score 图

根据表 5.8.1 和图 5.2.1 可确定一代本地(男)的声调五度值,具体方法如下:根据本次实验得出的 lz-score 值分布情况看,折合成五度值时可把 lz-score∈(−0.4,0.4)作为 3 度,lz-score∈(0.4,1.2)作为 4 度,lz-score∈(−1.2,−0.4)作为 2 度,lz-score＞1.2 作为 5 度,lz-score＜−1.2 作为 1 度。但这只是定调值的大致尺度,具体情况还须灵活把握,特别是在临界点时。得到表 5.9.1:

表 5.9.1　一代本地(男,编号 1)8 类声调的五度值

调　类	五度值	调　类	五度值
阴平	41	阴去	34
阳平	213	阳去	24
阴上	33	阴入	55
阳上	213	阳入	23

从表 5.9.1 也可发现,一代本地(男,编号 1)三个舒声阳调类已发生合并,调形曲线走向为前低平,后往上升一点,可定为 213。三个舒声阴调类和两个入声仍然保留。因此,可得出最后的五度值表 5.10.1:

表 5.10.1　一代本地(男,编号 1)声调的五度值

阴平 41	阴上 33	阴去 34	阴入 <u>55</u>
		阳去 213	阳入 <u>23</u>

将表 5.10.1 与表 5.1 比较,可发现一代本地(男,编号 1)保留了上海乡村方言的声调面貌,他在习得上海城市方言的过程中并没有习得声调格局,依然保留了原来母语的声调格局。即一共为 6 个调类:保留三个舒声阴调类,三个舒声阳调都合并,入声分阴阳。

据表 5.8.2 可作图 5.2.2:

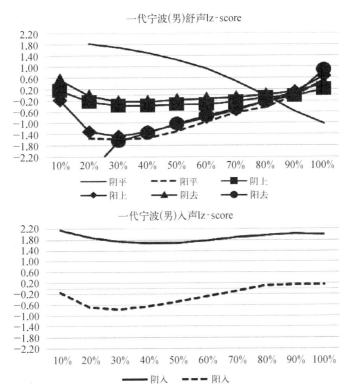

图 5.2.2　一代宁波(男,编号 2)lz-score 图

根据表 5.8.2 和图 5.2.2 可确定一代宁波(男)的声调五度值,具体方法如下:根据本次实验得出的 lz-score 值分布情况,折合成五度值时可把 lz-score∈(−0.44,0.44)作为 3 度,lz-score∈(0.44,1.32)作为

4度,lz-score∈(-1.32,-0.44)作为2度,lz-score>1.32作为5度,lz-score<-1.32作为1度。但这只是定调值的大致尺度,具体情况还须灵活把握,特别是在临界点时。得到表5.9.2:

表5.9.2 一代宁波(男,编号2)8类声调的五度值

调类	五度值	调类	五度值
阴平	52	阴去	33
阳平	113	阳去	113
阴上	33	阴入	55
阳上	113	阳入	23

从表5.9.2可发现,一代宁波(男,编号2)的声调格局已同成熟期的上海方言相同,具体调值上略有不同,即:三个舒声阳调类发合并,调形走向为前低平,后往上升一点,可定为113,与上海方言相同。阴上和阴去合并,调形走向为中平,五度值定为33,这与上海方言不同,上海方言为334。两个入声仍然保留。因此,可得出最后的五度值表5.10.2:

表5.10.2 一代宁波(男,编号2)声调的五度值

阴平 52	阴去 33	阴入 55
	阳去 113	阳入 23

据表5.8.3可作图5.2.3:

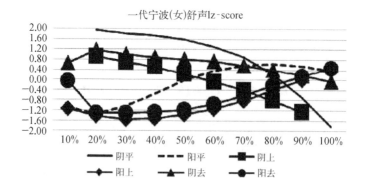

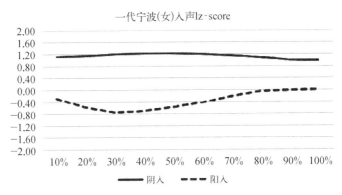

图 5.2.3 一代宁波(女,编号 3)lz-score 图

根据表 5.8.3 和图 5.2.3 可确定一代宁波(女)的声调五度值,具体方法如下:根据本次实验得出的 lz-score 值分布情况,折合成五度值时可把 lz-score∈(-0.4,0.4)作为 3 度,lz-score∈(0.4,1.2)作为 4 度,lz-score∈(-1.2,-0.4)作为 2 度,lz-score>1.2 作为 5 度,lz-score<-1.2 作为 1 度。得到表 5.9.3:

表 5.9.3 一代宁波(女,编号 3)8 类声调的五度值

调 类	五度值	调 类	五度值
阴平	51	阴去	43
阳平	13	阳去	113
阴上	42	阴入	<u>44</u>
阳上	113	阳入	<u>23</u>

从表 5.9.3 可看到,一代宁波(女,编号 3)的声调格局也已同成熟期的上海方言相同,也只在具体调值上略有不同,即:三个舒声阳调类合并,调形走向为前低平,后往上略升,可定为 113,与上海方言相同。阴上和阴去合并,调形走向为前中平后略降,五度值可定为 43,这与上海方言不同,上海方言为前中平后略升,五度值为 334。两个入声仍然保留。因此,可得出最后的五度值表 5.10.3:

表 5.10.3　一代宁波(女,编号 3)声调的五度值

阴平 51	阴去 43	阴入 44
	阳去 113	阳入 23

据表 5.8.5 可作图 5.2.5,由于这个一代绍兴男性发音人音节起始和煞尾特别明显,故将作图时只取其 20%—80% 的 lz-score 值。

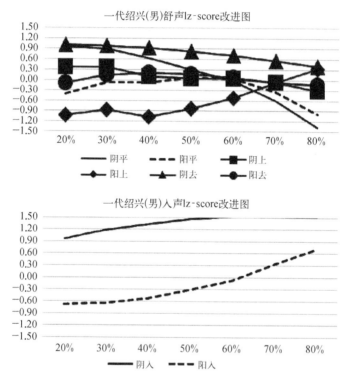

图 5.2.5　一代绍兴(男,编号 5)lz-score 改进图

根据表 5.8.5 和图 5.2.5 可确定一代绍兴(男,编号 5)的声调五度值,具体方法如下:根据本次实验得出的 lz-score 值分布情况,折合成五度值时可把 lz-score∈(−0.3,0.3)作为 3 度,lz-score∈(0.3,0.9)作为 4 度,lz-score∈(−0.9,−0.3)作为 2 度,lz-score＞0.9 作为 5 度,lz-score＜−0.9 作为 1 度。得到表 5.9.5:

表 5.9.5　一代绍兴(男,编号 5)8 类声调的五度值

调　类	五度值	调　类	五度值
阴平	51	阴去	44
阳平	231	阳去	33
阴上	33	阴入	55
阳上	113	阳入	23

　　将表 5.9.5 与表 5.3 比较,明显可发现一代绍兴(男,编号 5)基本没有习得上海城市方言的声调系统,还保留了绍兴方言的声调系统,但发生了一定程度的串调,即:对某些调类的具体调值已经把握不定,阴上的 335 变成了 33,阳去的 11 也变成了 33,造成了阴上与阳去都是 33 调值,其他调类的调值与绍兴方言基本相同。

　　因此,这个移民的声调系统还是基本保留了绍兴方言 8 个调类的声调系统,但发生了阴上与阳去的串调现象,笔者暂且处理为阴上归入阳去,得到表 5.10.5:

表 5.10.5　一代绍兴(男,编号 5)声调的五度值

阴平 51		阴去 44	阴入 55
阳平 231	阳上 113	阳去 33	阳入 23

据表 5.8.6 可作图 5.2.6:

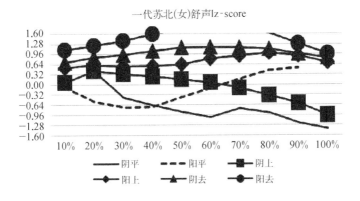

一代苏北(女)舒声lz-score

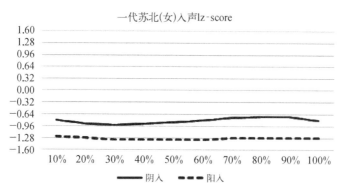

图 5.2.6 一代苏北(女,编号 6)lz-score 图

根据表 5.8.6 和图 5.2.6 可确定一代苏北(女,编号 6)的声调五度值,具体方法如下:根据本次实验得出的 lz-score 值分布情况,折合成五度值时可把 lz-score ∈ (−0.32,0.32) 作为 3 度,lz-score ∈ (0.32, 0.96) 作为 4 度,lz-score ∈ (−0.96,−0.32) 作为 2 度,lz-score > 0.96 作为 5 度,lz-score < −0.96 作为 1 度。得到表 5.9.6:

表 5.9.6 一代苏北(女,编号 6)8 类声调的五度值

调 类	五度值	调 类	五度值
阴平	31	阴去	55
阳平	223	阳去	55
阴上	32	阴入	22
阳上	44	阳入	11

将表 5.9.6 与表 5.1、表 5.4 相比较可发现:这个一代苏北(女,编号 6)的声调系统既不像上海城市方言,也不像苏北方言,而是正处在从苏北声调系统向上海城市方言转化的一种中间状态。

有些在上海方言里区分的调类而苏北方言里不区分的,如阴入和阳入,她正在区分的过程中,但具体调值还没到位,上海方言阴入是 55,而她是 22,上海方言阳入是 12,她是 11。但已经与她母语方言不同了,苏北方言阴入和阳入不分,都是一个高短调 44/55。

如果她的母语苏北方言里有与上海城市方言对应的调类,她就还保留母语方言的调值。如阴平,她保留了苏北方言的31。

如果分合关系过于复杂的,具体调值表现就较为混乱,如上海城市方言是阴上与阴去合并;阳平、阳上、阳去合并。而苏北方言是阴上与阳上合并,阴去与阳去合并,她最终习得的情况是:阳平习得了上海城市方言的223;而阴上却与阴平相混,也是低降,具体调值是32,与阴平31很接近;阳上、阴去、阳去三个调都混在一起,基本都是高平,调值定为55。

综上得出这个一代苏北女性移民最终的五度值表5.10.6:

表 5.10.6　一代苏北(女,编号6)声调的五度值

阴平/阴上 31	去声 55	阴入 22
阳平 223		阳入 11

据表5.8.7可作图5.2.7:

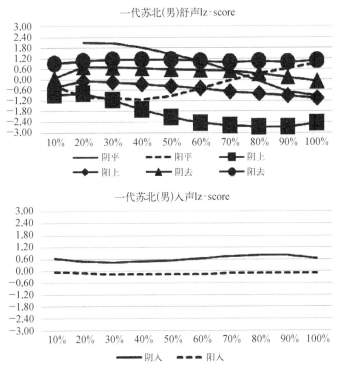

图 5.2.7　一代苏北(男,编号7)lz-score 图

根据表 5.8.7 和图 5.2.7 可确定一代苏北(男,编号 7)的声调五度值,具体方法如下:根据本次实验得出的 lz-score 值分布情况,折合成五度值时可把 lz-score∈(−0.6,0.6) 作为 3 度,lz-score∈(0.6,1.8) 作为 4 度,lz-score∈(−1.8,−0.6) 作为 2 度,lz-score>1.8 作为 5 度,lz-score<−1.8 作为 1 度。得到表 5.9.7:

表 5.9.7　一代苏北(男,编号 7)8 类声调的五度值

调　类	五度值	调　类	五度值
阴平	53	阴去	33
阳平	24	阳去	33
阴上	31	阴入	33
阳上	33	阳入	33

将表 5.9.7 与表 5.1、表 5.4 相比较可发现:这个一代苏北(男,编号 7)的声调系统与一代苏北女性类似,既不像上海城市方言,也不像苏北方言,而是正处在从苏北声调系统向上海城市方言转化的一种中间状态。

有些在上海方言里区分的调类而苏北方言里不区分的,如阴入和阳入,他还保留苏北方言的入声,即合并成一个短调,即 33。

如果他的母语苏北方言里有与上海城市方言对应的调类,他还保留母语方言的调值。如阴平,他保留苏北方言的 53,当然上海方言的阴平也是 53。

如果分合关系过于复杂的,具体调值表现就较为混乱,如上海城市方言是阴上与阴去合并;阳平、阳上、阳去合并。而苏北方言是阴上与阳上合并,阴去与阳去合并,他最终习得的情况是:阳平还继续保持苏北方言的阳平,具体调值为 24。而阴上也是一个独立的调类,调值为 31。阳上、阴去、阳去三个调他就都混在一起,成了一个中平调 33。

综上得出这个一代苏北男性移民最终的五度值表 5.10.7：

表 5.10.7　一代苏北(男,编号 7)声调的五度值

阴平 53	阴上 31	去声 33	入声 <u>33</u>
阳平 24			

据表 5.8.8 可作图 5.2.8：

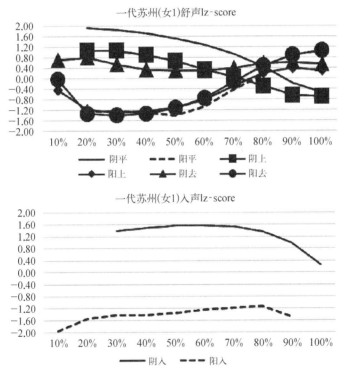

图 5.2.8　一代苏州(女,编号 8)lz-score 图

根据表 5.8.8 和图 5.2.8 可确定一代苏州(女,编号 8)的声调五度值,具体方法如下：根据本次实验得出的 lz-score 值分布情况,折合成五度值时可把 lz-score∈(−0.4,0.4)作为 3 度,lz-score∈(0.4,1.2)作为 4 度,lz-score∈(−1.2,−0.4)作为 2 度,lz-score>1.2 作为 5 度,lz-score<−1.2 作为 1 度。得到表 5.9.8：

表 5.9.8　一代苏州(女,编号 8)8 类声调的五度值

调　类	五度值	调　类	五度值
阴平	53	阴去	44
阳平	23	阳去	24
阴上	42	阴入	<u>54</u>
阳上	24	阳入	<u>12</u>

将表 5.9.8 与表 5.1、表 5.5 比较可发现,这个一代苏州女性移民的声调系统也是处于一种中间状态,是从苏州方言向上海城市方言过渡的一种状态。

她的阴平已经完全同上海方言一样,也是高降的 53,而不是苏州的高平 44。她的三个舒声阳调也同上海方言一样,已经都合并为一个低升调的 24。阴入、阳入也同上海方言基本一致,因为苏州的入声调本来就同上海差别不大,阴入是高短调,阳入是低略升的短调。

她的声调系统与上海城市方言不一致的是阴上和阴去,她的阴上调同阴平调类似,也是高降,具体调值为 42,这是保留了苏州话的阴去,但由于她的阴平已经是上海 53,所以她的阴平和阴上相混。而她的阴去则与苏州和上海都不一样,为高平的 44。

综上得出这个一代苏州女性移民最终的五度值表 5.10.8:

表 5.10.8　一代苏州(女,编号 8)声调的五度值

阴平/阴上 53	阴去 44	阴入 <u>54</u>
	阳去 24	阳入 <u>12</u>

据表 5.8.9 可作图 5.2.9:

根据表 5.8.9 和图 5.2.9 可确定一代苏州(女 2)的声调五度值,具体方法如下:根据本次实验得出的 lz-score 值分布情况,折合成五度值时可把 lz-score$\in(-0.4,0.4)$作为 3 度,lz-score$\in(0.4,1.2)$作为 4

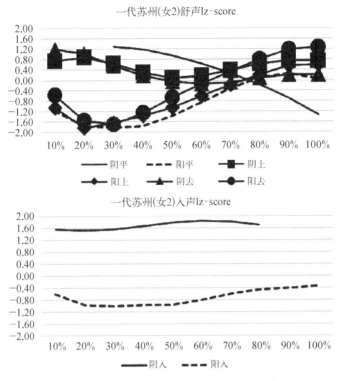

图 5.2.9 一代苏州(女,编号 9)lz-score 图

度,lz-score∈(−1.2,−0.4)作为 2 度,lz-score＞1.2 作为 5 度,lz-score＜−1.2 作为 1 度。得到表 5.9.9:

表 5.9.9 一代苏州(女,编号 9)8 类声调的五度值

调 类	五度值	调 类	五度值
阴平	41	阴去	44
阳平	14	阳去	14
阴上	44	阴入	55
阳上	14	阳入	22

将表 5.9.9 与表 5.1、表 5.5 比较可发现,这个一代苏州女性移民的声调系统基本已是上海城市方言的系统。阴平独立一个调,阴上与

阴去合并，三个阳调类合并，入声分阴阳。

她具体的调值与上海方言略有不同。与上海方言相同的是：阴平也是高降；三个舒声阳调合并，具体调形为低升；阴入为短高调；阳入为短低调。与上海方言不同的是：阴上与阴去合并，但具体调形为高平 44，而上海为中升 34。

综上得出这个一代苏州女性移民最终的五度值表 5.10.9：

表 5.10.9 一代苏州(女，编号 9)声调的五度值

阴平 41	阴去 44	阴入 55
	阳去 14	阳入 22

据表 5.8.10 可作图 5.2.10：

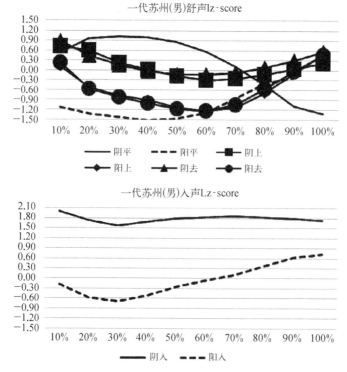

图 5.2.10 一代苏州(男，编号 10)lz-score 图

根据表 5.8.10 和图 5.2.10 可确定一代苏州(男,编号 10)的声调五度值,具体方法如下：根据本次实验得出的 lz-score 值分布情况,折合成五度值时可把 lz-score∈(−0.3,0.3)作为 3 度,lz-score∈(0.3,0.9)作为 4 度,lz-score∈(−0.9,−0.3)作为 2 度,lz-score＞0.9 作为 5 度,lz-score＜−0.9 作为 1 度。得到表 5.9.10：

表 5.9.10　一代苏州(男,编号 10)8 类声调的五度值

调　类	五度值	调　类	五度值
阴平	41	阴去	433
阳平	113	阳去	213
阴上	433	阴入	55
阳上	213	阳入	23

将表 5.9.10 与表 5.1、表 5.5 比较可发现,这个一代苏州男性移民的声调系统基本已是上海城市方言的系统。阴平独立一个调,阴上与阴去合并,三个阳调类合并,入声分阴阳。

在具体的调值与上海方言略有不同。与上海方言相同的是：阴平也是高降；三个舒声阳调合并,具体调形为低升；阴入为短高调；阳入为短低调。与上海方言不同的是：阴上与阴去合并,但具体调形为前段稍降的中平 433,而上海为中升 34。

综上得出这个一代苏州男性移民最终的五度值表 5.10.10：

表 5.10.10　一代苏州(男,编号 10)声调的五度值

阴平 41	阴去 433	阴入 55
	阳去 113/213	阳入 23

二、调长研究

1. 绝对调长数据

表 5.11.1—5.11.10 将具体展现 10 个一代发音人的 8 个调类的调长数据：

表 5.11.1　一代本地(男,编号 1)8 个调类的调长

调长单位：毫秒(ms)　样本数：3

调类	调长	标准偏差	调类	调长	标准偏差
阴平	386	43	阴去	332	42
阳平	561	51	阳去	365	75
阴上	507	56	阴入	109	17
阳上	549	27	阳入	191	31

表 5.11.2　一代宁波(男,编号 2)8 个调类的调长

调长单位：毫秒(ms)　样本数：3

调类	调长	标准偏差	调类	调长	标准偏差
阴平	274	23	阴去	369	17
阳平	408	30	阳去	491	17
阴上	378	94	阴入	119	58
阳上	432	40	阳入	146	60

表 5.11.3　一代宁波(女,编号 3)8 个调类的调长

调长单位：毫秒(ms)　样本数：3

调类	调长	标准偏差	调类	调长	标准偏差
阴平	292	115	阴去	335	23
阳平	462	35	阳去	331	18
阴上	332	53	阴入	62	23
阳上	453	64	阳入	127	8

表 5.11.4　一代绍兴(女,编号 4)8 个调类的调长

调长单位：毫秒(ms)　样本数：3

调类	调长	标准偏差	调类	调长	标准偏差
阴平	180	25	阴去	271	43
阳平	343	66	阳去	330	37
阴上	262	83	阴入	77	44
阳上	375	79	阳入	151	51

表 5.11.5 一代绍兴(男,编号 5)8 个调类的调长

调长单位:毫秒(ms) 样本数:3

调 类	调 长	标准偏差	调 类	调 长	标准偏差
阴平	387	39	阴去	437	47
阳平	494	14	阳去	507	43
阴上	511	14	阴入	157	31
阳上	576	40	阳入	378	170

表 5.11.6 一代苏北(女,编号 6)8 个调类的调长

调长单位:毫秒(ms) 样本数:3

调 类	调 长	标准偏差	调 类	调 长	标准偏差
阴平	334	134	阴去	302	36
阳平	416	19	阳去	370	31
阴上	399	51	阴入	191	150
阳上	422	93	阳入	174	109

表 5.11.7 一代苏北(男,编号 7)8 个调类的调长

调长单位:毫秒(ms) 样本数:3

调 类	调 长	标准偏差	调 类	调 长	标准偏差
阴平	232	66	阴去	280	30
阳平	308	23	阳去	331	65
阴上	304	50	阴入	118	4
阳上	306	16	阳入	134	27

表 5.11.8 一代苏州(女,编号 8)8 个调类的调长

调长单位:毫秒(ms) 样本数:3

调 类	调 长	标准偏差	调 类	调 长	标准偏差
阴平	210	17	阴去	358	29
阳平	395	62	阳去	412	48
阴上	238	47	阴入	114	15
阳上	378	13	阳入	162	30

表 5.11.9　一代苏州(女,编号 9)8 个调类的调长

调长单位：毫秒(ms)　样本数：3

调　类	调　长	标准偏差	调　类	调　长	标准偏差
阴平	277	19	阴去	311	11
阳平	329	43	阳去	344	10
阴上	348	20	阴入	101	41
阳上	397	37	阳入	169	86

表 5.11.10　一代苏州(男,编号 10)8 个调类的调长

调长单位：毫秒(ms)　样本数：3

调　类	调　长	标准偏差	调　类	调　长	标准偏差
阴平	217	28	阴去	340	5
阳平	352	24	阳去	404	49
阴上	351	42	阴入	90	49
阳上	417	77	阳入	165	66

8 个调类在各地一代移民习得的上海城市方言里各有不同的分合,作表 5.12.1—5.12.10 以具体呈现(缺省表 5.12.4,因为这位一代绍兴女发音人的调类分合情况不明)。

一代本地男发音人习得的上海城市方言有 6 个调类：阴平、阴上、阴去、阳去(阳平、阳上归阳去)、阴入、阳入。表 5.12.1 将呈现这 6 个调类的具体调长：

表 5.12.1　一代本地(男,编号 1)6 个调类的调长

单位：毫秒(ms)

调　类	调　长	调　类	调　长
阴平	386	阳去	492
阴上	507	阴入	109
阴去	332	阳入	191

一代宁波男发音人 5 个调类：阴平、阴去(阴上归阴去)、阳去(阳平、阳上归阳去)、阴入、阳入。见表 5.12.2：

表 5.12.2　一代宁波(男,编号 2)5 个调类的调长

单位：毫秒(ms)

调　类	调　长	调　类	调　长
阴平	274	阴入	119
阴去	374	阳入	146
阳去	444		

一代宁波女发音人 5 个调类：阴平、阴去(阴上归阴去)、阳去(阳平、阳上归阳去)、阴入、阳入。见表 5.12.3：

表 5.12.3　一代宁波(女,编号 3)5 个调类的调长

单位：毫秒(ms)

调　类	调　长	调　类	调　长
阴平	292	阴入	62
阴去	334	阳入	127
阳去	415		

一代绍兴男发音人 7 个调类：阴平、阳平、阳上、阴去、阳去(阴上混入阳去)、阴入、阳入。见表 5.12.5：

表 5.12.5　一代绍兴(男,编号 5)7 个调类的调长

单位：毫秒(ms)

调　类	调　长	调　类	调　长
阴平	387	阳去	509
阳平	494	阴入	157
阳上	576	阳入	378
阴去	437		

一代苏北女发音人5个调类：阴平、阳平、去声（阴上、阳上、阴去、阳去合并）、阴入、阳入。见表5.12.6：

表 5.12.6　一代苏北(女,编号 6)5 个调类的调长

单位：毫秒(ms)

调　类	调　长	调　类	调　长
阴平	387	阴入	157
阳平	494	阳入	378
去声	509		

一代苏北男发音人5个调类：阴平、阳平、阴上、去声（阳上、阴去、阳去合并）、入声（阴入、阳入合并）。见表5.12.7：

表 5.12.7　一代苏北(男,编号 7)5 个调类的调长

单位：毫秒(ms)

调　类	调　长	调　类	调　长
阴平	232	去声	306
阳平	308	入声	126
阴上	304		

一代苏州女(1)发音人5个调类：阴平（阴上混入阴平）、阴去、阳去（阳平、阳上归阳去）、阴入、阳入。见表5.12.8：

表 5.12.8　一代苏州(女,编号 8)5 个调类的调长

单位：毫秒(ms)

调　类	调　长	调　类	调　长
阴平/阴上	224	阴入	114
阴去	358	阳入	162
阳去	395		

一代苏州女(2)发音人5个调类：阴平、阴去(阴上归阴去)、阳去(阳平、阳上归阳去)、阴入、阳入。见表5.12.9：

表5.12.9 一代苏州(女,编号9)5个调类的调长

单位：毫秒(ms)

调 类	调 长	调 类	调 长
阴平	232	阴入	118
阴去	292	阳入	134
阳去	315		

一代苏州男发音人5个调类：阴平、阴去(阴上归阴去)、阳去(阳平、阳上归阳去)、阴入、阳入。见表5.12.10：

表5.12.10 一代苏州(男,编号10)5个调类的调长

单位：毫秒(ms)

调 类	调 长	调 类	调 长
阴平	217	阴入	90
阴去	346	阳入	165
阳去	391		

2. 调长的归一化(normalization)

绝对调长值同原始F0数据一样，必须经过归一化处理后，才能进行比较研究。本项目对调长的归一化采用如下方法：

$$ND_i = \frac{D_i}{\frac{1}{n}\sum_{i=1}^{n}D_i} \qquad (公式四)$$

公式四表明：一种方言中某一调类的标准调长值(ND_i)等于其绝对调长值(D_i)与这种方言中所有调类的算术平均值$\left(\frac{1}{n}\sum_{i=1}^{n}D_i\right)$的

比值。(平悦铃等2001)

根据"公式四"对9位一代移民的调长进行归一化处理,得表5.13.1—5.13.10(缺省表5.13.4)。

表5.13.1 一代本地(男,编号1)6个调类的相对调长

调 类	相对调长	调 类	相对调长
阴平	1.15	阳去	1.46
阴上	1.51	阴入	0.32
阴去	0.99	阳入	0.57

据表5.13.1作图5.3.1:

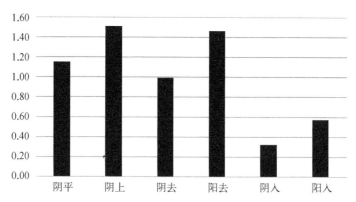

图5.3.1 一代本地(男,编号1)相对调长

表5.13.2 一代宁波(男,编号2)5个调类的相对调长

调 类	相对调长	调 类	相对调长
阴平	1.01	阴入	0.44
阴去	1.38	阳入	0.54
阳去	1.64		

据表 5.13.2 作图 5.3.2：

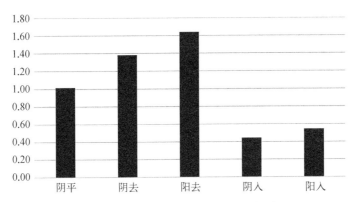

图 5.3.2　一代宁波(男,编号 2)相对调长

表 5.13.3　一代宁波(女,编号 3)5 个调类的相对调长

调　类	相对调长	调　类	相对调长
阴平	1.19	阴入	0.25
阴去	1.36	阳入	0.52
阳去	1.69		

据表 5.13.3 作图 5.3.3：

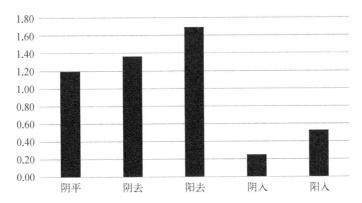

图 5.3.3　一代宁波(女,编号 3)相对调长

表 5.13.5　一代绍兴(男,编号 5)7 个调类的相对调长

调　类	相对调长	调　类	相对调长
阴平	0.92	阳去	1.21
阳平	1.18	阴入	0.37
阳上	1.37	阳入	0.9
阴去	1.04		

据表 5.13.5 作图 5.3.5：

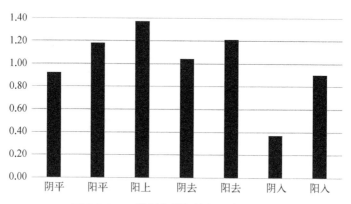

图 5.3.5　一代绍兴(男,编号 5)相对调长

表 5.13.6　一代苏北(女,编号 6)5 个调类的相对调长

调　类	相对调长	调　类	相对调长
阴平	1.12	阴入	0.64
阳平	1.4	阳入	0.59
去声	1.26		

据表 5.13.6 作图 5.3.6：

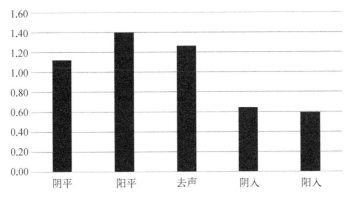

图 5.3.6　一代苏北(女,编号 6)相对调长

表 5.13.7　一代苏北(男,编号 7)5 个调类的相对调长

调　类	相对调长	调　类	相对调长
阴平	0.91	去声	1.20
阳平	1.21	入声	0.49
阴上	1.19		

据表 5.13.7 作图 5.3.7：

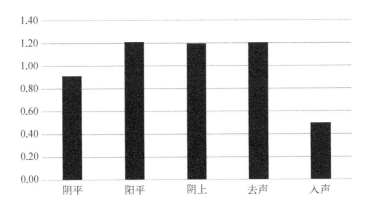

图 5.3.7　一代苏北(男,编号 7)相对调长

表 5.13.8　一代苏州(女,编号 8)5 个调类的相对调长

调　类	相对调长	调　类	相对调长
阴平	0.86	阴入	0.46
阴去	1.44	阳入	0.65
阳去	1.59		

据表 5.13.8 作图 5.3.8：

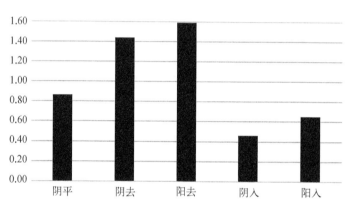

图 5.3.8　一代苏州(女,编号 8)相对调长

表 5.13.9　一代苏州(女,编号 9)5 个调类的相对调长

调　类	相对调长	调　类	相对调长
阴平	1.06	阴入	0.54
阴去	1.34	阳入	0.61
阳去	1.44		

据表 5.13.9 作图 5.3.9：

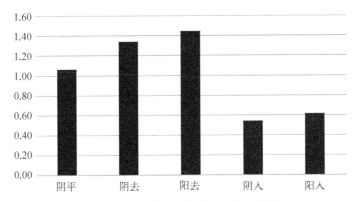

图 5.3.9　一代苏州(女,编号 9)相对调长

表 5.13.10　一代苏州(男,编号 10)5 个调类的相对调长

调　类	相对调长	调　类	相对调长
阴平	0.90	阴入	0.37
阴去	1.43	阳入	0.76
阳去	1.62		

据表 5.13.10 作图 5.3.10：

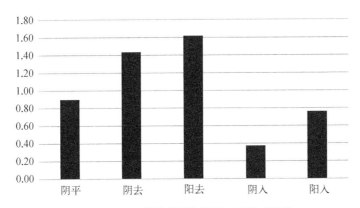

图 5.3.10　一代苏州(男,编号 10)相对调长

根据表 5.13.1—5.13.10(缺省表 5.13.4)和图 5.3.1—5.3.10(缺省图 5.3.4),可以发现,所有的一代移民在习得上海方言声调系统时,调

长的把握上都是很准确的,入声都比平均时长要短。9 位一代发音人的相对调长在表 5.14 里加以集中呈现:

表 5.14　一代移民的相对调长

编号	背景	性别	年龄	阴平	阳平	阴上	阳上	阴去	阳去	阴入	阳入
1	bd	m	75	1.15		1.51		0.99	1.46	0.32	0.57
2	nb	m	83	1.19				1.38	1.64	0.44	0.54
3	nb	f	78	0.92				1.36	1.69	0.25	0.52
5	sx	m	83	0.92	1.18		1.37	1.04	1.21	0.37	0.90
6	sb	f	77	1.12	1.4			1.26		0.64	0.59
7	sb	m	87	0.91	1.21	1.19		1.20		0.49	
8	sz	f	77	0.86				1.44	1.59	0.46	0.65
9	sz	f	78	1.06				1.34	1.44	0.54	0.61
10	sz	m	72	0.90				1.43	1.62	0.37	0.76
均值				1.00	1.26	1.35	1.37	1.27	1.46	0.43	0.63

说明:bd 为本地,nb 为宁波,sx 为绍兴,sb 为苏北,sz 为苏州。m 为男,f 为女。

从表 5.14 可以看出,在习得上海城市方言时,对调长的把握 9 个发音人大都很到位,两个入声小于平均值,其中阴入调长更是小于平均调长的 1/2;阳入则比阴入长,约为平均调长的 2/3。舒声里阴平最短,基本等于平均调长,而其他舒声调则都比平均调长长。移民背景对上海城市方言的声调系统调长的习得有何作用,将在后文里进行论述。

第三节　移民背景对一代移民习得上海方言声调系统的影响

一代移民在习得上海城市方言声调时,母语方言对习得语的影响很大,下面将从音高和调长两方面加以分析。

一、音高影响

上海城市方言的声调系统为 5 个调类：1) 阴平,高降调；2) 阴去（阴上归阴去）,中升调；3) 阳去（阳平、阳上都归入阳去）,低升调；4) 阴入,高短调；5) 阳入,低升短调。

前一节已经对一代移民的上海城市方言的声调音高作了详尽的陈述与分析,归纳了每个人的调类,给出了调值。本节将进一步观察分析每个发音人的母语声调系统对习得语声调系统的影响。

表 5.15 给出 9 个一代移民声调调值的具体情况：

表 5.15 一代移民的声调调值

编号	背景	性别	年龄	阴平	阳平	阴上	阳上	阴去	阳去	阴入	阳入
1	bd	m	75	41		33		34	213	55	23
2	nb	m	83	52				33	113	55	23
3	nb	f	78	51				43	113	44	23
5	sx	m	83	51	231		113	44	33	55	23
6	sb	f	77	31	223			55		22	11
7	sb	m	87	53	24	31		33		33	
8	sz	f	77	53				44	24	54	12
9	sz	f	78	41				44	14	55	22
10	sz	m	72	41				433	113/213	55	23

说明：bd 为本地,nb 为宁波,sx 为绍兴,sb 为苏北,sz 为苏州。m 为男,f 为女。

1. 上海城市方言 5 个调类的习得情况

上海城市方言里的阴平是个高降调,绝大部分的一代移民都能很好地习得这个调类,9 个发音人中 8 个都是高降调,习得率为 88.9%。具体调值有：53(苏北男、苏州女 1)；52(宁波男)；51(宁波女、绍兴男)；41(本地男、苏州女 2、苏州男)。只有 1 个发音人(苏北女)是低降调,调值为 31。

上海城市方言的阴去是个中升调,绝大部分移民都没能习得,而且有的还保留阴上调,没有归入阴去(本地男、苏北男);有的则归入阴平调(苏北女、苏州女1)。只有一代本地男性习得,习得率只有11.1%

上海城市方言的阳去调是个低升调,9个发音人中有6个习得了这个调类,习得率为66.7%。具体调值有:213(本地男)、113(宁波男、宁波女、苏州男)、24(苏州女1)、14(苏州女2)。

上海城市方言的阴入调是个高短调,除了两个苏北移民,其他一代移民都习得了,习得率为77.8%。具体调值有 55(本地男、宁波男、绍兴男、苏州女2、苏州男);44(宁波女);54(苏州女1)。

上海城市方言的阳入调是个短低升调,这个调除了一代苏北男性移民,其他发音人都习得了,习得率为88.9%。具体调值有:23(本地男、宁波男、宁波女、绍兴男);11(苏北女);12(苏州女1);22(苏州女2)。

这五个声调习得率从高到低依次为:阴平=阳入>阴入>阳去>阴去,具体情况见表5.16和图5.4:

表5.16 一代移民5个调类的习得率

调 类	习 得 率	调 类	习 得 率
阴平	88.90%	阴入	77.80%
阴去	11.10%	阳入	88.90%
阳去	66.70%		

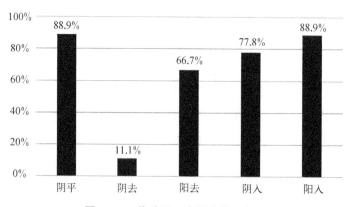

图5.4 一代移民5个调类的习得率

2. 一代移民母语对习得上海城市方言 5 个调类的影响

母语方言的声调系统对习得上海城市方言声调系统影响有两个层面：一是整个声调调类分布格局的习得；二是某个调类的具体调形的习得。下面逐一看一看：

一代上海本地男性还依然保留上海乡村方言的声调格局，6 个调类：阴平、阴上、阴去、阳去、阴入、阳入。同上海城市方言相比，多了阴上 33。其他 5 个调类的调形同城市方言相同，因为乡村方言里的阴平、阴去、阳去、阴入、阳入 5 个调类的调形同城市方言本来就一样。

一代宁波男性的声调格局同上海城市方言是一样的，即合并为阴平、阴去、阳去、阴入、阳入 5 个调类。而且合并规则也一样，阴上归阴去，阳平、阳上都归阳去。调形习得上也同上海城市方言一致，唯一不同是他的阴去调，他是中平调 33，而不是中升调。

一代宁波女性的情况与一代宁波男性完全一样，也是完全习得了上海城市方言的声调格局。只是调形习得上有一个不同，她的阴去是中平略降的 43，而不是中升调。

一代绍兴男性完全保留了母语的声调格局，保留 8 个声调的格局，但已发生了某些串调现象，阴上与阳去都是 33 了。在具体调形的习得上，他的阴平同上海城市方言完全一样，也是高降调，因为绍兴方言的阴平本来也是高降。阴入、阳入也同上海方言相似，阴入是短高调，阳入是短低升调，因为在绍兴方言里本来就这样。至于其他的调类都没有习得。

一代苏北女性的声调格局既不是苏北方言的，也不是上海城市方言的，她正处在从苏北声调系统向上海城市方言转化的一种中间状态。阴平与阴上相混，都是 31；阳平独立，调值是 223，阴去、阳上、阳去都归为去声，调值是 55；入声分阴阳，但具体调值与上海城市方言不同，阴入为 22，阳入为 11，两个都是短低调，阴入只是比阳入稍高一点，而不像上海方言的阴入是短高调。

一代苏北男性的声调格局同苏北女性一样，既不是苏北方言的，也不是上海城市方言的，而是从苏北声调系统向上海城市方言转化的一种中间状态。平声分阴阳,阴平调值为53,恰好同上海城市方言一致;阴上不与阴去合并,还是一个独立的调,调值为31;阳上、阴去、阳去合并,调值为33。入声不分阴阳,都是短中调33。

一代苏州女1的声调格局也处于过渡状态,从苏州方言向上海城市方言过渡。格局上与上海方言不同的是:阴上与阴平相混,而不是归入阴去。具体调形向上海方言靠拢,阴平同上海方言一样,也是高降的53,而不是苏州的高平44。她的三个舒声阳调也同上海方言一样,已经都合并为一个低升调的24。阴入、阳入也同上海方言基本一致,因为苏州的入声调本来就同上海差别不大,阴入是高短调,阳入是低略升的短调。

一代苏州女2已经习得了上海城市方言的声调格局,只在阴去的具体调形上有所不同,她是中高平的44,而上海城市方言是中升调。其他调形与上海城市方言相同。

一代苏州男性也已经习得了上海城市方言的声调格局。调形习得上略有不同,也是阴去调,他的调形是中平调433,上海城市方言是中升调。其他调形与上海城市方言相同。

综上可归纳出不同来源地一代移民的声调格局与调形的习得情况,可从七个声调习得要素来考察,这七个要素分别是:(1)舒声调格局;(2)入声调格局;(3)阴平调形;(4)阴去调形;(5)阳去调形;(6)阴入调形;(7)阳入调形。具体情况见表5.17:

表5.17 一代移民声调格局和调形的习得

编号	背景	性别	年龄	声调格局习得		调形习得					习得数
				舒声调格局	入声调格局	阴平	阴去	阳去	阴入	阳入	
1	bd	m	75	−	+	+	+	+	+	+	6
2	nb	m	83	+	+	+	−	+	+	+	6
3	nb	f	78	+	+	+	−	+	+	+	6
5	sx	m	83	−	+	+	−	−	+	+	4

续 表

编号	背景	性别	年龄	声调格局习得		调形习得					习得数
				舒声调格局	入声调格局	阴平	阴去	阳去	阴入	阳入	
6	sb	f	77	−	＋	−	−	−	−	＋	2
7	sb	m	87	−	−	＋	−	−	−	−	1
8	sz	f	77	−	＋	＋	−	＋	＋	＋	5
9	sz	f	78	＋	＋	＋	−	＋	＋	＋	6
10	sz	m	72	＋	＋	＋	−	＋	＋	＋	6

说明：bd 为本地，nb 为宁波，sx 为绍兴，sb 为苏北，sz 为苏州。m 为男，f 为女。"＋"为习得；"−"为未习得。

从表 5.17 列出的 7 个习得要素来看，没有一个一代移民全部习得了这 7 个习得要素，习得 6 个的是：一代本地（男）、一代宁波（男）、一代宁波（女）、一代苏州（女 2）、一代苏州（男）；习得 5 个的是：一代苏州（女 1）；习得 4 个的是：一代绍兴（男）；习得 2 个的是：一代苏北（女）；习得 1 个的是一代苏北（男）。图 5.5 将形象地展示移民背景与声调习得的关系：

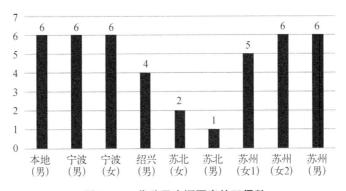

图 5.5　一代移民声调要素的习得数

所以习得最好的是一代本地、一代宁波和一代苏州；最糟糕的是一代苏北；位于中间的是一代绍兴。可作如下推断：

一代移民的母语方言如果与上海城市方言的语言系属关系越近，

习得情况就越好；关系越远，习得情况就越糟糕。

最近的当然是上海乡村方言，本地男性习得了 6 个要素；苏州方言与上海方言同属北部吴语的苏沪嘉小片，所以苏州女 2 和苏州男性也习得了 6 个要素，苏州女 1 习得了 5 个要素。最远的是属于江淮官话的苏北方言，根本不是吴语区的，因此苏北女性只习得了 2 个要素，苏北男性只习得了 1 个要素。

但宁波方言、绍兴方言与上海方言的关系距离是差不多的，三种方言都属于北部吴语，宁波方言属于甬江小片，绍兴方言属于临绍小片，因此它们与上海方言的关系都是同属于一个大片，分属于不同小片，但为什么宁波移民的习得率会高于绍兴移民？只能作如下推断：宁波移民更善于适应环境。

二、调长影响

在调长研究方面，传统方言学模糊认为舒声调比促声调长，所以在入声调的调值下加下划线，以示短促。但平悦铃等（2001）的研究表明：舒声调确实比入声调长。但决定调长的因素还有声调调形，曲折调比非曲折调长，如阴去、阳去（先平后升）比阴平（高降）长。拱度声调比平调长，如阳入（低升）比阴入（高平）长。（平悦铃等 2001）各调类间调长关系为：阴去、阳去＞阴平＞阳入＞阴入。

前一节对 9 位一代移民的相对调长的观察，已发现他们对调长的把握基本到位。本节将观察一代移民的母语背景对调长的影响，与上海方言的调长特征相符的就以"＋"标识，不符的就以"－"标识。得到表 5.18：

表 5.18 一代移民相对调长的习得

编号	背景	性别	年龄	阴平	阴去	阳去	阴入	阳入
1	bd	m	75	＋	－	＋	＋	＋
2	nb	m	83	＋	＋	＋	＋	＋

续　表

编号	背景	性别	年龄	阴平	阴去	阳去	阴入	阳入
3	nb	f	78	＋	＋	＋	＋	＋
5	sx	m	83	＋	＋	＋	＋	＋
6	sb	f	77	＋	＋	＋	－	－
7	sb	m	87	＋	＋	＋	－	－
8	sz	f	77	＋	＋	＋	＋	＋
9	sz	f	78	＋	＋	＋	＋	＋
10	sz	m	72	＋	＋	＋	＋	＋

说明：bd 为本地，nb 为宁波，sx 为绍兴，sb 为苏北，sz 为苏州。m 为男，f 为女。"＋"为符合调长特征；"－"为不符合调长特征。

从表 5.18 可明显看出，9 个一代移民的三个舒声调的调长特征差不多都符合的，除了一代本地的阴去不符，他的阴去＜阴平，其他所有人的所有舒声调类都符合上海城市方言的调长特征。

入声的调长特征除了一代苏北移民，其他来源地的移民都符合上海城市方言的调长特征。两个一代苏北移民的阴入和阳入都比舒声调的短，但两个入声的调长都差不多，没有符合阳入＞阴入的特征。一代苏北男性的两个入声本来就不分，一代苏北女性的两个入声虽然在音高上已有所区分，但在调长上依然无法区分。

第四节　二代移民的上海方言的声调系统

本节主要研究二代移民的上海城市方言的声调，方法与第二节里对一代移民的研究方法相同，也是从声学特征分析入手，主要观察两个声学参量：(1) 音高；(2) 调长。

一、音高研究

1. 基频 F0 数值

表 5.19.1—5.19.6 将具体展现 6 个二代本地发音人(二代发音人编号 1—6)的 8 个调类的音高数据:

表 5.19.1 二代本地(编号 1)8 个调类的基频 F0 数值

F0 单位:赫(Hz) 样本数:3

百分时刻	10%	20%	30%	40%	50%	60%	70%	80%	90%	100%
阴平	139	160	164	171	164	154	140	123	108	104
标准偏差	4	6	6	17	14	10	5	3	5	4
阳平	113	105	106	106	108	112	120	131	144	147
标准偏差	8	4	5	7	9	10	11	16	21	13
阴上	162	149	143	139	137	139	143	147	152	162
标准偏差	27	10	6	4	3	6	11	15	15	29
阳上	125	113	113	114	117	121	128	139	153	155
标准偏差	3	6	4	3	4	6	10	14	19	13
阴去	144	138	135	134	133	134	135	139	143	144
标准偏差	1	3	7	9	9	9	9	10	12	14
阳去	145	113	110	112	115	118	123	131	143	177
标准偏差	37	5	2	3	4	4	3	1	7	49
阴入	160	165	167	166	166	164	160	156	151	147
标准偏差	10	16	19	17	15	12	9	8	8	11
阳入	123	114	111	113	117	121	125	130	134	136
标准偏差	4	6	4	3	3	4	5	6	10	14

表 5.19.2 二代本地(编号 2)8 个调类的基频 F0 数值

F0 单位：赫(Hz)　样本数：3

百分时刻	10%	20%	30%	40%	50%	60%	70%	80%	90%	100%
阴平	153	169	168	162	157	157	153	141	129	131
标准偏差	45	56	53	48	35	12	3	5	6	13
阳平	129	130	129	131	136	141	147	153	146	136
标准偏差	4	3	4	7	10	14	17	18	7	16
阴上	161	167	164	163	163	163	163	162	161	159
标准偏差	13	11	10	10	13	16	18	17	17	17
阳上	140	128	127	129	133	140	146	154	160	161
标准偏差	8	3	5	7	9	13	15	20	23	20
阴去	149	166	164	163	163	165	166	166	160	139
标准偏差	17	12	13	15	16	19	20	21	15	10
阳去	144	130	131	136	141	147	154	159	161	163
标准偏差	11	9	8	8	8	9	11	12	15	19
阴入	185	190	193	194	193	191	188	185	182	180
标准偏差	5	3	7	8	7	6	5	5	6	11
阳入	140	129	127	128	131	133	136	138	140	139
标准偏差	10	5	7	10	13	16	17	18	20	17

表 5.19.3 二代本地(编号 3)8 个调类的基频 F0 数值

F0 单位：赫(Hz)　样本数：3

百分时刻	10%	20%	30%	40%	50%	60%	70%	80%	90%	100%
阴平	219	238	224	210	194	178	165	156	150	149
标准偏差	17	3	2	2	1	3	7	8	6	7
阳平	161	146	140	142	146	153	166	177	182	179
标准偏差	13	7	3	6	10	13	16	20	16	3

续 表

阴上	200	200	190	181	176	175	176	179	183	186
标准偏差	7	10	5	1	0	2	3	2	2	4
阳上	173	150	142	139	140	146	158	173	186	198
标准偏差	11	6	5	9	14	18	21	21	25	33
阴去	208	203	194	189	187	187	189	190	194	196
标准偏差	8	8	8	7	6	7	8	7	6	6
阳去	169	146	138	138	142	147	156	165	172	177
标准偏差	12	8	5	3	1	1	3	1	3	10
阴入	208	216	221	221	219	216	211	205	199	192
标准偏差	13	24	28	26	26	25	23	22	19	18
阳入	155	142	141	142	144	146	149	152	157	158
标准偏差	10	5	10	13	13	12	10	12	15	15

表 5.19.4 二代本地(编号 4)8 个调类的基频 F0 数值

F0 单位：赫(Hz)　样本数：3

百分时刻	10%	20%	30%	40%	50%	60%	70%	80%	90%	100%
阴平	187	203	203	198	190	179	165	152	141	135
标准偏差	28	14	16	17	16	13	8	2	7	14
阳平	140	124	122	122	124	130	139	148	157	163
标准偏差	5	6	8	11	13	18	22	23	25	24
阴上	155	157	149	146	142	139	138	138	139	140
标准偏差	5	7	7	7	10	11	11	11	11	10
阳上	135	119	119	120	123	129	137	147	159	165
标准偏差	5	3	4	4	6	8	10	12	18	21
阴去	160	160	156	154	153	152	152	153	154	152
标准偏差	9	12	10	9	10	10	12	12	11	8

续 表

阳去	145	124	123	124	128	135	144	153	163	170
标准偏差	7	3	3	3	2	1	4	8	14	16
阴入	174	178	182	185	185	184	180	176	170	166
标准偏差	10	15	17	17	16	14	12	11	11	9
阳入	143	135	133	135	139	143	146	148	148	146
标准偏差	12	9	10	12	13	14	13	11	8	9

表 5.19.5 二代本地(编号 5)8 个调类的基频 F0 数值

F0 单位：赫(Hz)　样本数：3

百分时刻	10%	20%	30%	40%	50%	60%	70%	80%	90%	100%
阴平	249	255	252	242	229	214	199	186	181	188
标准偏差	45	40	41	44	45	41	34	25	20	21
阳平	187	168	160	159	161	167	175	187	202	219
标准偏差	12	20	23	22	24	24	26	25	23	21
阴上	226	217	204	197	197	199	204	211	219	226
标准偏差	8	8	6	4	5	5	6	7	3	3
阳上	199	177	172	167	166	171	182	195	209	225
标准偏差	7	12	15	16	19	22	22	24	29	36
阴去	228	214	204	199	196	196	200	207	214	222
标准偏差	10	6	8	8	10	13	14	16	14	13
阳去	203	184	175	169	167	168	173	184	203	224
标准偏差	13	11	5	6	7	10	11	12	10	8
阴入	258	257	256	256	256	256	254	252	249	246
标准偏差	14	14	17	20	22	24	26	28	29	29
阳入	194	186	185	186	187	188	188	189	189	187
标准偏差	15	7	4	5	4	2	6	12	15	13

表 5.19.6 二代本地(编号 6)8 个调类的基频 F0 数值

F0 单位：赫(Hz)　样本数：3

百分时刻	10%	20%	30%	40%	50%	60%	70%	80%	90%	100%
阴平	146	158	158	157	154	148	139	128	114	104
标准偏差	20	9	9	10	11	11	10	9	9	7
阳平	105	98	97	99	103	108	113	117	121	124
标准偏差	5	3	5	7	8	9	10	10	9	8
阴上	119	116	113	111	110	109	109	109	109	109
标准偏差	6	3	2	2	2	3	4	4	4	5
阳上	112	96	94	96	99	102	107	113	118	124
标准偏差	8	1	4	4	4	4	4	6	9	13
阴去	118	114	112	112	112	112	112	112	113	113
标准偏差	8	10	11	11	12	12	12	11	11	12
阳去	106	96	95	97	100	105	109	113	117	121
标准偏差	9	5	5	4	3	4	4	4	5	5
阴入	143	144	144	144	142	141	140	138	135	133
标准偏差	6	9	11	11	11	10	9	9	9	10
阳入	117	109	107	109	112	116	120	124	126	125
标准偏差	2	6	6	6	8	9	10	10	9	6

图 5.6.1—5.6.6 将形象展示表 5.19.1—5.19.6 的情况，舒声和入声分两张图：

在作图时，观察各百分时刻点的标准偏差值，如大于 F0 值的 20%，说明此百分时刻点的采样误差过大，此处的 F0 值就不在图中显示。每位发音人都分舒声和入声两张图，上图为舒声调，下图为入声调。

第五章 移民背景与上海城市方言的声调

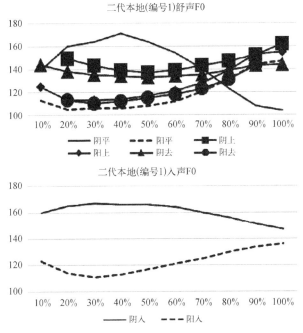

图 5.6.1　二代本地(编号 1)声调 F0 曲线图

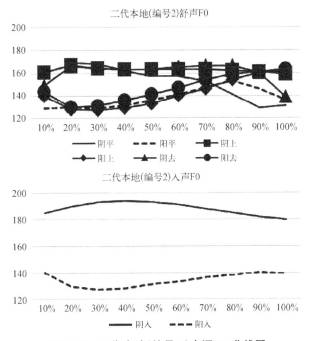

图 5.6.2　二代本地(编号 2)声调 F0 曲线图

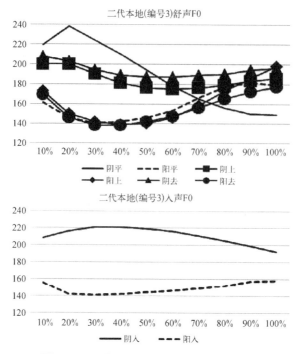

图 5.6.3 二代本地(编号 3)声调 F0 曲线图

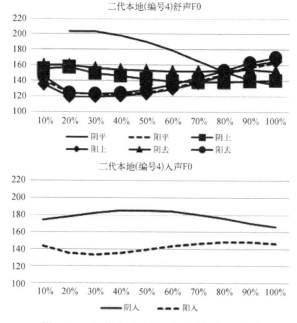

图 5.6.4 二代本地(编号 4)声调 F0 曲线图

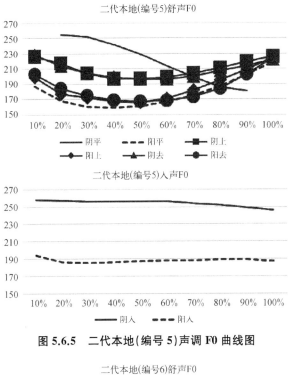

图 5.6.5 二代本地(编号 5)声调 F0 曲线图

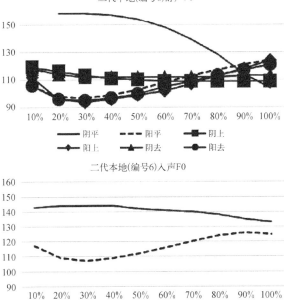

图 5.6.6 二代本地(编号 6)声调 F0 曲线图

其他 4 类来源地的二代移民的 F0 数据的采样方法,曲线图的作图方法与二代本地发音人是一样的,由于过于繁杂,在此就不呈现了。

2. 音高的归一化(normalization)

对二代移民的音高归一化的方法与一代移民是一样的,具体可见前文的第二节。先对 6 位二代本地发音人(二代发音人编号 1—6)的音高进行归一化处理,得表 5.20.1—5.20.6:

表 5.20.1　二代本地(编号 1)音高的 lz-score 值

百分时刻	10%	20%	30%	40%	50%	60%	70%	80%	90%	100%
阴平		1.30	1.47	1.77	1.47	1.02	0.35	−0.58	−1.50	−1.77
阳平	−1.18	−1.70	−1.63	−1.63	−1.50	−1.24	−0.75	−0.13	0.55	0.69
阴上		0.79	0.50	0.30	0.19	0.30	0.50	0.69	0.93	1.39
阳上	−0.46	−1.18	−1.18	−1.12	−0.93	−0.69	−0.29	0.30	0.98	1.07
阴去	0.55	0.24	0.09	0.03	−0.02	0.03	0.09	0.09	0.09	0.55
阳去		−1.18	−1.37	−1.24	−1.05	−0.87	−0.58	−0.13	0.50	
阴入	1.30	1.52	1.60	1.56	1.56	1.47	1.30	1.12	0.88	0.69
阳入	−0.58	−1.12	−1.31	−1.18	−0.93	−0.69	−0.46	−0.18	0.03	0.14

表 5.20.2　二代本地(编号 2)音高的 lz-score 值

百分时刻	10%	20%	30%	40%	50%	60%	70%	80%	90%	100%
阴平		0.94	0.94	0.57	0.38	0.38	0.00	−0.57	−1.32	−1.13
阳平	−1.32	−1.32	−1.32	−1.13	−0.94	−0.57	−0.19	0.00	−0.38	−0.94
阴上	0.57	0.75	0.57	0.57	0.57	0.57	0.57	0.57	0.57	0.38
阳上	−0.57	−1.32	−1.51	−1.32	−1.13	−0.57	−0.38	0.19	0.38	0.57
阴去	−0.19	0.75	0.57	0.57	0.57	0.75	0.57	0.75	0.38	−0.75
阳去	−0.38	−1.32	−1.13	−0.94	−0.57	−0.19	0.19	0.38	0.57	0.57
阴入	1.70	1.89	2.08	2.08	2.08	1.89	1.70	1.70	1.51	1.51
阳入	−0.57	−1.32	−1.51	−1.32	−1.13	−1.13	−0.94	−0.75	−0.57	−0.75

表 5.20.3　二代本地(编号 3)音高的 lz-score 值

百分时刻	10%	20%	30%	40%	50%	60%	70%	80%	90%	100%
阴平	1.57	2.18	1.72	1.26	0.80	0.18	−0.28	−0.74	−0.89	−1.05
阳平	−0.43	−1.20	−1.35	−1.35	−1.20	−0.89	−0.28	0.18	0.34	0.18
阴上	0.95	0.95	0.65	0.34	0.18	0.03	0.18	0.18	0.34	0.49
阳上	0.03	−0.89	−1.35	−1.51	−1.35	−1.20	−0.58	0.03	0.49	0.95
阴去	1.26	1.11	0.80	0.65	0.49	0.49	0.65	0.65	0.80	0.80
阳去	−0.12	−1.20	−1.51	−1.51	−1.35	−1.05	−0.74	−0.28	0.03	0.18
阴入	1.26	1.42	1.57	1.57	1.57	1.42	1.26	1.11	0.95	0.65
阳入	−0.74	−1.35	−1.35	−1.35	−1.20	−1.20	−1.05	−0.89	−0.58	−0.58

表 5.20.4　二代本地(编号 4)音高的 lz-score 值

百分时刻	10%	20%	30%	40%	50%	60%	70%	80%	90%	100%
阴平		2.41	2.41	2.24	1.90	1.38	0.86	0.17	−0.34	−0.69
阳平	−0.34	−1.38	−1.38	−1.38	−1.38	−1.03	−0.52	0.00	0.52	0.69
阴上	0.34	0.52	0.00	−0.17	−0.34	−0.52	−0.52	−0.52	−0.52	−0.34
阳上	−0.69	−1.55	−1.55	−1.55	−1.38	−1.03	−0.52	0.00	0.52	0.86
阴去	0.52	0.52	0.34	0.34	0.17	0.17	0.17	0.17	0.34	0.17
阳去	−0.17	−1.38	−1.38	−1.38	−1.03	−0.69	−0.17	0.17	0.69	1.03
阴入	1.21	1.38	1.55	1.72	1.72	1.55	1.55	1.38	1.03	0.86
阳入	−0.17	−0.69	−0.86	−0.69	−0.52	−0.17	−0.17	0.00	0.00	−0.17

表 5.20.5　二代本地(编号 5)音高的 lz-score 值

百分时刻	10%	20%	30%	40%	50%	60%	70%	80%	90%	100%
阴平		1.77	1.60	1.27	0.93	0.43	−0.07	−0.57	−0.73	
阳平	−0.57	−1.23	−1.73	−1.73	−1.57	−1.40	−1.07	−0.57	0.10	0.60

										续表
阴上	0.77	0.60	0.10	−0.23	−0.23	−0.07	0.10	0.27	0.60	0.77
阳上	−0.07	−0.90	−1.07	−1.40	−1.40	−1.23	−0.73	−0.23	0.27	0.77
阴去	0.93	0.43	0.10	−0.07	−0.23	−0.23	−0.07	0.27	0.43	0.77
阳去	0.10	−0.73	−1.07	−1.23	−1.40	−1.23	−1.07	−0.73	0.10	0.77
阴入	1.77	1.77	1.77	1.77	1.77	1.77	1.60	1.60	1.60	1.43
阳入	−0.23	−0.57	−0.57	−0.57	−0.57	−0.57	−0.57	−0.40	−0.40	−0.57

表 5.20.6　二代本地(编号 6)音高的 lz-score 值

百分时刻	10%	20%	30%	40%	50%	60%	70%	80%	90%	100%
阴平		2.31	2.31	2.31	2.14	1.79	1.28	0.76	−0.10	−0.79
阳平	−0.79	−1.31	−1.31	−1.14	−0.97	−0.62	−0.28	0.07	0.24	0.41
阴上	0.24	−0.10	−0.28	−0.28	−0.45	−0.45	−0.45	−0.45	−0.45	−0.45
阳上	−0.28	−1.48	−1.66	−1.48	−1.14	−0.97	−0.62	−0.28	0.07	0.41
阴去	0.07	−0.10	−0.28	−0.28	−0.28	−0.28	−0.28	−0.28	−0.28	−0.28
阳去	−0.62	−1.48	−1.48	−1.31	−1.14	−0.79	−0.45	−0.28	0.07	0.24
阴入	1.62	1.62	1.62	1.62	1.45	1.45	1.45	1.28	1.10	0.93
阳入	0.07	−0.45	−0.62	−0.45	−0.28	−0.10	0.24	0.41	0.59	0.59

据表 5.20.1 可作图 5.7.1：

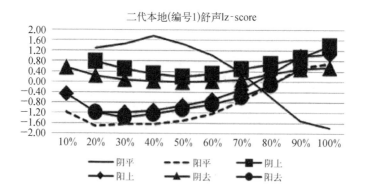

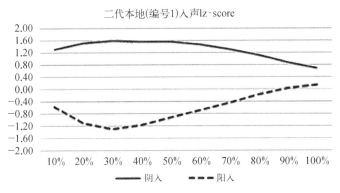

图 5.7.1 二代本地(编号 1)lz-score 图

根据表 5.20.1 和图 5.7.1 可确定二代本地(编号 1)的声调五度值,具体方法如下:根据本次实验得出的 lz-score 值分布情况看,折合成五度值时可把 lz-score∈(−0.4,0.4)作为 3 度,lz-score∈(0.4,1.2)作为 4 度,lz-score∈(−1.2,−0.4)作为 2 度,lz-score>1.2 作为 5 度,lz-score<−1.2 作为 1 度。但这只是定调值的大致尺度,具体情况还须灵活把握,特别是在临界点时。得到表 5.21.1:

表 5.21.1　二代本地(编号 1)8 类声调的五度值

调　类	五度值	调　类	五度值
阴平	51	阴去	334
阳平	113	阳去	113
阴上	334	阴入	<u>55</u>
阳上	113	阳入	<u>23</u>

得出最后的五度值表 5.22.1:

表 5.22.1　二代本地(编号 1)声调的五度值

阴平 51	阴去 334	阴入 <u>55</u>
	阳去 113	阳入 <u>23</u>

据表 5.20.2 可作图 5.7.2：

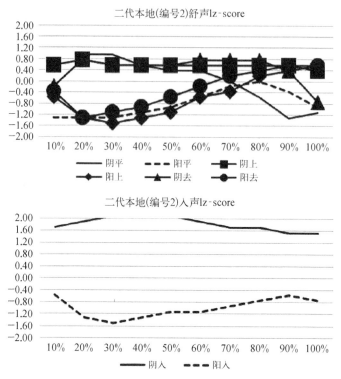

图 5.7.2　二代本地(编号 2)lz-score 图

根据表 5.20.2 和图 5.7.2 可确定二代本地(编号 2)的声调五度值，具体方法同前，得到表 5.21.2：

表 5.21.2　二代本地(编号 2)8 类声调的五度值

调　类	五度值	调　类	五度值
阴平	41	阴去	44
阳平	13	阳去	13
阴上	44	阴入	<u>55</u>
阳上	13	阳入	<u>12</u>

得出最后的五度值表 5.22.2：

表 5.22.2　二代本地(编号 2)声调的五度值

阴平 41	阴去 44	阴入 55
	阳去 13	阳入 12

据表 5.22.3 可作图 5.7.3：

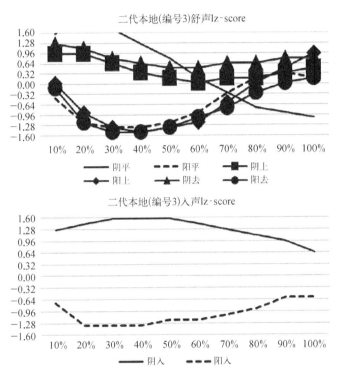

图 5.7.3　二代本地(编号 3)lz-score 图

根据表 5.20.3 和图 5.7.3 可确定二代本地(编号 3)的声调五度值,具体方法同前,得到表 5.21.3：

表 5.21.3　二代本地(编号 3)8 类声调的五度值

调　类	五度值	调　类	五度值
阴平	52	阴上	44
阳平	13	阳上	13

续 表

调 类	五度值	调 类	五度值
阴去	44	阴入	54
阳去	13	阳入	12

得出最后的五度值表 5.22.3：

表 5.22.3　二代本地(编号 3)声调的五度值

阴平 52	阴去 44	阴入 54
	阳去 13	阳入 12

据表 5.20.4 可作图 5.7.4：

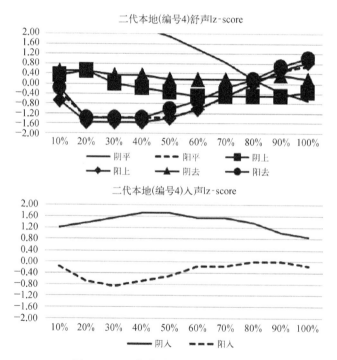

图 5.7.4　二代本地(编号 4)lz-score 图

根据表 5.20.4 和图 5.7.4 可确定二代本地(编号 4)的声调五度值，具体方法同前，得到表 5.21.4：

表 5.21.4　二代本地(编号 4)8 类声调的五度值

调　类	五度值	调　类	五度值
阴平	52	阴去	44
阳平	13	阳去	13
阴上	44	阴入	54
阳上	13	阳入	12

得出最后的五度值表 5.22.4：

表 5.22.4　二代本地(编号 4)声调的五度值

阴平 53	阴去 33	阴入 54
	阳去 13	阳入 23

据表 5.20.5 可作图 5.7.5：

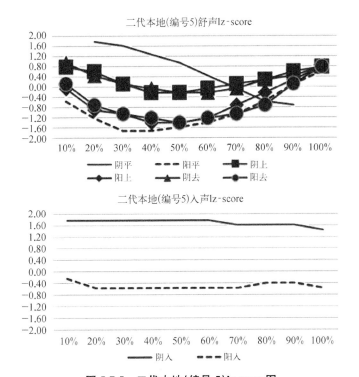

图 5.7.5　二代本地(编号 5)lz-score 图

根据表 5.20.5 和图 5.7.5 可确定二代本地(编号 5)的声调五度值,具体方法同前,得到表 5.21.5:

表 5.21.5　二代本地(编号 5)8 类声调的五度值

调　类	五度值	调　类	五度值
阴平	52	阴去	34
阳平	13	阳去	13
阴上	34	阴入	55
阳上	13	阳入	22

得出最后的五度值表 5.22.5:

表 5.22.5　二代本地(编号 5)声调的五度值

阴平 52	阴去 34	阴入 55
	阳去 13	阳入 22

据表 5.20.6 可作图 5.7.6:

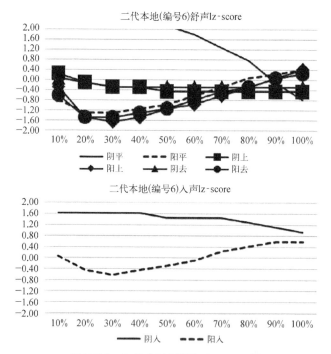

图 5.7.6　二代本地(编号 6)lz-score 图

根据表 5.20.6 和图 5.7.6 可确定二代本地(编号 6)的声调五度值,具体方法同前,得到表 5.21.6:

表 5.21.5　二代本地(编号 6)8 类声调的五度值

调　类	五度值	调　类	五度值
阴平	53	阴去	33
阳平	13	阳去	13
阴上	33	阴入	<u>55</u>
阳上	13	阳入	<u>23</u>

得出最后的五度值表 5.22.6:

表 5.22.6　二代本地(编号 6)声调的五度值

阴平 53	阴去 33	阴入 <u>55</u>
	阳去 13	阳入 <u>23</u>

接下来对 11 位二代宁波移民(二代移民编号 7—17)的音高进行归一化处理,得表 5.20.7—5.20.17:

表 5.20.7　二代宁波(编号 7)音高的 lz-score 值

百分时刻	10%	20%	30%	40%	50%	60%	70%	80%	90%	100%
阴平	0.31	1.69	1.69	1.54	1.08	0.46	−0.31	−1.08	−2.00	−2.46
阳平		−1.85	−1.85	−1.69	−1.38	−0.92	−0.31	0.15	0.46	0.62
阴上		0.46	0.15	0.00	0.00	0.00	0.15	0.31	0.46	0.46
阳上	−0.46	−1.54	−1.54	−1.38	−0.92	−0.62	−0.15	0.31	0.62	0.77
阴去	0.46	0.15	0.15	0.15	0.31	0.46	0.46	0.62	0.62	0.62
阳去	−0.46	−1.38	−1.38	−1.23	−0.77	−0.46	0.15	0.46	0.77	0.77
阴入	1.23	1.08	1.08	0.92	1.08	1.08	1.38	1.69	1.85	1.85
阳入		−1.23	−1.38	−1.23	−0.92	−0.62	−0.46	−0.46	−0.31	−0.31

表 5.20.8　二代宁波(编号 8)音高的 lz-score 值

百分时刻	10%	20%	30%	40%	50%	60%	70%	80%	90%	100%
阴平	−0.33	0.46	0.82	0.76	0.61	0.40	0.04	−0.51	−1.19	−1.84
阳平		−1.64	−1.83	−1.99	−1.93	−1.70	−1.38	−0.95	−0.33	0.06
阴上	0.72	0.54	0.01	−0.30	−0.39	−0.35	−0.15	0.12	0.38	0.41
阳上	−0.53	−1.20	−1.28	−1.36	−1.22	−0.82	−0.31	0.14	0.61	0.75
阴去	0.82	0.67	0.40	0.26	0.28	0.36	0.57	0.84	0.98	0.80
阳去	−0.21	−1.13	−1.29	−1.45	−1.43	−1.17	−0.68	−0.11	0.51	0.87
阴入	1.58	1.70	1.76	1.76	1.76	1.72	1.62	1.47	1.28	1.11
阳入	0.05	−0.31	−0.36	−0.28	−0.06	0.23	0.55	0.83	0.87	0.85

表 5.20.9　二代宁波(编号 9)音高的 lz-score 值

百分时刻	10%	20%	30%	40%	50%	60%	70%	80%	90%	100%
阴平		1.30	1.59	1.59	1.30	1.01	0.43	−0.29	−1.16	
阳平	−1.01	−1.16	−1.16	−1.30	−1.16	−0.72	−0.29	0.29	0.72	0.58
阴上	0.43	0.58	0.43	0.14	0.00	0.00	0.00	0.00	0.00	−0.14
阳上	−0.87	−1.45	−1.45	−1.30	−1.01	−0.72	−0.29	0.14	0.43	
阴去	0.58	0.87	0.58	0.14	0.00	−0.14	0.00	0.14	0.43	
阳去		−1.45	−1.74	−1.74	−1.45	−0.87	−0.29	0.14	0.43	0.29
阴入		2.17	2.17	2.46	2.75					
阳入			−0.43	−0.43	−0.29	−0.29	−0.14	0.00		

表 5.20.10　二代宁波(编号 10)音高的 lz-score 值

百分时刻	10%	20%	30%	40%	50%	60%	70%	80%	90%	100%
阴平		0.58	0.44	0.29	0.15	−0.29	−0.73	−1.17		
阳平	−0.29	0.00	−1.17	−1.75	−1.02	−0.73	−0.58	0.00		0.58
阴上	1.46	1.17	0.73	0.44	0.29	0.29	0.29	0.29	0.29	0.29

续　表

阳上		−2.34	−2.63	−2.19	−1.31	−0.44	0.15	0.44	0.44
阴去		0.73	0.58	0.44	0.29	0.29	0.44	0.73	0.58
阳去		−1.61	−2.04	−1.75	−1.31	−0.73	0.00	0.58	0.88
阴入	1.02	1.46	1.61	1.75	1.61	1.46	1.17	0.88	0.44	0.29
阳入	0.00	−0.58	−0.73	−0.73	−0.58	−0.29	0.00	0.44		

表 5.20.11　二代宁波(编号 11)音高的 lz-score 值

百分时刻	10%	20%	30%	40%	50%	60%	70%	80%	90%	100%
阴平	0.75	1.32	1.13	0.94	0.57	0.19	0.00	−0.75	−1.51	−1.89
阳平	−1.13	−1.70	−1.89	−1.70	−1.32	−1.13	−0.75	−0.38		
阴上	0.75	1.13	0.75	0.57	0.38	0.19	0.00	−0.19		
阳上	−0.57	−1.51	−1.70	−1.51	−1.32	−0.94	−0.38	0.00	0.38	0.38
阴去	0.94	1.13	0.75	0.57	0.38	0.38	0.38	0.38	0.19	0.00
阳去	−0.19	−0.75	−1.13	−1.13	−0.94	−0.38	0.00	0.38	0.75	0.57
阴入	1.51	1.89	1.89	1.89	1.89	1.70	1.32	1.13	0.75	0.75
阳入	0.00	−0.19	−0.38	−0.38	−0.38	−0.19	0.19			

表 5.20.12　二代宁波(编号 12)音高的 lz-score 值

百分时刻	10%	20%	30%	40%	50%	60%	70%	80%	90%	100%
阴平		1.44	1.44	1.31	0.92	0.53	−0.12			
阳平	−0.90	−1.29	−1.42	−1.55	−1.42	−1.29	−1.03	−0.64	−0.12	
阴上	0.40	0.40	0.27	0.14	0.01	−0.12	−0.12	−0.12		
阳上		−1.42	−1.42	−1.29	−1.16	−0.90	−0.51	−0.12		
阴去		0.27	0.01	0.01	−0.12	0.01	0.14	0.27	0.40	0.40
阳去		−1.03	−1.16	−1.16	−1.03	−0.77	−0.38	0.27	0.92	1.31
阴入	1.83	1.83	1.70	1.70	1.70	1.70	1.70			
阳入			−0.64	−0.77	−0.38	0.14	0.79			

表 5.20.13　二代宁波(编号 13)音高的 lz-score 值

百分时刻	10%	20%	30%	40%	50%	60%	70%	80%	90%	100%
阴平		2.18	1.91	1.63	1.09	0.54	−0.27	−1.09		
阳平	−0.27	−1.09	−1.09	−1.36	−1.36	−1.09	−0.82	0.00	0.82	1.63
阴上	1.36	0.54	0.00	−0.27	−0.54	−0.54	−0.27	0.00	0.27	0.54
阳上	−0.54	−1.36	−1.63	−1.63	−1.63	−1.36	−1.09	−0.54	0.27	0.54
阴去	0.82	0.00	−0.27	−0.54	−0.54	−0.54	−0.27	0.00	0.27	0.54
阳去	−0.27	−1.09	−1.36	−1.63	−1.36	−1.36	−0.82	−0.27	0.27	0.82
阴入	1.36	1.63	1.63	1.63	1.63	1.63	1.36	1.09	0.82	0.82
阳入	0.27	0.27	0.54	0.54	0.27	0.27	0.27	0.27	0.00	0.27

表 5.20.14　二代宁波(编号 14)音高的 lz-score 值

百分时刻	10%	20%	30%	40%	50%	60%	70%	80%	90%	100%
阴平		2.34	2.13	1.91	1.49	1.06	0.21	−0.64	−1.49	−1.70
阳平	−0.85	−1.28	−1.91	−1.91	−1.49	−1.06	−0.64	−0.21	−0.21	−0.21
阴上	0.21	0.00	−0.21	−0.43	−0.64	−0.64	−0.43	−0.43	−0.21	−0.43
阳上	−0.43	−1.06	−1.49	−1.49	−1.28	−0.85	−0.21	0.21	0.64	
阴去	0.64	0.64	0.21	0.21	0.21	0.21	0.21	0.43	0.43	0.21
阳去	−0.21	−1.06	−1.28	−1.28	−0.85	−0.21	0.21	0.64	0.85	0.85
阴入	1.70	1.49	1.49	1.28	1.28	1.06	1.06	1.06	1.06	
阳入	−0.43	−0.64	−0.85	−0.85	−0.85	−0.85	−0.85	−0.85		

表 5.20.15　二代宁波(编号 15)音高的 lz-score 值

百分时刻	10%	20%	30%	40%	50%	60%	70%	80%	90%	100%
阴平		1.65	1.65	1.52	1.14	0.64	0.00	−0.76	−1.65	−1.78
阳平	−1.14	−1.78	−1.65	−1.52	−1.27	−0.89	−0.51	−0.13	0.38	0.64
阴上	0.64	0.38	0.38	0.38	0.38	0.51	0.64	0.76	0.89	0.76

续 表

阳上	−0.76	−1.65	−1.65	−1.40	−1.14	−0.89	−0.38	0.00	0.51	0.76
阴去	0.76	0.38	0.25	0.38	0.51	0.64	0.76	0.89	1.02	0.89
阳去	−0.38	−1.27	−1.14	−1.14	−0.89	−0.64	−0.13	0.38	0.89	
阴入	1.65	1.52	1.52	1.52	1.52	1.40	1.40			
阳入	−0.38	−0.89	−1.02	−0.89	−0.64	−0.38	−0.13	0.13	0.25	0.25

表 5.20.16　二代宁波(编号 16)音高的 lz-score 值

百分时刻	10%	20%	30%	40%	50%	60%	70%	80%	90%	100%
阴平		2.23	2.15	1.83	1.40	0.83	0.13	−0.61	−1.30	−1.25
阳平		−1.30	−1.41	−1.35	−1.15	−0.81	−0.44	−0.04	0.33	0.49
阴上	1.00	0.49	0.14	0.01	−0.07	−0.07	0.02	0.16	0.32	0.49
阳上		−1.17	−1.35	−1.26	−1.12	−0.88	−0.48	0.01	0.46	
阴去		0.34	0.07	−0.01	0.01	0.06	0.12	0.22	0.34	0.74
阳去	−0.52	−1.34	−1.58	−1.56	−1.40	−1.10	−0.69	−0.21	0.23	0.48
阴入	1.52	1.53	1.55	1.57	1.58	1.57	1.53	1.43		
阳入	−0.64	−1.17	−1.23	−1.06	−0.85	−0.60	−0.33	−0.10	0.04	−0.03

表 5.20.17　二代宁波(编号 17)音高的 lz-score 值

百分时刻	10%	20%	30%	40%	50%	60%	70%	80%	90%	100%
阴平		2.07	2.07	1.84	1.38	0.92	0.46	−0.23	−0.69	−0.69
阳平	−0.92	−0.92	−1.15	−1.38	−1.38	−1.15	−0.92	−0.46	0.23	0.23
阴上	0.46	0.00	−0.23	−0.23	−0.23	0.00	0.00	0.23	0.46	
阳上	−0.69	−1.15	−1.15	−1.15	−1.15	−0.92	−0.46	0.00		
阴去	0.46	0.00	−0.46	−0.69	−0.69	−0.46	−0.23	0.00		
阳去	−0.46	−1.15	−1.15	−1.15	−1.15	−0.92	−0.23	0.46	0.92	
阴入	1.84	1.84	1.84	1.84	1.84	1.61	1.61	1.61	1.38	1.15
阳入	0.00	−0.23	−0.23	0.00	0.00	0.23	0.69	0.92	0.69	0.92

据表 5.20.7 可作图 5.7.7：

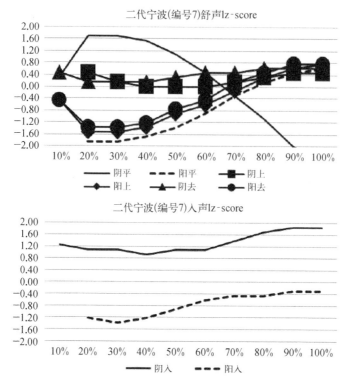

图 5.7.7　二代宁波(编号 7)lz-score 图

根据表 5.20.7 和图 5.7.7 可确定二代宁波(编号 7)的声调五度值,具体方法同前,得到表 5.21.7：

表 5.21.7　二代宁波(编号 7)8 类声调的五度值

调　类	五度值	调　类	五度值
阴平	51	阴去	33
阳平	13	阳去	13
阴上	33	阴入	45
阳上	13	阳入	23

得出最后的五度值表 5.22.7：

表 5.22.7　二代宁波(编号 7)声调的五度值

阴平 53	阴去 33	阴入 <u>45</u>
	阳去 13	阳入 <u>23</u>

据表 5.20.8 可作图 5.7.8：

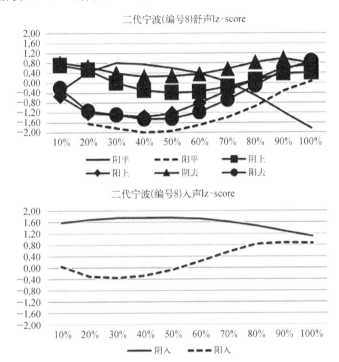

图 5.7.8　二代宁波(编号 8)lz-score 图

根据表 5.20.8 和图 5.7.8 可确定二代宁波(编号 8)的声调五度值,具体方法同前,得到表 5.21.8：

表 5.21.8　二代宁波(编号 8)8 类声调的五度值

调　类	五度值	调　类	五度值
阴平	41	阴去	44
阳平	13	阳去	13
阴上	33	阴入	<u>55</u>
阳上	13	阳入	<u>34</u>

得出最后的五度值表5.22.8:

表 5.22.8　二代宁波(编号8)声调的五度值

阴平 41	阴上 33	阴去 44	阴入 45
		阳去 13	阳入 23

据表5.20.9可作图5.7.9:

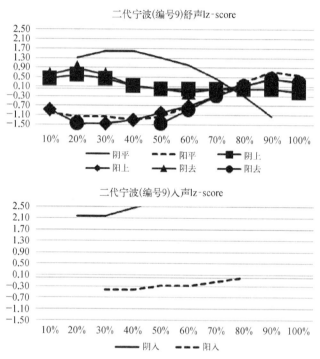

图 5.7.9　二代宁波(编号 9)lz-score 图

根据表5.20.9和图5.7.9可确定二代宁波(编号9)的声调五度值,具体方法同前,得到表5.21.9:

表 5.21.9　二代宁波(编号 9)8 类声调的五度值

调　类	五度值	调　类	五度值
阴平	41	阴上	33
阳平	13	阳上	13

续 表

调 类	五度值	调 类	五度值
阴去	33	阴入	55
阳去	13	阳入	23

得出最后的五度值表 5.22.9：

表 **5.22.9**　二代宁波(编号9)声调的五度值

阴平 41	阴去 33	阴入 55
	阳去 13	阳入 23

据表 5.20.10 可作图 5.7.10：

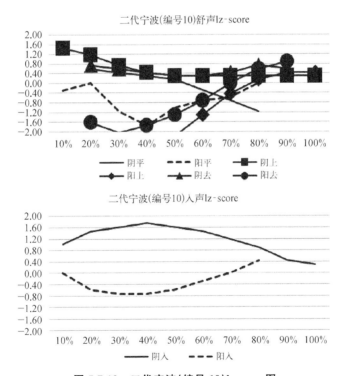

图 **5.7.10**　二代宁波(编号 10)lz-score 图

根据表 5.20.10 和图 5.7.10 可确定二代宁波(编号 10)的声调五度值，具体方法同前，得到表 5.21.10：

表 5.21.10　二代宁波(编号 10)8 类声调的五度值

调　类	五度值	调　类	五度值
阴平	42	阴去	33
阳平	13	阳去	13
阴上	33	阴入	55
阳上	13	阳入	23

得出最后的五度值表 5.22.10：

表 5.22.10　二代宁波(编号 10)声调的五度值

阴平 42	阴去 33	阴入 55
	阳去 13	阳入 23

据表 5.20.11 可作图 5.7.11：

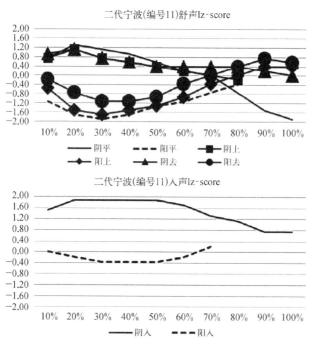

图 5.7.11　二代宁波(编号 11)lz-score 图

根据表 5.20.11 和图 5.7.11 可确定二代宁波(编号 11)的声调五度值，具体方法同前，得到表 5.21.11：

表 5.21.11　二代宁波(编号 11)8 类声调的五度值

调　类	五度值	调　类	五度值
阴平	41	阴去	44
阳平	13	阳去	13
阴上	44	阴入	55
阳上	13	阳入	33

得出最后的五度值表 5.22.11：

表 5.22.11　二代宁波(编号 11)声调的五度值

阴平 42	阴去 44	阴入 55
	阳去 13	阳入 33

据表 5.20.12 可作图 5.7.12：

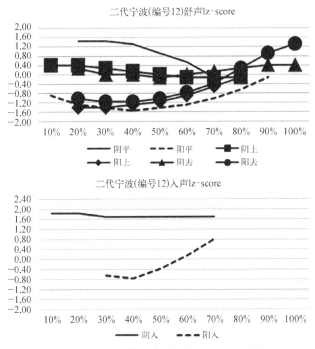

图 5.7.12　二代宁波(编号 12)lz-score 图

根据表 5.20.12 和图 5.7.12 可确定二代宁波(编号 12)的声调五度值,具体方法同前,得到表 5.21.12：

表 5.21.12　二代宁波(编号 12)8 类声调的五度值

调　类	五度值	调　类	五度值
阴平	53	阴去	33
阳平	13	阳去	13
阴上	33	阴入	<u>55</u>
阳上	13	阳入	<u>24</u>

得出最后的五度值表 5.22.12：

表 5.22.12　二代宁波(编号 12)声调的五度值

阴平 53	阴去 33	阴入 <u>55</u>
	阳去 13	阳入 <u>24</u>

据表 5.20.13 可作图 5.7.13：

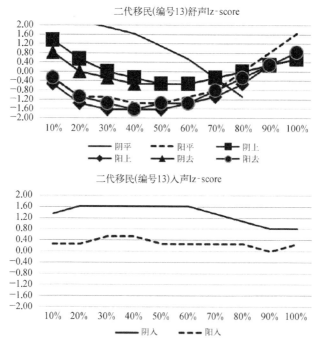

图 5.7.13　二代宁波(编号 13)lz-score 图

根据表 5.20.13 和图 5.7.13 可确定二代宁波(编号 13)的声调五度值,具体方法同前,得到表 5.21.13：

表 5.21.13　二代宁波(编号 13)8 类声调的五度值

调　类	五度值	调　类	五度值
阴平	52	阴去	33
阳平	13	阳去	13
阴上	33	阴入	<u>55</u>
阳上	13	阳入	<u>33</u>

得出最后的五度值表 5.22.13：

表 5.22.13　二代宁波(编号 13)声调的五度值

阴平 52	阴去 33	阴入 <u>55</u>
	阳去 13	阳入 <u>33</u>

据表 5.20.14 可作图 5.7.14：

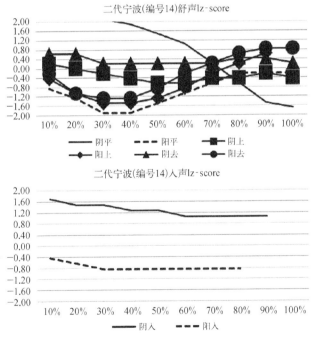

图 5.7.14　二代宁波(编号 14)lz-score 图

根据表 5.20.14 和图 5.7.14 可确定二代宁波(编号 14)的声调五度值，具体方法同前，得到表 5.21.14：

表 5.21.14　二代宁波(编号 14)8 类声调的五度值

调　类	五度值	调　类	五度值
阴平	51	阴去	33
阳平	13	阳去	13
阴上	33	阴入	<u>55</u>
阳上	13	阳入	<u>22</u>

得出最后的五度值表 5.22.14：

表 5.22.14　二代宁波(编号 14)声调的五度值

阴平 51	阴去 33	阴入 <u>55</u>
	阳去 13	阳入 <u>22</u>

据表 5.20.15 可作图 5.7.15：

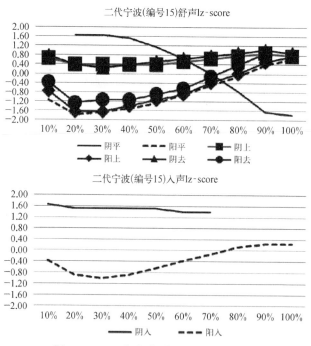

图 5.7.15　二代宁波(编号 15)lz-score 图

根据表 5.20.15 和图 5.7.15 可确定二代宁波(编号 15)的声调五度值,具体方法同前,得到表 5.21.15：

表 5.21.15　二代宁波(编号 15)8 类声调的五度值

调　类	五度值	调　类	五度值
阴平	51	阴去	44
阳平	13	阳去	13
阴上	44	阴入	55
阳上	13	阳入	23

得出最后的五度值表 5.22.15：

表 5.22.15　二代宁波(编号 15)声调的五度值

阴平 51	阴去 44	阴入 55
	阳去 13	阳入 23

据表 5.20.16 可作图 5.7.16：

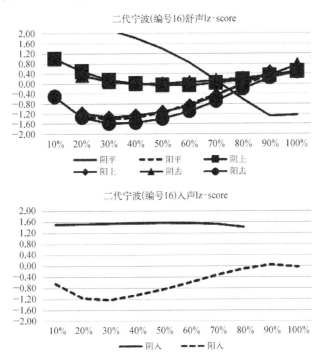

图 5.7.16　二代宁波(编号 16)lz-score 图

根据表 5.20.16 和图 5.7.16 可确定二代宁波(编号 16)的声调五度值,具体方法同前,得到表 5.21.16：

表 5.21.16　二代宁波(编号 16)8 类声调的五度值

调　类	五度值	调　类	五度值
阴平	51	阴去	33
阳平	13	阳去	13
阴上	33	阴入	55
阳上	13	阳入	23

得出最后的五度值表 5.22.16：

表 5.22.16　二代宁波(编号 16)声调的五度值

阴平 51	阴去 33	阴入 55
	阳去 13	阳入 23

据表 5.20.17 可作图 5.7.17：

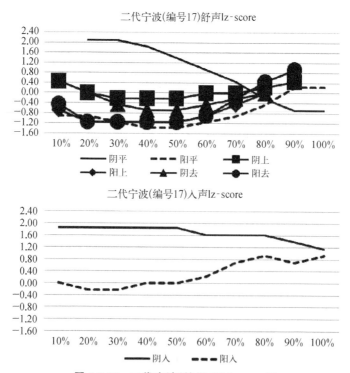

图 5.7.17　二代宁波(编号 17)lz-score 图

根据表 5.20.17 和图 5.7.17 可确定二代宁波(编号 17)的声调五度值，具体方法同前，得到表 5.21.17：

表 5.21.17　二代宁波(编号 17)8 类声调的五度值

调　类	五度值	调　类	五度值
阴平	52	阴去	33
阳平	13	阳去	13
阴上	33	阴入	55
阳上	13	阳入	23

得出最后的五度值表 5.22.17：

表 5.22.17　二代宁波(编号 17)声调的五度值

阴平 52	阴去 33	阴入 55
	阳去 13	阳入 23

再对 3 位二代绍兴移民(二代移民编号 18—20)的音高进行归一化处理，得表 5.20.18—5.20.20：

表 5.20.18　二代绍兴(编号 18)音高的 lz-score 值

百分时刻	10%	20%	30%	40%	50%	60%	70%	80%	90%	100%
阴平		2.62	2.62	2.14	1.90	1.43	0.95	0.48	−0.24	−0.48
阳平	−0.48	−0.95	−1.19	−0.95	−0.71	−0.48	−0.24	0.00	0.24	
阴上	0.00	0.00	−0.24	−0.48	−0.48	−0.48	−0.24	−0.24	0.00	0.00
阳上	−0.24	−0.95	−1.19	−1.19	−0.95	−0.71	−0.24	0.24	0.48	0.95
阴去	0.48	0.24	0.00	−0.24	−0.24	0.00	0.00	0.24	0.48	0.24
阳去	0.00	−0.48	−0.71	−0.71	−0.71	−0.48	0.00	0.48	0.71	0.95
阴入	1.43	1.43	1.43	1.43	1.43	1.43	1.19	1.19	0.95	
阳入	−1.19	−1.43	−1.67	−1.67	−1.67	−1.43	−1.43	−1.19		

表 5.20.19　二代绍兴(编号 19)音高的 lz-score 值

百分时刻	10%	20%	30%	40%	50%	60%	70%	80%	90%	100%
阴平	1.07	0.92	0.92	1.38	1.23	1.23	0.92	0.77	0.61	0.46
阳平		−1.99	−1.99	−1.84	−1.53	−1.07	−0.61	−0.15	0.15	
阴上	0.31	0.46	0.46	0.31	0.31	0.31	0.31	0.46	0.46	0.31
阳上	−0.61	−1.53	−1.38	−1.07	−0.77	−0.46	0.00	0.31	0.61	
阴去	0.92	0.92	0.92	0.92	1.07	1.07	1.23	1.23	1.07	1.07
阳去	−0.61	−1.68	−1.68	−1.53	−1.23	−0.77	−0.31	0.15	0.61	0.77
阴入	0.77	0.92	0.92	1.07	1.07	1.07	1.07	0.92	0.77	0.61
阳入	−0.77	−1.23	−1.53	−1.38	−1.23	−0.92	−0.77	−0.46	−0.31	−0.15

表 5.20.20　二代绍兴(编号 20)音高的 lz-score 值

百分时刻	10%	20%	30%	40%	50%	60%	70%	80%	90%	100%
阴平	0.41	1.24	1.66	1.38	1.10	0.69	0.14	−0.41	−0.83	−0.97
阳平	−0.55	−1.24	−1.38	−1.38	−1.24	−1.10	−0.69	−0.14	0.28	0.55
阴上	0.69	0.55	0.55	0.41	0.41	0.55	0.55	0.69	0.83	0.97
阳上	0.14	−1.10	−1.24	−1.24	−1.10	−0.83	−0.28			
阴去		1.24	1.38	1.24	1.24	1.10	1.10	0.83		
阳去		−0.97	−1.10	−1.24	−1.10	−0.97	−0.55	−0.28	−0.14	−0.14
阴入	1.10	1.10	1.24	1.38	1.38	1.52	1.38	1.38	1.24	1.10
阳入	−0.55	−1.10	−1.24	−1.24	−1.24	−1.10	−0.97	−0.83	−0.69	−0.69

据表 5.20.18 可作图 5.7.18：

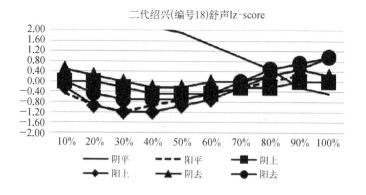

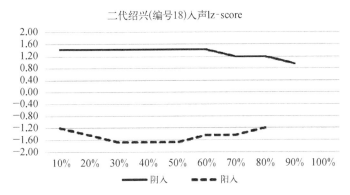

图 5.7.18　二代绍兴(编号 18)lz-score 图

根据表 5.20.18 和图 5.7.18 可确定二代绍兴(编号 18)的声调五度值,具体方法同前,得到表 5.21.18：

表 5.21.18　二代绍兴(编号 18)8 类声调的五度值

调　类	五度值	调　类	五度值
阴平	53	阴去	33
阳平	23	阳去	23
阴上	33	阴入	55
阳上	23	阳入	11

得出最后的五度值表 5.22.18：

表 5.22.18　二代绍兴(编号 18)声调的五度值

阴平 53	阴去 33	阴入 55
	阳去 23	阳入 11

据表 5.20.19 可作图 5.7.19：

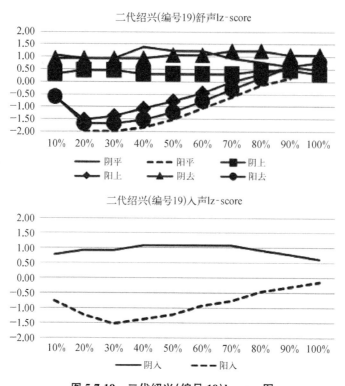

图 5.7.19　二代绍兴(编号 19)lz-score 图

根据表 5.20.19 和图 5.7.19 可确定二代绍兴(编号 19)的声调五度值,具体方法同前,得到表 5.21.19：

表 5.21.19　二代绍兴(编号 19)8 类声调的五度值

调　类	五度值	调　类	五度值
阴平	54	阴去	55
阳平	13	阳去	13
阴上	44	阴入	<u>55</u>
阳上	13	阳入	<u>13</u>

得出最后的五度值表 5.22.19：

表 5.22.19　二代绍兴(编号 19)声调的五度值

阴平 54	阴上 44	阴去 55	阴入 <u>55</u>
		阳去 13	阳入 <u>11</u>

据表 5.20.20 可作图 5.7.20：

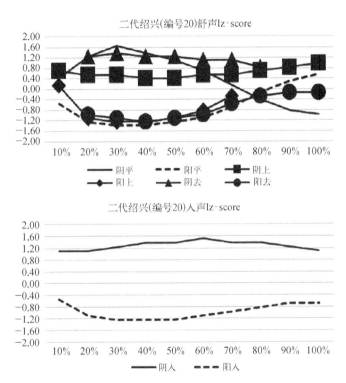

图 5.7.20　二代绍兴(编号 20)lz-score 图

根据表 5.20.20 和图 5.7.20 可确定二代绍兴(编号 20)的声调五度值，具体方法同前，得到表 5.21.20：

表 5.21.20　二代绍兴(编号 18)8 类声调的五度值

调　类	五度值	调　类	五度值
阴平	52	阴上	44
阳平	13	阳上	13

续 表

调 类	五度值	调 类	五度值
阴去	55	阴入	<u>55</u>
阳去	13	阳入	<u>12</u>

得出最后的五度值表 5.22.20：

表 5.22.20　二代绍兴(编号 20)声调的五度值

阴平 52	阴上 44	阴去 55	阴入 <u>55</u>
		阳去 13	阳入 <u>12</u>

接下来对 9 位二代苏北移民(二代移民编号 21～29)的音高进行归一化处理，得表 5.20.21—5.20.29：

表 5.20.21　二代苏北(编号 21)音高的 lz-score 值

百分时刻	10%	20%	30%	40%	50%	60%	70%	80%	90%	100%
阴平		2.33	2.13	1.94	1.55	0.97	0.39	0.00	−0.39	−0.58
阳平	0.00	−0.78	−1.16	−1.36	−1.16	−0.97	−0.78	−0.39	−0.19	0.00
阴上	0.78	0.78	0.39	0.19	0.00	−0.19	−0.19	0.00	0.00	0.00
阳上	−0.39	−0.58	−1.55	−1.74	−1.55	−1.36	−0.97	−0.78		
阴去	1.55	1.36	0.97	0.78	0.78	0.78	0.78	0.78	0.78	0.78
阳去	−0.19	−0.97	−1.36	−1.36	−1.36	−1.16	−0.78	−0.39	0.19	0.39
阴入		1.36	1.36	1.36	1.16	0.78				
阳入		−0.78	−0.97	−0.97	−0.97	−0.97	−0.97	−0.78	−0.78	−0.78

表 5.20.22　二代苏北(编号 22)音高的 lz-score 值

百分时刻	10%	20%	30%	40%	50%	60%	70%	80%	90%	100%
阴平		1.47	1.13	0.79	0.45	0.00	−0.56	−1.02	−1.13	−1.13
阳平		−1.24	−1.36	−1.36	−1.24	−1.02	−0.68	−0.23	0.45	1.02

百分时刻	10%	20%	30%	40%	50%	60%	70%	80%	90%	100%
阴上	0.90	0.45	0.45	0.45	0.45	0.45	0.45	0.45	0.56	0.79
阳上	0.00	−1.13	−1.36	−1.36	−1.13	−0.90	−0.45		0.56	0.90
阴去	1.02	0.79	0.79	0.90	0.90	0.90	0.90	0.79	0.90	
阳去		−0.68	−1.36	−1.36	−1.24	−1.13	−0.56	0.00	0.45	0.79
阴入	1.58	1.47	1.47	1.36	1.36	1.36	1.36	1.24	1.13	1.02
阳入	−0.56	−1.13	−1.24	−1.24	−1.36	−1.24	−1.13	−1.02	−0.56	

表 5.20.23　二代苏北(编号 23)音高的 lz-score 值

百分时刻	10%	20%	30%	40%	50%	60%	70%	80%	90%	100%
阴平		0.62	0.71	0.62	0.45	0.09	−0.27			
阳平		−1.34	−1.34	−1.34	−1.16	−0.98	−0.62	−0.18	0.36	0.80
阴上		0.18	0.09	0.00	0.00	−0.09	0.00			
阳上		−1.34	−1.43	−1.34	−1.16	−0.89	−0.45	0.18	0.71	0.98
阴去	0.71	0.09	−0.09	−0.18	−0.09	0.09	0.27	0.53	0.89	
阳去		−1.07	−1.16	−1.16	−0.98	−0.71	−0.27	0.36	0.98	
阴入		1.78	1.78	1.78	1.87	1.96	1.96	1.96	1.87	
阳入	−0.27	−1.07	−1.34	−1.25	−1.16	−0.98	−0.71	−0.45	−0.27	

表 5.20.24　二代苏北(编号 24)音高的 lz-score 值

百分时刻	10%	20%	30%	40%	50%	60%	70%	80%	90%	100%
阴平		2.24	2.07	1.72	1.38	0.86	0.17	−0.52	−1.38	
阳平	−1.38	−2.07	−1.89	−1.72	−1.38	−0.86	−0.34	0.17	0.69	0.86
阴上	0.69	0.17	−0.17	−0.34	−0.52	−0.34	−0.34	−0.17	0.00	0.17
阳上	−0.52	−1.20	−1.38	−1.20	−1.03	−0.86	−0.52	0.00	0.52	0.86
阴去	0.69	0.17	0.00	0.00	−0.17	−0.17	0.00	0.17	0.52	
阳去	−0.52	−1.38	−1.55	−1.38	−1.20	−1.03	−0.69	−0.17	0.52	1.20
阴入	1.55	1.38	1.38	1.38	1.38	1.20	1.20	1.20		
阳入		−0.86	−0.86	−0.86	−0.52	−0.17	0.17	0.34	0.69	0.69

表 5.20.25　二代苏北(编号 25)音高的 lz-score 值

百分时刻	10%	20%	30%	40%	50%	60%	70%	80%	90%	100%
阴平		1.82	1.82	1.68	1.40	0.98	0.28	−0.42		
阳平		−1.40	−1.26	−1.12	−0.84	−0.56	−0.14	0.28	0.56	0.70
阴上	0.98	0.84	0.70	0.70	0.56	0.70	0.84	0.98	1.12	1.26
阳上			−0.98	−0.98	−0.84	−0.70	−0.28	0.14	0.56	0.84
阴去	0.28	0.00	0.00	0.00	0.00	0.00	0.14	0.28	0.42	
阳去	−1.12	−1.82	−1.82	−1.68	−1.68	−1.40	−1.12	−0.84	−0.42	−0.14
阴入	0.70	0.70	0.84	0.84	0.98	0.84	0.98	0.84	0.70	
阳入	−0.98	−1.54	−1.68	−1.68	−1.54	−1.26	−1.12	−0.84	−0.70	−0.56

表 5.20.26　二代苏北(编号 26)音高的 lz-score 值

百分时刻	10%	20%	30%	40%	50%	60%	70%	80%	90%	100%
阴平		2.08	1.74	1.39	0.87	0.35	−0.35	−1.22	−1.91	−2.26
阳平		−1.74	−1.74	−1.56	−1.39	−0.69	−0.17	0.52	1.04	0.87
阴上	0.52	0.87	0.52	0.52	0.52	0.52	0.69	0.69	0.87	0.52
阳上	−0.69	−1.39	−1.56	−1.56	−1.22	−0.52	0.17	0.87	1.22	0.69
阴去	0.17	0.69	0.35	0.35	0.52	0.52	0.69	0.87	1.04	0.52
阳去	−0.17	−1.04	−1.39	−1.22	−0.87	−0.35	0.35	0.87	1.22	1.04
阴入	0.87	1.04	1.04	1.04	1.04	1.04	1.04	1.04	0.87	
阳入	−0.17	−0.87	−1.04	−1.04	−1.04	−0.87	−0.52	0.00	0.35	0.52

表 5.20.27　二代苏北(编号 27)音高的 lz-score 值

百分时刻	10%	20%	30%	40%	50%	60%	70%	80%	90%	100%
阴平			2.40	2.09	1.62	0.97	0.27	−0.36	−0.79	−0.60
阳平	−1.91	−1.91	−1.84	−1.64	−1.37	−0.98	−0.66	−0.48	−0.79	
阴上		1.02	0.65	0.44	0.33	0.38	0.44	0.49	0.49	0.38
阳上			−0.91	−0.91	−0.98	−0.79	−0.30	0.27	0.87	0.65

续　表

阴去	1.86	1.76	1.32	1.07	0.97	0.97	0.92	0.92	0.87	0.92
阳去				−0.91	−0.98	−0.73	−0.30	0.33	0.76	0.55
阴入					1.07	1.02	0.76	0.38		
阳入			−0.42	−0.54	−0.60	−0.54	−0.42	−0.30	−0.36	−0.60

表 5.20.28　二代苏北(编号 28)音高的 lz-score 值

百分时刻	10%	20%	30%	40%	50%	60%	70%	80%	90%	100%
阴平		1.38	1.49	1.38	1.15	0.80	0.23			−1.38
阳平		−1.26	−1.38	−1.49	−1.61	−1.49	−1.15	−0.69	−0.11	0.46
阴上	0.57	0.46	0.46	0.46	0.34	0.46	0.57	0.69	0.92	1.03
阳上	−0.34	−1.38	−1.49	−1.49	−1.49	−1.26	−0.80	−0.11		
阴去	0.69	0.34	0.34	0.34	0.34	0.46	0.57	0.80	0.92	1.15
阳去	−0.11	−1.03	−1.15	−1.15	−1.15	−1.03	−0.69	−0.11	0.57	0.92
阴入	1.38	1.26	1.26	1.26	1.26	1.26	1.26	1.26		
阳入	−0.57	−1.15	−1.38	−1.26	−1.26	−1.03	−0.80	−0.57	−0.23	−0.11

表 5.20.29　二代苏北(编号 29)音高的 lz-score 值

百分时刻	10%	20%	30%	40%	50%	60%	70%	80%	90%	100%
阴平			2.53	2.14	1.95	1.56	0.97	0.19	−0.39	
阳平	−0.97	−1.75	−1.75	−1.36	−1.36	−1.17	−0.78	−0.19	0.58	0.78
阴上	0.39	0.58	0.19	0.00	−0.19	−0.39	−0.39	−0.19	0.00	0.00
阳上	0.00	−1.17	−1.36	−1.17	−0.97	−0.78	−0.39	0.19	0.97	1.17
阴去	1.36	0.78	0.39	0.19	0.19	0.19	0.19	0.39	0.39	0.58
阳去	−0.39	−0.97	−1.17	−0.97	−0.58	−0.39	−0.58	0.19	0.78	0.97
阴入	0.97	0.97	0.97	0.97	0.97	0.97	0.78	0.78	0.58	0.39
阳入	−0.97	−1.36	−1.56	−1.56	−1.56	−1.56	−1.56			

据表 5.20.21 可作图 5.7.21：

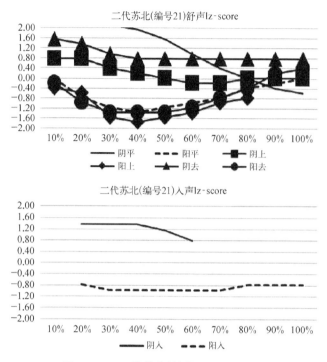

图 5.7.21　二代苏北(编号 21)lz-score 图

根据表 5.20.21 和图 5.7.21 可确定二代苏北(编号 21)的声调五度值,具体方法同前,得到表 5.21.21:

表 5.21.21　二代苏北(编号 21)8 类声调的五度值

调　类	五度值	调　类	五度值
阴平	53	阴去	44
阳平	13	阳去	13
阴上	33	阴入	<u>54</u>
阳上	13	阳入	<u>22</u>

得出最后的五度值表 5.22.21:

表 5.22.21　二代苏北(编号 21)声调的五度值

阴平 53	阴上 33	阴去 44	阴入 <u>54</u>
		阳去 13	阳入 <u>22</u>

据表 5.20.22 可作图 5.7.22：

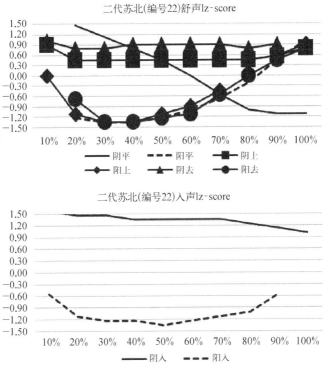

图 5.7.22 二代苏北(编号 22)lz-score 图

根据表 5.20.22 和图 5.7.22 可确定二代苏北(编号 22)的声调五度值,具体方法同前,得到表 5.21.22：

表 5.21.22 二代苏北(编号 22)8 类声调的五度值

调 类	五度值	调 类	五度值
阴平	51	阴去	44
阳平	13	阳去	13
阴上	44	阴入	55
阳上	13	阳入	11

得出最后的五度值表 5.22.22：

表 5.22.22　二代苏北(编号 22)声调的五度值

阴平 51	阴去 44	阴入 55
	阳去 13	阳入 11

据表 5.20.23 可作图 5.7.23：

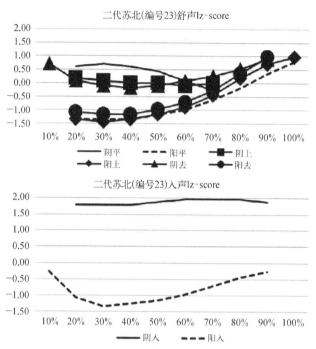

图 5.7.23　二代苏北(编号 23)lz-score 图

根据表 5.20.23 和图 5.7.23 可确定二代苏北(编号 23)的声调五度值,具体方法同前,得到表 5.21.23：

表 5.21.23　二代苏北(编号 23)8 类声调的五度值

调　类	五度值	调　类	五度值
阴平	42	阴去	34
阳平	13	阳去	13
阴上	34	阴入	55
阳上	13	阳入	12

得出最后的五度值表 5.22.23：

表 5.22.23　二代苏北(编号 23)声调的五度值

阴平 42	阴去 34	阴入 <u>55</u>
	阳去 13	阳入 <u>12</u>

据表 5.20.24 可作图 5.7.24：

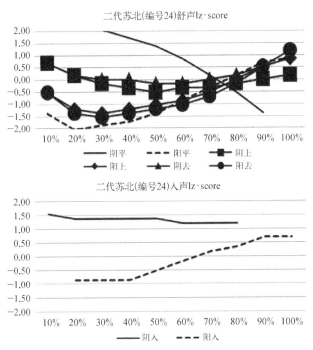

图 5.7.24　二代苏北(编号 24)lz-score 图

根据表 5.20.24 和图 5.7.24 可确定二代苏北(编号 24)的声调五度值，具体方法同前，得到表 5.21.24：

表 5.21.24　二代苏北(编号 24)8 类声调的五度值

调　类	五度值	调　类	五度值
阴平	51	阴去	34
阳平	13	阳去	13
阴上	34	阴入	<u>55</u>
阳上	13	阳入	<u>23</u>

得出最后的五度值表 5.22.24：

表 5.22.24　二代苏北(编号 24)声调的五度值

阴平 51	阴去 34	阴入 55
	阳去 13	阳入 23

据表 5.20.25 可作图 5.7.25：

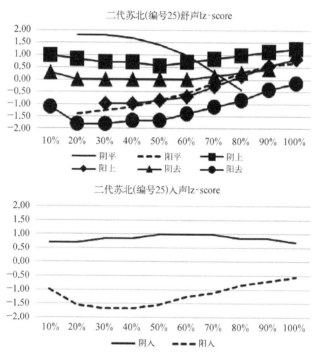

图 5.7.25　二代苏北(编号 25)lz-score 图

根据表 5.20.25 和图 5.7.25 可确定二代苏北(编号 25)的声调五度值，具体方法同前，得到表 5.21.25：

表 5.21.25　二代苏北(编号 25)8 类声调的五度值

调类	五度值	调类	五度值
阴平	53	阴上	34
阳平	13	阳上	13

续 表

调 类	五度值	调 类	五度值
阴去	34	阴入	44
阳去	13	阳入	12

表 5.22.25　二代苏北(编号 25)声调的五度值

阴平 53	阴去 34	阴入 44
	阳去 13	阳入 12

据表 5.20.26 可作图 5.7.26:

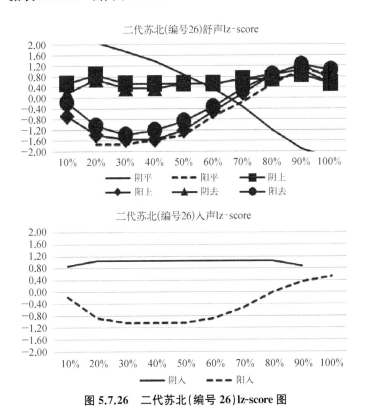

图 5.7.26　二代苏北(编号 26)lz-score 图

根据表 5.20.26 和图 5.7.26 可确定二代苏北(编号 26)的声调五度值,具体方法同前,得到表 5.21.26:

表 5.21.26 二代苏北(编号 26)8 类声调的五度值

调 类	五度值	调 类	五度值
阴平	51	阴去	44
阳平	13	阳去	13
阴上	44	阴入	<u>44</u>
阳上	13	阳入	<u>23</u>

得出最后的五度值表 5.22.26：

表 5.22.26 二代苏北(编号 26)声调的五度值

阴平 53	阴去 44	阴入 <u>44</u>
	阳去 13	阳入 <u>23</u>

据表 5.20.27 可作图 5.7.27：

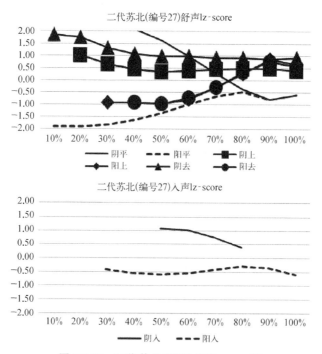

图 5.7.27 二代苏北(编号 27)lz-score 图

根据表 5.20.27 和图 5.7.27 可确定二代苏北(编号 27)的声调五度值,具体方法同前,得到表 5.21.27：

表 5.21.27　二代苏北(编号 27)8 类声调的五度值

调　类	五度值	调　类	五度值
阴平	52	阴去	44
阳平	13	阳去	23
阴上	44	阴入	<u>44</u>
阳上	23	阳入	<u>23</u>

得出最后的五度值表 5.22.27：

表 5.22.27　二代苏北(编号 27)声调的五度值

阴平 52	阴去 44	阴入 <u>44</u>
	阳去 13	阳入 <u>23</u>

据表 5.20.28 可作图 5.7.28：

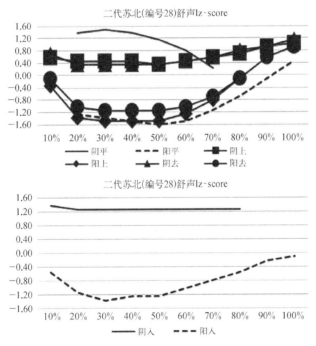

图 5.7.28　二代苏北(编号 28)lz-score 图

根据表 5.20.28 和图 5.7.28 可确定二代苏北(编号 28)的声调五度值，具体方法同前，得到表 5.21.28：

表 5.21.28　二代苏北(编号 28)8 类声调的五度值

调　类	五度值	调　类	五度值
阴平	53	阴去	34
阳平	13	阳去	13
阴上	34	阴入	<u>55</u>
阳上	13	阳入	<u>13</u>

得出最后的五度值表 5.22.28：

表 5.22.28　二代苏北(编号 28)声调的五度值

阴平 53	阴去 34	阴入 <u>55</u>
	阳去 13	阳入 <u>13</u>

据表 5.20.29 可作图 5.7.29：

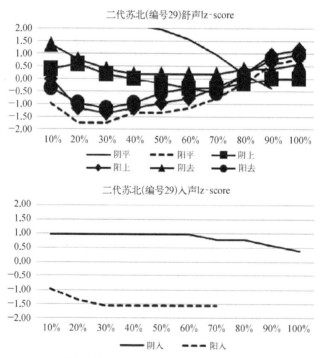

图 5.7.29　二代苏北(编号 29)lz-score 图

根据表 5.20.29 和图 5.7.29 可确定二代苏北(编号 29)的声调五度值,具体方法同前,得到表 5.21.29:

表 5.21.29　二代苏北(编号 29)8 类声调的五度值

调　类	五度值	调　类	五度值
阴平	53	阴去	33
阳平	13	阳去	13
阴上	33	阴入	<u>44</u>
阳上	13	阳入	<u>11</u>

得出最后的五度值表 5.22.29:

表 5.22.29　二代苏北(编号 29)声调的五度值

阴平 53	阴去 33	阴入 <u>44</u>
	阳去 13	阳入 <u>11</u>

最后对 5 位二代苏州移民(二代移民编号 30—34)的音高进行归一化处理,得表 5.20.30—5.20.34:

表 5.20.30　二代苏州(编号 30)音高的 lz-score 值表

百分时刻	10%	20%	30%	40%	50%	60%	70%	80%	90%	100%
阴平		1.36	1.36	1.24	0.87	0.37	−0.12	−0.74	−1.36	−2.11
阳平		−0.99	−1.24	−1.49	−1.61	−1.36	−0.99	−0.62	−0.25	
阴上	0.99	0.99	0.62	0.37	0.25	0.25	0.25	0.37	0.62	0.74
阳上	−0.12	−0.74	−0.99	−1.11	−1.11	−0.99	−0.87	−0.37		
阴去	0.99	0.62	0.37	0.12	0.00	0.00	0.12	0.25	0.50	0.74
阳去	−0.25	−1.24	−1.36	−1.49	−1.49	−1.36	−0.99	−0.50	0.00	0.62
阴入	1.61	1.61	1.73	1.73	1.86	1.86	1.73	1.61		
阳入	−0.25	−0.50	−0.62	−0.50	−0.50	−0.37	−0.25	0.00	0.12	0.12

表 5.20.31　二代苏州(编号 31)音高的 lz-score 值表

百分时刻	10%	20%	30%	40%	50%	60%	70%	80%	90%	100%
阴平		1.71	1.71	1.28	0.85	0.43	0.14	−0.14	−0.43	−0.43
阳平		−0.43	−0.71	−1.00	−1.14	−1.00	−0.71	−0.28		
阴上			0.28	0.00	−0.14	−0.14	−0.14	−0.14	0.00	0.14
阳上	−0.14	−0.43	−0.85	−1.00	−0.85	−0.57	−0.57	−0.43	−0.14	0.28
阴去	0.57	0.43	0.28	0.00	−0.14	−0.14	−0.14	0.00	0.00	0.28
阳去	0.00	−0.43	−0.71	−0.85	−1.00	−0.85	−0.71	−0.43	−0.14	0.14
阴入			2.85	2.71	2.71	2.71	2.85	2.85		
阳入	−0.14	−0.43	−0.57	−0.57	−0.43	−0.28	−0.28	−0.14	−0.14	−0.14

表 5.20.32　二代苏州(编号 32)音高的 lz-score 值表

百分时刻	10%	20%	30%	40%	50%	60%	70%	80%	90%	100%
阴平		2.17	2.17	1.84	1.51	1.00	0.33	−0.17	−0.50	−0.67
阳平	−0.33	−1.34	−1.34	−1.17	−0.84	−0.67	−0.17	0.33	0.84	
阴上	0.50	0.50	0.17	0.00	−0.17	−0.17	−0.17	0.00	0.17	0.17
阳上	−0.50	−1.17	−1.34	−1.34	−1.17	−0.84	−0.50	0.00	0.50	
阴去	1.00	0.84	0.50	0.33	0.17	0.17	0.33	0.33	0.50	0.67
阳去	−0.50	−1.34	−1.51	−1.51	−1.17	−0.84	−0.50	−0.17	0.17	0.33
阴入	1.67	1.67	1.84	1.84	1.84	1.67	1.67	1.51		
阳入	−0.50	−0.84	−1.00	−1.00	−0.84	−0.50	−0.33	−0.17		

表 5.20.33　二代苏州(编号 33)音高的 lz-score 值表

百分时刻	10%	20%	30%	40%	50%	60%	70%	80%	90%	100%
阴平		2.11	1.80	1.42	1.00	0.56	0.13	−0.38		
阳平	−0.85	−1.02	−1.02	−1.02	−1.02	−0.68	−0.51	−0.17	0.17	0.17
阴上	0.85	1.02	0.34	0.17	0.00	0.00	0.00	0.00	0.00	0.00

续 表

	10%	20%	30%	40%	50%	60%	70%	80%	90%	100%
阳上	−0.17	−1.02	−1.19	−1.36	−1.19	−0.85	−0.68	−0.34	0.17	0.34
阴去	1.02	0.85	0.34	0.34	0.17	0.00	0.00	0.00	0.17	0.17
阳去	−0.34	−0.85	−1.02	−1.19	−1.19	−0.85	−0.51	−0.17	0.17	0.34
阴入		2.21	2.04	2.04	2.04	2.04	2.04	2.04	2.04	
阳入		−0.51	−0.85	−1.02	−0.85	−0.85	−0.68	−0.51	−0.34	

表 5.20.34　二代苏州(编号 34)音高的 lz-score 值表

百分时刻	10%	20%	30%	40%	50%	60%	70%	80%	90%	100%
阴平	0.46	0.58	0.46	0.35	0.12	−0.12	−0.35	−0.46	−0.69	−0.58
阳平	−0.46	−0.69	−0.81	−0.81	−0.81	−0.81	−0.81	−0.58	−0.35	0.00
阴上	0.35	0.35	−0.12	−0.35	−0.46	−0.46	−0.46	−0.46	−0.46	
阳上	−0.46	−0.81	−0.92	−0.92	−1.04	−1.04	−0.92	−0.69	−0.46	
阴去	0.58	0.35	0.00	−0.12	−0.12	−0.12	−0.12	0.00	0.12	
阳去	−0.35	−0.69	−0.81	−0.92	−0.92	−0.92	−0.92	−0.81	−0.58	−0.35
阴入		2.20	2.43	2.54	2.54	2.54	2.54	2.43	2.31	2.31
阳入		0.23	−0.12	−0.23	−0.23	−0.12	0.00	0.12	0.23	0.23

据表 5.20.30 可作图 5.7.30：

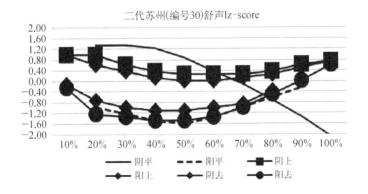

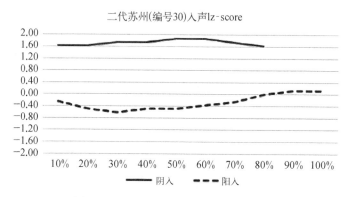

图 5.7.30　二代苏州(编号 30)lz-score 图

根据表 5.20.30 和图 5.7.30 可确定二代苏州(编号 30)的声调五度值,具体方法同前,得到表 5.21.30:

表 5.21.30　二代苏州(编号 30)8 类声调的五度值

调　类	五度值	调　类	五度值
阴平	51	阴去	34
阳平	13	阳去	13
阴上	34	阴入	<u>55</u>
阳上	23	阳入	<u>33</u>

得出最后的五度值表 5.22.30:

表 5.22.30　二代苏州(编号 30)声调的五度值

阴平 51	阴去 34	阴入 <u>55</u>
	阳去 13	阳入 <u>33</u>

据表 5.20.31 可作图 5.7.31:

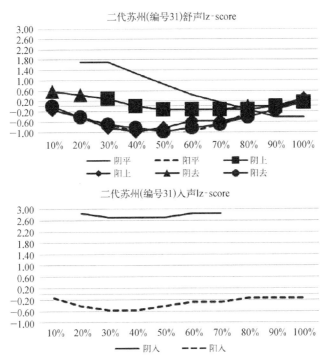

图 5.7.31　二代苏州(编号 31)lz-score 图

根据表 5.20.31 和图 5.7.31 可确定二代苏州(编号 31)的声调五度值,具体方法同前,得到表 5.21.31:

表 5.21.31　二代苏州(编号 31)8 类声调的五度值

调　类	五度值	调　类	五度值
阴平	41	阴去	33
阳平	13	阳去	13
阴上	33	阴入	<u>55</u>
阳上	13	阳入	<u>12</u>

得出最后的五度值表 5.22.31:

表 5.22.31　二代苏州(编号 31)声调的五度值

阴平 41	阴去 33	阴入 <u>55</u>
	阳去 13	阳入 <u>12</u>

据表 5.20.32 可作图 5.7.32：

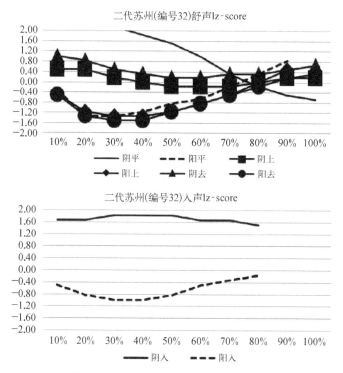

图 5.7.32　二代苏州(编号 32)lz-score 图

根据表 5.20.32 和图 5.7.32 可确定二代苏州(编号 32)的声调五度值，具体方法同前，得到表 5.21.32：

表 5.21.32　二代苏州(编号 32)8 类声调的五度值

调　类	五度值	调　类	五度值
阴平	52	阴去	33
阳平	13	阳去	13
阴上	33	阴入	<u>55</u>
阳上	13	阳入	<u>23</u>

得出最后的五度值表 5.22.32：

表 5.22.32　二代苏州(编号 32)声调的五度值

阴平 52	阴去 33	阴入 <u>55</u>
	阳去 13	阳入 <u>23</u>

据表 5.20.33 可作图 5.7.33：

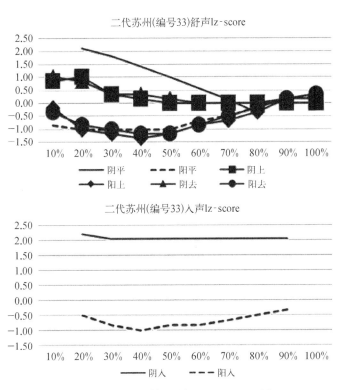

图 5.7.33　二代苏州(编号 33)lz-score 图

根据表 5.20.33 和图 5.7.33 可确定二代苏州(编号 33)的声调五度值,具体方法同前,得到表 5.21.33：

表 5.21.33　二代苏州(编号 33)8 类声调的五度值

调　类	五度值	调　类	五度值
阴平	52	阴上	33
阳平	13	阳上	13

续 表

调 类	五度值	调 类	五度值
阴去	33	阴入	55
阳去	13	阳入	12

得出最后的五度值表 5.22.33：

表 5.22.33　二代苏州(编号 33)声调的五度值

阴平 52	阴去 33	阴入 55
	阳去 13	阳入 12

据表 5.20.34 可作图 5.7.34：

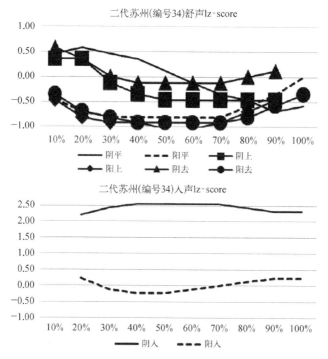

图 5.7.34　二代苏州(编号 34)lz-score 图

这个发音人比较有意思，他的阴入调值是远远高于其他调类，所以就将阴入作为最高的 5 度，但阳入的调值则与其他调类统一考虑。

因此,折合五度值时可把 lz-score∈(-0.2,0.2)作为 3 度,lz-score∈(0.2,0.6)作为 4 度,lz-score∈(-0.6,-0.2)作为 2 度,lz-score>0.6 作为 5 度,lz-score<-0.6 作为 1 度。得到表 5.21.34:

表 5.21.34　二代苏州(编号 34)8 类声调的五度值

调　类	五度值	调　类	五度值
阴平	41	阴去	33
阳平	13	阳去	13
阴上	33	阴入	55
阳上	13	阳入	23

得出最后的五度值表 5.22.34:

表 5.22.34　二代苏州(编号 34)声调的五度值

阴平 41	阴去 33	阴入 55
	阳去 13	阳入 23

二、调长研究

1. 绝对调长数据

表 5.23.1—5.23.6 将具体展现 6 个二代本地发音人(二代发音人编号 1—6)的 8 个调类的调长数据:

表 5.23.1　二代本地(编号 1)8 个调类的调长

调长单位:毫秒(ms)　样本数:3

调　类	调　长	标准偏差	调　类	调　长	标准偏差
阴平	222	38	阴去	258	11
阳平	341	9	阳去	284	61
阴上	301	32	阴入	118	34
阳上	329	32	阳入	179	80

表 5.23.2　二代本地(编号 2)8 个调类的调长

调长单位：毫秒(ms)　样本数：3

调类	调长	标准偏差	调类	调长	标准偏差
阴平	221	6	阴去	304	10
阳平	341	35	阳去	296	38
阴上	324	8	阴入	106	31
阳上	349	13	阳入	148	47

表 5.23.3　二代本地(编号 3)8 个调类的调长

调长单位：毫秒(ms)　样本数：3

调类	调长	标准偏差	调类	调长	标准偏差
阴平	274	11	阴去	351	40
阳平	450	28	阳去	414	29
阴上	389	32	阴入	115	43
阳上	469	56	阳入	194	67

表 5.23.4　二代本地(编号 4)8 个调类的调长

调长单位：毫秒(ms)　样本数：3

调类	调长	标准偏差	调类	调长	标准偏差
阴平	274	11	阴去	351	40
阳平	450	28	阳去	414	29
阴上	389	32	阴入	115	43
阳上	469	56	阳入	194	67

表 5.23.5　二代本地(编号 5)8 个调类的调长

调长单位：毫秒(ms)　样本数：3

调类	调长	标准偏差	调类	调长	标准偏差
阴平	264	26	阴去	291	14
阳平	334	23	阳去	323	3
阴上	295	22	阴入	120	22
阳上	365	16	阳入	184	77

表 5.23.6　二代本地(编号 6)8 个调类的调长

调长单位：毫秒(ms)　样本数：3

调　类	调　长	标准偏差	调　类	调　长	标准偏差
阴平	148	17	阴去	394	39
阳平	367	60	阳去	436	25
阴上	405	35	阴入	65	32
阳上	418	32	阳入	181	62

表 5.23.7—5.23.17 将具体展现 11 个二代宁波移民(二代发音人编号 7—17)的 8 个调类的调长数据：

表 5.23.7　二代宁波(编号 7)8 个调类的调长

调长单位：毫秒(ms)　样本数：3

调　类	调　长	标准偏差	调　类	调　长	标准偏差
阴平	251	12	阴去	447	8
阳平	402	15	阳去	476	20
阴上	386	21	阴入	94	32
阳上	463	65	阳入	173	68

表 5.23.8　二代宁波(编号 8)8 个调类的调长

调长单位：毫秒(ms)　样本数：3

调　类	调　长	标准偏差	调　类	调　长	标准偏差
阴平	330	45	阴去	316	42
阳平	405	30	阳去	351	49
阴上	378	28	阴入	98	48
阳上	383	24	阳入	150	61

表 5.23.9　二代宁波(编号 9)8 个调类的调长

调长单位：毫秒(ms)　样本数：3

调　类	调　长	标准偏差	调　类	调　长	标准偏差
阴平	219	41	阴上	377	48
阳平	427	35	阳上	432	63

续 表

调类	调长	标准偏差	调类	调长	标准偏差
阴去	355	48	阴入	107	40
阳去	407	22	阳入	230	97

表 5.23.10　二代宁波(编号 10)8 个调类的调长

调长单位:毫秒(ms)　样本数:3

调类	调长	标准偏差	调类	调长	标准偏差
阴平	305	8	阴去	402	40
阳平	444	22	阳去	412	63
阴上	412	9	阴入	131	62
阳上	447	22	阳入	182	56

表 5.23.11　二代宁波(编号 11)8 个调类的调长

调长单位:毫秒(ms)　样本数:3

调类	调长	标准偏差	调类	调长	标准偏差
阴平	284	22	阴去	331	12
阳平	364	32	阳去	345	36
阴上	326	11	阴入	108	31
阳上	365	5	阳入	163	62

表 5.23.12　二代宁波(编号 12)8 个调类的调长

调长单位:毫秒(ms)　样本数:3

调类	调长	标准偏差	调类	调长	标准偏差
阴平	210	61	阴去	326	31
阳平	363	23	阳去	306	36
阴上	298	54	阴入	99	55
阳上	412	3	阳入	164	82

表 5.23.13　二代宁波(编号 13)8 个调类的调长

调长单位：毫秒(ms)　样本数：3

调类	调长	标准偏差	调类	调长	标准偏差
阴平	222	19	阴去	340	17
阳平	381	16	阳去	346	31
阴上	338	45	阴入	82	22
阳上	405	53	阳入	163	26

表 5.23.14　二代宁波(编号 14)8 个调类的调长

调长单位：毫秒(ms)　样本数：3

调类	调长	标准偏差	调类	调长	标准偏差
阴平	189	9	阴去	286	6
阳平	288	27	阳去	347	38
阴上	344	29	阴入	93	50
阳上	325	36	阳入	196	47

表 5.23.15　二代宁波(编号 15)8 个调类的调长

调长单位：毫秒(ms)　样本数：3

调类	调长	标准偏差	调类	调长	标准偏差
阴平	212	4	阴去	242	13
阳平	290	10	阳去	296	24
阴上	307	31	阴入	80	15
阳上	322	8	阳入	132	35

表 5.23.16　二代宁波(编号 16)8 个调类的调长

调长单位：毫秒(ms)　样本数：3

调类	调长	标准偏差	调类	调长	标准偏差
阴平	199	13	阴去	305	24
阳平	303	15	阳去	317	88
阴上	326	20	阴入	103	21
阳上	358	13	阳入	139	52

表5.23.17　二代宁波(编号17)8个调类的调长

调长单位：毫秒(ms)　样本数：3

调类	调长	标准偏差	调类	调长	标准偏差
阴平	205	22	阴去	294	36
阳平	281	28	阳去	306	49
阴上	308	17	阴入	103	24
阳上	315	43	阳入	129	31

表5.23.18—20将具体展现3个二代绍兴移民(二代发音人编号18—20)的8个调类的调长数据：

表5.23.18　二代绍兴(编号18)8个调类的调长

调长单位：毫秒(ms)　样本数：3

调类	调长	标准偏差	调类	调长	标准偏差
阴平	196	18	阴去	294	20
阳平	290	17	阳去	318	32
阴上	316	24	阴入	71	42
阳上	339	12	阳入	142	52

表5.23.19　二代绍兴(编号19)8个调类的调长

调长单位：毫秒(ms)　样本数：3

调类	调长	标准偏差	调类	调长	标准偏差
阴平	277	34	阴去	222	25
阳平	340	38	阳去	275	11
阴上	264	21	阴入	113	30
阳上	316	45	阳入	156	52

表5.23.20　二代绍兴(编号20)8个调类的调长

调长单位：毫秒(ms)　样本数：3

调类	调长	标准偏差	调类	调长	标准偏差
阴平	275	66	阴上	304	32
阳平	297	40	阳上	369	24

续 表

调 类	调 长	标准偏差	调 类	调 长	标准偏差
阴去	233	19	阴入	92	32
阳去	307	27	阳入	181	102

表 5.23.21—5.23.29 将具体展现 9 个二代苏北移民(二代发音人编号 21—29)的 8 个调类的调长数据:

表 5.23.21　二代苏北(编号 21)8 个调类的调长

调长单位:毫秒(ms)　样本数:3

调 类	调 长	标准偏差	调 类	调 长	标准偏差
阴平	311	29	阴去	325	30
阳平	330	22	阳去	330	56
阴上	361	60	阴入	60	28
阳上	394	59	阳入	110	44

表 5.23.22　二代苏北(编号 22)8 个调类的调长

调长单位:毫秒(ms)　样本数:3

调 类	调 长	标准偏差	调 类	调 长	标准偏差
阴平	349	37	阴去	555	110
阳平	514	41	阳去	521	27
阴上	554	79	阴入	182	123
阳上	634	39	阳入	289	109

表 5.23.23　二代苏北(编号 23)8 个调类的调长

调长单位:毫秒(ms)　样本数:3

调 类	调 长	标准偏差	调 类	调 长	标准偏差
阴平	200	62	阴去	301	13
阳平	347	19	阳去	353	31
阴上	315	44	阴入	86	54
阳上	392	57	阳入	155	64

表 5.23.24　二代苏北(编号 24)8 个调类的调长

调长单位：毫秒(ms)　样本数：3

调类	调长	标准偏差	调类	调长	标准偏差
阴平	277	30	阴去	288	46
阳平	398	19	阳去	333	49
阴上	363	9	阴入	78	65
阳上	353	50	阳入	146	78

表 5.23.25　二代苏北(编号 25)8 个调类的调长

调长单位：毫秒(ms)　样本数：3

调类	调长	标准偏差	调类	调长	标准偏差
阴平	189	40	阴去	210	29
阳平	229	24	阳去	226	21
阴上	249	46	阴入	76	39
阳上	253	26	阳入	138	84

表 5.23.26　二代苏北(编号 26)8 个调类的调长

调长单位：毫秒(ms)　样本数：3

调类	调长	标准偏差	调类	调长	标准偏差
阴平	276	6	阴去	370	19
阳平	420	42	阳去	435	26
阴上	437	13	阴入	149	72
阳上	445	38	阳入	188	79

表 5.23.27　二代苏北(编号 27)8 个调类的调长

调长单位：毫秒(ms)　样本数：3

调类	调长	标准偏差	调类	调长	标准偏差
阴平	198	36	阴去	282	23
阳平	243	14	阳去	249	65
阴上	300	59	阴入	132	56
阳上	297	56	阳入	184	49

表 5.23.28　二代苏北(编号 28)8 个调类的调长

调长单位：毫秒(ms)　样本数：3

调　类	调　长	标准偏差	调　类	调　长	标准偏差
阴平	212	44	阴去	291	35
阳平	352	30	阳去	324	55
阴上	366	59	阴入	94	53
阳上	404	31	阳入	205	67

表 5.23.29　二代苏北(编号 29)8 个调类的调长

调长单位：毫秒(ms)　样本数：3

调　类	调　长	标准偏差	调　类	调　长	标准偏差
阴平	155	5	阴去	309	15
阳平	359	32	阳去	371	51
阴上	375	61	阴入	89	54
阳上	412	14	阳入	166	60

表 5.23.30—5.23.34 将具体展现 5 个二代苏州移民(二代发音人编号 30—34)的 8 个调类的调长数据：

表 5.23.30　二代苏州(编号 30)8 个调类的调长

调长单位：毫秒(ms)　样本数：3

调　类	调　长	标准偏差	调　类	调　长	标准偏差
阴平	357	17	阴去	422	8
阳平	450	21	阳去	486	95
阴上	420	26	阴入	79	36
阳上	460	31	阳入	146	28

表 5.23.31　二代苏州(编号 31)8 个调类的调长

调长单位：毫秒(ms)　样本数：3

调类	调长	标准偏差	调类	调长	标准偏差
阴平	204	17	阴去	250	22
阳平	314	21	阳去	274	21
阴上	256	10	阴入	55	29
阳上	282	11	阳入	117	28

表 5.23.32　二代苏州(编号 32)8 个调类的调长

调长单位：毫秒(ms)　样本数：3

调类	调长	标准偏差	调类	调长	标准偏差
阴平	190	44	阴去	321	5
阳平	316	27	阳去	387	74
阴上	370	38	阴入	92	38
阳上	362	10	阳入	131	20

表 5.23.33　二代苏州(编号 33)8 个调类的调长

调长单位：毫秒(ms)　样本数：3

调类	调长	标准偏差	调类	调长	标准偏差
阴平	213	55	阴去	348	20
阳平	340	56	阳去	392	88
阴上	404	36	阴入	76	32
阳上	427	75	阳入	151	72

表 5.23.34　二代苏州(编号 34)8 个调类的调长

调长单位：毫秒(ms)　样本数：3

调类	调长	标准偏差	调类	调长	标准偏差
阴平	166	18	阴去	279	22
阳平	311	12	阳去	331	28
阴上	298	42	阴入	87	48
阳上	310	47	阳入	95	27

2. 调长的归一化(normalization)

根据前面对二代移民的音高研究,编号 8、19、20、21 这 4 位发音人有六个调类,即:阴平、阴上、阴去、阳去(阳平、阳上归入阳去)。其余 30 个发音人都是五个调类,即阴平、阴去(阴上归阴去)、阳去(阳平、阳上都归阳去)、阴入、阳入。

二代移民的调长归一化方法与一代相同,据"公式四"对 34 位二代移民的调长进行归一化处理,得表 5.24:

表 5.24 二代移民声调的相对调长

编号	背景	性别	年龄	阴平	阴上	阴去	阳去	阴入	阳入
1	bd	m	69	1.00		1.26	1.43	0.53	0.80
2	bd	f	67	0.99		1.40	1.47	0.47	0.66
3	bd	f	63	0.98		1.33	1.59	0.41	0.70
4	bd	f	62	0.98		1.33	1.59	0.41	0.70
5	bd	m	60	1.10		1.22	1.42	0.50	0.77
6	bd	f	52	0.62		1.66	1.70	0.27	0.75
7	nb	m	79	0.91		1.51	1.62	0.34	0.63
8	nb	m	79	1.26	1.45	1.21	1.45	0.38	0.57
9	nb	m	74	0.69		1.15	1.32	0.34	0.72
10	nb	f	73	0.91		1.21	1.94	0.39	0.54
11	nb	f	71	1.15		1.32	1.44	0.44	0.66
12	nb	m	68	0.92		1.36	1.57	0.43	0.72
13	nb	f	62	0.94		1.43	1.59	0.35	0.69
14	nb	f	58	0.85		1.41	1.43	0.42	0.88
15	nb	m	57	1.06		1.37	1.51	0.40	0.66
16	nb	f	54	0.92		1.46	1.51	0.48	0.64
17	nb	m	52	0.99		1.45	1.45	0.50	0.62
18	sx	f	64	0.95		1.48	1.53	0.34	0.69
19	sx	m	63	1.26	1.20	1.10	1.41	0.51	0.71
20	sx	f	59	1.21	1.33	1.18	1.42	0.40	0.79
21	sb	f	72	1.32	1.54	1.46	1.50	0.26	0.47

续 表

编号	背景	性别	年龄	阴平	阴上	阴去	阳去	阴入	阳入
22	sb	m	71	0.90		1.44	1.44	0.47	0.75
23	sb	f	63	0.90		1.38	1.63	0.39	0.70
24	sb	m	62	1.16		1.37	1.52	0.33	0.61
25	sb	m	58	1.09		1.32	1.36	0.44	0.79
26	sb	f	56	0.95		1.39	1.49	0.51	0.65
27	sb	f	54	0.93		1.36	1.23	0.62	0.86
28	sb	m	52	0.88		1.37	1.50	0.39	0.85
29	sb	f	52	0.68		1.51	1.68	0.39	0.73
30	sz	f	72	1.21		1.43	1.58	0.27	0.50
31	sz	m	71	1.11		1.38	1.58	0.30	0.64
32	sz	f	70	0.85		1.55	1.59	0.41	0.59
33	sz	f	59	0.89		1.57	1.61	0.32	0.63
34	sz	m	51	0.87		1.51	1.66	0.46	0.50

说明：bd 为本地，nb 为宁波，sx 为绍兴，sb 为苏北，sz 为苏州。m 为男，f 为女。

从表 5.24 可发现，阴平调的调长值 $\in (0.62, 1.32)$；阴去调的调长值 $\in (1.10, 1.66)$；阳去调的调长值 $\in (1.23, 1.94)$；阴入调的调长值 $\in (0.27, 0.62)$；阳入调的调长值 $\in (0.47, 0.88)$。图 5.8 以显示这五类声调在调长上的具体表现(个别 4 个发音人存在保留阴上的情况，在图中不作展示)：

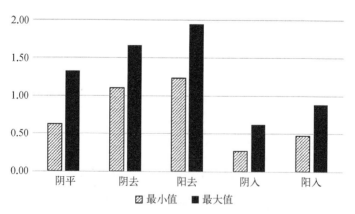

图 5.8　二代移民五个调类的相对调长

从图 5.8 就可明显发现,五类声调的调长存在如下关系:阳去＞阴去＞阴平＞阳入＞阴入。与以前对上海方言的研究结果相一致(平悦铃等 2001)。

第五节 移民背景对二代移民习得上海方言声调系统的影响

二代移民习得上海城市方言声调,家庭移民背景对此有何影响?下面将从音高和调长两方面加以分析。

一、音高影响

前一节已经对二代移民的上海城市方言的声调音高作了详尽的陈述与分析,归纳了每个人的调类,给出了调值。

表 5.25 给出 34 个二代移民声调调值的具体情况:

表 5.25 二代移民的声调调值

编号	背景	性别	年龄	阴平	阴上	阴去	阳去	阴入	阳入
1	bd	m	69	51		334	113	55	23
2	bd	f	67	41		44	13	55	12
3	bd	f	63	52		44	13	54	12
4	bd	f	62	53		33	13	54	23
5	bd	m	60	52		34	13	55	22
6	bd	f	52	53		33	13	55	23
7	nb	m	79	53		33	13	45	23
8	nb	m	79	41	33	44	13	45	23
9	nb	m	74	41		33	13	55	23
10	nb	f	73	42		33	13	55	23
11	nb	f	71	42		44	13	55	33

续　表

编号	背景	性别	年龄	阴平	阴上	阴去	阳去	阴入	阳入
12	nb	m	68	53		33	13	55	24
13	nb	f	62	52		33	13	55	33
14	nb	f	58	51		33	13	55	22
15	nb	m	57	51		44	13	55	23
16	nb	f	54	51		33	13	55	23
17	nb	m	52	52		33	13	55	23
18	sx	f	64	53		33	23	55	11
19	sx	m	63	54	44	55	13	55	11
20	sx	f	59	52	44	55	13	55	12
21	sb	f	72	53	33	44	13	54	22
22	sb	m	71	51		44	13	55	11
23	sb	f	63	42		34	13	55	12
24	sb	m	62	51		34	13	55	23
25	sb	m	58	53		34	13	44	12
26	sb	f	56	53		44	13	44	23
27	sb	f	54	52		44	13	44	23
28	sb	m	52	53		34	13	55	13
29	sb	f	52	53		33	13	44	11
30	sz	f	72	51		34	13	55	33
31	sz	m	71	41		33	13	55	12
32	sz	f	70	52		33	13	55	23
33	sz	f	59	52		33	13	55	12
34	sz	m	51	41		33	13	55	23

说明：bd 为本地，nb 为宁波，sx 为绍兴，sb 为苏北，sz 为苏州。m 为男，f 为女。

1. 上海城市方言5个调类的习得情况

上海城市方言里的阴平是个高降调，所有的二代移民都很好掌握了这一调形特征，具体调值有：51、52、53、54、41、42。起点都在调域高点，终点则什么位置都有，有偏高的4、中间的3、偏低的 2、最低的 1。因此这是一个高降调,起点明确,终点含糊。习得率 100%。

上海城市方言中已经没有阴上调,但仍有 4 个发音人保留,1 个二代宁波,2 个二代绍兴,1 个二代苏北。他们往往是阴上中平、阴去高平,如二代宁波(编号 8)、二代苏北(编号 21)发音人的阴上是 33,阴去是 44;也有的是阴上 44,阴去 55,如 2 个二代绍兴(编号 19、20)发音人。

上海城市方言的阴去是个中升调,但通过本次调查发现,有很多人是中平调,即调值为 33,共有 17 人,占 50.0%;也有的是偏高平调,调值 44,有 9 个人,占 26.5%;中升调 34,或 334 的只有 6 人,占 17.6%;还有两个发音人保留了阴上,他们的阴去就是高平调 55,占 5.9%。所以阴去调习得率只有 17.6%。

上海城市方言的阳去调是个低升调,34 个二代移民都是这样,即他们的阳去为 13,或 113。习得率 100%。

上海城市方言的阴入调是个高短调,所有的二代移民都这样,具体调值为 55、54、45、44。习得率 100%。

上海城市方言的阳入调是个短低升调,大部分二代移民都这样,具体调值有 12、23、24、共有 25 人次,占 73.5%;但有一些二代移民是短的低平,或偏低平调,具体调值有 11、22,共有 6 人次,占 17.6%;也有 3 个人是中平短调,他们的调值为 33,占 8.8%。阳入调习得率为 73.5%。

因此,二代移民的声调系统也呈现出一定的差异性,集中在阴去调和阳入调。特别是阴去调,有些发音人甚至还保留了阴上与阴去的对立,符合中升调的只有 17.6%,大部分是中平或偏高的平调,占 76.5%。少数人是高平调,占 5.9%。

2. 二代移民家庭语言背景对习得上海城市方言 5 个调类的影响

前文已提及习得上海城市方言声调系统有两个层面:一个是整个调类分布格局的习得;另一个是某个调类的具体调形的习得。下面分别来看看不同家庭语言背景对声调习得的影响:

表 5.26 二代移民声调格局和调形的习得

编号	背景	性别	年龄	声调格局习得		调形习得					习得数
				舒声调格局	入声调格局	阴平	阴去	阳去	阴入	阳入	
1	bd	m	69	＋	＋	＋	＋	＋	＋	＋	7
2	bd	f	67	＋	＋	＋	－	＋	＋	＋	6
3	bd	f	63	＋	＋	＋	－	＋	＋	＋	6
4	bd	f	62	＋	＋	＋	－	＋	＋	＋	6
5	bd	m	60	＋	＋	＋	－	＋	＋	－	5
6	bd	f	52	＋	＋	＋	＋	＋	＋	＋	7
7	nb	m	79	＋	＋	＋	－	＋	＋	＋	6
8	nb	m	79	－	＋	＋	＋	＋	＋	＋	5
9	nb	m	74	＋	＋	＋	－	＋	＋	＋	6
10	nb	f	73	＋	＋	＋	－	＋	＋	＋	6
11	nb	f	71	＋	＋	＋	－	＋	＋	－	5
12	nb	m	68	＋	＋	＋	－	＋	＋	＋	6
13	nb	f	62	＋	＋	＋	－	＋	＋	－	5
14	nb	f	58	＋	＋	＋	－	＋	＋	－	5
15	nb	m	57	＋	＋	＋	－	＋	＋	＋	6
16	nb	f	54	＋	＋	＋	－	＋	＋	＋	6
17	nb	m	52	＋	＋	＋	－	＋	＋	＋	6
18	sx	f	64	＋	＋	＋	－	＋	＋	－	5
19	sx	m	63	－	＋	＋	－	＋	＋	－	4
20	sx	f	59	－	＋	＋	－	＋	＋	＋	5
21	sb	f	72	－	＋	＋	－	＋	＋	－	4
22	sb	m	71	＋	＋	＋	－	＋	＋	＋	6
23	sb	f	63	＋	＋	＋	－	＋	＋	＋	6
24	sb	m	62	＋	＋	＋	＋	＋	＋	＋	7
25	sb	m	58	＋	＋	＋	＋	＋	＋	＋	7

续 表

编号	背景	性别	年龄	声调格局习得		调形习得					习得数
				舒声调格局	入声调格局	阴平	阴去	阳去	阴入	阳入	
26	sb	f	56	+	+	+	+	+	+	+	7
27	sb	f	54	+	+	+	−	+	+	+	6
28	sb	m	52	+	+	+	+	+	+	−	6
29	sb	f	52	+	+	+	+	+	−	+	6
30	sz	f	72	+	+	+	+	+	+	−	5
31	sz	m	71	+	+	+	+	+	+	+	7
32	sz	f	70	+	+	+	−	+	+	+	6
33	sz	f	59	+	+	+	−	+	+	+	6
34	sz	m	51	+	+	+	−	+	+	+	6

说明：bd 为本地，nb 为宁波，sx 为绍兴，sb 为苏北，sz 为苏州。m 为男，f 为女。"+"为习得；"−"为未习得。

从表 5.27 可发现：7 个要素都习得的二代移民共 6 个，二代本地 2 个，二代苏北 3 个，二代苏州 1 个。二代宁波和二代绍兴一个都没有。表 5.27 从家庭背景角度来看五个调类的习得情况：

表 5.27 家庭背景与二代移民声调格局和调形的习得

家庭背景	声调格局习得		调形习得				
	舒声调格局	入声调格局	阴平	阴去	阳去	阴入	阳入
本地	100.0%	100.0%	100.0%	33.3%	100.0%	100.0%	83.3%
宁波	90.9%	100.0%	100.0%	0.0%	100.0%	100.0%	72.7%
绍兴	33.3%	100.0%	100.0%	0.0%	100.0%	100.0%	33.3%
苏北	88.9%	100.0%	100.0%	44.4%	100.0%	100.0%	77.8%
苏州	100.0%	100.0%	100.0%	20.0%	100.0%	100.0%	80.0%

从表 5.26 可知，入声调格局、阴平调形、阳去调形、阴入调形习得这四个声调要素习得上，所有的家庭背景都一样，全部习得了。只在舒声调格局、阴去调形、阳入调形这三个声调要素习得上，各类家庭背景有不同的表现。图 5.9.1—5.9.3 将展现这三个声调要素习得的不同表现：

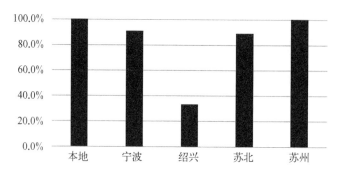

图 5.9.1　家庭背景与舒声调格局习得

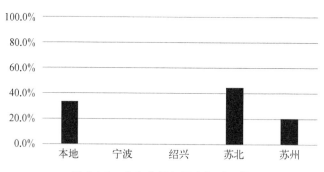

图 5.9.2　家庭背景与阴去调形习得

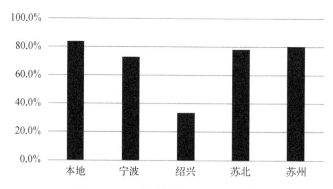

图 5.9.3　家庭背景与阴入调形习得

结合表 5.27 和图 5.9.1—5.9.3 可知：舒声调格局习得率，本地＝苏州＞宁波＞苏北＞绍兴；阴去调形习得率：苏北＞本地＞苏州＞宁波＝绍兴；阳入调形习得率：本地＞苏州＞苏北＞宁波＞绍兴。因此，二代本地在这三个特征的习得率最高，苏州和苏北居中，宁波和绍兴最低。

从这可看出，二代移民与一代移民情况很不相同。一代移民习得最好的是本地、宁波和苏州，居中的是绍兴，居末的是苏北。基本是由母语方言与上海城市方言的关系远近所决定的，只有一代宁波例外，表现超出其方言地位与上海城市方言的关系，推断是一代宁波移民更善于适应环境。

但二代最高的是本地，居中的是苏州和苏北，二代宁波和绍兴反而最低。推断原因是：浙北籍移民由于一代在上海适应得比其他地域来的移民更好，到二代反而产生了优越心态，语言心理趋向保守，更多保留家庭来源地方言的某些要素。明显的例子是：在阴去调的习得上，二代宁波和二代绍兴没有一个人习得上海城市方言的中升调 34/334，都是中平调 33，或偏高平调 44。完全还是宁波和绍兴方言阴去调的调形。

一代最低的苏北移民，到二代反而习得情况比浙北籍移民后代高，特别在阴去调的习得上，二代苏北移民的习得率最高。舒声调格局和阳入调调形的习得上也很高。推断原因是：苏北籍移民由于一代在上海各方面的地位不高，到了二代，他们有着比其他地域的二代移民更加积极地融入上海的心态，因此在语言习得上态度也更积极。

二、调长影响

前文已交代，上海城市方言各调类间调长关系为：阴去、阳去＞阴平＞阳入＞阴入。本节将观察二代移民的母语背景对调长的影响，与上海方言的调长特征相符的就以"＋"标识，不符的就以"－"标识。得到表 5.28：

表 5.28 二代移民相对调长的习得

编号	背景	性别	年龄	阴平	阴去	阳去	阴入	阳入
1	bd	m	69	＋	＋	＋	＋	＋
2	bd	f	67	＋	＋	＋	＋	＋
3	bd	f	63	＋	＋	＋	＋	＋
4	bd	f	62	＋	＋	＋	＋	＋
5	bd	m	60	＋	＋	＋	＋	＋
6	bd	f	52	－	＋	＋	＋	＋
7	nb	m	79	＋	＋	＋	＋	＋
8	nb	m	79	＋	＋	＋	＋	＋
9	nb	m	74	－	＋	＋	＋	＋
10	nb	f	73	＋	＋	＋	＋	＋
11	nb	f	71	＋	＋	＋	＋	＋
12	nb	m	68	＋	＋	＋	＋	＋
13	nb	f	62	＋	＋	＋	＋	＋
14	nb	f	58	－	＋	＋	＋	＋
15	nb	m	57	＋	＋	＋	＋	＋
16	nb	f	54	＋	＋	＋	＋	＋
17	nb	m	52	＋	＋	＋	＋	＋
18	sx	f	64	＋	＋	＋	＋	＋
19	sx	m	63	＋	－	＋	＋	＋
20	sx	f	59	＋	－	＋	＋	＋
21	sb	f	72	＋	＋	＋	＋	＋
22	sb	m	71	＋	＋	＋	＋	＋
23	sb	f	63	＋	＋	＋	＋	＋
24	sb	m	62	＋	＋	＋	＋	＋

续 表

编号	背景	性别	年龄	阴平	阴去	阳去	阴入	阳入
25	sb	m	58	+	+	+	+	+
26	sb	f	56	+	+	+	+	+
27	sb	f	54	+	+	+	+	+
28	sb	m	52	+	+	+	+	+
29	sb	f	52	−	+	+	+	+
30	sz	f	72	+	+	+	+	+
31	sz	m	71	+	+	+	+	+
32	sz	f	70	+	+	+	+	+
33	sz	f	59	+	+	+	+	+
34	sz	m	51	+	+	+	+	+

说明：bd 为本地，nb 为宁波，sx 为绍兴，sb 为苏北，sz 为苏州。m 为男，f 为女。"+"为符合调长特征，"−"为不符合调长特征。

从表 5.28 可明显看出，34 个二代移民的两个入声调的调长特征与上海城市方言完全一致。这说明：入声短促，阳入略长于阴入这两个调长特征，所有的二代移民都习得了。

在舒声调长的习得上，1 个二代本地、2 个二代宁波、1 个二代苏北的阴平＜阳入，这 4 个人的阴平调过短了，比阳入还短。2 个二代绍兴的阴去＜阴平，阴去过短，比阴平还短。总的来说，舒声调习得上的某些差异是些零星现象，总共 102 个舒声调采样，只有 6 个人次不符合上海声调调长特征，只占 5.8%。

通过以上分析可知，在调长习得上，无论来自哪类家庭移民背景，二代移民已经全面掌握了上海城市方言声调调长的特征。家庭背景对二代移民的调长习得已没有影响。

第六章
移民背景与上海城市方言的词汇

本章探讨移民背景与上海城市方言中某些词汇的关系。着重研究长辈亲属称谓,因为这类词汇反映了移民和他们后代对家乡来源地的认同感,并把各种家庭背景融入目前的上海话中。还选取了平辈的"夫妻"称谓,因为"夫妻"称谓反映了移民和移民后代在定居地上海的融入性,同时也反映了他们如何把某些家乡背景特征带入目前的上海话。同时,还将探讨几个普通名词,选取的词汇都是有多种变式,经初步观察这些变式也是具有一定的移民来源地方言背景的,从这些名词的本土化过程可观察到各地移民和移民后代的语言是如何融入定居地方言的。所调查的语言项目参见附录三。

第一节　移民背景与直系长辈称谓

直系长辈称谓是亲属称谓研究的重点,因为移民及后代对家乡来源地的认同感主要通过这类亲属称谓加以维系。研究对象为:父母、祖父母、外祖父母的面称称谓。具体来说,指如何当面称呼自己的"父亲""母亲""祖父""祖母""外祖父""外祖母"。不涉及这些称谓的背称、指称等。

一、来源地方言的直系长辈称谓

1. 来源地方言直系长辈称谓的具体情况

本节展示五个来源地方言（本地、宁波、绍兴、苏北、苏州）中直系长辈称谓的具体表现。

据各类方言词典、方言志的记载，五个来源地直系长辈称谓如表6.1。表 6.1 收入了本地的新形式，不收入移民来源地的新形式。这是因为：一代移民在 20 世纪 50 年代之前或左右已经来上海了，来源地的新形式根本接触不到，但本地新形式来上海后会接触到。而二代移民出生在上海，或 3 岁前就已经来上海，所以来源地新形式也根本接触不到，定居地上海的新形式则肯定会接触到。

表 6.1 来源地方言的直系长辈称谓

来源地	父亲	母亲	祖父	祖母	外祖父	外祖母
本地	爹爹、阿伯、爸爸（新）	姆妈、妈妈（新）	老爹、爷爷（新）	□n奶、阿奶、奶奶 nε22nε44（新）	外公	外婆
宁波	阿伯	阿姆	阿爷	阿娘	外公	外婆
绍兴	爹爹	姆嬷	爷爷	娘娘	外公	外婆
苏北	□tia31 □tia0（扬州）；爷（盐城）	妈妈（扬州）、妈（盐城）	爹爹 tiɛ31tiɛ0（扬州）、爹爹 tiɒ31 tiɒ0（盐城）	奶奶 liɛ31liɛ0（扬州）奶奶 nɛ31nɛ0（盐城）	公公（扬州）、爹爹（盐城）	婆婆（扬州）、婆奶奶（盐城）
苏州	爹爹	姆姆、姆妈	阿爹	好婆、亲婆、好亲婆	阿爹、外公	好婆、外婆

五个来源地方言语音系统各不相同，但从词汇层面看，六个亲属称谓中"父亲""外祖父""外祖母"一致性比较强；"母亲""祖父""祖母"的一致性不强。2—4 具体分析这六个亲属称谓的词汇表现。

2. 来源地"父亲"和"母亲"称谓的词汇表现

五个来源地"父亲"称谓词汇形式以"阿伯"(本地、宁波)和"爹爹"(本地、绍兴、苏北、苏州)为主,即有两个主流形式——"爹爹"与"阿伯"。

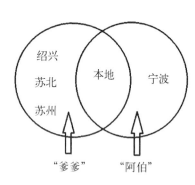

图 6.1　来源地"父亲"称谓采用"爹爹"与"阿伯"示意图

具体来说,本地采用"爹爹"和"阿伯";"爸爸"则是新形式。宁波采用了"阿伯";绍兴采用了"爹爹";苏北(扬州)的"□tia31□tia0",其本字似也应是"爹爹",由于它的"祖父"为"爹爹 tiɪ31tiɪ0",所以"父亲"称谓用"□"表示;苏北(盐城)比较独特,采用"爷";苏州采用了"爹爹"。图 6.1 呈现来源地"父亲"称谓采用"阿伯"与"爹爹"的具体情况:

从表 6.1 和图 6.1 可知,来源地的"父亲"称谓,只有本地既用"爹爹"又用"阿伯",绍兴、苏北和苏州只用"爹爹",宁波只用"阿伯"。

五个来源地"母亲"称谓在词汇形式上各不相同,没有什么主流形式,详见表 6.1。但它们也有共同点,都采用了语素"姆"或"妈",如上海的"姆妈",把语素"姆"和语素"妈"都用上了,新形式"妈妈",则用了语素"妈";宁波的"阿姆",用了语素"姆";绍兴的"姆嬷",前一语素用了"姆",后一语素"嬷 mo",其本字就是"妈","姆嬷"其实也是语素"姆"和"妈"都用上了;苏州的"姆姆 me",用了语素"姆"。表 6.2 展现了来源地"母亲"称谓采用语素"姆"与"妈"的具体情况:

表 6.2　来源地"母亲"称谓中语素"姆"与"妈"

来源地	"母亲"称谓	语素"姆"	语素"妈"	采用语素"姆"或"妈"
本地	姆妈	＋	＋	"姆"＋"妈"
	阿妈(娘)	－	＋	"妈"
	妈妈(新)	－	＋	"妈"

续 表

来源地	"母亲"称谓	语素"姆"	语素"妈"	采用语素"姆"或"妈"
宁波	阿姆	＋	－	"姆"
绍兴	姆嬷	＋	＋	"姆"＋"妈"
苏北	妈妈(扬州)	－	＋	"妈"
	妈(盐城)	－	＋	"妈"
苏州	姆姆	＋	－	"姆"
	姆妈	＋	＋	"姆"＋"妈"

说明:"＋"表示采用,"－"表示不采用。

3. 来源地"祖父"和"祖母"称谓的词汇表现

五个来源地"祖父"称谓在词汇形式上各不相同,没有主流形式,详见表 6.1。但它们也有共同之处:都采用了语素"爹"或"爷",如本地的"老爹",用了语素"爹",新形式"爷爷",用了语素"爷";宁波的"阿爷"用了语素"爷";绍兴的"爷爷"用了语素"爷";苏北两地的"爹爹"则用了语素"爹";苏州的"阿爹"用了语素"爹"。表 6.3 展现了来源地"祖父"称谓采用语素"爹"与"爷"的具体情况:

表 6.3 来源地"祖父"称谓中语素"爹"与"爷"

来源地	"祖父"称谓	语素"爹"	语素"爷"	采用语素"爹"或"爷"
本地	老爹	＋	－	"爹"
	爷爷(新)	－	＋	"爷"
宁波	阿爷	－	＋	"爷"
绍兴	爷爷	＋	－	"爷"
苏北	爹爹	＋	－	"爹"
苏州	阿爹	＋	－	"爹"

说明:"＋"表示采用,"－"表示不采用。

五个来源地"祖母"称谓在词汇形式上也各不相同,也没有主流形式,详见表 6.1。采用的语素主要有"奶""娘"和"婆"。本地的"□n奶"和"阿奶"采用了语素"奶",新形式"奶奶"也采用了语素"奶";宁波的"阿娘"采用了语素"娘";绍兴的"娘娘"也采用了语素"娘";苏北两地的"奶奶"采用了语素"奶";苏州较为特别,"好婆""亲婆""好亲婆"采用了语素"婆"。表6.4展现了来源地"祖母"称谓采用语素"奶""娘""婆"的具体情况:

表6.4 来源地"祖母"称谓中语素"奶""娘""婆"

来源地	"祖母"称谓	语素"奶"	语素"娘"	语素"婆"	采用语素"奶""娘"或"婆"
本地	□n奶	＋	－	－	"奶"
	阿奶	＋	－	－	"奶"
	奶奶(新)	＋	－	－	"奶"
宁波	阿娘	－	＋	－	"娘"
绍兴	娘娘	－	＋	－	"娘"
苏北	奶奶	＋	－	－	"奶"
苏州	好婆	－	－	＋	"婆"
	亲婆	－	－	＋	"婆"
	好亲婆	－	－	＋	"婆"

说明:"＋"表示采用,"－"表示不采用。

4. 来源地"外祖父"和"外祖母"称谓的词汇表现

五个来源地的"外祖父"和"外祖母"的词汇表现一致性很强,基本都是"外公""外婆"。除了苏北是"公公"(扬州)、"婆爹爹"(盐城)和"婆婆"(扬州)、"婆奶奶"(盐城);苏州则即可用"外公""外婆",也可用祖父母称谓的"阿爹""好婆"。

二、一代移民的直系长辈称谓

1. 一代移民直系长辈称谓的具体使用情况

一代移民在称呼直系长辈亲属时基本使用自己的母语,即家乡来源地方言。如本地人就用本地话,苏州人用苏州话,宁波人用宁波话等,从词汇形式到语音形式基本采用了来源地方言。例外情况有:1个苏北移民和 2 个苏州移民,"父亲"称谓他们采用了上海形式"阿伯"。一代移民具体使用情况详见表 6.5:

表 6.5　一代移民直系长辈的称谓

编号	背景	性别	年龄	父亲	母亲	祖父	祖母	外祖父	外祖母
1	bd	m	75	阿伯	阿妈	大大	阿奶	外公	外婆
2	nb	m	83	阿爹	阿姆	阿爷	阿娘	外公	外婆
3	nb	f	78	阿伯	阿姆	阿爷	阿娘	外公	外婆
4	sx	f	73	阿爹	姆嬷	爷爷	娘娘	外公	外婆
5	sx	m	83	爹爹	姆嬷	爷爷	娘娘	外公	外婆
6	sb	f	77	阿伯	妈妈	爹爹	奶奶	公公	婆婆
7	sb	m	87	□tia31 □tia0, □tia31	妈	爹爹	奶奶	外公爹	外婆奶
8	sz	f	77	爹爹	姆妈	阿爹	好婆、好亲婆	外公	外婆
9	sz	f	78	阿伯	姆姆	阿爹	好婆	外公	外婆
10	sz	m	72	阿伯	姆妈	阿爹、公公	好婆	外公	外婆

说明:bd 为本地,nb 为宁波,sx 为绍兴,sb 为苏北,sz 为苏州。m 为男,f 为女。

表 6.5 中所有称谓都用家乡来源地发音,本地人用本地话发音,宁波移民用宁波话发音,苏州移民用苏州话发音……即他们的语音形式都采用了各自的家乡话。词汇层面上,一代移民在六个直系称谓上表现的情况是不同的,具体情况见 2—4。

2. 一代移民"父亲"和"母亲"称谓的词汇表现

一代移民"父亲"称谓的词汇形式同来源地方言一样,有两个主流形式——"阿伯"和"爹爹"。本地采用了"阿伯";宁波采用了"阿爹"和

"阿伯";绍兴采用了"阿爹"和"爹爹";苏北采用了"爹爹"和"阿伯",它的"□tia31□tia0"和"□tia31",其实就是"爹爹"和"爹";苏州采用"爹爹"和"阿伯"。

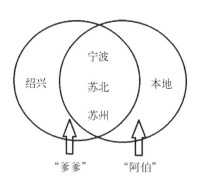

图 6.2　一代移民"父亲"称谓采用"爹爹"与"阿伯"示意图

同来源地方言相比,一代移民的"父亲"称谓的词汇形式发生了混用现象。图 6.2 展现一代移民"父亲"称谓采用"爹爹"和"阿伯"的具体情况("阿爹"和"爹"也归入"爹爹"集合):

比较图 6.1 和图 6.2 发现,外来一代移民,除了绍兴,其他三类移民都发生了"爹爹"与"阿伯"的混用。宁波来源地方言只用"阿伯",苏北来源地方言只用"爹爹",苏州来源地方言也只用"爹爹",现在他们都是"爹爹"与"阿伯"混用。本地本来是"爹爹"和"阿伯"混用,现在只用"阿伯"。

一代移民"母亲"称谓在词汇层面同"父亲"相比一致性不强,同来源地方言情况类似,采用了"姆""妈"两个语素。表 6.6 展现了一代移民"母亲"称谓采用语素"姆"与"妈"的具体情况:

表 6.6　一代移民"母亲"称谓中语素"姆"与"妈"

家乡背景	"母亲"称谓	语素"姆"	语素"妈"	采用语素"姆"或"妈"
本地	阿妈	−	+	"妈"
宁波	阿姆	+	−	"姆"
绍兴	姆嬷	+	+	"姆"+"妈"
苏北	妈妈	−	+	"妈"
苏北	妈	−	+	"妈"
苏州	姆妈	+	+	"姆"+"妈"
苏州	姆姆	+	−	"姆"

比较表6.6与表6.2可发现,同来源地方言相比,一代移民"母亲"称谓没明显变化。可见,"母亲"称谓比"父亲"更保守一些。

3. 一代移民"祖父"和"祖母"称谓的词汇表现

一代移民"祖父"称谓在词汇层面上一致性不强,与来源地方言的"祖父"称谓基本相同,也采用了"爹"或"爷"语素。表6.7展现了一代移民"祖父"称谓采用语素"爹"或"爷"的具体情况:

表6.7 一代移民"祖父"称谓中语素"爹"与"爷"

家乡背景	"祖父"称谓	语素"爹"	语素"爷"	采用语素"爹"或"爷"
本地	大大	—	—	都不采用
宁波	阿爷	—	＋	"爷"
绍兴	爷爷	—	＋	"爷"
苏北	爹爹	＋	—	"爹"
苏州	阿爹	＋	—	"爹"
	公公	—	—	都不采用

比较表6.7与表6.3可发现,同来源地方言相比,一代移民"祖父"称谓没明显变化,宁波、绍兴采用了语素"爷";苏北、苏州采用了语素"爹"。本地是"大大",这是由于不同的本地口音造成的,因此也是采用了家乡话中的"祖父"称谓。

一代移民"祖母"称谓在词汇层面上一致性也不强,与来源地方言的"祖母"称谓基本相同,表6.8展现了一代移民"祖母"称谓采用语素"奶""娘""婆"的具体情况:

表6.8 一代移民"祖母"称谓中语素"奶""娘""婆"

家乡背景	"祖母"称谓	语素"奶"	语素"娘"	语素"婆"	采用语素"奶""娘"或"婆"
本地	阿奶	＋	—	—	"奶"
宁波	阿娘	—	＋	—	"娘"

续 表

家乡背景	"祖母"称谓	语素"奶"	语素"娘"	语素"婆"	采用语素"奶""娘"或"婆"
绍兴	娘娘	—	+		"娘"
苏北	奶奶	+		—	"奶"
苏州	好婆	—	—	+	"婆"
	好亲婆	—	—	+	"婆"

比较表 6.8 与表 6.4 可发现,同来源地方言相比,一代移民"祖母"称谓也没明显变化,采用语素"奶"的是本地和苏北,采用语素"娘"的是宁波和绍兴,采用语素"婆"的只有苏州。同来源地方言完全一致。

4. 一代移民"外祖父"和"外祖母"称谓的词汇表现

一代移民的"外祖父""外祖母"称谓非常一致,都是"外公""外婆",除了 1 个苏北移民是"外公爹""外婆奶"。五个来源地方言的这两个称谓本来也一致性较强,一代移民则更强。

5. 一代移民六个直系亲属称谓总结

一代移民的直系亲属称谓,从语音角度看,都保留了来源地方言的本来发音;从词汇角度看,"父亲""外祖父""外祖母"具有较强的一致性,"母亲""祖父""祖母"则一致性较弱。原因是:来源地方言中"父亲""外祖父""外祖母"这三个称谓的一致性本来就比较强。

特别是"外祖父"和"外祖母",来源地方言大部分都是"外公"和"外婆",即只有一个主流形式,一代移民也只有一个主流形式。

来源地方言的"父亲"大部分是"爹爹"和"阿伯",即有两个主流形式,一代移民也主要是这两个形式,但出现了混用,非常有意思的是,外来移民(除了绍兴)"爹爹"和"阿伯"都用,本地反而只用"阿伯",预示着"阿伯"将成为上海占优势的主流形式。

一致性弱的亲属称谓"母亲""祖父""祖母"没发生混用现象,即一代移民基本采用了来源地方言本来的称谓形式。

三、二代移民的直系长辈称谓

1. 二代移民具体使用情况

二代移民与一代移民最大不同是：除了少部分老年纪的人（大于60岁，出生于1955年前）还保留了某些称谓的来源地方言的发音，年纪小一点的二代移民都采用了上海方言的发音。即使某些称谓的词汇形式是来源地方言，但语音采用了上海方言的发音。本地人都采用了市区口音，因为在他们习得语言时期，其生活区域早就并入市区范围。

从词汇层面看，称呼不同的直系长辈有分化，父母的称谓向本土靠拢，即倾向于使用上海形式的"阿伯"（包括新形式"爸爸"）、"姆妈"；祖父母还是沿用来源地的称谓；外祖父母，由于大多数来源地（除了苏州）的用法都是"外公""外婆"，所以大多数都相同。具体使用情况见表6.9：

表6.9 二代移民直系长辈的称谓

编号	背景	性别	年龄	父亲	母亲	祖父	祖母	外公	外婆
1	bd	m	69	阿伯	姆妈	老爹	□ŋ奶	外公	外婆
2	bd	f	67	阿伯	姆妈	爹爹、老爹	□ŋ奶、老奶	外公	外婆奶
3	bd	f	63	阿伯	姆妈	大大	阿奶	外公	外婆
4	bd	f	62	阿伯	姆妈	老爹	阿奶	外公	外婆
5	bd	m	60	阿伯	姆妈	大大	阿奶	外公大大	外婆
6	bd	f	52	爸爸	姆妈	爹爹、老爹	□ŋ奶	外公	外婆
7	nb	m	79	阿爹	*阿姆、姆妈	阿爷	阿娘	外公	外婆
8	nb	m	79	爹爹	*阿姆	阿爷	阿娘	外公	外婆
9	nb	m	74	爹爹	*阿姆	阿爷	阿娘	外公	外婆
10	nb	f	73	阿伯	姆妈	阿爷	阿娘	外公	外婆

续　表

编号	背景	性别	年龄	父亲	母亲	祖父	祖母	外公	外婆
11	nb	f	71	阿伯	阿姆	阿爷	阿娘	外公	外婆
12	nb	m	68	阿伯	姆妈	阿爷	阿娘	外公	外婆
13	nb	f	62	阿伯	姆妈	阿爷	阿娘	外公	外婆
14	nb	f	58	阿伯	姆妈	阿爷	阿娘	外公	外婆
15	nb	m	57	爹爹	姆妈	阿爷	阿娘	外公	外婆
16	nb	f	54	阿伯	姆妈	阿爷	阿娘	外公	外婆
17	nb	m	52	阿伯	阿姆	阿爷	阿娘	外公	外婆
18	sx	f	64	爹爹	姆妈	爷爷	阿婆	外公	外婆
19	sx	m	63	爹爹	*姆嬷	爷爷	娘娘	外公	外婆(bo)
20	sx	f	59	爹爹	姆妈	爷爷	*姆嬷	外公	外婆
21	sb	f	72	阿伯	姆妈	*爹爹 ti31ti0	*奶奶 nɛ31nɛ0	外公	外婆
22	sb	m	71	*爷 ɿ13	姆妈	*爹爹 ti31ti0	*奶奶 nɛ31nɛ0	*外公 uɛ31kong0	*外婆 uɛ31po13
23	sb	f	63	阿伯	姆妈	——	——	——	——
24	sb	m	62	阿伯	姆妈	*爹爹 ti31ti0	奶奶 nɛ22nɛ44	外公	外婆
25	sb	m	58	□tia53	姆妈	*爹爹 ti55ti21	奶奶 nɛ22nɛ44	外公	外婆
26	sb	f	56	阿伯	姆妈	*爹爹 ti55ti21	奶奶 nɛ22nɛ44	外公	外婆、外婆奶奶
27	sb	f	54	阿伯	姆妈	老爹	阿奶	外公	外婆
28	sb	m	52	阿伯	姆妈	*爹爹 ti55ti21	奶奶 nɛ22nɛ44	外公	外婆
29	sb	f	52	阿伯	姆妈	爷爷	奶奶 nɛ22nɛ44	外公	外婆
30	sz	f	72	爹爹	姆妈	阿爹	好婆	外公	外婆
31	sz	m	71	爹爹	姆妈	老爹	好婆	公公	阿婆

续 表

编号	背景	性别	年龄	父亲	母亲	祖父	祖母	外公	外婆
32	sz	f	70	爸爸	姆妈	爹爹	娘娘	外公	外婆
33	sz	f	59	爹爹	姆妈	阿爹	好婆	好公	好婆
34	sz	m	51	阿伯	姆妈	阿爹	好婆	外公	外婆

说明：bd 为本地，nb 为宁波，sx 为绍兴，sb 为苏北，sz 为苏州。m 为男，f 为女。"*"表示采用来源地方言的发音。

表 6.9 一共收入了 34 个发音人使用六个直系亲属称谓的情况，去掉本地的 6 个发音人，剩下的都是二代外来移民，共 28 人。28×6＝168，应该调查到 168 个称谓，但有 1 人只调查到她使用"父亲""母亲"称谓情况，没调查到她使用"祖父""祖母""外祖父""外祖母"称谓，所以总共调查到二代外来移民 164 个称谓情况，结果采用来源地发音的是 17 个（表中共有 17 个*），只占 10.4％。

2. 二代移民"父亲"称谓的不同分布

二代移民"父亲"称谓和一代移民最大不同，就是他们大部分已经用上海话语音来发音了，除了 1 个苏北移民用来源地的"爷ı13"，另 1 个苏北移民发的"□tia53"也是上海话的语音形式了，其他二代移民全部都是上海话的语音形式。词汇形式大部分是"阿伯"与"爹爹"，1 个本地和 1 个苏州使用上海的新形式"爸爸"，1 个宁波用"阿爹"，1 个苏北用"爷ı13"，另外 1 个苏北用"□tia53"。具体使用情况见表 6.10：

表 6.10 二代移民"父亲"称谓

"父亲"称谓	使用人数	百分比
阿伯（含"爸爸"）	22	64.7％
爹　爹	9	26.5％
其　他	3	8.8％

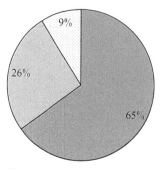

图 6.3 二代移民使用"父亲"称谓图

从图 6.3 可看出,"阿伯"(含新形式"爸爸")是上海方言"父亲"称谓占优势的形式,有着近 2/3 的使用率;"爹爹"其次,不到 1/3 的使用率,其他就不是上海方言的主流形式。这说明,各类家乡背景的二代移民(除了绍兴),都倾向于使用优势形式"阿伯",共有 20 个人使用"阿伯",使用率占总人数的 58.8%。如再加上 2 个人使用本地新形式"爸爸",优势形式使用率就占总人数的 64.7%。

从家庭背景看,本地人都用"阿伯",除了最年轻的 52 岁用了新形式"爸爸";宁波 7 个用"阿伯",3 个用"爹爹",1 个用"阿爹";绍兴全部用"爹爹";苏北 7 个用"阿伯",1 个用"爷",1 个用"□tia53";苏州 3 个用"爹爹",1 个用"阿伯",1 个用上海新形式"爸爸"。表 11 展现不同家庭背景的二代移民,使用上海优势形式"父亲"称谓("阿伯"与"爸爸")的情况:

表 6.11 不同家庭背景使用上海优势形式
"父亲"称谓("阿伯"与"爸爸")

家庭背景	优势形式人数	总人数	优势形式百分比
本 地	6	6	100%
宁 波	7	11	63.6%
绍 兴	0	3	0.0%
苏 北	7	9	77.8%
苏 州	2	5	40.0%

从表 6.11 和图 6.4 可得出不同家庭背景使用优势形式"父亲"称谓从多到少的排列:本地>苏北>宁波>苏州>绍兴。可看出以下两点:

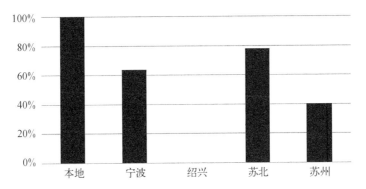

图 6.4　使用上海优势形式"父亲"称谓的百分比图

1) 越是人数多的民系,如"苏北"和"宁波"越是倾向于使用上海优势形式,都超过了 60%;

2) 越是人数少的民系,如"苏州"和"绍兴",越是倾向于使用来源地家乡方言形式(绍兴和苏州来源地方言的"父亲"都是"爹爹",见表 6.11),即使语音形式已经用了上海方言,但来源地的词汇形式还顽强地保留下来。使用上海优势形式都小于 50%,苏州为 40%,绍兴则为 0%。

这可能意味着:对于"父亲"称谓,人数少的民系,倾向于保留自己的语言特色;人数多的民系由于渴望融入当地的民系,倾向于采用当地的语言形式。

3. 二代移民"母亲"称谓的不同分布

二代移民"母亲"称谓和一代移民最大不同,就是他们大部分已经用上海话语音来发音了,除了少部分年纪大(大于 60 岁)的二代移民还用家乡话发音。如宁波一代移民"母亲"为"阿姆"[ā44 m̥21],二代移民"母亲"词汇形式也有"阿姆",但却采用上海话的发音,变成了[aʔ5 m̥21]。采用来源地发音的有:宁波 2.5 人次,绍兴 1 个人。这 4 个人都是大于 60 岁的男性。

从词汇形式来看,与一代移民明显不同,一代还是用移民来源地的词汇形式,而二代大多数采用上海方言的"母亲"称谓——"姆妈"。有的人可能同时用上海和来源地两种形式,在计算时各算 0.5 人次。

表 6.12　二代移民"母亲"称谓

"母亲"称谓	使用人次	百分比
姆 妈	28.5	83.8%
其 他	5.5	16.2%

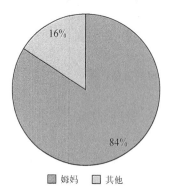

图 6.5　二代移民使用"母亲"称谓图

从表 6.12 和图 6.5 可看出,"姆妈"是"母亲"称谓占绝对优势的形式,共有 28.5 人次使用"姆妈",有着 83.8% 的使用率,其他都不是主流形式。这说明,所有来源地的人都倾向于使用上海形式的"姆妈"。

从移民背景看,本地人都使用"姆妈";宁波有 6.5 人次使用"姆妈",4.5 人次使用"阿姆",其中 1 个人同时使用上海形式的"姆妈"和宁波形式的"阿姆";绍兴 2 个用"姆妈",1 个用"姆嬷";苏北都使用"姆妈";苏州也都使用"姆妈"。表 6.13 将展现不同来源地使用上海形式"母亲"称谓("姆妈")的情况:

表 6.13　不同移民背景使用上海形式"母亲"称谓("姆妈")

移民背景	上海形式人数	总人数	上海形式百分比
本 地	6	6	100%
宁 波	6.5	11	59.1%
绍 兴	2	3	66.7%
苏 北	9	9	100%
苏 州	5	5	100%

从表 6.13 和图 6.6 可得出不同家乡背景使用"姆妈"从多到少的排列:本地＝苏北＝苏州＞绍兴＞宁波。

总的说来,与"父亲"称谓不同,"母亲"称谓更倾向于使用上海形式。外来移民,无论民系大小,都有着超过 50% 以上的使用率。

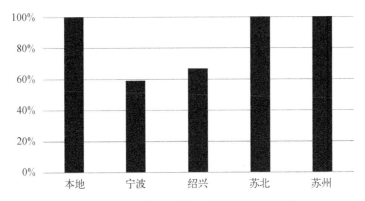

图 6.6　使用上海形式"母亲"称谓的百分比图

从不同民系来看,苏北移民和苏州移民后代全部使用了"姆妈",原因似乎有所不同。苏州方言里本来就有"姆妈",所以只要把语音形式变成上海话就可以了。苏北方言的"母亲"称谓是"妈妈",但二代移民也全部使用本地的"姆妈",这一民系人数众多,但全部放弃了来源地方言形式。这很可能同这一民系有着强烈地融入当地社群的心理有关,所以全部采用当地社群的语言形式。

另一人数众多的民系宁波人,在"父亲"与"母亲"称谓上表现得有所不同,"父亲"称谓倾向于使用本地形式(63.6%),"母亲"称谓用来源地的比率也不小(40.9%),在所有外来民系中是最高的。可能在这一民系里由于母亲的家庭地位较高,所以子女更爱用来源地方言形式来称呼自己的母亲。

人数较少的移民民系爱使用来源地形式,绍兴仍然有 33.3% 的人在使用来源地方言的"母亲"称谓。

4. 二代移民"祖父"和"祖母"称谓的不同分布

二代移民"祖父"和"祖母"称谓和一代移民最大不同,就是他们大部分已经用上海话语音来发音了。除了年纪偏大的二代苏北移民(大于 60 岁)还用家乡话发音,年纪偏小的苏北移民(小于 60 岁)和其他地方的二代移民都采用了上海话的语音形式。

年纪偏大(大于 60 岁)的二代苏北移民用家乡话发音,如 2 个男性和 1 个女性二代苏北移民的"祖父"读成"爹爹 ti31ti0";而年纪偏小(小于 60

岁)的3个二代苏北移民采用了上海话的连读变调形式,读成"爹爹 ti55ti21",声母韵母采用了来源地方言的形式,但连读变调采用了上海话的形式。"祖母"称谓也是如此,年纪偏大的1个男性和1个女性二代苏北移民读成"奶奶 nɛ31nɛ0",采用的是苏北话的发音;而年纪偏小的5个二代苏北移民读成"奶奶 nɛ22nɛ44",声韵调都采用了上海话的形式。

从词汇形式来看,二代移民的"祖父"和"祖母"称谓大部分还保留了来源地方言的形式,调查到的33个二代移民中30个保留来源地方言词汇形式,占90.9%。"祖父"和"祖母"称谓都是这样。

但"祖父"和"祖母"称谓出现了一些混用现象。"祖父"称谓从家乡背景来看,本地、宁波和绍兴都不采用其他来源地词汇形式,但1个年纪偏小(小于60岁)的苏北移民采用了本地形式的"老爹",另1个用了绍兴形式"爷爷"。还有1个年龄偏大(大于60岁)的苏州移民也采用了上海形式"老爹"。"祖母"称谓从家乡背景看,除了本地和宁波不采用其他来源地词汇形式,1个绍兴用了苏州的"阿婆",1个苏北用了本地的"阿奶"(她"祖父"用了本地的"老爹"),还有1个苏州用了绍兴的"娘娘"。

总的来说,"祖父"和"祖母"称谓与"父亲"和"母亲"不同,虽然语音形式大部分采用了上海话,但词汇形式大部分依然保留了来源地方言,混用是零星现象,不到10%。所以,人们常说"要想知道你是哪里人,只要问你怎么叫'祖父'的"。

5. 二代移民"外公"和"外婆"的分布

二代移民的"外公"和"外婆",语音和词汇形式的一致性都非常高,语音形式上只有一个老年(71岁)男性二代苏北移民采用了家乡话,还有1个老年(63岁)男性二代绍兴移民"外婆"的"婆",韵母还是绍兴的[o],但整个连读变调形式却是上海话的。

"外祖父"和"外祖母"称谓的词汇形式绝大部分都是"外公"和"外婆",也有些其他形式,如有1个本地男性把"外公"称作"外公大大",1个本地女性把"外婆"称作"外婆奶"。1个苏北女性把"外婆"称作"外婆奶奶",1个苏州女性把"外公"称作"公公","外婆"称作"阿婆"。剩下的宁波和绍兴都是"外公"和"外婆"。

6. 二代移民六个直系长辈称谓总结

二代移民的直系长辈称谓,从语音角度看,基本都采用了上海方言的语音形式。个别年纪偏大的外来移民在"母亲"、"祖父"和"祖母"称谓上还保留了来源地方言语音,但也有两种情况:(1)声韵调完整保留;(2)连读变调采用上海话的形式,声韵采用家乡话形式。

从词汇角度看,"父亲"和"母亲"称谓都产生了主流形式,"父亲"主流形式是"阿伯",新形式是"爸爸";"母亲"主流形式是"姆妈",这是与一代移民最大不同。一代移民的"父亲"有两个主流形式"爹爹"和"阿伯",到二代只有"阿伯"一个。"母亲"本来是各叫各的,现在产生了主流形式"姆妈"。

"祖父"和"祖母"称谓基本还是"各叫各的",不同家庭背景通过怎么称呼"祖父"和"祖母"就可加以区分,混用只是零星现象,所以有所谓的"小宁波""小绍兴""小苏州""小苏北"等。这些二代移民通过"祖父"和"祖母"称谓维系了自己与移民来源地的认同感,在他们口中还没有形成上海话"祖父"和"祖母"的主流形式。但已经出现了现在年轻人("80后","90后"和"00后")口中的主流形式,就是年纪偏小(小于60岁)的二代苏北移民的"爷爷"和"奶奶"。本次调查中,1个51岁的女性二代苏北移民就是这样称呼"祖父"和"祖母"。

"外祖父"和"外祖母"绝大部分从语音到形式都是上海话的"外公"和"外婆",读成家乡话的"外公"和"外婆"极少。

四、直系长辈称谓的演变

1. 直系长辈称谓的语音演变

表6.14 直系长辈称谓的语音演变

称 谓	一代移民	二代移民
父 亲	来源地	上海
母 亲	来源地	上海,个别保留来源地

续　表

称　谓	一代移民	二代移民
祖　父	来源地	上海,个别保留来源地
祖　母	来源地	上海,个别保留来源地
外祖父	来源地	上海
外祖母	来源地	上海

从表6.14明显看出,一代移民还完整保留了来源地方言的语音形式,二代移民基本放弃了来源地语音形式,大部分采用了上海话的语音形式,只有"母亲""祖父"和"祖母",某些年纪偏大的移民采用了家乡话语音。分两种情况:(1)声韵调完整保留;(2)连读变调采用上海话的形式,声韵采用来源地方言形式。从家庭背景看,保留"母亲"称谓来源地形式的是个别宁波和绍兴的二代移民;保留"祖父"和"祖母"称谓家乡话形式的是个别苏北二代移民。所以,语音形式在二代移民口中完成了上海形式的转换。

2. 直系长辈称谓词汇的演变

表6.15　直系长辈称谓的词汇演变

称　谓	来源地	一代移民	二代移民
父　亲	爹爹,阿伯	爹爹,阿伯(宁波、苏北、苏州混用)	阿伯
母　亲	各不相同	各不相同	姆妈
祖　父	各不相同	各不相同	各不相同(零星混用)
祖　母	各不相同	各不相同	各不相同(零星混用)
外祖父	外公(除苏北)	外公(除苏北)	外公
外祖母	外婆(除苏北)	外婆(除苏北)	外婆

比较表6.14和表6.15,词汇形式明显比语音形式演变得慢。很多情况下,语音形式已经是上海形式了,词汇还保留了来源地形式。语

音到二代移民口中已完成了上海形式的转换，而词汇形式更顽固些，尤其是"祖父"和"祖母"称谓，二代移民还是在使用来源地方言形式，人们通过对"祖辈"称呼的保留，来维系对家乡的认同感。但对"父母"的称谓则比对"祖辈"的称谓更倾向于本土化。在本土化的过程中，各个移民民系也表现得不一致。

3. 不同移民民系直系长辈称谓的本土化

人数众多的外来移民民系有两个——宁波和苏北。这两个民系都有强烈的民系认同感，但由于历史原因，两个民系心态完全不同，宁波人在上海威望高，所以并没有快速融入当地社群的急迫心态，表现在语言上就比较保守，愿意更多保留来源地语言，宁波二代移民"母亲"称谓还有不少人采用了来源地形式的"阿姆"（包括1个52岁年纪偏小的男性）；而苏北人由于在上海威望较低，所以他们一方面有着民系内部的强烈认同感，一方面又有快速融入当地社群的急迫心情，而且往往后者压倒前者，因此，苏北二代移民"母亲"称谓全部放弃来源地方言，改用"姆妈"。"祖父"和"祖母"称谓也出现了一些混用现象。"外祖父"和"外祖母"也改用本土形式的"外公"和"外婆"。

人数较少移民民系——绍兴和苏州，由于来上海时间不同，苏州人大量来上海的时间是19世纪末—20世纪初，当时苏州话对上海话的影响有目共睹，后来移民人数大幅减少，其影响力也逐渐消失。但由于他们来得早，对上海话的影响力早就存在，因此苏州移民来上海后很容易改用上海话的形式。苏州二代移民"父亲"称谓已有不少人采用上海形式"阿伯"，"母亲"称谓他们本来也有"姆妈"这个形式，"祖父"和"祖母"则用苏州形式，但也有些混用现象存在。绍兴则不同，他们人数少，来上海的时间断断续续，对上海话基本没什么影响力，因此他们改用上海方言的形式就不太容易，二代移民的"父亲"称谓全部保留来源地方言的形式，"母亲"称谓还有人采用来源地形式，"祖父"保留来源地形式，"祖母"有些混用，"外婆"有人保留来源地的声韵形式。

总的来看，四个外来民系在直系称谓的本土化过程中，宁波和绍兴相对保守，而苏北和苏州相对激进。

第二节　移民背景与旁系长辈称谓

旁系长辈称谓也是亲属称谓研究的重点，因为它们同直系长辈亲属一样，是维系移民与家乡来源地情感的重要纽带，这类称谓包括伯父、伯母、叔父、婶母、姑母、姑父、舅父、舅母、姨母、姨夫等。本章将集中研究"伯父""叔父""姑母""舅父""姨母"五个称谓，因为这五个称谓能典型代表父系与母系两方面的男女旁系长辈。

一、来源地方言旁系长辈称谓

1. 来源地方言旁系长辈称谓的具体情况

本节展示五个来源地方言（本地、宁波、绍兴、苏北、苏州）中五个旁系长辈称谓（伯父、叔父、姑母、舅父、姨母）的具体表现。

据各类方言词典、方言志的记载，五个来源地直系长辈称谓如表6.16。表6.16收入了本地的新形式，不收入移民来源地的新形式。原因见前文第一节。

表 6.16　来源地方言的旁系长辈称谓

来源地	伯　父	叔　父	姑　母	舅　父	姨　母
本地	伯伯	爷叔、叔叔	姑妈、孃孃	娘舅、舅舅	姨妈
宁波	伯儿伯儿 pa44pa55	阿叔儿 ɐ4soŋ35 或 ɐ4soŋ31	孃孃（父亲姐姐）、姑孃（父亲姐姐）、阿姑（父亲妹妹）	阿舅、舅舅、娘舅	孃孃（母亲姐姐）、姨娘（母亲姐姐）、阿姨（母亲妹妹）
绍兴	～爹（大爹、二爹）	～爹（二爹、小爹）	□娘 ȵ55ȵiaŋ31，姑孃	舅舅、娘舅	□娘 ȵ55ȵiaŋ31

续　表

来源地	伯父	叔父	姑母	舅父	姨母
苏北	大大、大爷（排行第一）、大伯、～爷（二爷，三爷）	～爷(二爷，三爷)、老爷（最小的叔叔）、～叔(二叔、三叔)	孃孃、□子 pu31tsŋ0、大□pu31、二□pu31、老□pu31（最小的姑妈）	舅舅	姨娘（大姨娘、二姨娘）、老姨娘（排行最小的姨妈）
苏州	老伯伯、伯伯	叔叔、阿叔	姑姑、孃孃	舅舅、娘舅	姨妈、阿姨

从表 6.16 看，五个来源地方言的旁系长辈亲属称谓各不相同，它们语音系统当然不同，而且词汇层面看，各地有各地的称谓形式，但组成的语素倒也有一致之处。

2. 来源地方言旁系长辈称谓的词汇表现

五个来源地方言里，有的地方"姑母"和"姨母"称谓有合用现象。如：宁波的"嬷嬷"，可称呼父亲的姐姐，也可称呼母亲的姐姐。绍兴的"□娘ȵ55ȵiaŋ31""姑母"和"姨母"都可用。

下面来具体看看五个旁系长辈称谓的词汇构成：

"伯父"称谓基本由语素"伯""爹""爷"组成。使用"伯"的是本地、宁波、苏州；使用"爹"的是绍兴；使用"爷"的是苏北。苏北在"大伯父"称谓上也可使用语素"伯"，称"大伯"。所以语素"伯"最常用，有三个来源地都用到了。其中宁波的"伯伯"发生了儿化，即韵母元音上发生了鼻化，从"伯伯 pɐʔ4pɐʔ5"变成了"伯儿伯儿 pā44pā55"。

"叔父"称谓基本由语素"叔""爹""爷"组成。使用"叔"的是本地、宁波、苏州；使用"爹"的是绍兴；使用"爷"的是本地和苏北。本地的"爷叔"是把"爷"、"叔"两个语素都用上了。所以语素"叔"最常用，有三个来源地都用到了。

"姑妈"称谓比较复杂，大致可由语素"姑""嬷""孃""娘""□pu31"组成。使用"姑"的有本地、宁波、绍兴、苏州；使用"孃"的是本地、苏北、苏州；使用"嬷"的是宁波和绍兴；使用"娘"的只有绍兴；使用"□pu31"的只有苏北。所以最常用到的是"姑"和"孃"，有三个以上的来源地都用到了。

宁波的"姑母"称谓还要根据父亲的排行来定,父亲姐姐称"嬷嬷"或"姑嬷",父亲妹妹称"阿姑"。

"舅父"称谓比较简单,各地都是由语素"舅"组成。语素"娘"放在"舅"前,构成"娘舅"也很常见,除了苏北以外,其他四个地方都有。

"姨母"称谓基本由语素"姨""娘"和"妈"组成,其中语素"姨"最通用,五个来源地都用到了。有的地方"姨"和"娘"连用,称"姨娘",宁波、绍兴、苏北都有。两个地方用到了"妈",本地和苏州。

宁波的"姨母"称谓还要根据母亲的排行来定,母亲姐姐称"嬷嬷"或"姨娘",母亲妹妹称"阿姨"。

五个来源地方言里旁系长辈称谓使用的语素,以及最常用的语素整理成表 6.17：

表 6.17　来源地旁系长辈称谓使用的语素

来源地	伯父	叔父	姑母	舅父	姨母
本　地	伯	爷、叔	姑、嬢	娘、舅	姨、妈
宁　波	伯	叔	姑、嬷	娘、舅	姨、娘、嬷
绍　兴	爹	爹	姑、嬷、娘	娘、舅	姨、娘
苏　北	爷、伯(大伯)	爷、叔	嬢、□pu31	舅	姨、娘
苏　州	伯	叔	姑、嬢	娘、舅	姨、妈
常用语素	伯	叔	姑、嬢	娘、舅	姨、娘

二、一代移民的旁系长辈称谓

1. 一代移民旁系长辈称谓的具体使用情况

一代移民在称呼旁系长辈亲属时,与直系长辈亲属一样,大部分使用自己的母语,即家乡来源地方言。如本地人就用本地话,苏州人用苏州话,宁波人用宁波话等,从词汇形式到语音形式基本采用了来源地方言,例外情况见后文。一代移民具体使用情况详见表 6.18：

表 6.18 一代移民旁系长辈的称谓

编号	背景	性别	年龄	伯 父	叔 父	姑 妈	舅父	姨 母
1	bd	m	75	老伯伯	爷叔	姆妈(父亲姐姐)、嬢嬢(父亲妹妹)	娘舅	姆妈(母亲姐姐)、嬢嬢(母亲妹妹)
2	nb	m	83	大阿伯	阿叔 ɐʔ4soŋ35	嬢嬢(父亲姐姐)、嬢嬢(父亲妹妹)	娘舅	阿姑
3	nb	f	78	伯伯 pɐʔ4pɐʔ5	阿叔 a44soŋ35	嬢嬢(父亲姐姐)、阿姑 a44ku55(父亲妹妹)	舅舅, 娘舅	嬢嬢(母亲姐姐)、阿姨(母亲妹妹)
4	sx	f	73	～爹(大爹、二爹)	～爹(二爹、小爹)	□娘ŋ55niaŋ31	舅舅	干娘
5	sx	m	83	～爹(大爹、二爹)	～爹(二爹、小爹)	～娘(大娘、二娘)	舅舅	～娘(大娘、二娘)
6	sb	f	77	大大	爷	嬢嬢	舅舅	姨娘
7	sb	m	87	爷	爷	□u31	舅舅	姨 □i13niŋ31
8	sz	f	77	伯伯	叔叔	嬢嬢	娘舅、舅舅	姨妈
9	sz	f	78	伯伯	好叔	嬢嬢(父亲姐姐)、嬢嬢(父亲妹妹)	娘舅	姨妈、阿姨
10	sz	m	72	伯伯	爷叔	嬢嬢	娘舅、舅舅	姨妈、阿姨

说明：bd 为"本地"；nb 为"宁波"；sx 为"绍兴"；sb 为"苏北"；sz 为"苏州"。m 为"男"；f 为"女"。

表 6.18 中所有称谓基本用家乡来源地发音,本地人用本地话发音,宁波移民用宁波话发音,苏州移民用苏州话发音……即他们的语音形式基本采用了各自的家乡话。例外情况有：宁波移民的"伯父"称谓,来源地方言是"伯伯 pā44pā55",但一代移民"儿化"消失,即鼻化消失,舒声变促声,成了"伯伯 paʔ4paʔ5"。

词汇层面上,一代移民的五个旁系长辈称谓的情况是不同的,但都是用自己家乡话的形式。

与来源地方言情况类似，"姑母"和"姨母"称谓有合用现象。如：本地的"姆妈"可称呼父亲姐姐，也可称呼母亲姐姐，"孃孃"可称呼父亲妹妹，也可称呼母亲妹妹；宁波一代移民的"嬷嬷"可称呼父亲姐姐，也可称呼母亲姐姐。绍兴一代移民的"□娘ȵ55ȵiaŋ31"既可称呼父亲的姐妹，也可称呼母亲的姐妹。本地方言原来没有"姑母"和"姨母"合用现象的，现在也有了。

不同家乡话的混用现象也有，主要发生在"姑母"称谓：1个宁波移民"姑母"称谓中本来的"阿姑（父亲妹妹）"用了其他来源地的"孃孃"；1个苏州移民"姑母"称谓用宁波话的"嬷嬷"称呼父亲姐姐，而用苏州的"孃孃"称呼父亲妹妹。

2. 一代移民旁系长辈称谓的词汇表现

"伯父"称谓基本由语素"伯""爹""爷"组成。使用"伯"的是本地、宁波、苏州；使用"爹"的是绍兴；使用"爷"的是苏北。所以语素"伯"最常用，有三个家乡背景都用到了。情况同来源地方言完全一样。

"叔父"称谓基本由语素"叔""爹""爷"组成。使用"叔"的是本地、宁波、苏州；使用"爹"的是绍兴；使用"爷"的是本地、苏北和苏州。本地和苏州的"爷叔"是把"爷"和"叔"两个语素都用上了。所以语素"爷"和"叔"最常用，分别有三个家乡背景都用到了，而且本地和苏州把"爷"与"叔"连用。

"姑母"称谓比较复杂，大致可由语素"姑""嬷""孃""娘"、"□u31"组成。使用"姑"的只有宁波；使用"孃"的是本地、苏北、苏州；使用"嬷"的是宁波和苏州；使用"娘"的只有绍兴；使用"□u31"的只有苏北。所以最常用到的是"孃"，有三种家乡背景都用到了。但总的来说，"姑母"称谓纷繁多样，在一代移民嘴里已经有一定的混用现象，1个宁波移民和1个苏州移民已经发生了混用。

"姑母"称谓根据父亲排行有分化的是：本地的父亲姐姐称"姆妈"，父亲妹妹称"孃孃"，这是来源地方言中没有的；宁波一代移民同来源地方言情况一样，父亲姐姐称"嬷嬷"，父亲妹妹称"孃孃"或"阿姑"。

"舅父"称谓比较简单，都是由语素"舅"组成。语素"娘"放在"舅"

前,构成"娘舅"也很常见,除了绍兴、苏北以外,其他三种家乡背景地方都有。

"姨母"称谓也变得纷繁复杂了,大致由语素"妈""孃""姑""嬷""姨""娘"等构成。本地用了"妈""孃";宁波一代移民用了"姑""嬷""姨";绍兴用了"娘";苏北用了"姨""娘";苏州用了"姨""妈"。最常用的是"姨",有三种家乡背景用到了,其他都只有1—2种背景使用。

"姨母"称谓根据母亲排行有分化的是:本地的母亲姐姐称"姆妈",母亲妹妹称"孃孃",这是来源地方言没有的;宁波一代移民同来源地方言情况一样,母亲姐姐称"嬷嬷",母亲妹妹称"阿姨"。

总之,根据父亲或母亲排行来定"姑母"和"姨母"称谓,本来只有宁波话里有这种现象,现在本地也有了。

一代移民旁系长辈称谓使用的语素,以及最常用的语素整理成表6.19:

表 6.19 一代旁系长辈称谓使用的语素

来源地	伯 父	叔 父	姑 母	舅 父	姨 母
本地	伯	爷、叔	孃	娘,舅	妈、孃
宁波	伯	叔	姑、嬷	娘,舅	姑、嬷、姨
绍兴	爹	爹	娘	舅	娘
苏北	爷	爷	孃、□u31	舅	姨、娘
苏州	伯	爷、叔	孃、孃	娘,舅	姨、妈
常用语素	伯	爷、叔	孃	娘、舅	姨

比较表6.17和表6.19可发现,男性旁系长辈称谓来源地方言和一代移民没有明显差异,但女性旁系长辈称谓,一代移民比来源地方言更复杂。

从来源地方言来说,某些方言中的"姑母"和"姨母"称谓本来就有合用现象,如宁波和绍兴。到了一代移民口中,有些本来不合用的也发生了合用,如本地就是。宁波和绍兴一代移民则继续有合用现象。而且一代移民还发生了不同方言系统间的混用,前文已经论述过,主要发生在"姑母"称谓。

三、二代移民的旁系长辈称谓

1. 二代移民具体使用情况

与直系长辈称谓情况有所不同,二代移民的旁系长辈称谓较多保留了来源地方言的形式,而且连语音形式都保留下来。年纪较小的(小于60岁)也有一定的保留,往往用上海方言的语音形式,有时声母韵母是来源地方言的,但连调模式是上海的。具体使用情况见表6.20:

表6.20 二代移民旁系长辈的称谓

编号	背景	性别	年龄	伯父	叔父	姑母	舅父	姨母
1	bd	m	69	大伯伯(大伯父)、老伯伯(大伯父)、伯伯(除了大伯父外、二伯、三伯伯)	爷叔	大大姆妈(父亲姐姐)、孃孃(父亲妹妹)	娘舅	姨妈
2	bd	f	67	伯(大伯、二伯)	爷叔	孃孃	娘舅	阿姨
3	bd	f	63	大伯伯	爷叔	姆姆	娘舅	姨妈
4	bd	f	62	大伯伯	爷叔	大大姆妈、孃孃	娘舅	姨妈
5	bd	m	60	伯伯	爷叔	大大姆妈	娘舅	姨妈
6	bd	f	52	老伯伯	叔叔	伯伯	娘舅	姨妈(母亲姐姐)、阿姨(母亲妹妹)
7	nb	m	79	伯伯、*伯儿伯儿 pā44pā44	叔叔、*阿叔儿 a44soŋ35	阿姑	舅舅	阿姨

第六章 移民背景与上海城市方言的词汇

续　表

编号	背景	性别	年龄	伯父	叔父	姑母	舅父	姨母
8	nb	m	79	伯伯	*阿叔 ɐʔ5soʔ3、爷叔	孃孃	娘舅	姨娘
9	nb	m	74	伯伯	*阿叔 ɐʔ5soʔ3	孃孃（父亲姐姐）、阿姑（父亲妹妹）	娘舅	阿姨
10	nb	f	73	大伯伯	*小伯伯 ɕiɔ55pɐʔ3pɐl（在上海用）、*噢叔儿 ɔ44soŋ35（回宁波用）	孃孃（父亲姐姐）、孃孃（父亲妹妹）	娘舅	阿姨
11	nb	f	71	伯伯	*阿叔儿 ɐʔ3soŋ44	孃孃（父亲姐姐）、孃孃（父亲妹妹）	*阿舅 ɐʔ5dziɤ21、娘舅	姨娘（母亲姐姐）、阿姨（母亲妹妹）
12	nb	m	68	伯伯	爷叔	孃孃（父亲姐姐）、孃孃（父亲妹妹）	娘舅	阿姨
13	nb	f	62	*伯伯 pɐʔ5pɐʔ3	阿叔	*阿娘 ɐʔ4niaŋ35（父亲姐姐）、孃孃（父亲妹妹）	*舅舅 dziɤ13 dziɤ31	*阿姨 ɐʔ5ɦi21
14	nb	f	58	*大阿伯 dou13ɐʔ4pɐ5（大大阿伯、二大阿伯）	*阿叔儿 ɐʔ4soŋ35	孃孃（父亲姐姐）、阿姑（父亲妹妹）	娘舅	姨妈
15	nb	m	57	大伯伯	爷叔	孃孃（父亲姐姐）、孃孃（父亲妹妹）	娘舅	姆妈（母亲姐姐、大姆妈、二姆妈），阿姨（母亲妹妹）
16	nb	f	54	大阿伯	*阿叔儿 ɐʔ5soŋ21	孃孃	娘舅	——
17	nb	m	52	伯伯	爷叔	孃孃	娘舅	姨妈、阿姨

续　表

编号	背景	性别	年龄	伯 父	叔 父	姑 母	舅父	姨 母
18	sx	f	64	伯伯	～爹(二爹、小爹)	孃孃	舅舅,娘舅	姨妈(母亲姐姐)、阿姨(母亲妹妹)
19	sx	m	63	～爹(大爹、二爹)	～爹(二爹、小爹)	*□娘 ŋ55ȵiaŋ21	娘舅	～姆妈(大姆妈、二姆妈)(母亲姐姐),——(母亲妹妹)
20	sx	f	59	伯伯	爷叔	姑妈	娘舅	姨娘
21	sb	f	72	*大大 ta55ta0,大伯伯	*爷 ɦi35,爷叔	孃孃	舅舅	姨娘,阿姨
22	sb	m	71	*～爸 pɒ31(大爸、二爸)	爷叔	*孃孃 ȵiaŋ31ȵiaŋ0	*舅舅 tɕʰiɤ13tɕʰiɤ35	*姨妈 i13mɒ31
23	sb	f	63	伯伯	叔叔	孃孃	娘舅	阿姨
24	sb	m	62	伯父	叔叔	孃孃	舅舅	姨妈
25	sb	m	58	*大爹 ta33ti51	爷 ɦi23	*□u31(大□u31、二□u31)	舅舅	姨妈
26	sb	f	56	爷 ɦi23	爷 ɦi23	姑妈	舅舅	阿姨
27	sb	f	54	*～伯 pæʔ4(大伯、二伯)	爷叔	孃孃	舅舅	姨妈
28	sb	m	52	大伯伯	爷叔	孃孃	舅舅	阿姨
29	sb	f	52	——	爷叔	姑(大姑、二姑)	舅舅、老舅舅(排行最小的舅舅)	——
30	sz	f	72	伯伯	阿叔,叔叔	嬷嬷(母亲姐姐)、孃孃(母亲妹妹)	舅舅	姨妈(母亲姐姐),阿姨(母亲妹妹)
31	sz	m	71	伯伯	好叔	孃孃	娘舅	阿姨

续 表

编号	背景	性别	年龄	伯 父	叔 父	姑 母	舅父	姨 母
32	sz	f	70	~伯(大伯、二伯)	叔叔、爷叔	~伯(父亲姐姐、大伯、二伯)、孃孃(父亲妹妹)	娘舅	姨妈
33	sz	f	59	伯伯	爷叔	嬷嬷 mo22mo44	娘舅	阿姨
34	sz	m	51	伯父	叔叔,爷叔	姑妈	娘舅	阿姨

说明：bd 为本地,nb 为宁波,sx 为绍兴,sb 为苏北,sz 为苏州。m 为男,f 为女。"*"表示采用来源地方言的发音。

表 6.20 共收入了 34 个发音人使用五个旁系长辈亲属称谓的情况。去掉本地的 6 个发音人,剩下的都是二代外来移民,共 28 人。28×5＝140,应该调查到 140 个称谓,但有 1 个宁波移民没调查到她使用"姨母"称谓,1 个苏北移民没调查到她使用"伯父"、"姨母"称谓,总共调查到二代外来移民 137 个称谓情况。

从语音形式来看,采用来源地发音有 24 个(表中共有 24 个*),占 17.5%,比直系长辈称谓(10.4%)多。总的来看,保留家乡话的比率同不保留的情况相比还是少数。所以,二代移民的语音形式大部分都采用了上海话的语音系统,这是与一代移民最大的不同。

词汇形式上,与来源地和一代移民相比,最大不同是"姑母"和"姨母"混用现象消失。二代移民旁系长辈称谓的具体情况见下文：

2. 二代移民旁系长辈称谓的词汇表现

"伯父"称谓基本由语素"伯""爹""爷"组成。五类家庭背景都用语素"伯"；使用"爹"的是绍兴和苏北；使用"爷"的是苏北。所以语素"伯"最常用,可以说,"伯伯"是上海"伯父"的通用形式,有 22 人次使用,调查到的"伯父"称谓共有 35 人次,"伯伯"占 62.9%。与来源地方言、一代移民相比,原来不用的绍兴和苏北,现在也有很多二代移民使用语素"伯"了。

"叔父"称谓基本由语素"爷""叔""爹"组成。五类家庭背景都使用语素"爷"和"叔";使用"爹"的只有绍兴。把"爷"、"叔"两语素结合在一起的"爷叔"成了上海"叔父"的通用形式,五种背景都有人使用"爷叔"来称呼"叔父",使用人次为 18,调查到的"叔父"称谓共有 41 人次,"爷叔"占 43.9%。

"姑母"与"姨母"混用的现象消失,这与来源地方言、一代移民有着很大不同。但有些人的"姑母"称谓还保留了根据父亲的排行来定的情况,"父亲姐姐"与"父亲妹妹"使用不同的称谓。原先来源地只有宁波话里有,到了一代移民嘴里,宁波的一代移民仍然有,本地人也有了。到了二代移民,扩散至其他家庭背景,苏州二代移民也有了,本地和宁波二代移民继续有。如有的本地人,父亲姐姐称"大大姆妈",父亲妹妹称"孃孃";宁波二代移民父亲姐姐称"嬷嬷"或"阿娘 ɐʔ4niaŋ35",父亲妹妹称"阿姑"或"孃孃";有的苏州二代移民也把父亲姐姐称为"嬷嬷",父亲妹妹称为"孃孃",或者称父亲姐姐为"～伯",父亲妹妹为"孃孃"。

"姑母"称谓大致由语素"孃""妈""姑""嬷""娘"组成。五种家庭背景都用到的语素是"孃";使用语素"妈"的有本地、绍兴、苏北、苏州四种背景;使用语素"姑"的有宁波、绍兴、苏北、苏州四种背景;使用语素"嬷"的是宁波和苏州;使用语素"娘"的是宁波和绍兴。其中由语素"孃"构成的"孃孃"成了上海话"姑母"最通用的形式,使用人次是 20,调查到的"姑母"称谓共有 45 人次,"孃孃"占 44.4%。

"舅父"称谓比较简单,都是由语素"舅"组成,可构成"舅舅"。语素"娘"放在"舅"前,构成"娘舅"则更常见。所有家庭背景都使用到这两种称谓,是上海话"舅父"两个通用形式。调查到的"舅父"称谓共有 36 人次,其中为"舅舅"为 12 人次,占 33.3%;"娘舅"为 23 人次,占 63.9%;其他形式只有 1 人次,只占 2.8%

"姨母"称谓也比较简单,大部分都是由语素"姨"构成。但有个别人还保留了根据母亲排行来定"姨母"称谓的情况,母亲姐姐和母亲妹妹使用不同的称谓。同"姑母"称谓一样,原先来源地只有宁波话里有这种现象,到了一代移民嘴里,宁波的一代移民仍然有,本地人也有了。到了二代移民,扩散至其他家庭背景,绍兴和苏州也有了,只有苏北仍然没有。如有的本地人和苏州二代移民,母亲姐姐称"姨妈",母亲妹妹称"阿姨";有的宁波二代移民,母亲姐姐称"姨娘",母亲妹妹称"阿姨";有的宁波二代移民和绍兴二代移民,母亲姐姐称"姆妈",母亲妹妹称"阿姨"。

"姨母"最通用的形式是"姨妈"和"阿姨",五种家庭背景都使用。调查到的"姨母"称谓总共有 39 人次,其中"姨母"使用人次为 14,占 35.9%;"阿姨"使用人次为 19,占 48.7%;其他形式 6 人次,只占 15.4%。

3. 二代移民五个旁系长辈称谓总结

二代移民的旁系长辈称谓,从语音角度看,基本都采用了上海方言的语音形式,采用来源地方言发音只有 16.8%,但比直系长辈亲属(10.4%)多。从这可看出,旁系长辈称谓是移民用来维系自己与来源地的重要语言手段。这些二代移民往往在逢年过节时,跟着他们的父母(一代移民)走亲访友,自然而然地习得了这些来自故乡的亲属称谓,有的甚至还随父母一起回老家,碰到老家的亲人就开始使用这些称谓。

不同的亲属称谓,保留来源地发音的情况也有所不同,"伯父"有 7 人次,"叔父"有 7 人次,"姑母"有 4 人次,"舅父"有 3 人次,"姨母"有 2 人次,父系长辈亲属明显多于母系长辈亲属。总之,二代移民的语音形式与一代移民最大不同就是:他们大部分采用了上海话的语音系统。

从词汇角度看,五个旁系长辈称谓都产生了主流形式,这与一代移民"各叫各的"完全不同。"伯父"主流形式是"伯伯";"叔父"是"爷叔";"姑母"是"嬢嬢";"舅父"主流形式有两个,"娘舅"和"舅舅";"姨母"主流形式也有两个,"姨妈"和"阿姨"。

同一代移民相比,"姑母"与"姨母"合用现象消失,但依然保留了"姑母"根据父亲排行分不同称谓,"姨母"根据母亲排行分不同称谓的特点,而且有扩散至不同移民背景的倾向。

四、旁系长辈称谓的演变

1. 旁系长辈称谓语音的演变

一代移民还完整保留了来源地方言的语音形式,二代移民基本放弃了来源地语音形式,大部分采用了上海话的语音形式,保留情况分两种情况:1) 声韵调完整保留;2) 连读变调采用上海话的形式,声韵仍然采用来源地方言形式。四种外来移民家庭背景与保留来源地方言发音的关系可见表 6.21:

表 6.21 二代移民背景与来源地发音

	宁波二代	绍兴二代	苏北二代	苏州二代
伯父	3	0	4	0
%	25%	0%	44.4%	0%
叔父	8	0	1	0
%	61.5%	0%	10%	%
姑母	1	1	2	0
%	5.6%	33.3%	22.2%	%
舅父	2	0	1	0
%	16.7%	0%	11.1%	0%
姨母	1	0%	1	0
%	7.7%	0%	11.1%	0%

根据表 6.21,不同家庭背景在保留来源地发音上是不同的。人数众多的两个民系(宁波移民和苏北移民)还保留了一些来源地方言的发音,而人数较少的民系(苏州移民和绍兴移民)完全放弃了来源地方言的发音。

保留家乡来源地方言的本来读音,有时也有偶然性。比如二代宁波在"叔父"称谓上保留了 61.5% 的来源地发音,这同宁波话中"叔父"称谓的特殊性有关,宁波的"叔父"保留了儿化,是个很特别的发音"阿叔儿 ɐʔ4soŋ35"。即使变调模式变成了上海的"5+21",但宁波的声韵还是保留,年纪偏轻的二代移民就是这样。所以,宁波的"叔父"称谓就像化石一样保留在了移民的嘴巴上,一听就知道他们来自宁波人家庭。

2. 旁系长辈称谓词汇的演变

表 6.22　旁系长辈亲属称谓的词汇演变

称谓		来源地	一代移民	二代移民
伯父		各不相同	各不相同	"伯伯"为主
叔父		各不相同	各不相同	"爷叔"为主
姑母		各不相同	各不相同	"孃孃"为主
	与"姨母"混用	有	有	无
	根据父亲排行定称谓	有	有	有
舅父		娘舅、舅舅	娘舅、舅舅	娘舅、舅舅
姨母		各不相同	各不相同	"姨妈""阿姨"为主
	与"姑母"混用	有	有	无
	根据母亲排行定称谓	有	有	有

从表 6.22 可知，总的来说，旁系长辈称谓在词汇演变过程中有着从"各不相同"到逐渐出现"主流形式"的过程，除了"舅父"称谓外，其他称谓都是这样。"舅父"称谓由于五个来源地方言的词汇形式本来就很接近，大部分都是"娘舅"和"舅舅"，所以这个称谓一直就是"娘舅"和"舅舅"，各地移民只要在语音上转变成上海话就可以了，词汇形式不用转变。

父系女性长辈亲属（姑母）和母系女性长辈亲属（姨母），在来源地方言和一代移民的上海话里存在混用现象，而二代移民的上海话里就没有了。但两者分布根据父亲的排行或母亲的排行来定不同的称谓，从来源地方言，一代移民的上海话，到二代移民的上海话都有此类现象。

下面通过表 6.23 展现不同的家庭背景与旁系长辈称谓主流形式的关系：

表 6.23　二代家庭背景与旁系长辈称谓的主流形式

称谓	主流形式	本地	宁波	绍兴	苏北	苏州
伯父	伯伯	5	8	2	3	3
	%	83.3%	75%	66.7%	33.3%	60.0%
叔父	爷叔	5	4	1	5	3
	%	83.3%	28.6%	33.3%	50%	37.5%
姑母	孃孃	3	7	1	8	3
	%	37.5%	38.9%	33.3%	88.9%	42.9%
舅父	娘舅	6	9	3	1	4
	%	100%	75%	75.0%	11.1%	80%
	舅舅	0	2	1	8	1
	%	0.0%	16.7%	25.0%	88.9%	20%
姨母	姨妈	5	2	1	4	2
	%	71.4%	15.4%	25.0%	44.4%	33.3%
	阿姨	2	8	1	4	4
	%	28.6%	61.5%	25.0%	44.4%	66.7%

依据表 6.23 绘制各个主流形式与家庭背景的关系图 6.7.1—6.7.3：

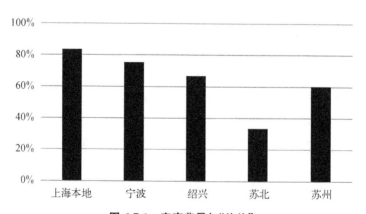

图 6.7.1　家庭背景与"伯伯"

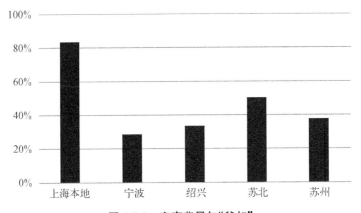

图 6.7.2　家庭背景与"爷叔"

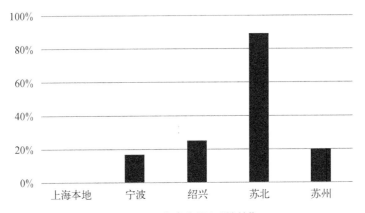

图 6.7.3　家庭背景与"嬢嬢"

图 6.7.1—6.7.3 是家庭背景与父系长辈称谓的主流形式的关系。不难发现,"伯父"主流形式"伯伯",家庭背景是"本地"的百分比最高,为 83.3%,其次是"宁波",为 75%,而且其他民系"伯伯"百分比也很高,"绍兴"和"苏州"都大于 50%,只有"苏北"最低,只有 33.3%。这说明,"伯伯"是上海所有民系爱用的形式,除了"苏北"。

"叔父"主流形式"爷叔",家庭背景也是"本地"的百分比最高,为 83.3%,其他都比较低,都不足 50%,只有"苏北"刚刚到 50%。这说明,"爷叔"是"本地"的影响力最大。

"姑母"主流形式"嬢嬢",家庭背景是"苏北"的百分比最高,为 88.9%,其他都不足 50%。这说明,"嬢嬢"是"苏北"的影响力最大。

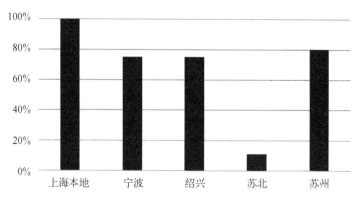

图 6.7.4　家庭背景与"娘舅"

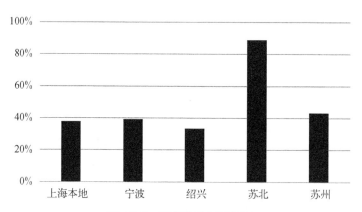

图 6.7.5　家庭背景与"舅舅"

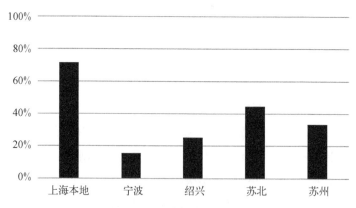

图 6.7.6　家庭背景与"姨妈"

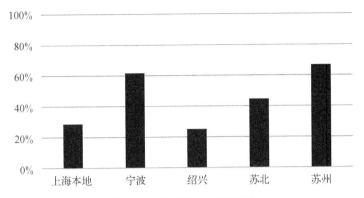

图 6.7.7　家庭背景与"阿姨"

图 6.7.4—6.7.7 是家庭背景与母系旁系长辈的主流形式的关系。不难发现,"舅父"主流形式"娘舅",家庭背景是"本地"的百分比最高,为 100%,其他也很高,都大于 70%,只有"苏北"最低,只有 11.1%。这说明,"娘舅"是上海所有民系都爱用的舅父称谓,除了"苏北"以外。

"舅父"另一个主流形式"舅舅",家庭背景是"苏北"的百分比最高,为 88.9%,其他民系都很低,都不到 30%,"本地"甚至为 0%。这说明,"舅舅"是"苏北"的影响力最大。

"舅母"主流形式"姨妈",家庭背景是"本地"的最高,为 71.4%,其他民系都比较低,都不到 50%,这说明"姨妈"是"本地"的影响力最大。

"舅母"另一个主流形式"阿姨",家庭背景是"宁波"和"苏州"的百分比高,分别为 61.5% 和 66.7%,其他民系都不到 50%,这说明"阿姨"是"宁波"和"苏州"的影响力大一些。

将以上论述整理成表 6.24:

表 6.24　二代家庭背景对旁系长辈主流形式的影响力

称　谓	本　地	宁　波	绍　兴	苏　北	苏　州
"伯伯"	√	√	√		√
"爷叔"	√				
"孃孃"				√	

续 表

称　谓	本　地	宁　波	绍　兴	苏　北	苏　州
"娘舅"	√	√	√		√
"舅舅"				√	
"姨妈"	√				
"阿姨"		√			√

"√"表示影响力大。

观察表 6.24,可发现以下三点:

(1)"本地"这个民系对四个称谓有影响力,是比较有影响力的民系。其次是"宁波"和"苏州",对三个称谓有影响力。最少的是"绍兴"和"苏北",只对两个称谓有影响力。

(2)"绍兴"的影响力是从众的

虽然"绍兴"和"苏北"都只对两个称谓有影响力,但"绍兴"发生影响的两个都是从众的,例如:它对"伯伯"发生影响时,其他三个家庭背景也发生影响的,而且影响力百分比也不是最高的一个。"绍兴"的影响力只有 66.7%,最高的"本地"有 83.3%;还有"娘舅",绍兴的影响力只有 75%,最高的"本地"达到 100%。所以"绍兴"只是跟随其他民系而已。

(3)"苏北"的影响力具有独特性

"苏北"对"孃孃"和"舅舅"的影响力是"只此一家,别无分店",其他民系对这两个称谓的影响力都很低。"苏北"对"孃孃"影响力达到 88.9%,其他民系都不足 50%;对"舅舅"的影响力也达到了 88.9%,其他民系不足 30%。所以,"苏北"民系对旁系长辈称谓的影响力上有其独特性。

3. 不同移民民系旁系长辈亲属称谓的本土化

如前所述,旁系长辈称谓是维系二代移民与故乡认同感的重要纽带,但总趋势是本土化的。从一代移民语音和词汇都"各说各的",到二代移民时,语音已大部分采用了上海话形式,保留来源地语音形式不足 20%（保留的里面还包括有些称谓采用了来源地的声韵，上海话的连读模式），所有称谓的词汇也出现了主流形式。所以，旁系长辈称谓到移民二代已经完成本土化过程。

在本土化过程中，不同民系有着不同的表现。"本地"是影响力最大的，七个称谓中它对四个（"伯伯""爷叔""娘舅""姨妈"）都有大影响，其中"爷叔"和"姨妈"只有它起到了决定性的影响力。因此，"本地"是本土化过程中的基础民系。

"宁波"和"苏州"民系的影响力其次，它们都对七个称谓中三个（"伯伯""娘舅""阿姨"）有较强影响力。它们往往和"本地"产生合力，共同作用于本土化进程，"伯伯"和"娘舅"就是如此。它们两个同时对"阿姨"产生了较大影响力，因为宁波和苏州来源地方言里"姨母"称谓就用到了"阿姨"。

"苏北"是一个人数众多的外来民系，由于他们民系认同感强，其旁系长辈称谓显得十分"特立独行"，两个主流形式（"孃孃"和"舅舅"）都是以这个民系为"主力军"，其他民系则不太跟从。宁波话里虽也有"孃孃"，但由于"姑母"称谓还有其他说法，如"嬷嬷""阿姑"等，所以"孃孃"不是宁波话里"姑母"的唯一称谓。

第三节 移民背景与"夫妻"称谓

"夫妻"称谓，指夫妻之间怎么称呼对方，是平辈称谓里比较特殊的称谓，它不是由于血缘关系，而是通过婚姻关系形成的。夫妻称谓最能反映各地移民或土著居民在定居地上海的融入情况。

目前上海话"夫妻"称谓大多采用了"老公"和"老婆"的说法，按上海话语音系统应该是"老公 lɔ22koŋ44"和"老婆 lɔ22bu44"（许宝华、汤珍珠 1988）。但也有相当多的人采用了宁波话的连读变调模式，成了"老公 lɔ23koŋ31"和"老婆 lɔ23bu31"。（汤珍珠、陈忠敏、吴新贤 1997）《上海方言词典》（许宝华、陶寰 1997）明确说明"老公"和"老婆"均来自宁波话,标注了两种变调形式。

一、上海话"老公"和"老婆"两类不同连调模式的声学表现

以下图 6.8.1 和图 6.8.2 展示了一个本地男性(69 岁)的具有上海连调模式的"老公 lɔ22koŋ44",图 6.8.1 是声波图,图 6.8.2 是相应的音高图。

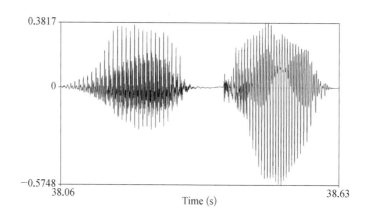

图 6.8.1 "老公"(上海连调)声波

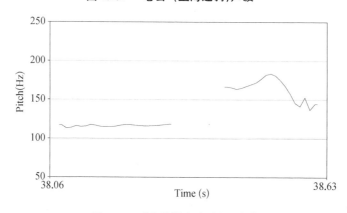

图 6.8.2 "老公"(上海连调)音高

图 6.9.1 和图 6.9.2 展示一个本地女性(67 岁)发的具有宁波连调模式的"老公 lɔ23koŋ31",图 6.9.1 是声波图,图 6.9.2 是相应的音高图。

第六章　移民背景与上海城市方言的词汇　307

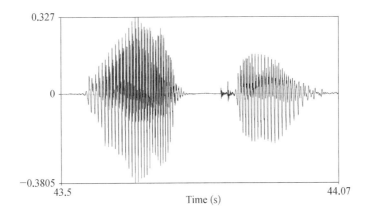

图 6.9.1　"老公"(宁波连调)声波

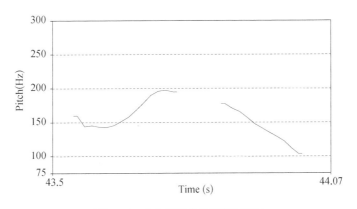

图 6.9.2　"老公"(宁波连调)音高

从图 6.8.2 明显可看出,上海连调模式的"老公",前后音节音高曲线呈现"低平＋高平"的模型,即"LL＋HH",采用的就是上海话的前音节为舒声阳调类的两音节连读变调模式。而图 6.9.2 里的"老公",前后音节音高曲线呈现"低升＋中降"的模型,采用的是宁波话的连调模式,即"LM＋ML"。

二、来源地方言的"夫妻"称谓

本节展示五个来源地方言(本地、宁波、绍兴、苏北、苏州)中"夫妻"称谓的具体表现。据各类方言词典、方言志的记载,五个来源地夫妻称谓形式如表6.25。各地大部分会出现"老公""老婆"说法,或与它们相近的说法,笔者对它们都标注音标,以便于比较。

表6.25 来源地方言的夫妻称谓

称谓	本 地	宁 波	绍 兴	苏 北	苏 州
丈夫	男人、老头子、老公(来自宁波话)	老头、老公 lɔ23koŋ31、男人、当家人	老公 lɒ25kuoŋ51、男人、男人家	老爱、老爹 lə44tiɿ0、男的、男将	男人
妻子	女人、娘子、家主婆、屋里个、家小、老太婆、老婆(来自宁波话)	老婆 lɔ23bəu31、老農、老太婆	老嬷 lɒ25mo51、女人、女人家	老爱、老婆 lə13phoɿ0、堂客、□ma31 □ma0、婆娘	家小、家主婆、屋里、屋里向

观察表6.25可发现,五个来源地方言中本来就有"老公"和"老婆"说法的只有宁波;本地和苏州没有;绍兴只有"老公";苏北只有"老婆"。可以认为,目前上海话里的"老公"和"老婆"来源于宁波话。归纳成表6.26:

表6.26 来源地的"老公"和"老婆"

来源地	"老公"	"老婆"
本 地	无	无
宁 波	老公 lɔ23koŋ31	老婆 lɔ23bəu31
绍 兴	老公 lɒ115kuoŋ52	无
苏 北	无	老婆 lə13phoɿ0
苏 州	无	无

三、一代移民的"夫妻"称谓

1. 一代移民"夫妻"称谓的具体使用情况

一代移民的"夫妻"称谓,从语音角度看,基本保持了来源地方言的本来发音,只有苏州移民放弃了苏州方言语音,转用其他地方的发音。从词汇角度看,除了宁波移民,其他地方不全使用"老公"和"老婆",本地只用"老婆";绍兴1个女性移民"老公"和"老婆"都使用,1个男性移民只用了"老公";苏北都不用;苏州有2个移民用"老公"和"老婆",还有1个只用了"老婆"。具体情况见表6.27:

表 6.27 一代移民的夫妻称谓

编号	背景	性别	年龄	丈　夫	妻　子
1	bd	m	75	男人	老婆 lɔ22bu44
2	nb	m	83	老公 lɔ23koŋ31	老婆 lɔ23bəu31
3	nb	f	78	老公 lɔ23koŋ31	老婆 lɔ23bəu31
4	sx	f	73	老公 lɔ25kuoŋ51、屋里向	老婆 lɔ25bo51
5	sx	m	83	老公 lɔ25kuoŋ51	老孃 lɔ25mo51
6	sb	f	77	——	——
7	sb	m	87	他、他爸、老头子	妈、他妈、老太婆
8	sz	f	77	先生、爱人、老公 lɔ23koŋ31	太太、爱人、老婆 lɔ23bu31
9	sz	f	78	屋里、屋里向	老婆 lɔ23bu31
10	sz	m	72	老公 lɔ22koŋ44、男人	家主婆、老婆 lɔ22bu44

说明:bd为本地,nb为宁波,sx为绍兴,sb为苏北,sz为苏州。m为男,f为女。

2. 一代移民家乡背景与"老公"和"老婆"的使用

从表6.27可知,各地移民使用"老公"和"老婆"各不相同。本地无"老公",有"老婆",声韵调都变成上海方言的;宁波移民保持宁波本来的"老公"和"老婆"语音,声韵调全部是宁波的;绍兴移民的"老公"和"老婆"采用了绍兴方言的语音,声韵调全部是绍兴的;苏州移民的"老公"和"老婆"放弃了苏州方言语音,有的采用了上海的声韵形式,但变调采用了宁波模式,有的则采用了上海的声韵调形式,这与现在上海话中的"老公"和"老婆"的使用情况完全一致。移民家乡背景与"老公"和"老婆"的使用可归纳成表6.28:

表 6.28　一代移民的"老公"和"老婆"

背　景	"老　公"	"老　婆"
本地	无	上海声韵调
宁波	宁波声韵调	宁波声韵调
绍兴	绍兴声韵调	绍兴声韵调
苏北	无	无
苏州	上海声韵调；上海声韵，宁波调	上海声韵调；上海声韵，宁波调

比较表 6.26 和表 6.28 可发现：一代移民中，苏州移民使用夫妻称谓的"老公"和"老婆"方面，转换速度最快。苏州方言本来不使用"老公"和"老婆"，一代苏州移民都使用了，而且语音形式与现在的上海话完全一样，即两种情况：(1) 上海的声韵调；(2) 上海的声韵，宁波的调。其他家乡背景的也有一定的转变，但往往语音形式还是采用家乡话，苏北最保守，不使用"老公"和"老婆"。

四、二代移民的"夫妻"称谓

1. 二代移民"夫妻"称谓的具体使用情况

二代移民的"夫妻"称谓基本都使用了"老公"和"老婆"，总共 34 个被调查人，只有 1 个宁波移民、2 个苏北移民和 1 个苏州移民不使用"老公"和"老婆"，1 个绍兴移民使用"老公"，不使用"老婆"。因此，"老公"的使用人数是 30 人，占 88.2%；"老婆"的使用人数是 29 人，占 85.3%。具体情况见表 6.29：

表 6.29　二代移民的"夫妻"称谓

编号	背景	性别	年龄	丈　夫	妻　子
1	bd	m	69	老公、老头子、爱人	老婆、屋里向、爱人
2	bd	f	67	*老公、男人	*老婆
3	bd	f	63	老公、屋里向	老婆

续 表

编号	背景	性别	年龄	丈　　夫	妻　　子
4	bd	f	62	老公	老婆
5	bd	m	60	老公	老婆、家主婆、娘子
6	bd	f	52	先生、老公	太太、老婆
7	nb	m	79	先生、*老公、爱人	*老婆、爱人
8	nb	m	79	老头、(小孩乳名)拉爷、当家人(不使用"老公")	屋里向、老太婆(不使用"老婆")
9	nb	m	74	*老公	*老婆
10	nb	f	73	屋里向、老公	家主婆、*老婆
11	nb	f	71	*老公	*老婆
12	nb	m	68	*老公	*老婆
13	nb	f	62	*老公	*老婆
14	nb	f	58	*老公	*老婆
15	nb	m	57	*老公	*老婆
16	nb	f	54	*老公	*老婆
17	nb	m	52	老公、老头 lɔ23dœ44	*老婆、老太婆
18	sx	f	64	*老公	*老婆
19	sx	m	63	*老公	老嬢(不使用"老婆")
20	sx	f	59	先生、爱人、老公	老婆
21	sb	f	72	爱人(不使用"老公")	爱人(不使用"老婆")
22	sb	m	71	老头子 lɔ33tɯ11tse4(不使用"老公")	老太婆 lɔ33the11pho213、新娘子 ɕin31niaŋ13tsŋ0 (不使用"老婆")
23	sb	f	63	*老公	老婆
24	sb	m	62	老公	*老婆
25	sb	m	58	*老公	老婆
26	sb	f	56	老公	老婆
27	sb	f	54	老公	老婆
28	sb	f	52	老公	老婆

续 表

编号	背景	性别	年龄	丈　夫	妻　子
29	sb	m	52	*老公	*老婆
30	sz	f	72	屋里向、男人、老公	老婆
31	sz	m	71	老公	老婆
32	sz	f	70	爱人(不使用"老公")	爱人(不使用"老婆")
33	sz	f	59	*老公	*老婆
34	sz	m	51	*老公	*老婆

说明:bd 为本地,nb 为宁波,sx 为绍兴,sb 为苏北,sz 为苏州。m 为男,f 为女。"*"表示声母韵母采用了上海形式,连读变调采用了宁波形式。

从表 6.29 明显可看出,"老公"和"老婆"是上海方言中夫妻称谓的主流形式,不使用"老公"和"老婆"的年龄都大于 60 岁(被调查人 8,19,21,22,32),小于 60 的都使用。

2. 二代移民的年龄与"夫妻"称谓的使用

表 6.30 将探讨二代移民的年龄与使用不同连调模式"老公"和"老婆",以及不使用"老公"和"老婆"的关系:

表 6.30　二代移民的年龄与夫妻称谓

年　龄		老　公		不使用"老公"	老　婆		不使用"老婆"
		上海型	宁波型		上海型	宁波型	
老年(大于60岁)	21	8	9	4	7	9	5
	%	38.1%	42.9%	19.0%	33.3%	42.9%	23.8%
中老年(50—59岁)	13	6	7	0	6	7	0
	%	46.2%	53.8%	0.0%	46.2%	53.8%	0.0%
总人数	34	14	16	4	13	16	5
	%	41.2%	47.1%	11.7%	38.2%	47.1%	14.7%

据表 6.30 可绘出图 6.10 和图 6.11,图 6.10 展示了二代移民"丈夫"称谓的具体情况,使用宁波型、上海型连调模型的"老公"或不使

"老公";图 6.11 则展示了二代移民"妻子"称谓的具体情况,使用宁波型、上海型连调模型的"老婆"或不使用"老婆":

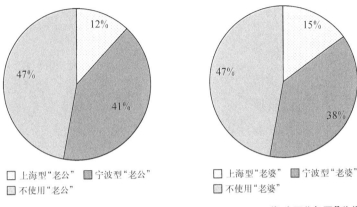

图 **6.10**　二代移民"丈夫"称谓　　图 **6.11**　二代移民"妻子"称谓

观察图 6.10 和图 6.11 发现:"丈夫"和"妻子"称谓情况基本相同,40% 左右的人使用上海连调模式的"老公"和"老婆";接近 50% 的人使用宁波连调模式的"老公"和"老婆";超过 10% 的人不使用"老公"和"老婆"。

据表 6.30 还可绘出图 6.12.1、图 6.12.2、图 6.13.1 和图 6.13.2,分别展示了老年二代移民(大于 60 岁)"丈夫"称谓的使用情况、中老年

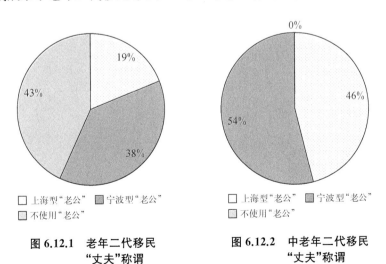

图 **6.12.1**　老年二代移民　　图 **6.12.2**　中老年二代移民
　　　　　"丈夫"称谓　　　　　　　　　　"丈夫"称谓

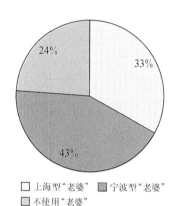

图 6.13.1　老年二代移民"妻子"称谓

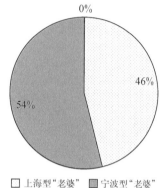

图 6.13.2　中老年二代移民"妻子"称谓

二代移民(50—59 岁)"丈夫"称谓的使用情况、老年二代移民(大于 60 岁)"妻子"称谓的使用情况、中老年二代移民(50—59 岁)"妻子"称谓的使用情况。

分别比较图 6.12.1 与图 6.12.2，图 6.13.1 与图 6.13.2，可以发现：(1) 随着年龄减小，不使用"老公"和"老婆"的人数减少；(2) 随着年龄减小，使用上海连调模式的"老公""老婆"的人，使用宁波连调模式的"老公""老婆"的人都同比例增加。可参见下面的图 6.14 和图 6.15：

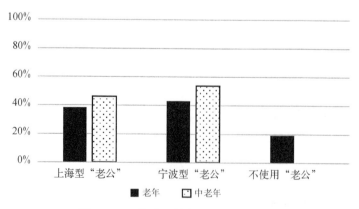

图 6.14　二代移民的年龄与"丈夫"称谓

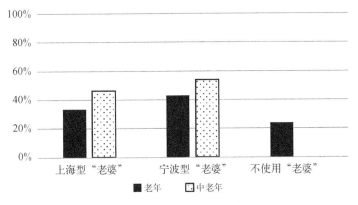

图 6.15　二代移民的年龄与"妻子"称谓

总之,二代移民的年龄因素在"夫妻"称谓上,主要是完成向"老公"和"老婆"的主流形式的转变,60 岁以上的老年人还有保留来源地方言的情况,或者采用其他形式等,50—60 岁的中老年人则全部采用主流形式——"老公"和"老婆"。而采用上海话的连调模式还是宁波话的连调模式? 似乎同年龄没太大关系。

3. 二代移民的家庭背景与"夫妻"称谓的使用

夫妻称谓的使用同家庭背景有很大关系。首先,为什么不使用主流形式"老公"和"老婆"? 其中绍兴二代移民(被调查人 19)只使用"老公",不使用"老婆",因为在绍兴话里本来就有"老公",而没有"老婆",称妻子为"老孃",而且绍兴的连调是"25+51",与宁波的"23+31"比较接近,所以绍兴移民的"老公"就采用了宁波的连调模式。苏北和苏州本来就没有"老公"和"老婆",所以有的二代移民就不采用这种夫妻称谓,女性(被调查人 21 和 32)往往采用了他们当时(20 世纪 60 年代)流行的说法"爱人",男性(被调查人 8 和 32)偏爱采用来源地方言的说法。

表 6.31 进一步展示二代移民的家庭背景与夫妻称谓的关系,包括使用还是不使用"老公"和"老婆"? 使用的话,采用的是上海话的还是宁波话的连调模式?

表 6.31 二代移民的家乡背景与"夫妻"称谓

背景		老公		不使用"老公"	老婆		不使用"老婆"
		上海型	宁波型		上海型	宁波型	
本地	6	5	1	0	5	1	0
	%	83.3%	16.7%	0.0%	83.3%	16.7%	0.0%
宁波	11	2	8	1	0	10	1
	%	18.2%	72.7%	9.1%	0.0%	90.9%	9.1%
绍兴	3	1	2	0	1	1	1
	%	33.3%	66.7%	0.0%	33.3%	33.3%	33.3%
苏北	9	4	3	2	5	2	2
	%	44.4%	33.3%	22.2%	55.6%	22.2%	22.2%
苏州	5	2	2	1	2	2	1
	%	40%	40%	20%	40%	40%	20%
总人数	34	14	16	4	13	16	5
	%	41.2%	47.1%	11.7%	38.2%	47.1%	14.7%

下面用饼图来形象展示各种家庭背景与"夫妻"称谓之间的关系，图 6.16.1—6.16.5 展示家庭背景与"丈夫"称谓的关系；图 6.17.1—6.17.5 展示家庭背景与"妻子"称谓的关系：

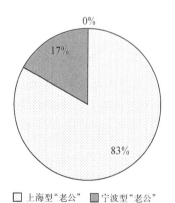

图 6.16.1 本地二代的"丈夫"称谓

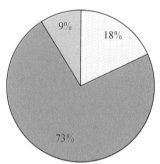

图 6.16.2 宁波二代的"丈夫"称谓

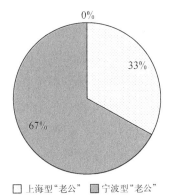

图 6.16.3　绍兴二代的"丈夫"称谓

图 6.16.4　苏北二代的"丈夫"称谓

观察表 6.31 和图 6.16.1—6.16.5 可发现,二代移民家庭背景与"丈夫"称谓有如下关系:

(1) 使用"老公"的比率从高到低排列为:本地＝绍兴＞宁波＞苏州≈苏北。"本地"和"绍兴"都 100%使用了"老公"这一说法,"宁波"90%以上使用了"老公",因此有着"本地""绍兴"和"宁波"背景的上海人普遍使用"老公"。"苏州"和"苏北"80%左右的人使用"老公",因此有着

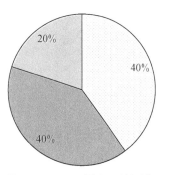

图 6.16.5　苏州二代的"丈夫"称谓

"苏州"和"苏北"背景的上海人大部分使用"老公",相对于其他背景的稍微少一些。

(2) 使用上海连调模式的"老公"比率从高到低排列为:本地(83.3%)＞苏北(44.4%)≈苏州(40%)＞绍兴(33.3%)＞宁波(16.7%)。"本地"大部分使用上海的连调模式,远远多于有着外来移民家庭背景的上海人。其他二代外来移民只有不到 50%的比率,最低的宁波移民只有不到 20%。所以,上海连调模式本地人最爱使用。

(3) 使用宁波连调模式的"老公"比率从高到低排列为：宁波（72.7%）＞绍兴（66.7%）＞苏州（40%）＞苏北（33.3%）＞本地（16.7%）。这个次序同(2)正好相反，表明不用上海连调模式的就用了宁波连调模式，两者是互补关系。二代宁波移民大部分用宁波连调模式，绍兴也是，宁波移民用宁波模式是毋庸置疑的，绍兴由于来源地绍兴方言的连调模式是"25+51"，与宁波模式的"23+31"调的形态上是一致的，都是前音节升，后音节降，所以容易采用宁波模式。其他地方的移民就少了，最低的是本地人，他们大部分都采用了上海话的连调模式。

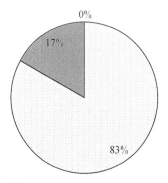

图 6.17.1 本地二代的"妻子"称谓

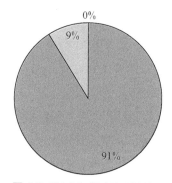

图 6.17.2 宁波二代的"妻子"称谓

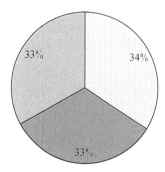

图 6.17.3 绍兴二代的"妻子"称谓

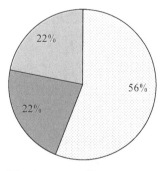

图 6.17.4 苏北二代的"妻子"称谓

观察表 6.31 和图 6.17.1—6.17.5 可发现,二代移民家庭背景与"妻子"称谓有如下关系:

(1) 使用"老婆"的比率从高到低排列为: 本地＞宁波＞苏州≈苏北＞绍兴。"本地"100%使用了"老公"这一说法,"宁波"90%以上使用了"老公",因此有着"本地"和"宁波"背景的上海人普遍使用"老婆"。"苏州"和"苏北"80%左右的人使用"老婆",因此有着"苏州"和"苏北"背景的上海人大部分使用"老公"。"绍兴"使用"老婆"的比率更低一些,但也有 66.7%。

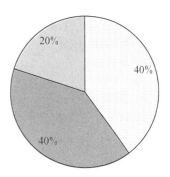

图 6.17.5 苏州二代的"妻子"称谓

(2) 使用上海连调模式的"老婆"比率从高到低排列为: 本地(83.3%)＞苏北(55.6%)＞苏州(40%)＞绍兴(33.3%)＞宁波(0%)。"本地"绝大部分使用上海的连调模式,远远多于有着外来移民家庭背景的上海人。二代外来移民中"苏北"最高,55.6%,其次是"苏州"40%,再次是"绍兴"33.3%,宁波则没有,为 0%。所以,同"老公"情况相同,上海连调模式本地人最爱使用。

(3) 使用宁波连调模式的"老婆"比率从高到低排列为: 宁波(90.9%)＞＞苏州(40%)＞绍兴(33.3%)＞苏北(22.2%)＞本地(16.7%)。这个次序同(2)正好相反,表明不用上海连调模式的就用了宁波连调模式,两者是互补关系。二代宁波移民绝大部分使用宁波模式,其他家庭背景的使用宁波连调模式都不到 50%少,最低的是本地人,他们绝大部分都采用了上海连调模式。

五、"夫妻"称谓小结

目前上海话"夫妻"称谓主流形式,即"丈夫"称"老公","妻子"称"老婆",通过比较表 6.26、表 6.28 和表 6.29 可知:

来源地方言中只有宁波本来就有"老公"和"老婆";本地和苏州没

有;绍兴只有"老公";苏北只有"老婆"。

到一代移民口中,苏州移民已经开始使用"老公"和"老婆",而且语音形式就是上海话的,即以下两种:(1)上海的声韵调;(2)上海的声韵,宁波的调。其他背景也有所转变,但语音形式往往采用家乡话,苏北最保守,不使用"老公"和"老婆"。

到二代移民口中,"夫妻"称谓逐渐形成了主流形式"老公"和"老婆",语音形式有两种:(1)上海的声韵调;(2)上海的声韵,宁波的调。使用不使用主流形式同年纪有关,年纪越小,采用主流形式的比率就越高。但采用哪种语音形式,同年龄无关,与家庭背景有关。宁波二代移民,"夫妻"称谓绝大部分采用宁波的连调模式;本地家庭背景的,绝大部分采用上海的连调模式。其他的家庭背景,则两类连调模式势均力敌,使用比率差不多。

第四节　移民背景与某些普通名词

本节将讨论三个普通名词"膝盖""茄子""蝉"在上海话中的情况。这三个名词代表了常用的身体部位、蔬菜、昆虫等,在五个来源地方言中有着不同的形式,在目前的上海话里也有着不同的变式。

一、来源地方言的"膝盖""茄子""蝉"

本节展示五个来源地方言(本地、宁波、绍兴、苏北、苏州)中这三个名词的具体表现。

据各类方言词典、方言志的记载,这三个名词在五个来源地方言里的情况如表 6.32。

五个来源地方言语音系统各不相同,但从词汇层面看,这三个名词还是有一定的一致性。

"膝盖"主要有两种形式:(1)本地和苏州的"脚馒头";(2)宁波和绍兴的"脚胴头"。苏北是比较特别的,为"膝头"和"菠萝盖子"。

表 6.32 各来源地的"膝盖""茄子""蝉"

来源地	膝 盖	茄 子	蝉
本地	脚馒头 tɕi3mø55dɤ31 膝馒头 ɕi3mø55dɤ31	落苏 loʔ1su23 茄子 gᴀ22tsɿ44	药胡珠 ɦiaʔ1vu11tsʅ13、 药水太 ɦiaʔ1sʅ11thᴀ13、 知了 tsʅ55liə21
宁波	脚髑头 tɕiəʔ5khəu33dœy31	茄子 dʑia22tsɿ44、 茄 dʑie24	蚱连 tso44li44、 癞史哥 la22sʅ44kəu55、 夜独郎 ɦia22doʔ4lɔ̃55
绍兴	脚髑头 tɕiaʔ4kho44dɤ52	茄子 dʑia11tsɿ55/ dʑia11tse25	蚱蟟 tso33liŋ33、 知了 tsʅ33liŋ33
苏北	菠萝盖子 po11lo0kɛ55tsɛ0、 膝头 tɕhiəʔ5thu0	茄子 tʂhu135tsɛ0、 tɕhiŋ213tsŋ0	叽溜子 tɕi31liɯ213tsŋ0
苏州	脚馒头 tɕiᴀʔ5məɯ23dɤɪ31	茄子 gɑ22tsɿ44	知了 tsʅ55liæ31

"茄子"各地的一致性最强，都是"茄子"，但本地有种比较特殊的说法"落苏"。

"蝉"最无一致性，呈现出"各说各的"的状况。观察到的一点共性是：本地、绍兴和苏州都有"知了"的说法。但本地和绍兴还有其他的说法，苏州只有"知了"一种。其他地方都有各不相同的说法。

二、一代移民的"膝盖""茄子""蝉"

一代移民的这三个名词，在语音上还保持来源地方言发音（除了两个女性苏州一代移民，两人已采用上海话语音），但词汇基本采用上海话的形式。详见表 6.33：

表 6.33 一代移民的"膝盖""茄子""蝉"

编号	背景	性别	年龄	膝 盖	茄 子	蝉
1	bd	m	75	脚馒头、膝盖	落苏、茄子	药胡珠、知了
2	nb	m	83	*脚髑头	茄子、落苏	野胡珠
3	nb	f	78	脚馒头、膝盖	落苏	野胡珠

续 表

编号	背景	性别	年龄	膝盖	茄子	蝉
4	sx	f	73	脚馒头、膝盖	落苏、茄子	知了
5	sx	m	83	脚馒头	落苏	*蚱蟟
6	sb	f	77	膝盖	落苏	野胡珠
7	sb	m	87	膝盖	落苏、茄子	*叽溜
8	sz	f	77	脚馒头	落苏、茄子	知了
9	sz	f	78	脚馒头	落苏、茄子	知了
10	sz	m	72	脚馒头	茄子	知了

说明：bd 为本地，nb 为宁波，sx 为绍兴，sb 为苏北，sz 为苏州。m 为男，f 为女。"*"表示采用了家乡方言词汇。

比较表 6.32 和表 6.33，可发现三个名词一代移民基本都使用了上海话的词汇形式，使用家乡话的很少，只有 1 个宁波男性"膝盖"用了家乡话形式，1 个绍兴男性和 1 个苏北男性"蝉"用了家乡话形式。下面来看看这三个名词的具体情况：

(1)"膝盖"

来源地方言本来主要有两个形式，"脚馒头"和"脚酮头"。除了 1 个宁波男性移民还用"脚酮头"，一代移民基本都使用了本地和苏州的"脚馒头"。但苏北移民不用"脚馒头"，也不用家乡话形式，而用了"膝盖"。同时，本地也出现了"膝盖"，1 个宁波女性移民和 1 个绍兴女性移民也开始使用"膝盖"。"膝盖"这一形式在来源地方言里是没有的，但这时出现了。使用民系以"苏北"为主。

(2)"茄子"

这是来源地方言最具一致性的一个名词，都是"茄子"，只有本地还有"落苏"这个形式。到了一代移民口里，基本上"落苏""茄子"同时使用，与本地完全一样了，只不过是带着来源地方言口音说而已。当然，还有 1 个宁波女性、1 个绍兴男性和 1 个苏北女性只用"落苏"，不用"茄子"；还有 1 个苏州男性移民不使用"落苏"，只用"茄子"。

（3）"蝉"

这是来源地方言最无一致性的一个名词，"各说各的"。到了一代移民口里，出现了两个主流形式："野胡珠"和"知了"。本地倒不用"野胡珠"，而是"药胡珠"，"野胡珠"似是从其演变而来，同时还使用"知了"；宁波一代移民用"野胡珠"；绍兴女性一代用"知了"，男性用家乡话；苏北女性用"野胡珠"，男性用家乡话；苏州用"知了"。

从以上论述可知，男性在习得上海话词汇时明显比女性保守，女性都转用上海主流形式，而男性还会保留家乡话。

三、二代移民的"膝盖""茄子""蝉"

1. 二代移民具体使用情况

二代移民与一代移民最大不同是：从语音形式到词汇形式，几乎全部转用上海话，除了1个本地女性"脚馒头"还保留"本地话"发音，1个宁波男性二代移民还保留了宁波话的"脚胴头"。具体使用情况见表6.34：

表 6.34　二代移民的"膝盖""茄子""蝉"

编号	背景	性别	年龄	膝　盖	茄　子	蝉
1	bd	m	69	脚馒头	落苏	知了
2	bd	f	67	脚馒头	落苏	药胡珠
3	bd	f	63	*脚馒me头	落苏	药胡珠
4	bd	f	62	脚馒头	落苏	药胡珠
5	bd	m	60	脚馒头	落苏	药胡珠
6	bd	f	52	脚馒头、膝tɕhiʔ盖	落苏	野胡珠
7	nb	m	79	脚馒头	落苏	药胡珠
8	nb	m	79	膝馒头	落苏	野胡珠、药水太
9	nb	m	74	膝盖	落苏	野胡珠
10	nb	f	73	脚馒头	落苏	野胡珠

续 表

编号	背景	性别	年龄	膝　盖	茄子	蝉
11	nb	f	71	*脚㲼头、脚馒头	落苏	知了
12	nb	m	68	脚馒头	落苏	药胡珠
13	nb	f	62	脚馒头	落苏	知了
14	nb	f	58	脚馒头、膝 tɕhiɪʔ 盖	落苏	药是头
15	nb	m	57	膝盖	茄子	野胡珠
16	nb	f	54	膝盖、脚馒头	茄子、落苏	野胡珠、知了
17	nb	m	52	膝盖、脚馒头	茄子、落苏	野胡珠、药水太
18	sx	f	64	脚馒头	落苏	野胡珠
19	sx	m	63	脚馒头	茄子	野胡珠
20	sx	f	59	脚馒头	茄子、落苏	药水太
21	sb	f	72	膝盖、膝馒头	落苏	野胡珠
22	sb	m	71	膝盖骨	落苏	知了
23	sb	f	63	脚馒头	落苏	野胡珠
24	sb	f	62	脚馒头	茄子、落苏	野胡珠、药水太
25	sb	m	58	膝盖	茄子、落苏	知了、野胡珠
26	sb	f	56	脚馒头	茄子、落苏	热是头
27	sb	f	54	膝盖	落苏	野胡珠
28	sb	f	52	脚馒头、膝盖	落苏	知了
29	sb	m	52	脚馒头、膝盖	茄子、落苏	知了
30	sz	f	72	脚馒头	茄子、落苏	野胡珠、知了
31	sz	m	71	脚馒头	茄子	野胡珠、知了
32	sz	f	70	脚馒头	茄子	知了
33	sz	f	59	脚馒头、膝 tɕhiɪʔ 盖骨	茄子、落苏	知了
34	sz	m	51	脚馒头	落苏	知了

说明：bd 为本地，nb 为宁波，sx 为绍兴，sb 为苏北，sz 为苏州。m 为男，f 为女。"*"表示采用了来源地方言形式。

观察表 6.34 不难发现,表中只有 2 个"﹡",可见,二代移民几乎不再使用来源地方言形式。三个名词都形成了主流形式,零星还有些其他形式。下面对这三个名词具体情况加以分析。

2. 二代移民的"膝盖"称谓

来自于"本地"的"脚馒头",是目前二代移民上海话中"膝盖"称谓的主流形式。表 6.34 里"膝盖"称谓的说法共有 43 人次,"脚馒头"有 29 人次,占 67.4%;其次就是"膝盖"11 人次,占 25.6%。"膝盖"的"膝",声母大部分是[ɕ],也有的人是[tɕh]。其他形式只有 3 人次,占 7.0%。表 6.35 展示了各种家庭背景与选择"脚馒头"的关系:

表 6.35　家庭背景与"脚馒头"的使用情况

背　　景	"脚馒头"人次	总　　数	百分比
本地	6	7	85.7%
宁波	8	15	53.3%
绍兴	3	3	100%
苏北	5	12	41.7%
苏州	5	6	83.3%

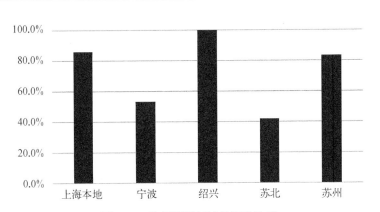

图 6.18　使用"脚馒头"的百分比图

据表 6.35 和图 6.16,不同家庭背景在使用"脚馒头"时表现情况有所不同,本地、绍兴、苏州都是 80% 以上的使用率,而宁波和苏北是

50%左右的使用率。总体来说,各类民系都偏向使用"脚馒头",但宁波和苏北还有比较多的其他使用形式,如"膝盖"等。

3. 二代移民的"茄子"称谓

"茄子"同一代移民情况一样,有着两种说法:"落苏"和"茄子",但语音同一代不同,不再用来源地方言发音,全部改用上海话。词汇同一代移民也有所不同,大部分只用"落苏";有的人只用"茄子",而有的人同时使用"落苏"和"茄子"。总共 34 个被调查人,21 个只使用"落苏",占 61.8%;4 个只使用"茄子",占 11.8%;9 个同时使用"落苏"和"茄子",占 26.4%。所以,到二代移民口中,"落苏"成了蔬菜茄子的主流形式,图 6.19 形象展现了这个情况:

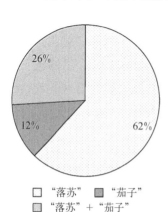

图 6.19 二代移民"茄子"的使用情况

下面再来看看不同的家庭背景怎样来称呼蔬菜"茄子":

表 6.36 家庭背景与"茄子"的使用情况

背　　景	只使用"落苏"	只使用"茄子"	同时使用"落苏"和"茄子"
本地	6	0	0
%	100%	0%	0%
宁波	8	1	2
%	72.7%	9.1%	18.2%
绍兴	1	1	1
%	33.3%	33.3%	33.3%
苏北	5	0	4
%	55.6%	0%	44.4%
苏州	1	2	2
%	20%	40%	40%

续 表

背　景	只使用"落苏"	只使用"茄子"	同时使用"落苏"和"茄子"
总	21	4	9
%	61.8%	11.8%	26.4%

从表6.36可明显看出,上海话里蔬菜"茄子"的称谓同家庭背景有很大关系。只使用"落苏"的比率从高到低为:本地＞宁波＞苏北＞绍兴＞苏州;只使用"茄子"的比率从高到低为:苏州＞绍兴＞宁波＞苏北＝本地;同时使用"落苏"和"茄子"的比率从高到低为:苏北≈苏州＞绍兴＞宁波＞本地。只使用"落苏"比率最高的是本地,最低的是苏州;只使用"茄子"比率最高的是苏州,最低的是本地;同时使用两种说法的比率最高的是苏北、苏州,最低的是本地。

在来源地方言里"落苏"是上海话才有的一个特殊形式,而到如今的上海话里,有着"本地"背景的人全部用这个形式来称呼"茄子"。另外两个人数众多的民系(宁波和苏北)使用的比率也不小,人数少的民系(苏州和绍兴)使用的比率较小。说明人数多的民系转换得较快。其他民系都或多或少地保留了"茄子"这说法,其中苏州保留最多,40%的人只用"茄子",另外40%的人同时使用"落苏"和"茄子"。

4. 二代移民的"蝉"称谓

同一代移民一样,"野胡珠"和"知了"也是二代移民称呼"蝉"的两个主流形式。但有着"本地"背景,并且大于60岁的老人偏爱用"药胡珠[ɦiaʔ1ɦu22tsɿ23]",估计"野胡珠[ɦia22ɦu55tsɿ21]"来源于它。使用了"药胡珠",就不使用"野胡珠",使用了"野胡珠"也不使用"药胡珠"了。两者应是同一种说法。

在表6.34里,"蝉"称谓共有41人次,其中"野胡珠"(包括"药胡珠")有22人次,占53.7%;"知了"有13人次,占31.7%;其他形式6人次,只占14.6%。不同的家庭背景倾向于使用"野胡珠"还是"知了"? 请见表6.37:

表 6.37　家庭背景与"蝉"的使用情况

背　景	"野胡珠"（包括"药胡珠"）	"知了"	其　他
本地	5	1	0
％	83.3％	16.7％	0％
宁波	8	3	3
	57.2％	21.4％	21.4％
绍兴	2	0	1
	66.7％	0％	33.3％
苏北	5	4	2
	45.5％	36.3％	18.2％
苏州	2	5	0
	28.6％	71.4％	0％
总	22	13	6
％	53.7％	31.7％	14.6％

从表 6.37 可明显看出，不同家庭移民背景的"蝉"称谓有显著不同。使用"野胡珠"（包括"药胡珠"）的比率从高到低为：本地＞绍兴＞宁波＞苏北＞苏州；使用"知了"的比率从高到低为：苏州＞苏北＞宁波＞绍兴＝本地。两者次序正好相反，因此，使用"野胡珠"（包括"药胡珠"）与使用"知了"是互补关系，偏向使用"野胡珠"（包括"药胡珠"）的就不爱使用"知了"；偏向使用"知了"的就不爱使用"野胡珠"（包括"药胡珠"）。本地最爱使用"野胡珠"（包括"药胡珠"），而苏州二代移民最爱使用"知了"。

四、普通名词的本土化

通过观察普通名词"膝盖""茄子""蝉"在来源地方言，一代移民的上海话，以及二代移民的上海话的演变，大致可看到普通名词本土化的过程。

从语音层面看,五个来源地方言有着各不相同的语音系统,到一代移民的上海话,还是使用各种家乡话语音,除了苏州一代移民已经使用上海话语音系统。到二代移民的上海话,全部使用上海话语音形式,保留家乡口音已成零星现象。

从词汇层面看,由于来源地方言词汇本来就有各种情况:"茄子"称谓代表一致性最强;"蝉"代表最无一致性;"膝盖"则有着两种主流形式。

到了一代移民的上海话,一致性最强的"茄子"称谓,本来最通用的是"茄子",具有上海特色的"落苏"却"异军突起",成了另一个常用形式,而到二代移民口里,"落苏"的势头更猛,使用率超过了"茄子"。

最无一致性的"蝉"称谓,到了一代移民口里,就出现了现在上海话的两个主流形式:"野胡珠"和"知了",本地背景的人用"药胡珠","野胡珠"应从其演变而来。到了二代移民的上海话里,仍然是"野胡珠"和"知了"两个主流形式,但"野胡珠"(年纪偏大的本地背景的人爱用"药胡珠")使用率更高。

来源地有两种主流形式的"膝盖"称谓,到了一代移民口里,只剩一个具有本地特色的"脚馒头",宁波绍兴的"脚髇头"被淘汰了。二代移民的上海话里"膝盖"称谓的主流形式还是"脚馒头"。

所以,从词汇层面看,一代移民的上海话已经开始本土化了,放弃自己的移民来源地方言词汇,改用上海本土词汇,特别是有上海特色的词汇,如把"茄子"称为"落苏",把"膝盖"称为"脚馒头",把"蝉"称为"野胡子"。有时发音有所演变,如把"药胡珠"变成了"野胡珠"。到二代移民的上海话,本土化就完成了,上海本土形式不仅成为主流形式,而且使用比率最高。

第七章
移民背景与上海城市方言的某些词法

本章探讨移民背景与上海城市方言中的某些词法关系,主要涉及以下三种词法:(1)"辣～"格式;(2)"～和～"类介词和连词;(3)"～上"类方位词。这三种词法在上海城市方言中都有几种不同的变式,且相互可替换,无任何条件制约,经初步观察与移民背景有一定的关系。所调查的语言项目参见附录三。

第一节　移民背景与"辣～"格式

一、上海城市方言中的五种"辣～"格式

a. "辣"[lɐʔ]

"辣"是合音形式,乡村方言时期读[lʌ](《上海市区方言志》中所谓的"老派"),现读[lɐʔ],有时弱化为[ləʔ]、[lɛ]、[lə]。(许宝华、汤珍珠 1982)这个格式至今经常使用。

b. "辣辣"[lɐʔlɐʔ]

前一个"辣"最早读作"来[le]",至今还有人把"辣辣"读作"来辣",19 世纪中叶已促音化为[leʔ],"辣辣"记成"垃拉[leʔlɑ]"(钱乃荣 1997)。而今最通用的是"辣辣"[lɐʔlɐʔ]。

c. "辣海"[lɐʔhɛ]

这个格式来源于临近的苏州方言,出现于 20 世纪初至 50 年代,

至今苏州话中类似常见格式为"勒海"[ləʔhɛ]和"勒浪"[ləʔlɒŋ](平悦铃1997)。也有学者认为是上海话中本已有的,只是在20世纪初以前用得较少,后来受苏州话影响,"辣海"的用法增多了。(杨蓓1999)

d. "辣该"[ləʔkɛ]

此格式出现于20世纪50年代,可能是受宁波籍移民母语的影响,宁波话中类似格式为"来该"[lekɛ]。(平悦铃1997)

e. "辣浪"[ləʔlɑ̃]

"辣浪"同"辣海"一样来源于临近的苏州方言,出现于20世纪初至50年代。但不同的是,"辣浪"已逐渐退出使用,而"辣海"现在还在频繁使用。

二、一代移民的五种"辣～"格式

一代移民的五种"辣～"格式使用情况详见表7.1:

表7.1 一代移民的五种"辣～"格式

编号	背景	性别	年龄	动词	介词	进行体标记	动词后存续体标记	形容词后存续体标记	语气词
1	bd	m	75	abce	abce	abce	abce	abce	ac
2	nb	m	83	abcd	abcd	abcd	abcd	ad	——
3	nb	f	78	abcd	abd	abd	ad	d	cd
4	sx	f	73	abc	abc	abc	abc	abc	abc
5	sx	m	83	abc	abc	ab	ab	ac	ac
6	sb	f	77	ab	ab	ab	ab	ab	ab
7	sb	m	87	abd	abd	ad	acd	acd	ad
8	sz	f	77	abce	abce	abce	abce	ace	c
9	sz	f	78	abc	abc	abc	c	c	c
10	sz	m	72	abce	abce	abce	abce	abce	abce

说明:bd为本地,nb为宁波,sx为绍兴,sb为苏北,sz为苏州。m为男,f为女。"——"表示无此种表达。

观察表 7.1 可发现：所有人，所有场合使用频次最高的是 a，总共 60 个场合，a 出现的频次是 53，占 88.3%；使用 b 的频次也不低，达 44 次，占 73.3%；使用 c 为 41 次，占 68.3%；使用 d 和 e 的频次最低，都只有 17 次，占 28.3%。

因此，一代移民普遍使用的是 a、b、c 三种格式，其中最爱用的是"辣～"格式的合音形式 a；上海固有形式 b 和 c（c 有可能是苏州来源）使用的场合也很多；宁波来源的 d 和苏州来源的 e 使用场合较少。

另外，有 1 个宁波移民和 1 苏州移民没有"辣～"格式语气词功能的用法。

图 7.1 将形象展现一代移民各类"辣～"格式的使用情况：

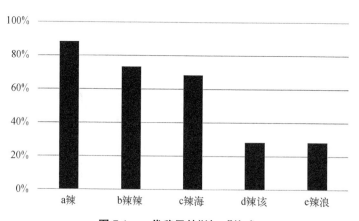

图 7.1　一代移民的"辣～"格式

进一步观察 d 的使用情况：这个来源于宁波话的"辣～"格式，各种家乡背景确实有着不一样的使用状况，本地人、绍兴一代移民和苏州一代移民使用频次都为 0；宁波一代移民的使用频次为 11，占 d 总使用率的 64.7%；苏北一代移民使用频次为 6，占 d 总使用率的 35.3%。因此，在一代移民里，使用宁波来源的"辣该"，超过 60% 的使用频次都是宁波移民，剩下的都是苏北一代移民使用的，其他家乡背景的人都不使用"辣该"。

进一步观察 e 的使用情况：这个苏州来源的"辣～"格式，同 d

格式一样,各种家乡背景的移民使用情况很不同,宁波、绍兴、苏北一代移民使用频次都是 0;苏州一代移民的使用频次 12,占 e 总使用率的 70.6%;本地人的使用频次为 5,占 e 总使用频次的 29.4%。因此,在一代移民里,使用苏州来源的"辣浪",70%的使用频次都是苏州移民,剩下的是本地人使用的,其他家乡背景的移民都不使用"辣浪"。

综上,外来"辣~"格式的最大使用民系还是有着相同来源地背景的移民,但苏北一代移民会跟着用宁波格式,本地人会跟着用苏州格式。

下面再来看看一代移民的"辣~"格式处于六种不同语法环境里的表现情况:

表 7.2 一代移民不同语法环境里的"辣~"格式

出现环境	使用情况	a 辣	b 辣辣	c 辣海	d 辣该	e 辣浪
动词	使用频次	10	10	8	3	4
	%	100%	100%	80%	30%	40%
介词	使用频次	10	10	7	3	3
	%	100%	100%	70%	30%	30%
进行体标记	使用频次	10	10	6	3	3
	%	100%	100%	60%	30%	30%
动词后存续体标记	使用频次	9	7	7	3	3
	%	90%	70%	70%	30%	30%
形容词后存续体标记	使用频次	8	4	7	3	3
	%	80%	40%	70%	30%	30%
语气词	使用频次	6	3	6	2	1
	%	60%	30%	60%	20%	10%

据表 7.2 作图 7.2:

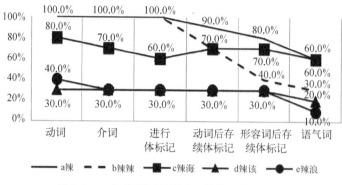

图 7.2　一代移民不同语法环境的"辣～"格式

观察表 7.2 和图 7.2 看出以下几点：

（1）a 在所有环境中都是使用率最高的一种格式，60%—100%，都高于 60%。

（2）e 在所有环境中都是使用率最低的一种格式，10%—40%，都低于 40%。

（3）使用情况最为平稳的是 c 和 d，c 的使用率 60%—80%；d 的使用率 20%—30%。

（4）使用情况起伏最大的是 b，30%—100%。

（5）充当语气词时，所有格式的百分比都比其他环境中低。

据以上五点得出三条推论：

推论 A："辣"格式是一代移民最爱使用的格式，而"辣浪"是最不爱使用的。

推论 B："辣"和"辣辣"充当动词、介词、进行体标记都高达 100%使用率，充当动词后存续体标记和形容词后存续体标记发生分化，"辣"还是保持高达 90% 和 80% 使用率；"辣辣"大幅下降为 70% 和 40% 的使用率。

推论 C：在充当语气词时，所有格式被采用程度都明显降低，除了"辣"以外，其他格式都在 50% 以下。

其实，充当语气词时，有 2 个被调查人的选项为"空"，即他们已不用任何"辣～"格式了，与总样本数的百分比为 20%。这在其他语法环境中是没有的。

三、二代移民的五种"辣～"格式

1. 二代移民"辣～"格式的具体使用情况

34 个二代移民的"辣～"格式使用情况详见表 7.3：

表 7.3　二代移民的"辣～"格式

编号	背景	性别	年龄	动词	介词	进行体标记	动词后存续体标记	形容词后存续体标记	语气词
1	bd	m	69	ab	abc	abc	abc	abc	——
2	bd	f	67	ab	ab	ab	ac	abc	ac
3	bd	f	63	ab	ab	ab	abce	bce	ac
4	bd	f	62	b	b	b	ac	c	——
5	bd	m	60	ab	abc	abc	c	a	——
6	bd	f	52	abc	abc	abc	ac	ac	ac
7	nb	m	79	ab	ab	ab	ac	b	ac
8	nb	m	79	bd	bd	bd	bd	b	——
9	nb	m	74	a	a	ac	ac	c	a
10	nb	f	73	bcd	bcd	bcd	bcd	acd	——
11	nb	f	71	acd	acd	abc	acd	bcd	ad
12	nb	m	68	abd	abd	abc	abc	bcd	a
13	nb	f	62	abcd	abcd	abcd	acd	acd	acd
14	nb	f	58	abcd	abcd	abcd	abcd	a	——
15	nb	m	57	abd	abd	ab	cd	abc	c
16	nb	f	54	abcd	abcd	acd	ac	abcd	a
17	nb	m	52	abcd	abcd	abc	abcd	abcd	abcd
18	sx	f	64	abcd	abcd	abcd	acd	acd	acd
19	sx	m	63	abcd	abcd	abcd	acd	a	——
20	sx	f	59	abc	abc	abc	abc	a	a
21	sb	f	72	ab	ab	ab	cd	ac	ac

续 表

编号	背景	性别	年龄	动词	介词	进行体标记	动词后存续体标记	形容词后存续体标记	语气词
22	sb	m	71	abc	abc	abcd	abc	acd	——
23	sb	f	63	abc	abc	abc	acd	ac	ac
24	sb	m	62	abce	abce	abce	abce	abce	a
25	sb	m	58	acd	ad	ad	abcd	acd	a
26	sb	f	56	abcd	abcd	abcd	cd	cd	c
27	sb	f	54	d	d	abd	d	ad	——
28	sb	m	52	a	a	abcd	bcd	c	cd
29	sb	f	52	abcd	abcd	abcd	acd	acd	
30	sz	f	72	abc	abc	abc	bc	abc	ac
31	sz	m	71	ab	ab	ab	bc	bc	a
32	sz	f	70	b	b	a	c	c	a
33	sz	f	59	abc	abc	abc	bc	ac	a
34	sz	m	51	ac	ac	ac	ac	ac	a

说明：bd 为本地，nb 为宁波，sx 为绍兴，sb 为苏北，sz 为苏州。m 为男，f 为女。"——"表示无此种表达。

观察表 7.3 可发现：总共 204 个场合，a 出现的频次是 156，占 76.5% 的使用率；使用 b 的频次是 114 次，占 55.9% 的使用率；使用 c 的频次为 133 次，占 65.2%；使用 d 的频次是 76 次，占 37.3%；e 的使用频次只有 7 次，只占 3.4%。

与一代移民的"辣～"格式相比，a、b、c 仍是主要格式，但 a、b 的使用率有所下降，c 基本不变，d 的使用率有所上升，e 的使用率下降为几乎接近 0，基本已不使用。

另外，有 3 个二代本地人、3 个宁波二代移民、1 个绍兴二代移民、2 个苏北二代移民没有"辣～"格式的语气词功能。

图 7.3 将形象展现二代移民各类"辣～"格式的使用情况：

第七章 移民背景与上海城市方言的某些词法 337

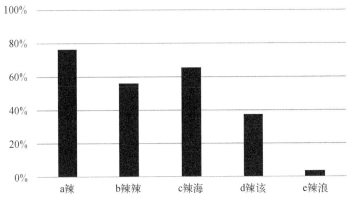

图 7.3 二代移民的"辣～"格式

下面再来看看二代移民的"辣～"格式处于六种不同语法环境里的表现情况：

表 7.4 二代移民不同语法环境里的"辣～"格式

出现环境	使用情况	a 辣	b 辣辣	c 辣海	d 辣该	e 辣浪
动词	使用频次	29	28	19	15	1
	%	85.3%	82.4%	55.9%	44.1%	2.9%
介词	使用频次	29	28	19	15	1
	%	85.3%	82.4%	55.9%	44.1%	2.9%
进行体标记	使用频次	31	29	22	13	1
	%	91.2%	85.3%	64.7%	38.2%	2.9%
动词后存续体标记	使用频次	22	15	32	16	2
	%	64.7%	44.1%	94.1%	47.1%	5.9%
形容词后存续体标记	使用频次	23	13	27	12	2
	%	67.6%	38.2%	79.4%	35.3%	5.9%
语气词	使用频次	22	1	14	5	0
	%	64.7%	2.9%	41.2%	14.7%	0.0%

据表 7.4 作图 7.4：

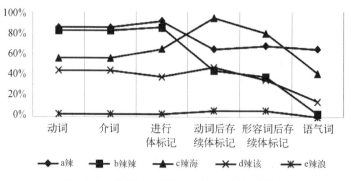

图 7.4 二代移民不同语法环境的"辣～"格式

观察表 7.4 和图 7.4 看出以下几点：

(1) 充当动词、介词、进行体标记时，a、b 的使用率最高，都在 80% 以上；充当动词、形容词后存续体标记时，c 的使用率最高，分别达到 94.1% 和 79.4%。充当语气词时又是 a 使用率最高，达 64.7%。

(2) e 在所有环境中使用率都接近 0%，基本已不使用。

(3) 使用率起伏最大的是 b，2.9%—85.3%。充当语气词只有 2.9%，充当进行体标记高达 85.3%

(4) 充当语气词时，所有格式的百分比都比其他环境中低。

2. 家庭移民背景与"辣～"格式的使用

下面通过表 7.5 来观察使用 a、b、c、d、e"辣～"格式同家庭移民背景的关系。

表 7.5 二代移民的家庭背景与"辣～"格式

	a 辣	b 辣辣	c 辣海	d 辣该	e 辣浪
本地	27	23	19	0	2
%	75.0%	63.9%	52.8%	0.0%	5.6%
宁波	48	40	42	39	0
%	72.7%	60.6%	63.6%	59.1%	0.0%
绍兴	17	10	14	10	0
%	94.4%	55.6%	77.8%	55.6%	0.0%

续　表

	a 辣	b 辣辣	c 辣海	d 辣该	e 辣浪
苏北	42	25	38	27	5
%	77.8%	46.3%	70.4%	50.0%	9.3%
苏州	22	16	20	0	0
%	73.3%	53.3%	66.7%	0.0%	0.0%
总	156	114	133	76	7
%	76.5%	55.9%	65.2%	37.3%	3.4%

根据表 7.5 可作出图 7.5.1—7.5.5,形象展示五个"辣～"格式与家庭移民背景的关系。

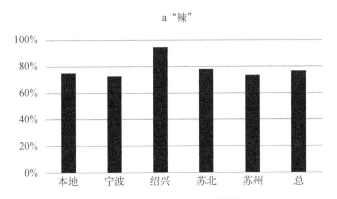

图 7.5.1　家庭背景与 a"辣"

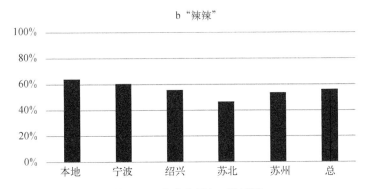

图 7.5.2　家庭背景与 b"辣辣"

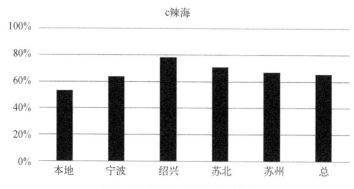

图 7.5.3　家庭背景与 c"辣海"

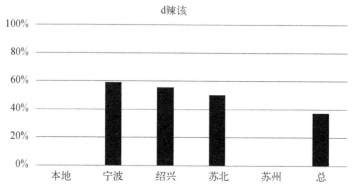

图 7.5.4　家庭背景与 d"辣该"

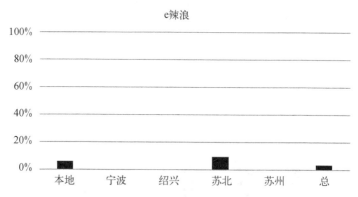

图 7.5.5　家庭背景与 e"辣浪"

根据表 7.5 和图 7.5.1—5,逐一分析各个"辣～"格式与家庭移民背景的关系:

（1）a"辣"，是个合音形式，是目前上海话最常用的"辣～"格式，总体使用率达到76.5%，各种家庭背景的使用率都在总体水平附近，除了最高的绍兴二代移民达94.4%。因此，a"辣"的使用与家庭移民背景关系不大，它是一个各类家庭背景都广泛使用的"辣～"格式。

（2）b"辣辣"是个上海方言固有的"辣～"格式，起源于"垃拉"，各类家庭背景的使用率从高到低为：本地＞宁波＞绍兴≈苏州＞苏北，最高使用率是"本地"，达63.9%；最低使用率是"苏北"，为46.3%；其他民系基本在总体水平55.9%附近。因此，b"辣辣"的使用与家庭背景有一定关系，"本地"民系更偏爱使用，来源地方言与上海话最远的"苏北"民系最不爱使用。但"辣辣"总的来说还是一个有着较高使用率的格式，在目前上海话里得到广泛使用。

（3）c"辣海"是来源于苏州的"辣～"格式（也有认为是上海话固有的），各类家庭背景的使用率从高到低为：绍兴＞苏北＞苏州＞宁波＞本地，最高使用率是"绍兴"，达77.8%；最低使用率是"本地"，为52.8%，其他都在总体水平65.2%附近。因此，c"辣海"格式使用与家庭背景只是稍有关系，外来的"绍兴"民系最爱用，"本地"最不爱用。这可能也可说明："辣海"是一个有着外部来源的格式，而非本地固有的。总的来说，"辣海"在目前上海话里是仅次于合音形式"辣"而得到广泛使用的格式。

（4）d"辣该"是来源于宁波的"辣～"格式，只有"宁波""绍兴""苏北"三个民系使用，使用率都在50%以上，而"本地"和"苏州"使用率都是0%。因此，d"辣该"的使用与移民背景有很大关系，使用主体是宁波、绍兴二代移民，苏北移民也不少，而本地人和苏州二代移民则拒绝使用。

（5）e"辣浪"也是来源于苏州的"辣～"格式，目前基本淘汰，只有零星的使用率。

综上，得到最广泛运用的是上海的合音形式a"辣"，所有家庭背景都爱用；感觉比较古旧一点的本土形式b"辣辣"，最爱用的是本地人，最不爱用的是苏北二代移民；苏州来源的c"辣海"得到了广泛运用，另一个苏州来源的e"辣浪"则遭淘汰；宁波来源的d"辣该"只有宁波、绍兴和苏北二代移民使用,遭到本地人和苏州二代移民的拒绝。

四、"辣～"格式的本土化

"辣～"格式包含多种来源,发展至如今的上海话,各有不同的发展轨迹和命运。下面来比较一下两代移民的各种"辣～"格式:

表7.6 两代移民的"辣～"格式

	a 辣	b 辣辣	c 辣海	d 辣该	e 辣浪
一代移民	100%	96%	34%	6%	42%
二代移民	76.5%	55.9%	65.2%	37.3%	3.4%

据表7.6作图7.6,形象展示两代移民"辣～"格式的演变情况。

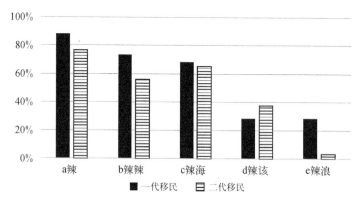

图7.6 两代移民的"辣～"格式

观察表7.6和图7.6可发现以下点:

(1) 二代移民和一代移民相比,上海本土格式 a"辣"和 b"辣辣"使用率都有所下降,虽然目前 a"辣"的使用率还是各个格式里最高的。

(2) 二代移民和一代移民相比,苏州来源的 c"辣海"使用率没什么变化,宁波来源的 d"辣该"有所上升。由于本土格式 b"辣辣"使用率下降,目前 c"辣海"已上升为使用率仅次于 a"辣"的格式。

(3) 另一个苏州来源的 d"辣浪"使用率急剧下降,从28.3%下降为 3.4%，已遭淘汰。

总之，一代移民到定居地上海后，全面采用了上海本土形式，如 a "辣"和 b"辣辣"，苏州来源的 c"辣海"由于当时已广泛使用，因此一代移民也大量使用。另一个苏州来源的 e"辣浪"，由于当时也只在苏州移民和本地人中使用，其他民系都不用，因此使用率不高。宁波来源的 d"辣该"，当时只在宁波移民和苏北移民中使用，其他民系都不用，使用率也不高。

到了二代移民，本土形式 a"辣"和 b"辣辣"使用率虽有些下降，但还是得到各种民系的广泛使用；两个苏州来源的格式命运截然不同，c"辣海"继续保持高使用率，而 e"辣浪"则遭淘汰；宁波来源的 d"辣该"的使用率有所上升，但也主要流行于"宁波""绍兴"和"苏北"三个民系，"本地"和"苏州"依旧拒绝使用。

因此，如今上海话占主流的"辣～"格式还是 a"辣"b"辣辣"和 c"辣海"。

第二节　移民背景与指示语素

上海方言里只有表示指示的语素，而无指示词，即：没有普通话里"这是红的，那是绿的"里"这、那"那样能替代指示物的词。只能说成"㑉个是红个，哀个是绿个"。（钱乃荣 1997）

上海方言里的指示语素有两类，一类是定指："迭～"[diɿʔ12]、"特～"[dəʔ12]、"㑉～"[gəʔ12]；一类是另指："伊～"[i53]、"哀～"[ɛ53]。在对举的时候，前一类语素有如同普通话"这"的功能；后一类语素有普通话"那"的功能。例如："迭/特/㑉个小囡是死读书，伊/哀个小囡老聪明。"（这个小孩是死读书，那个小孩很聪明。）

本节主要探讨两代移民在定居地上海如何使用这两类指示语素。

一、五个来源地方言里的指示语素

本节展示五个来源地方言（本地、宁波、绍兴、苏北、苏州）中指示语素的具体使用状况。据各类方言词典、方言志、方言研究的记载,五个来源地的指示语素如表 7.7。

表 7.7　来源地方言的指示语素

本地	迭、特、𠍽(定指)		伊、哀(另指)	
宁波	荡[dɔ̃213](近指)		该[kiɪʔ5](混指)	
绍兴	葛[kɛʔ45](近指)		亨[haŋ33](远指)	
苏北	这[tsəʔ4](近指)		那[ləʔ4]/[loʔ4](远指)	
苏州	该[kɛ55]、哀[ɛ55](近指)	归[kuɛ55]、弯[uɛ55](远指)		𠍽[gəʔ2](混指)

从表 7.7 明显可看出,各个来源地方言里的指示语素各不相同,而且指示方式也不尽相同,本地是"定指—另指"对立;绍兴、苏北是"近指—远指"对立;宁波是"近指—混指"对立;苏州是"近指—远指—混指"对立。因此,各地移民来上海前的指示语素运用可说是"各有一套"。

二、一代移民的指示语素

来上海定居后,一代移民基本都改用了上海话里的指示语素,但有 1 个女性苏北移民还是只能用家乡话。一代移民指示语素使用情况详见表 7.8:

表 7.8　一代移民的指示语素

编号	背景	性别	年龄	定指	另指
1	bd	m	75	a	a
2	nb	m	83	a	b
3	nb	f	78	c	b
4	sx	f	73	c	b
5	sx	m	83	b	b
6	sb	f	77	这[tsəʔ4]	那[ləʔ4]
7	sb	m	87	c	b

续 表

编 号	背 景	性 别	年 龄	定 指	另 指
8	sz	f	77	b,c	a,b
9	sz	f	78	a,b	a
10	sz	m	72	c	a

说明：bd 为本地，nb 为宁波，sx 为绍兴，sb 为苏北，sz 为苏州。m 为男，f 为女。"定指"列的 a 为"迭"、b 为"特"、c 为"辩"；"另指"列的 a 为"伊"、b 为"哀"。

观察表 7.8 不难发现，绝大部分一代移民都转用了上海方言的指示语素。

"定指"类语素，一代移民倾向用 c"辩"，使用 a"迭"、b"特"的都只有 3 频次，使用率 33.3%；使用 c 的有 5 频次，使用率 55.6%。

"另指"类语素，一代移民倾向用 b"哀"，使用 a"伊"的有 4 频次，使用率为 44.4%；使用 b 的有 6 频次，使用率达 66.7%。

但本地人爱用比较古旧的"迭"和伊"，外来的一代移民偏爱用新形式"辩"和"哀"。不过，苏州移民的"另指"也爱用古旧的"伊"。具体来说，外来移民使用"迭"只有 2 次，使用率为 25.0%；使用"特"有 3 次，使用率 37.5%；使用"辩"有 5 次，使用率为 62.5%。使用"伊"只有 3 次，使用率 37.5%；使用"哀"6 次，使用率为 75.5%.

图 7.7.1—7.72 将形象展现一代移民指示语素的使用情况：

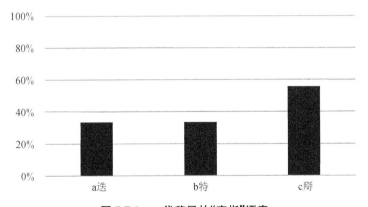

图 7.7.1　一代移民的"定指"语素

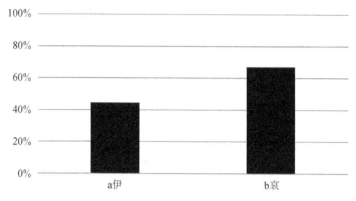

图 7.7.2　一代移民的"另指"语素

总体来说,三个"定指"语素和两个"另指"语素是一代移民都在使用中的指示语素。"定指"用得较多的是"㑚";另指用得较多的是"哀"。

三、二代移民的指示语素

1. 二代移民指示语素使用的具体表现

二代移民具体使用情况见表 7.9:

表 7.9　二代移民的指示语素

编号	背景	性别	年龄	定指	另指
1	bd	m	69	a	a,b
2	bd	f	67	a	a
3	bd	f	63	a,b	a
4	bd	f	62	b	a
5	bd	m	60	b	a
6	bd	f	52	b	b
7	nb	m	79	a	a
8	nb	m	79	b	b
9	nb	m	74	c	a
10	nb	f	73	a	b

续 表

编 号	背 景	性 别	年 龄	定 指	另 指
11	nb	f	71	c	a
12	nb	m	68	a	b
13	nb	f	62	c	b
14	nb	f	58	c	b
15	nb	m	57	c	b
16	nb	f	54	c	b
17	nb	m	52	a,c	b
18	sx	f	64	b	b
19	sx	m	63	a	b
20	sx	f	59	a	b
21	sb	f	72	c	a
22	sb	m	71	b	b
23	sb	f	63	c	b
24	sb	m	62	c	b
25	sb	m	58	a	b
26	sb	f	56	c	b
27	sb	f	54	c	a
28	sb	m	52	c	b
29	sb	f	52	a,c	a
30	sz	f	72	a	a
31	sz	m	71	c	b
32	sz	f	70	c	b
33	sz	f	59	c	b
34	sz	m	51	c	b

说明：bd 为本地，nb 为宁波，sx 为绍兴，sb 为苏北，sz 为苏州。m 为男，f 为女。"定指"列的 a 为"迭"、b 为"特"、c 为"辩"；"另指"列的 a 为"伊"、b 为"哀"。

观察表 7.9 可发现:

(1)"定指"类语素里 a"迭"的使用频次为 12,使用率为 35.3%;b"特"的频次为 7,使用率为 20.6%;c"辩"的频次为 18,使用率为 52.9%。同一代移民情况差不多,b"特"的使用率有所下降。

(2)"另指"类语素里 a"伊"的频次为 14,使用率为 41.2%;b"哀"的频次为 21,使用率达 61.8%。使用情况同一代移民差不多。

图 7.8.1—7.8.2 将形象展现二代移民指示语素的使用情况:

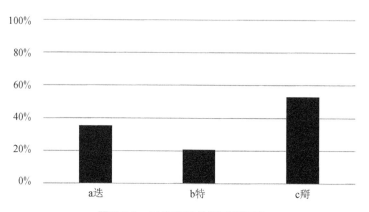

图 7.8.1　二代移民的"定指"语素

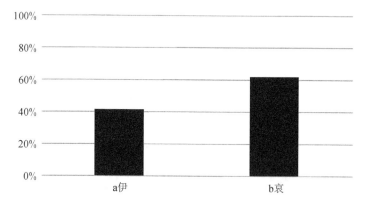

图 7.8.2　二代移民的"另指"语素

2. 家庭移民背景与指示语素的使用

下面通过表 7.10 来观察选用不同的指示语素同家庭移民背景的关系。

表 7.10 二代移民的家庭背景与指示语素

	定 指			另 指	
	a"迭"	b"特"	c"艑"	a"伊"	b"哀"
本地	3	4	0	5	2
%	50.0%	66.7%	0%	83.3%	33.3%
宁波	4	1	7	3	8
%	36.4%	9.1%	63.6%	27.3%	72.7%
绍兴	2	1	0	0	3
%	66.7%	33.3%	0%	0%	100%
苏北	2	1	7	5	4
%	22.2%	11.1%	77.8%	55.6%	44.4%
苏州	1	0	4	1	4
%	20.0%	0%	80.0%	20.0%	80.0%
总	12	7	18	14	21
%	35.3%	20.6%	52.9%	41.2%	61.8%

根据表 7.10 可作出图 7.9.1—7.9.5，形象展示 5 个指示语素与家庭移民背景的关系。

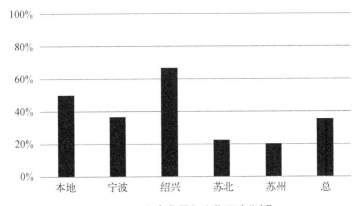

图 7.9.1 家庭背景与定指语素"迭"

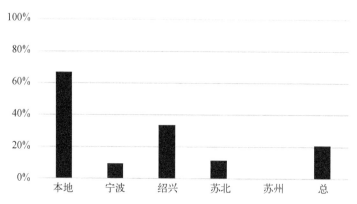

图 7.9.2　家庭背景与定指语素"㤉"

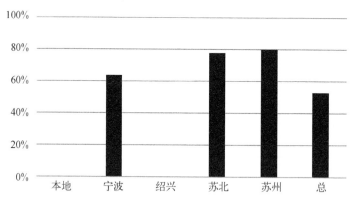

图 7.9.3　家庭背景与定指语素"眼"

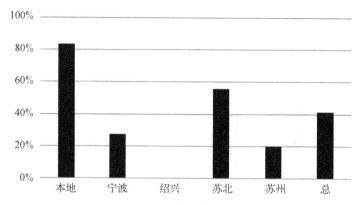

图 7.9.4　家庭背景与另指语素"伊"

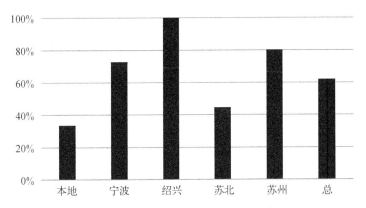

图 7.9.5　家庭背景与另指语素"哀"

据表 7.10 和图 7.9.1—7.9.5 可观察到以下几点：

（1）定指语素"迭"总体使用率不算高，为 35.3%，使用率从高到低：绍兴＞本地＞宁波＞苏北≈苏州，与总的情况相比，远高于总体比率的是"绍兴"和"本地"；接近总体比率的是"宁波"；"苏北"和"苏州"则低于总体比率。

（2）定指语素"特"总的使用率不高，只有 20.6%，但"本地"却很高，达 66.7%；其次是"绍兴"，33.3%；其他都很低，"苏北""宁波"10%左右，"苏州"为 0%，完全不使用。

（3）定指语素"舑"的使用率是定指语素中最高的，达 52.9%，使用率从高到低：苏州≈苏北＞宁波＞本地＝绍兴，其中"苏州"和"苏北"民系最高，都达 80% 左右；但"本地"和"绍兴"两个民系却为 0%。

（4）另指语素"伊"的使用率从高到低：本地＞苏北＞宁波＞苏州＞绍兴，与总体情况相比，"本地"远高于总体，"苏北"高于总体，"宁波""苏州""绍兴"低于总体，"绍兴"甚至为 0%，完全不使用。

（5）另指语素"哀"的使用率从高到低：绍兴＞苏州＞宁波＞苏北＞本地，"绍兴""宁波""苏州"都高于总体比率，"苏北"和"本地"都低于总体比率。最高的"绍兴"达 100%，最低的"本地"

也有 33.3%。

通过前三点可得出有关定指语素的几条规律：

(1) 规律 A：使用定指语素“迭”和“特”的主体民系是本地人，他们“迭”和“特”的使用率都高达 66.7%。

(2) 规律 B：“特”除了还在本地人中使用外，其他民系里已濒临淘汰。

(3) 规律 C：使用“搿”的主体民系是“苏北”和“苏州”，使用率都高达 80%左右。

通过后两点可得出有关另指语素的几条规律：

(4) 规律 D：使用另指语素“伊”的主体民系是本地人，使用率是总体水平的两倍。

(5) 规律 E：使用另指语素“哀”的主体民系是“宁波”“绍兴”“苏州”，使用率都高于总体水平。

四、指示语素呈“本地—外来”的对立

指示语素的使用上，一代移民和二代移民都呈现了“本地—外来”之间的对立。根据本节二、三的相关内容，下表 7.11 将比较一下两代本地民系和外来民系使用指示语素的情况：

表 7.11 两代本地民系和外来民系的指示语素

	定指			另指	
	a“迭”	b“特”	c“搿”	a“伊”	b“哀”
本地一代	100%	0%	0%	100%	0%
外来一代	25.0%	37.5%	62.5%	37.5%	75.0%
本地二代	50.0%	66.7%	0%	83.3%	33.3%
外来二代	32.1%	10.7%	64.3%	32.1%	67.9%

据表 7.11 作图 7.10：

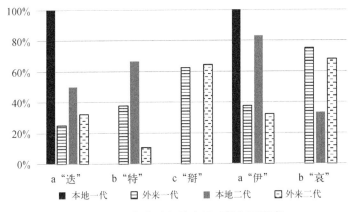

图 7.10　两代本地与外来民系的指示语素

从表 7.11 和图 7.10 可明显看出：

"定指"语素使用上，两代本地人都偏爱使用"迭"和"特"，他们都拒绝使用"辩"，两代外来移民则都偏爱用"辩"；"另指"语素使用上，两代本地人偏爱用"伊"，两代外来移民都偏爱用"哀"。因此，在指示语素的运用上，明显呈现出"本地—外来"的对立。

第三节　移民背景与"～上"类方位词

一、上海城市方言中的"～上"类方位词及调查

1. 五个"～上"类方位词

目前上海方言里常用的表示"～上"的方位词有：

a. 浪

在表示方位时"上"有两个读法：[lã23]和[zã23]，前者往往用同音词"浪"记录，后者仍旧写作"上"。前者例如：台子浪（桌子上），教育小人浪（教育孩子上）。

b. 浪向

由"浪"与"向"合成。例如：台子浪向（桌子上），教育小人浪向

(教育孩子上)。

c. 高头

这是个来源于宁波话表示"～上"的方位词，例如：台子高头(桌子上)，教育小人高头(教育孩子上)。

d. 上头

这是直接出现"上"[zã23]语素的方位词，例如：台子上头(桌子上)，教育小人上头(教育孩子上)。

e. 上面

这也是直接出现"上"[zã23]语素的方位词，例如：台子上面(桌子上)，教育小人上面(教育孩子上)。

2. 调查问卷

设计了两种语体进行调查，一种是日常语体，如"台子____有本书"(桌子____有本书)；一种是书面语体，如"教育小人____最要紧个是品质教育"(教育孩子____最要紧的是品质教育)。具体问卷见附录三。

二、五个来源地方言里的"～上"类方位词

本节展示五个来源地方言(本地、宁波、绍兴、苏北、苏州)中"～上"类方位词的具体表现。据各类方言词典、方言志、方言研究的记载，五个来源地"～上"类方位词如表 7.12。

表 7.12 来源地方言的"～上"类方位词

来源地	～ 上	来源地	～ 上
本地	上,浪,上头,浪向	苏北	上,上头,高头
宁波	上头,高头,上登,登,对上	苏州	上头,上面,浪
绍兴	上头,高头		

观察表 7.12 可发现"～上"类方位词分两种情况：(1) 有"浪"无"高头"，如本地和苏州；(2) 有"高头"无"浪"，如宁波、绍兴和苏北。所有地方都含有"上"语素。

三、一代移民的"～上"类方位词

1. 一代移民"～上"类方位词总体使用情况

下面表7.13将详细展现一代移民"～上"类方位词的使用情况：

表7.13 一代移民的"～上"类方位词

编号	背景	性别	年龄	"上"类方位词	
				日常语体	书面语体
1	bd	m	75	abde	abd
2	nb	m	83	abc	abc
3	nb	f	78	abce	abc
4	sx	f	73	acde	abcde
5	sx	m	83	acd	a
6	sb	f	77	a	a
7	sb	m	87	acde	bcde
8	sz	f	77	abd	abd
9	sz	f	78	abd	abd
10	sz	m	72	abde	abde

说明：bd为本地，nb为宁波，sx为绍兴，sb为苏北，sz为苏州。m为男，f为女。

据表7.13可作出一代移民"～上"类方位词的总的使用情况图（见图7.11）：

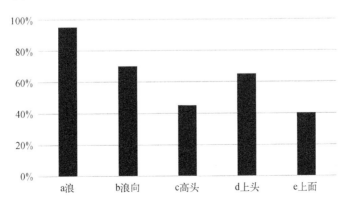

图7.11 一代移民的"～上"类方位词

从表 7.13 和图 7.11 可明显看出,本土的 a"浪"和 b"浪向",是一代移民最爱用的"～上"类方位词,a"浪"更是有着高达 95.0% 使用率; d"上头"的使用率也很高,因为五个来源地方言里本来都有"上头";e"上面"的使用率最低,只有 40.0%;c"高头"的使用率也不高,因为只有宁波、绍兴、苏北一代移民使用,本地和苏州一代移民都不用。各种"～上"类方位词使用率从高到低如下:a"浪">b"浪向">d"上头">c"高头"≈e"上面"。

观察表 7.12、表 7.13 和图 7.11 可发现:

(1) 来自所有背景的人,出现在两种语体的"～上"类方位词都有 a"浪"或 b"浪向"。

(2) 使用 c"高头"的只有宁波、绍兴和苏北一代移民,本地和苏州一代移民在两种语体里都不使用 c"高头",即:来源地方言有 c 的移民到了定居地后依然使用,来源地方言没有的就不使用。

所以,a"浪"和 b"浪向"作为上海本土的方位词,外来一代移民本来有的(苏州一代移民)继续用,本来没有的(宁波、绍兴和苏北一代移民)来了之后就开始使用了。c"高头"是外来移民(宁波、绍兴和苏北一代移民)源方言里有的,他们来上海后继续用,但本地人不使用,本来没有的(如苏州一代移民)也不使用。

综上,所有的外来移民都转用上海本土形式;而外来移民带来的新形式,本地人和本来母语里没有的外来移民就不使用。

2. 一代移民不同语体"～上"类方位词的使用

根据表 7.13 作图 7.12,展现一代移民"～上"类方位词在口语体和书面语体里的使用情况:

从图 7.12 可发现:

(1) 一代移民的书面语体里"～上"类方位词的使用率都比口语体里的使用率稍低,除了 b"浪向"。

(2) 口语体里使用率从高到低:a"浪">d"上头">b"浪向">c"高头"=e"上面"。

(3) 书面语体里使用率从高到低:a"浪">b"浪向">d"上头">c

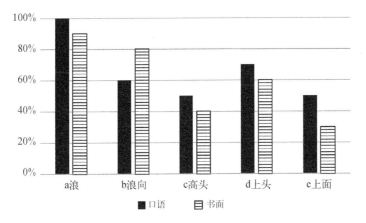

图 7.12 一代移民不同语体的"～上"类方位词的使用

"高头">e"上面"。

因此,一代移民的"～上"类方位词在两种语体里没有特别明显的差异,与总体使用情况也基本一致。

四、二代移民的"～上"类方位词

1. 二代移民"～上"类方位词使用的具体表现

二代移民具体使用情况见表 7.14:

表 7.14 二代移民的"～上"类方位词

编号	背景	性别	年龄	"上"类方位词	
				日常语体	书面语体
1	bd	m	69	abd	abd
2	bd	f	67	ab	ab
3	bd	f	63	bc	bc
4	bd	f	62	c	c
5	bd	m	60	abc	abc
6	bd	f	52	ac	ac
7	nb	m	79	abcd	bcd

续　表

编号	背景	性别	年龄	"上"类方位词	
				日常语体	书面语体
8	nb	m	79	ac	c
9	nb	m	74	e	c
10	nb	f	73	abcd	cd
11	nb	f	71	ac	bc
12	nb	m	68	abc	cd
13	nb	f	62	abc	abcd
14	nb	f	58	abc	abc
15	nb	m	57	acd	acd
16	nb	f	54	bcde	cde
17	nb	m	52	abcd	abcd
18	sx	f	64	abcd	abcd
19	sx	m	63	acde	abc
20	sx	f	59	ac	ac
21	sb	f	72	ac	c
22	sb	m	71	d	cd
23	sb	f	63	abcd	abc
24	sb	m	62	abcd	abcd
25	sb	m	58	abcd	abcd
26	sb	f	56	abcd	abcd
27	sb	f	54	c	ae
28	sb	m	52	abc	abc
29	sb	f	52	abc	abc
30	sz	f	72	abc	abc
31	sz	m	71	abcd	abcd

续 表

编号	背景	性别	年龄	"上"类方位词	
				日常语体	书面语体
32	sz	f	70	ab	ab
33	sz	f	59	abc	abce
34	sz	m	51	abd	ab

说明：bd 为本地，nb 为宁波，sx 为绍兴，sb 为苏北，sz 为苏州。m 为男，f 为女。

作图 7.13 来形象展示各种"～上"类方位词的使用情况：

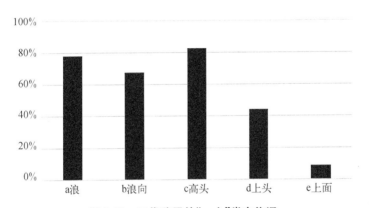

图 7.13　二代移民的"～上"类方位词

观察表 7.14 和图 7.13 可发现，与一代移民最大不同的是：所有家庭背景的二代移民和本地人，c"高头"都使用了。a"浪"使用频次是 53，使用率为 77.9%；b"浪向"使用频次为 46，使用率为 67.6%；c"高头"使用频率是 56，使用率为 82.4%；d"上头"使用频次为 30，使用率为 44.1%；e"上面"使用频次为 6，使用率仅为 8.8%。各种"～上"类方位词使用率从高到低为：c"高头"＞a"浪"＞b"浪向"＞d"上头"＞e"上面"。

本土的 a"浪"和 b"浪向"仍然是二代移民爱用的形式，但相比一代移民使用率稍有下降；c"高头"成了二代移民最爱用的，使用率高达 82.4%；原来也普遍使用的 d"上头"使用率下降了，降至 44.1%；原来使用率不算高的 e"上面"使用率下降更厉害,降至 8.8%。

总之,人数众多的外来移民(宁波、苏北)带来的 c"高头"成了"～上"类方位词最常用的形式,所有的二代外来移民和本地民系都使用。其他形式的使用率都有所下降,e"上面"已面临淘汰。

2. 二代移民不同语体"～上"类方位词的使用

根据表 7.14 作图 7.13,展现二代移民"～上"类方位词在口语体和书面语体里的使用情况:

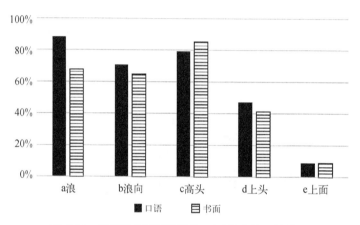

图 7.14　二代移民不同语体"～上"类方位词的使用

从图 7.14 可发现:

(1) 除了 c"高头"书面语体比口语体的使用率有所上升,e"上面"书面语体与口语体的使用率相同,其他形式的书面语体同口语体相比,使用率都是有所下降。

(2) 口语体里使用率从高到低:a"浪">c"高头">b"浪向">d"上头">e"上面"。

(3) 书面语体里使用率从高到低:c"高头">a"浪">b"浪向">d"上头">e"上面"

二代移民的"～上"类方位词,口语体与书面语体使用情况基本相同,只是最高使用率的形式不同,口语体里最高使用率的是本土形式 a"浪";书面语体里最高使用率的是外来形式 c"高头"。

3. 家庭移民背景与"～上"类方位词的使用

下面通过表 7.15 来观察选用不同的"～上"类方位词同家庭移民背景的关系。

表 7.15　二代移民的家庭背景与"～上"类方位词

	a 浪	b 浪向	c 高头	d 上头	e 上面
本地	10	9	7	3	0
%	83.3%	75.0%	58.3%	25.0%	0.0%
宁波	13	12	21	12	3
%	59.1%	54.5%	95.5%	54.5%	13.6%
绍兴	6	3	6	3	1
%	100.0%	50.0%	100.0%	50.0%	16.7%
苏北	14	12	16	9	1
%	77.8%	66.7%	88.9%	50.0%	5.6%
苏州	10	10	6	3	1
%	100.0%	100.0%	60.0%	30.0%	10.0%
总	53	46	56	30	6
%	77.9%	67.6%	82.4%	44.1%	8.8%

从表 7.15 可明显看出不同家庭背景在"～上"类方位词的使用上有很大不同,作图 7.15.1—7.15.5 来形象展示：

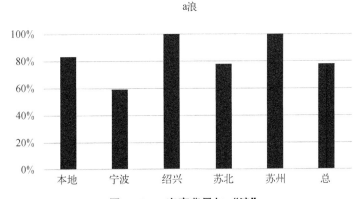

图 7.15.1　家庭背景与 a"浪"

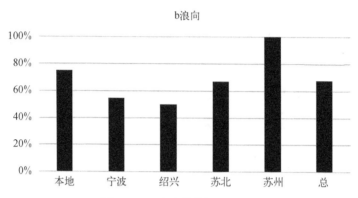

图 7.15.2　家庭背景与 b"浪向"

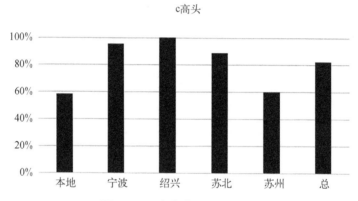

图 7.15.3　家庭背景与 c"高头"

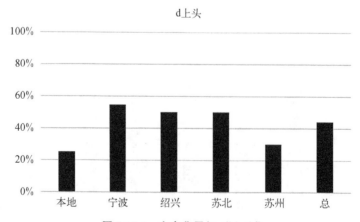

图 7.15.4　家庭背景与 d"上头"

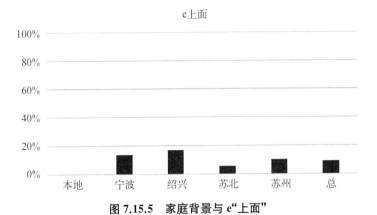

图 7.15.5　家庭背景与 e"上面"

据表 7.15 和图 7.15.1—7.15.5 可观察到以下几点：

(1) 使用 a"浪"的比率从高到低：绍兴＝苏州＞本地＞苏北＞宁波。"绍兴"和"苏州"都达到了 100% 使用率，远高于总使用率；"本地"也高于总使用率；"苏北"与总使用率基本一致；"宁波"远低于总使用率。

"浪"是本土形式，人数少的两个外来民系——"苏州"和"绍兴"是使用率最高的，"本地"也很高，人数众多的两个民系——"苏北"和"宁波"相对来说使用率偏低，"宁波"最低。

(2) 使用 b"浪向"的比率从高到低：苏州＞本地＞苏北＞宁波＞绍兴。"苏州"使用率高达 100%，远高于总使用率；"本地"也高于总使用率；"苏北"与总使用率基本一致；"宁波"和"绍兴"使用率低于总使用率，其中"绍兴"最低。

"浪向"也是本土形式，情况与"浪"类似，只是"绍兴"在这两个形式的使用上表现明显不一致，"浪"使用率高达 100%，"浪向"使用率只有 50%。"苏州"这两个形式都有着很高的使用率，可能苏州来源地方言本来就有着两个形式的缘故。"本地"当然也是偏爱使用这两个本土形式的。外来人数众多的民系——"苏北"和"宁波"，来源地方言里都没有这两个形式，但"苏北"在使用本土形式方面比"宁波"更积极，"苏北"的使用率达到了总体水平，"宁波"则比总体水平更低。

（3）使用 c"高头"的比率从高到低：绍兴＞宁波＞苏北＞苏州≈本地。"绍兴"使用率高达 100%，"宁波"也高达 95.5%，都远高于总体使用率；"苏北"的使用率也高于总体使用率；"苏州"和"本地"都远低于总体使用率。

"高头"作为一个外来形式，目前总体使用率高达 80% 以上，比两个本土形式还要高，使用民系主要是"宁波""绍兴""苏北"，这三个民系的来源地方言本来就有这个形式。原来没有的"苏州"和"本地"，这个外来形式的使用率在 60% 左右。

可能由于两个人数众多的外来民系——"宁波"和苏北"都有"高头"这个形式，导致它在二代移民嘴里成了"～上"类方位词最高使用率的形式。

（4）使用 d"上头"的比率从高到低：宁波＞绍兴＝苏北＞苏州＞本地。"宁波""绍兴""苏北"的使用率都高于总体，而"苏州"和"本地"都低于总体。

这个形式在五个来源地方言里都有，但在目前上海话里的使用率不是很高，总的低于 50%，高的三个民系"宁波""绍兴""苏州"的使用率也在 60% 以下，低的"苏州"和"本地"的使用率在 30% 或以下。同高使用率的 a、b、c 相比是种非主流形式。

（5）e"上面"的使用基本是零星现象，总的使用率不到 10%，"宁波""绍兴""苏州"使用率在 10% 或以上点，"苏北"和"本地"都不到 10%，"本地"更是为 0% 使用率。可以说这个形式已濒临淘汰。

综上，来源地方言里有"浪"无"高头"的民系，如"本地"和"苏州"偏爱用"浪"和"浪向"；来源地方言里有"高头"无"浪"的民系，如"宁波""绍兴""苏北"更偏向于使用"高头"。

五、两代移民的"～上"类方位词

来源地方言里"～上"类方位词呈现出两大类型：（1）有"浪"无

"高头",简称"浪"型,如苏州和本地;(2)有"高头"无"浪",简称"高头"型,如宁波、绍兴和苏北。一代移民带着这样的母语特征进入定居地上海生活,他们的子女,即二代移民继续在这样的家庭语言背景下生活,来源地方言的某些特征就改头换面进入目前的上海话里,"～上"类方位词就呈现出这样一种状况。

表 7.16 两代移民"～上"类方位词的使用情况

	a 浪	b 浪向	c 高头	d 上头	e 上面
一代"浪"型	100.0%	100.0%	0.0%	100.0%	37.5%
一代"高头"型	91.7%	50.0%	75.0%	41.7%	41.7%
二代"浪"型	90.9%	86.4%	59.1%	27.3%	4.5%
二代"高头"型	71.7%	58.7%	93.5%	52.2%	10.9%

据表 7.16 作图 7.16：

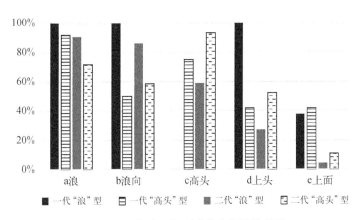

图 7.16 两代移民"～上"类方位词的使用

仔细观察表 7.16 和图 7.16,可发现:

(1) a"浪"的使用上,无论哪种类型的母语和家庭背景,二代使用率都比一代使用率低,一代有 90%—100% 的使用率,二代下降为 70%—90% 的使用率。

(2) b"浪向"的使用上,使用率最高的是一代"浪"型,高达100%,到二代"浪"型,使用率降为86.4%;一代"高头"型,使用率为50%,到二代"高头"型,使用率稍有上升,为58.7%。

(3) c"高头"的使用上,二代使用率明显比一代要高,而且"浪"型的家庭背景增幅比"高头"型更大,从0%到59.1%。"高头"型则从75.0%上升为93.5%,二代反而比一代更多地使用这个形式。

(4) d"上头"的使用上,使用率最高的是一代"浪"型,高达100%,到二代"浪"型,使用率降幅很大,只有27.3%,变成较少使用的形式;一代"高头"型使用率只有41.7%,到二代"高头"型使用率有所上升,为52.2%。

(5) e"上面"的使用上,无论哪种类型的母语和家庭背景,一代的使用率基本在30%—40%,二代使用率则更低,10%或更低,这是一个逐渐被淘汰的形式。

通过以上分析可发现:两种类型的母语或家庭背景,在"～上"类方位词的使用演变上有很大不同,将图7.16拆成两张图(图7.17.1—7.17.2),以便于比较两类母语或家庭背景的"～上"类方位词使用的演变情况。

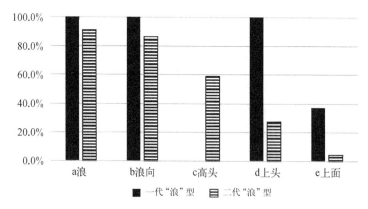

图7.17.1 两代"浪"型的"～上"

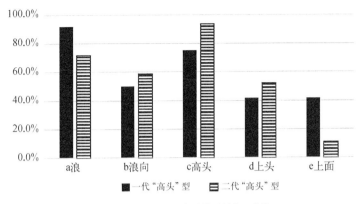

图 7.17.2　两代"高头"型的"～上"

比较图 7.17.1 和图 7.17.2,可发现两种类型的母语和家庭背景使用"～上"类方位词的演变差异:

(1) 两代"浪"型的,无论一代还是二代,a"浪"和 b"浪向"都是主流形式;c"高头"一代根本不用,到了二代则有了较高的使用率(59.1%);d"上头"一代也是主流形式,高达 100% 的使用率,但到了二代使用率急剧下降,只有 27.3%,成了非主流的形式;e"上面"一代只有 37.5% 的使用率,为非主流形式,二代急剧下降,只有 4.5% 的使用率,基本已被淘汰。

总之,"浪"型移民,无论一代还是二代,主流形式都是"浪"和"浪向",这两个形式的二代使用率比一代稍有下降。

(2) 两代"高头"型,无论一代还是二代,主流形式都是 a"浪"和 c"高头",只是一代的"浪"的使用率(91.7%)比"高头"的使用率(75.0%)更高,到了二代移民正好相反,"高头"的使用率(93.5%)比"浪"的使用率(71.7%)更高;b"浪向"一代和二代都是 50%—60% 的使用率;d"上头"一代和二代都是 40%—50% 的使用率;e"上面"的使用率一代只有 41.7%,为非主流形式,二代急剧下降,只有 10.9% 的使用率,面临淘汰。

两代移民在五个"～上"类方位词的使用上,体现了不同母语背景和家庭语言背景的强大影响,可见下表 7.17:

表 7.17　两代移民"浪"型和"高头"型的"~上"类方位词使用

	a 浪	b 浪向	c 高头	d 上头	e 上面
一代"浪"型	主流	主流	不使用	主流形式	非主流
二代"浪"型	主流	主流	非主流	非主流	淘汰
一代"高头"型	主流	非主流	主流	非主流	非主流
二代"高头"型	主流	非主流	主流	非主流	淘汰

通过表 7.17 的梳理，可以发现：

（1）本土简洁形式的 a"浪"是两代人共同的主流形式，生命力最强。

（2）本土复杂形式 b"浪向"是有着"浪"型母语或家庭背景的两代移民的主流形式，也是有着"高头"型母语或家庭背景的两代移民的非主流形式，也具有很强的生命力。

（3）外来形式 c"高头"是两代"高头"型移民的主流形式，而"浪"型从一代的从不使用，到二代的成了非主流形式。因此，可以说这是一个成长型的形式。

（4）d"上头"基本上是一个非主流形式，除了一代母语为"浪"型的把它作为主流形式。

（5）e"上面"是一个从非主流形式到被淘汰的一个形式，它是一代移民的非主流形式，到了二代移民，它基本被淘汰或面临淘汰。

第八章
移民背景与上海城市方言的几种句式

本章探讨移民背景与上海城市方言中的某些句式关系,主要涉及以下三种句式:(1) 疑问句;(2) 双宾语句;(3) 比较句。这三类句式在上海城市方言中都有几种不同的变式,且相互可替换,无任何条件制约,经初步观察与移民背景有一定的关系。

第一节 移民背景与疑问句式

一、上海城市方言中的疑问句式及调查

1. 五种疑问句式

目前的上海方言中存在如下五种疑问句式:

a. V+伐?

从历史层次看,这是最古老的疑问形式(游汝杰 1999),在上海方言中"伐[vaʔ]"是"勿[vəʔ]"和句尾语气词"啊[a]"的合音。(游汝杰 1999)从句子的表面形式看起来与普通话中的是非问"V+吗?"句式对应。

b. V+勿+V?

从历史层次看,此疑问形式的形成和发展是唐宋时期,在吴语中盛行则在明代之后。(游汝杰 1999)此句式存在于上海移民来源较多的苏北、宁波、绍兴、杭州等地,在普通话中也有,是典型的反复问。这

种句式不是上海方言故有的,在开埠时只有少数这样的句子,用在句末。(钱乃荣 2003)如:"我买侬拉个行情买勿买?"

c. 阿+V?

此句式只见于旧常州府和苏州府,在北部吴语晚至明代才出现(游 1999)。20 世纪 20—30 年代,受苏州方言影响,在上海方言里开始较多的使用,"V"可以有除了"是、要、有、会"以外的其他动词,如"阿去、阿想、阿做、阿白相、阿讨论"等。(钱乃荣 1997)

d. 阿+V+勿+V? 和 e.阿+V+伐?

d 和 e 都是 c 和其他形式的杂糅,是上海方言特有的疑问句式,苏州话里也没有。其中 d 是与后起形式 b 的杂糅;e 是与上海本土固有形式的杂糅。

这五种疑问句式在上海方言中都可以用,具有完全相同的语义作用,使用时似乎完全不受条件限制,如在教室里教师问学生"懂不懂"的时候可以有很多用法:"懂伐?""懂勿懂?""阿懂?""阿懂伐?""阿懂勿懂?"(钱乃荣 1997),看上去完全是"自由变异"。从社会语言学角度看,上海方言这五种疑问形式正可构成"疑问变项(interrogative variable)"的五个变式(variant)(徐大明 2006),这些变式不受任何语言环境、语体条件的制约,本节从家庭移民背景角度来观察这些变式的使用情况。

2. 调查问卷

根据以前的调查结果(平悦铃 2012),发现"阿 V"类疑问句式在目前上海话中已很衰微,但存在这样的情况:有些动词或形容词经常同"阿"连用,固化成"阿 V/A"的表达形式,所以除了选用一个普通动词"去",还选用了与"阿"形成固化表达的形容词"好"、动词"是""有""会",后四个词经常形成"阿好""阿是""阿有""阿会"等固定表达形式。

具体的问卷可见附录三。

二、一代移民的五种疑问句式

一代移民在习得定居地上海疑问句式时,往往还是采用来源地方

言的语音形式,但在句式选择上采用了上海话的形式。一代移民的五种疑问句式使用情况详见表8.1:

表8.1 一代移民的疑问句式

编号	背景	性别	年龄	去	好	是	有	会
1	bd	m	75	a,b	a,b	a,b,c,e	a,b	a,b
2	nb	m	83	a,b	a,b,c	a,b,c,e	a,b	a,b,c,e
3	nb	f	78	a,b	a,b	a,b	a	a
4	sx	f	73	a,b,c,e	a,b	a,b	a,b	a,b,e
5	sx	m	83					
6	sb	f	77	a,b,c	a,b	a,b	a,b	
7	sb	m	87	a,b,d,e	a,b,e	a,b,e	a,b,e	a,b,e
8	sz	f	77	a,b,c,e	a,b,c,e	a,b,c,e	a,c,e	a,c,e
9	sz	f	78	a,b	a,b,c,e	a,b,c,e	a,b	a,b
10	sz	m	72	a,b,c,d,e	a,b,c,e	a,b,c,d,e	a,b,c,e	a,b,c

说明:bd为本地,nb为宁波,sx为绍兴,sb为苏北,sz为苏州。m为男,f为女。

观察表8.1可发现:

(1) 所有人,所有场合都使用句式a,在50个(5×10=50)场合中有着50次的使用频次。这说明,所有一代移民在所有场合都会使用a,a是上海本土方言里固有的,最具上海特色的疑问句式,外来移民们都将a作为上海话疑问句式的代表。

(2) 使用b的场合也占绝大多数,在50个场合中有着48次的使用频次,占96%。除了一个宁波女性一代移民,在与动词"有""会"的搭配使用时不采用b,其他人及其他所有场合(包括这位宁波女性移民)也同时使用b。这说明,b也是一代移民上海话重要的疑问句式。

(3) c其实是苏州地区的疑问句式,一代移民的使用频次是17,占34%的使用场合;d是c与b的杂糅,使用频次只有3,占6%的使用场合;e是c与a的杂糅,使用频次是21,占42%的场合。

图 8.1 将形象展现一代移民各类疑问句式的使用情况：

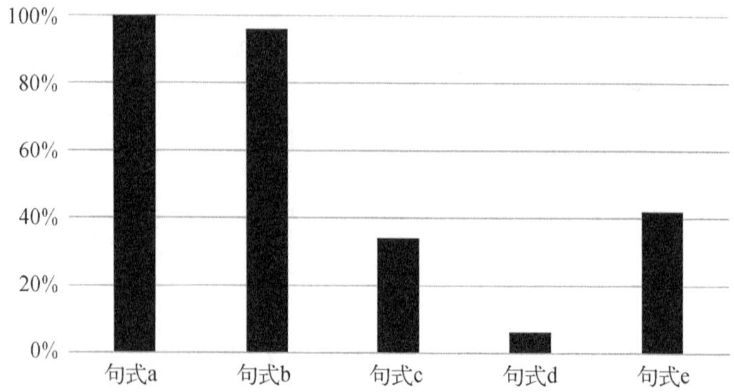

图 8.1 一代移民的疑问句式

显然，一代移民 c、d、e 句式的使用场合都不多，都少于 50%。这三种形式中最少的是 d，可能因为 d 是苏州形式与上海后起形式的杂糅。最多的是 e，可能因为 e 是苏州形式是与上海本土形式的杂糅。纯粹的苏州形式 c 的使用率接近 e。

下面再来看看一代移民不同的动词、形容词构成"阿 V/A"的可能性（见表 8.2）：

表 8.2 一代移民的"阿 V/A"

	阿＋去	阿＋好	阿＋是	阿＋有	阿＋会
句式 c	4	4	4	2	3
句式 d	2	0	1	0	0
句式 e	4	4	6	3	4
总	10	8	11	5	7

从表 8.2 来看，一代移民在选用"阿 V/A"句式时，对一般动词的选用，与现在看来比较固化的"阿 V/A"格式没有什么不同。因为"阿＋去"也存在 10 次的使用场合，不比其他组合少，反而"阿＋有"只有 5 个使用场合。

三、二代移民的五种疑问句式

1. 二代移民疑问句式的具体使用情况

34 个二代移民的疑问句式使用情况详见表 8.3：

表 8.3 二代移民的疑问句式

编号	背景	性别	年龄	去	好	是	有	会
1	bd	m	69	a,b,e	a,b,e	a,b,c,e	a,b,c	a,b,c,e
2	bd	f	67	a	a,c	a,b,c	a,b	a,b
3	bd	f	63	a	a	a,b	a,b	a,b
4	bd	f	62	a	a,b	a,b	a,b	a,b
5	bd	m	60	a	a	a	a	a
6	bd	f	52	a	a,b	a,b	a,b	a,b
7	nb	m	79	a,b	a,b	a,b,c,e	a,b	a,b,c
8	nb	m	79	a	a	a	a	a
9	nb	m	74	a	a,b	a	a	a
10	nb	f	73	a,b	a	a,b,c,e	a,b	a,b
11	nb	f	71	a,b	a,b	a,b,c,e	a,b	a,b,c
12	nb	m	68	a,b,c,d	a,b	a,b	a,b,e	a,b
13	nb	f	62	a,b	a	a,b,c,e	a,b	a,b
14	nb	f	58	a	a	a,b,c	a	a,b
15	nb	m	57	a	a,b	a,b,c	a,b	a,b
16	nb	f	54	a,b	a,b	a,b	a,b	a,b
17	nb	m	52	a,b,d	a,b,c,d	a,b,c,d,e	a,b,c,d,e	a,b,c,e
18	sx	f	64	a,b	a,b,e	a,b,c,e	a,b,e	a,b,c,d,e
19	sx	m	63	a,b	a,b	a,b	a,b	a,b
20	sx	f	59	a	a	a,b,c	a,b	a,b,c
21	sb	f	72	a,b	a,b,c	a,b,c	a,b,c	a,b,c,d

续 表

编号	背景	性别	年龄	去	好	是	有	会
22	sb	m	71	a,b	a,b	a,b	a	a
23	sb	f	63	a,b	a,b	a,b	a,b,c,e	a,b
24	sb	m	62	a	a	a	a	a
25	sb	m	58	a,e	a	a,b,c,d,e	a	a
26	sb	f	56	a	a	a	a,b	a,b
27	sb	f	54	a,b	a,b	a,b	a,b,e	a
28	sb	m	52	a,b	a,b	a,b	a,b	a
29	sb	f	52	a	a	a,b	a,b	a
30	sz	f	72	a	a,b	a,b,c,e	a	a,b,c
31	sz	m	71	a,c,e	a,c	a,b,c	a	a,b
32	sz	f	70	a	a	a	a	a
33	sz	f	59	a,b	a	a	a	a,b
34	sz	m	51	a	a	a,b,e	a,e	a

说明：bd 为本地，nb 为宁波，sx 为绍兴，sb 为苏北，sz 为苏州。m 为男，f 为女。

观察表 8.3 可发现：

（1）所有人，所有场合都使用疑问句式 a。a 是上海本土的固有的疑问句式，也是如今上海话里最重要的疑问句式，依然具有最强大的生命力，达到 100% 的使用率。

（2）使用句式 b 的频次也很高，共有 107 次，总使用场合为 5×34=170 个，占 62.9%，仅次于句式 a。这是一个后起的疑问句式，可能是因为很多移民来源地方言本来就有，而且与普通话的反复问句式"V 不 V"很类似，成了现在上海话里第二重要的疑问句式。

（3）句式 c 的使用频次为 33 次，占 19.4%；句式 d 的使用频次最低，只有 8 次，占 4.7%，几乎已不用；句式 e 的使用频次为 24 次，占 14.1%，略低于句式 c。

图 8.2 将形象展现二代移民各类疑问句式的使用情况：

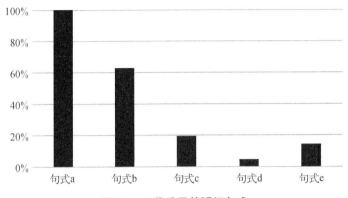

图 8.2 二代移民的疑问句式

通过以上分析可知：20 世纪 20—30 年代受苏州方言影响而存于上海话中的疑问句式 c、d、e 使用率都很低，低于 20%，其中苏州句式与上海后起句式杂糅而成的 d 使用率最低，只有 4.7%，可认为已被淘汰。纯粹的苏州疑问句式 c 在三者中使用率最高，为 19.4%，苏州句式与上海本土句式杂糅而成的 e 略低，为 14.1%，据此可认为句式 c 和 e 濒临淘汰。

下面再来看看二代移民选用不同的动词、形容词构成"阿 V/A"的可能性（见表 8.4）：

表 8.4　二代移民的"阿 V/A"

	阿+去	阿+好	阿+是	阿+有	阿+会
句式 c	2	4	15	4	8
句式 d	2	1	2	1	2
句式 e	3	2	10	6	3
总	7	7	27	11	13

从表 8.4 可看出，选用不同的词语对二代移民构成"阿 V/A"句式有显著的影响力，这是与一代移民完全不同的，一代移民词语选用与

"阿 V"格式的构成没什么关系。

二代移民选用动词"是"构成"阿是"句式的可能性最大,达到 27 个场合;与一般动词"去"或与形容词"好"构成"阿去""阿好"的可能性最低,都只有 7 个场合;与动词"有""会"构成"阿有""阿会"也比较低,分别只有 11 个场合和 13 个场合。因此,"阿是"是如今上海话里"阿 V"格式最常用的一个固化形式。

2. 不同家庭移民背景与疑问句式的选用

如前所述,选用句式 a 是所有人所有场合的选择,不受任何家庭移民背景的影响,因此,下面只观察使用句式 b、c、d、e 同家庭移民背景的关系。

表 8.5　二代移民的家庭背景与疑问句式

	句式 b	句式 c	句式 d	句式 e
本地	19	5	0	4
%	63.3%	16.7%	0.0%	13.3%
宁波	40	13	5	8
%	72.7%	23.6%	9.1%	14.5%
绍兴	13	4	1	4
%	86.7%	26.7%	6.7%	26.7%
苏北	27	6	2	4
%	60.0%	13.3%	4.4%	8.9%
苏州	8	5	0	4
%	32.0%	20.0%	0.0%	16.0%
总	107	33	8	24
%	62.9%	19.4%	4.7%	14.1%

根据表 8.5 可作出图 8.3.1—8.3.4,形象展示句式 b、c、d、e 与家庭移民背景的关系。

第八章　移民背景与上海城市方言的几种句式

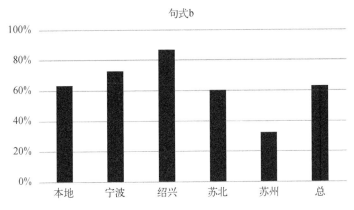

图 8.3.1　家庭背景与疑问句式 b

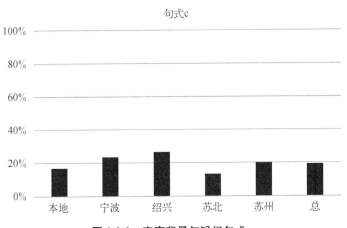

图 8.3.2　家庭背景与疑问句式 c

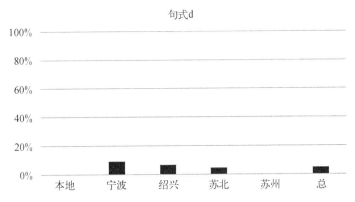

图 8.3.3　家庭背景与疑问句式 d

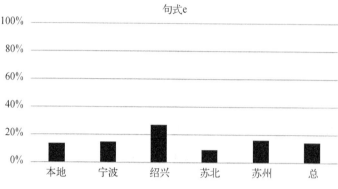

图 8.3.4　家庭背景与疑问句式 e

据表 8.5 和图 8.1.1—8.1.4 可观察到以下几点：

(1) 选用句式 b 的比率从高到低：绍兴＞宁波＞本地≈苏北＞苏州，与总的情况相比，远高于总体比率的是"绍兴"和"宁波"；接近总体比率的是"本地"和"苏北"；"苏州"则远低于总体比率。

句式 b 在上海话里是后起的，但由于某些移民来源地方言就有，如宁波、绍兴，以及普通话里也有类似的反复问的句式"V 不 V"，所以目前上海话里它的使用比率也有 62.9%，是仅次于句式 a 的常用疑问句式。绍兴(86.7%)、宁波(72.2%)二代移民的句式 b 的使用率就高于总体水平(62.9%)；苏州二代移民(32.0%)句式 b 的使用率则远低于总体水平，因为来源地苏州方言中没有类似"V 勿 V"句式。

(2) 句式 c 的使用率各种家庭背景都差不多。最低的苏北二代移民(13.3%)，最高的绍兴二代移民(26.7%)，与总体水平(19.4%)相差不大。这个来自苏州的疑问句式，苏州二代移民使用率(20%)几乎就等于总体水平。

(3) 句式 d 的使用率各种家庭背景也差不多。上海本地、苏州二代移民都为 0%使用率，这两个民系完全不用了。宁波二代移民最高，但也只有 9.1%。绍兴二代 6.7%，苏北二代 4.4%。因此这种句式在如今上海话基本已不使用。

(4) 句式 e 的使用率各种家庭背景也没很大区别。最低的苏北二代移民(8.9%)，最高的绍兴二代移民(26.7%)，与总体水平(14.1%)

相差不大。这个苏州句式与上海固有句式的杂糅形式,使用率上和纯粹的苏州疑问句式 c 差不多。

不同家庭背景和疑问句式的选用可归纳为以下两条规律:

(1) 规律 A: 选用句式 b,即类似于普通话反复问句式的,受家庭移民背景的影响很大。来自来源地方言就有类似结构的宁波、绍兴二代移民的使用率,远高于没有此类结构的苏州二代移民。

(2) 规律 B: 选用句式 c、d、e 是种零星现象,不太受家庭背景的影响,而是人们的怀旧情怀。

由于这三种"阿 V/A"结构几乎已停止使用,二代移民对这三类结构的来源已经根本不知道了,总的感觉是"老的本地话",所以有少数人觉得和老人家交流时还能用用,大多数人都觉得不用了。因此,觉得能用用的只是零星现象,尤其是杂糅形式 d,它是苏州句式与上海后起形式的杂糅,几乎让所有人都觉得别扭。相比较杂糅形式 d,e 是苏州形式与上海固有形式的结合,人们还觉得不太别扭。纯粹的苏州形式 c,是这三类"阿 V/A"结构里使用率最高的,接近 20%,但与另外两个句式 a、b 相比还是偏低的,人们还是把它定位在"老的本地话",因此,苏州移民也不一定会使用,而是有着老上海情怀的人愿意使用。

四、疑问句式的本土化

根据前文所述可以认识到:

对于一代移民来说,他们来自不同地区,说着不同的家乡话,在融入定居地上海的过程中,习得定居地语言的某些典型句式,如疑问句式,被他们认作融入上海生活的一种手段。因此,几乎所有的一代移民都转用了上海话里固有的和后起的两种疑问句式,固有的句式 a 的使用率为 100%,后起的句式 b 的使用率也高达 96%。

来自苏州的疑问句式,以及两种杂糅形式,一代移民也有所使用,但远低于上海本土的两种。

移民第二代仍然保持上海固有疑问句式 a 的 100% 的使用率,这说明"V+伐?"依然是如今上海方言最重要最具生命力的疑问句式。

后起的句式 b 的使用率反而没一代移民高，下降为 62.9%，其使用率明显受不同家庭移民背景的影响，移民来源地方言有类似结构的二代移民民系，如宁波和绍兴二代移民，选用 b 的比率明显高于总体水平，而来源地方言没有此类结构的二代移民民系，如苏州二代移民，选用 b 的比率就远低于总体水平。这与一代移民是完全不同的，一代移民普遍使用句式 b，并不受自己家乡话的影响。

来自苏州的疑问句式和两种杂糅句式，到了移民第二代都濒临淘汰，使用率比一代移民都要低。表 8.6 将详细展现这一情况：

表 8.6　一代移民与二代移民疑问句式 c、d、e 的使用率

	句式 c	句式 d	句式 e
一代移民	34.0%	6.0%	42%
二代移民	19.4%	4.7%	14.1%

据表 8.6 可知：

(1) 苏州和上海后起句式的杂糅形式 d，无论移民一代，还是移民二代的使用率都很低，都不足 10%，可认为它在所有的上海话疑问句式里是最没有生命力的，从一开始使用的人就很少。

(2) 纯粹的苏州句式 c 和苏州与上海固有句式的杂糅形式 e，移民一代的使用率是移民二代的两倍，说明这两类句式正在濒临淘汰。

而且，移民一代在使用"阿 V/A"类句式时，并不受限于特定的词语；移民二代则受限于特定的词语，如选用动词"是"构成"阿是"句式的可能性最大，与一般动词"去"或与形容词"好"构成"阿去"、"阿好"的可能性最低。

综上所述，来自不同地方的一代移民，来到定居地上海后，迫切地要融入当地的社会生活，在疑问句式的选用上，上海本土固有句式 a 和后起句式 b 都是一代移民努力模仿的对象，尽管语音上还依然保留了家乡口音，但语法形式上尽量向定居地语言靠拢。他们大多在 20 世纪 40—50 年代来上海谋生，当时正是苏州方言疑问句式对上海方

言产生影响的尾声阶段,所以他们也习得了苏州句式 c 和杂糅句式 e,但使用率要远低于句式 a 和 b。而使用杂糅句式 d 在当时就是零星现象。

二代移民,大多出生于 20 世纪 40—50 年代,继续保持上海固有句式 a 的 100% 的使用率,但后起句式 b 的使用率反而没有移民一代高,可能他们对定居地上海的融入迫切性已消失,而家庭移民来源地方言的某些特征却开始起作用,从而导致这一结果。到了 20 世纪 60 年代,苏州方言对上海方言影响彻底停止,以前的各类"阿 V/A"句式的来源情况移民二代根本无从知晓,大多模糊地认为是老年人使用的本地话,从而被逐渐淘汰。

第二节 移民背景与双宾语句式

一、上海城市方言中的双宾语句式

目前的上海方言中还存在多种双宾语句式,如表示"给他吃块糖"可有如下五种方法:

a. 拨块糖伊吃。(V1+Od+Oi+V2)

这是"动词1+直接宾语+间接宾语+动词2"的语序。

b. 拨伊吃块糖。(V1+Oi+V2+Od)

这是"动词1+间接宾语+动词2+直接宾语"的语序,此语序与普通话相一致。

c. 拨伊块糖吃。(V1+Oi+Od+V2)

这是"动词1+间接宾语+直接宾语+动词2"的语序。

d. 拨块糖拉伊吃(V1+Od+拉+Oi+V2)

这是"动词1+直接宾语+拉+间接宾语+动词2"的语序,是上海话里比较古旧的一种句式。

e. 糖拨块伊吃。(Od+V1+M+Oi+V2)

将直接宾语转换成话题是吴语里常见用法(钱乃荣 2003),而且量词保留在动词 1 的后面,成为"直接宾语＋动词 1＋量词＋间接宾语＋动词 2"。吴语里的宁波话也是这样,例如:书伊(弄)本拨我。(给我一本书。)(肖萍、郑晓芳 2014)

五种句式中的动词 1 为给予动词,上海话里为"拨",如今读成[pəʔ]。

这五种双宾语句式在目前上海方言中都可以用,具有完全相同的语义作用,同前一节的疑问句式情况一样,使用时完全不受条件限制,本节从家庭移民背景角度来观察这些变式的使用情况。

二、一代移民的双宾语句式

一代移民在习得定居地上海双宾语句式时,往往还是采用来源地方言的语音形式,但在句式选择上采用了上海话的形式。一代移民的五种双宾语句式使用情况详见表 8.7:

表 8.7　一代移民的双宾语句式

编号	背景	性别	年龄	双宾语句式
1	bd	m	75	a,b,c,e
2	nb	m	83	a,b,c
3	nb	f	78	a,b,c
4	sx	f	73	b,c
5	sx	m	83	a,b,e
6	sb	f	77	只会苏北句式,未习得上海句式
7	sb	m	87	a,b,c
8	sz	f	77	a,b,c,e
9	sz	f	78	a,b,c,d
10	sz	m	72	a,b,c,e

说明:bd 为本地,nb 为宁波,sx 为绍兴,sb 为苏北,sz 为苏州。m 为男,f 为女。

观察表 8.7 可发现，一位女性苏北一代移民没有习得定居地上海话的双宾语句式，她还是只会用家乡话的句式。这说明在习得上海话时，双宾语句式相对疑问句式难度大一些。在下面的分析中将不再涉及这个被调查人。

一代移民各类双宾语句式使用情况分析如下：

（1）使用句式 a 的有 8 人次，总人次为 9，使用率为 88.9%，说明"V1＋Od＋Oi＋V2"句式是上海话非常常用的句式，来上海定居的一代移民绝大部分都要使用。

（2）使用句式 b 的有 9 人次，使用率为 100%，说明与普通话相一致的"V1＋Oi＋V2＋Od"句式是一代移民全都使用的句式。

（3）使用句式 c 的也有 8 人次，使用率为 88.9%，说明"V1＋Oi＋Od＋V2"句式也是一代移民绝大部分都要使用的。

（4）使用句式 d 的只有 1 个人，使用率只有 11.1%，说明古旧的"V1＋Od＋拉＋Oi＋V2"句式一代移民只有很少人使用。

（5）使用句式 e 的有 4 个人，使用率 44.4%，说明"Od＋V1＋M＋Oi＋V2"句式一代移民将近一半人会使用。

图 8.4 将形象展现一代移民各类双宾语句式的使用情况：

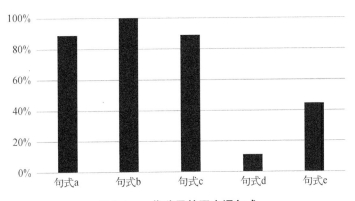

图 8.4　一代移民的双宾语句式

综上，句式 a、b、c 是一代移民普遍使用的双宾语句式，其中与普通话相一致的句式 b 更是达到了 100%的使用率。句式 e 有近一半的使用率,使用人的家乡背景是本地、绍兴和苏州。句式 d 只有一个苏州移民使用,这一古旧的句式连上海本地人也不使用。

三、二代移民的双宾语句式

1. 二代移民双宾语句式具体表现

二代移民从语音到句式都采用了上海话的形式,具体使用情况见表 8.8:

表 8.8 二代移民的双宾语句式

编号	背景	性别	年龄	双宾语句式
1	bd	m	69	a,b,c,e
2	bd	f	67	a,b,c,e
3	bd	f	63	a,b,c
4	bd	f	62	b
5	bd	m	60	b
6	bd	f	52	b
7	nb	m	79	a,b,c
8	nb	m	79	b,e
9	nb	m	74	b
10	nb	f	73	b,c
11	nb	f	71	b,c
12	nb	m	68	a,b
13	nb	f	62	b,c
14	nb	f	58	b,c
15	nb	m	57	b
16	nb	f	54	b,c
17	nb	m	52	a,b,c

续 表

编 号	背 景	性 别	年 龄	双宾语句式
18	sx	f	64	a,b,c
19	sx	m	63	a,b,c
20	sx	f	59	a,b,c
21	sb	f	72	a,b
22	sb	m	71	b
23	sb	f	63	a,b,c
24	sb	m	62	b
25	sb	m	58	b,c
26	sb	f	56	a,b,c
27	sb	f	54	b,c,e
28	sb	m	52	b
29	sb	f	52	b,c
30	sz	f	72	b,c,e
31	sz	m	71	a,b,c
32	sz	f	70	b
33	sz	f	59	a,b,c,e
34	sz	m	51	a,b,c

说明：bd 为本地，nb 为宁波，sx 为绍兴，sb 为苏北，sz 为苏州。m 为男，f 为女。

二代移民各类双宾语句式使用情况分析如下：

使用句式 a 的有 15 人次，共 34 人，使用率为 44.1%；使用句式 b 的有 34 人次，也就是全部都使用，使用率为 100%；使用句式 c 的有 22 人次，使用率为 64.7%；使用句式 d 的为 0 人次，使用率为 0%，说明古旧的句式 d 到移民二代就没有人再使用了，目前已经被淘汰；使用句式 e 的只有 6 人次，使用率为 17.6%，面临被淘汰。图 8.5 将形象展现二代移民各类双宾语句式的使用情况：

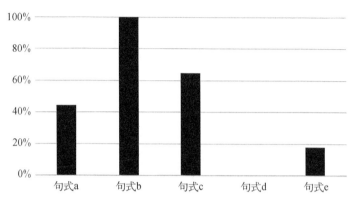

图 8.5 二代移民的双宾语句式

2. 家庭移民背景与双宾语句式的选用

如前所述,所有人都选用句式 b,而句式 d 则无人选用,两者都不受家庭移民背景影响,因此,下面只需观察句式 a、c、e 的使用与家庭移民背景的关系。

表 8.9 二代移民的家庭背景与双宾语句式

	句式 a	句式 c	句式 e
本地	3	3	2
%	50.0%	50.0%	33.3%
宁波	3	7	1
%	27.3%	63.6%	9.1%
绍兴	3	3	0
%	100%	100%	0%
苏北	3	5	1
%	33.3%	55.6%	11.1%
苏州	3	4	2
%	60.0%	80.0%	40.0%
总	15	22	6
%	44.1%	64.7%	17.6%

根据表 8.9 可作出图 8.6.1—8.6.3,形象展示句式 a、c、e 与家庭移民背景的关系。

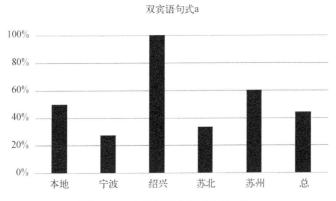

图 8.6.1　家庭背景与双宾语句式 a

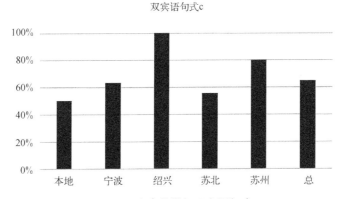

图 8.6.2　家庭背景与双宾语句式 c

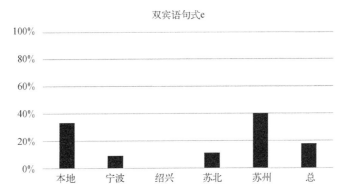

图 8.6.3　家庭背景与双宾语句式 e

观察表 8.9 和图 8.6.1—8.6.3 可发现：

(1) 双宾语句式 a"V1+Od+Oi+V2"，总体有接近 50% 的使用率，但不同家庭背景表现的情况很不同，使用率从高到低依次为：绍兴＞苏州＞本地＞苏北＞宁波。高于总体水平的是前三个民系，人数最多的两大民系"苏北"和"宁波"都低于总体使用水平。

(2) 双宾语句式 c"V1+Oi+Od+V2"，总体有接近 64.7% 的使用率，不同家庭背景的使用率从高到低依次为：绍兴＞苏州＞宁波＞苏北＞本地，这种句式，前两个民系远高于总体使用水平，后三个都比较接近总体水平，本地反而最低。

(3) 双宾语句式 e"Od+V1+M+Oi+V2"，总体已低于 20% 的使用率，面临淘汰，不同家庭背景情况有所不同，从高到低依次为：苏州＞本地＞苏北≈宁波＞绍兴，其中前两个民系"苏州"和"本地"还有超过 30%—40% 的使用率，还有比较多的使用人数，但后三个民系"苏北""宁波""绍兴"则只有 10% 左右的使用率，"苏北"和"宁波"又是人数众多的民系，所以目前句式 e 正面临被淘汰。

四、双宾语句式的主流化

从一代移民到二代移民，双宾语句式有一个逐渐主流化的过程，即本来可能有几个常用的句式，到目前的上海话中，只有与普通话相一致的句式结构成为唯一的主流形式。下面来观察一下从一代移民的双宾语句式，到二代移民的双宾语句式使用状况的演变过程。下面将两代移民的各类双宾语句式作个对比：

表 8.10 两代移民的双宾语句式使用率

	句式 a	句式 b	句式 c	句式 d	句式 e
一代移民	88.9%	100%	88.9%	11.1%	44.4%
二代移民	44.1%	100%	64.7%	0%	17.6%

据表 8.10 作图 8.7，形象展示两代移民双宾语句式使用的演变情况。

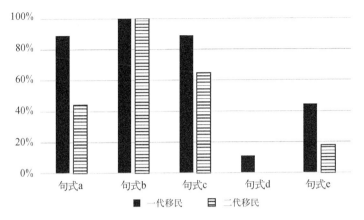

图 8.7　两代移民的双宾语句

从表 8.10 和图 8.7 可明显看出,除了与普通话相同的句式 b,二代移民的其他句式的使用率都下降了。句式 a 的使用率下降了 44.8%,降幅达 50.4%;句式 c 下降了 24.2%,降幅达 27.2%;句式 d 完全不使用了,降幅达 100%;句式 e 下降了 26.8%,降幅达 60.4%。

各类句式都有不同程度的下降,原先使用率很高的句式 a、c 下降幅度也不小,句式 c 稍小一点。原因可能是:句式 c"V1+Oi+Od+V2"与主流双宾语结构"V1+Oi+V2+Od"比较接近,而句式 a"V1+Od+Oi+V2"由于直接宾语在前,与主流结构比较远,所以下降幅度比句式 c 大得多。

句式 d 是种古旧的上海本地双宾语句式,一代移民使用率就很低,二代移民彻底不用,已经被淘汰。

句式 e 本来是吴语中常见的一种用法,但一代移民使用率也已不足 50%,二代移民使用率下降幅度很大,目前使用率已不足 20%,正面临被淘汰,尤其人数众多的两大民系"苏北"和"宁波"二代移民的使用率都只有 10% 左右。(参见本节,三)原因可能还是与主流形式相差太远的缘故。

综上,句式 a、b、c 都是一代移民双宾语句的主流句式,但到了二代移民,只有与普通话相一致的句式 b 成了目前上海方言的主流双宾语句式。其他句式的使用率都呈下降趋势,原先就很少用的句式 d 彻底消亡；原先使用率不足50%的句式e正面临淘汰；本来有很高使用率的句式a，由于与主流形式较远，使用率下降幅度很大；本来有很高使用率的句式c，由于与主流形式较近，下降幅度比较小。

总之，所有其他句式的使用率都有不同幅度的下降，只有与普通话一致的双宾语句式成了上海话唯一的主流形式。

第三节　移民背景与"逆比"句式

本章研究的比较句式指的是"逆比"，普通话里用"A不如B"来表达。

一、上海城市方言中的"逆比"句式

目前的上海方言中还存在多种表示"逆比"的比较句式，如表示"春天不如秋天"可有如下四种方法：

a. 春天勿及秋天。"A勿及B"
b. 春天勿比秋天。"A勿比B"
c. 春天勿如秋天。"A勿如B"

此种句式里的"如"可有两个读音，比较老派一点读[zȵ23]，新派一点会读成[lu23]。后一种读音应是受普通话的影响。

d. 春天比勿上秋天。"A比勿上B"

这四种表示"逆比"的比较句式在目前上海方言中都可以用，具有完全相同的语义作用，同前两节的疑问句式、双宾语情况一样，使用时完全不受条件限制，本节从家庭移民背景角度来观察这些变式的使用情况。

二、一代移民的"逆比"句式

一代移民在习得定居地上海话"逆比"句式时，往往还是采用来源地方言的语音形式，但在句式选择上采用了上海话的形式。一代移民的四种"逆比"句式使用情况详见表8.11：

表 8.11　一代移民的"逆比"句式

编号	背景	性别	年龄	"逆比"句式	备　注
1	bd	m	75	a,c,d	
2	nb	m	83	a,c,d	
3	nb	f	78	a,d	
4	sx	f	73	a	
5	sx	m	83	a,d	
6	sb	f	77	a	
7	sb	m	87	未习得上海句式	只会苏北话的"不及"、"比不上"
8	sz	f	77	a,b,c,d	
9	sz	f	78	a,b,d	
10	sz	m	72	a,c,d	

说明：bd 为本地，nb 为宁波，sx 为绍兴，sb 为苏北，sz 为苏州。m 为男，f 为女。

一代移民习得上海话的"逆比"句式时，同前一节的双宾语句式一样，有一个苏北移民未能习得上海话的句式，只能用苏北句式。说明此类句式的习得对苏北籍移民也是有一定难度的。

一代移民各种"逆比"句式使用情况分析如下：

（1）使用句式 a 的有 9 人次，总人次为 9，使用率达 100%，说明"A 勿及 B"句式是一代移民全都使用的句式。

（2）使用句式 b 的有 2 人次，使用率只有 22.2%，说明与"A 勿比 B"句式是一代移民较少使用的。

（3）使用句式 c 的也有 4 人次，使用率为 44.4%，说明"A 勿如 B"句式只有不到一半的人使用。

（4）使用句式 d 的只有 7 个人，使用率达 77.8%，说明"A 比勿上 B"也是个较常用的句式。

图 8.8 将形象展现一代移民"逆比"句式的使用情况：

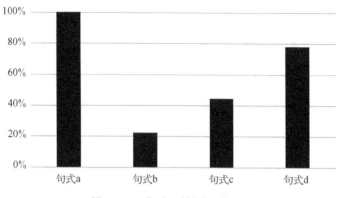

图 8.8 一代移民的"逆比"句式

综上,句式 a、d 是一代移民普遍使用的"逆比"句式,句式 a"A 勿及 B"更是达到了 100% 的使用率;句式 d 也有超过 70% 的使用率。句式 b 只有 2 个苏州移民使用,连上海本地人也不使用,面临被淘汰。从习得的民系来看,苏北移民习得情况最糟糕,1 个男性移民未习得上海句式;1 个女性移民只习得了句式 a。

三、二代移民的"逆比"句式

1. 二代移民"逆比"句式具体表现

二代移民从语音到句式都采用了上海话的形式,具体使用情况见表 8.12:

表 8.12 二代移民的"逆比"句式

编号	背景	性别	年龄	"逆比"句式	备 注
1	bd	m	69	a,b,c	
2	bd	f	67	a,b,c,d	
3	bd	f	63	a,d	
4	bd	f	62	c,d	
5	bd	m	60	a,c,d	
6	bd	f	52	a,b,d	
7	nb	m	79	a,c,d	

续 表

编号	背景	性别	年龄	"逆比"句式	备 注
8	nb	m	79	a,d	
9	nb	m	74	a	
10	nb	f	73	a,c,d	
11	nb	f	71	a,d	
12	nb	m	68	a,c,d	
13	nb	f	62	a,c,d	
14	nb	f	58	a,d	
15	nb	m	57	a,d	
16	nb	f	54	c	
17	nb	m	52	a,c,d	
18	sx	f	64	a,c,d	d 句式中"如"读成[lu23]
19	sx	m	63	a,c	
20	sx	f	59	a,c,d	d 句式中"如"读成[lu23]
21	sb	f	72	a,d	
22	sb	m	71	a,c	
23	sb	f	63	a,c,d	
24	sb	m	62	a	
25	sb	m	58	c	
26	sb	f	56	a,d	
27	sb	f	54	c	d 句式中"如"读成[lu23]
28	sb	m	52	a	
29	sb	f	52	a,c,d	
30	sz	f	72	a,b,c,d	
31	sz	m	71	a,b,c,d	
32	sz	f	70	a	
33	sz	f	59	a,d	
34	sz	m	51	a,c,d	

说明:bd 为本地,nb 为宁波,sx 为绍兴,sb 为苏北,sz 为苏州。m 为男,f 为女。

二代移民"逆比"句式使用情况分析如下:

使用句式 a 的有 30 人次,共 34 人,使用率为 88.2%;使用句式 b 的只有 5 人次,使用率仅 14.7%;使用句式 c 的有 21 人次,使用率为 61.8%;使用句式 d 的为 24 人次,使用率为 70.6%。句式 d 中的"如",应读成[zๅ23],有 3 个移民读成了[lu23],显然受到了普通话的影响,占使用 d 句式人数的 12.5%,还只属于零星现象,现在年轻人("80 后""90 后")读成[lu23]的越来越多,此处不作探讨。

图 8.9 将形象展现二代移民"逆比"句式的使用情况:

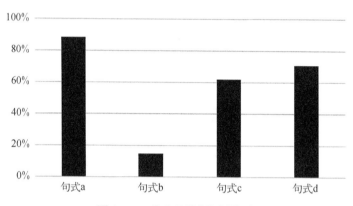

图 8.9　二代移民的"逆比"句式

2. 家庭移民背景与"逆比"句式的选用

表 8.13　二代移民的家庭背景与"逆比"句式

	句式 a	句式 b	句式 c	句式 d
本地	5	3	4	5
%	83.3%	50.0%	66.7%	83.3%
宁波	10	0	6	9
%	90.9%	0%	54.5%	81.8%
绍兴	3	0	3	2
%	100%	0%	100%	66.7%
苏北	7	0	5	4

续 表

	句式 a	句式 b	句式 c	句式 d
%	77.8%	0%	55.6%	44.4%
苏州	5	2	3	4
%	100%	40.0%	60.0%	80.0%
总	30	5	21	24
%	88.2%	14.7%	61.8%	70.6%

根据表 8.13 可作出图 8.10.1—8.10.4,形象展示"逆比"句式 a、b、c、d 与家庭移民背景的关系。

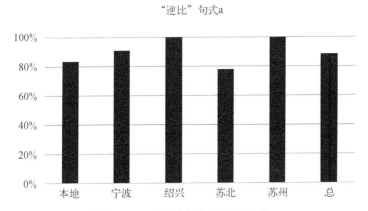

图 8.10.1　家庭背景与"逆比"句式 a

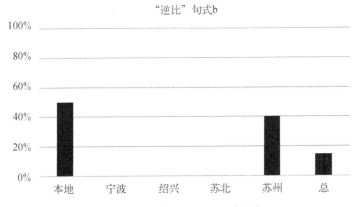

图 8.10.2　家庭背景与"逆比"句式 b

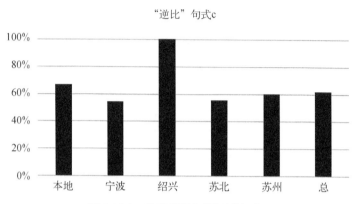

图 8.10.3　家庭背景与"逆比"句式 c

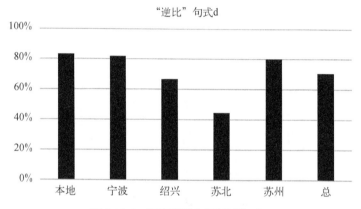

图 8.10.4　家庭背景与"逆比"句式 d

观察表 8.13 和图 8.10.1—8.10.4 可发现：

(1)"逆比"句式 a"A 勿及 B"，总体有高达 88.2% 的使用率，而且各类家庭背景的使用率都很高，"绍兴"和"苏州"都达到了 100%；"宁波"有 90.9%；"本地"有 83.3%，正好是总体水平；最低的"苏北"也有 77.8%，很接近总体水平。这说明"逆比"句式 a 是所有人都普遍使用的句式，家庭背景差异性不显著。

(2)"逆比"句式 b"A 勿比 B"，总体只有 14.7% 的使用率，正面临被淘汰。而"本地"和"苏州"还有一定的使用比率，分别达到 50.0% 和 40.0%；其他民系，像"宁波""绍兴""苏北"的使用率已为 0%，说明句式 b 在这些民系里已经被淘汰。而"宁波"和"苏北"是最大的两个民系,因此句式 b 总体情况是正处在淘汰过程中,只有比较保守的"本地"和"苏州"民系有一定的使用率。

(3)"逆比"句式 c"A 勿如 B",总体有 61.8% 的使用率。各类家庭背景都比较接近总体水平,除了人数较少的"绍兴"有高达 100% 的使用率。说明句式 c 是也是一种常用"逆比"句式,绍兴二代移民尤其偏爱使用。

(4)"逆比"句式 d"A 比勿上 B",总体有 70.6% 的使用率,"本地""宁波""苏州"都有 80% 以上的使用率,"绍兴"的使用率 66.7% 接近总体水平,只有"苏北"的使用率最低,只有 44.4%。说明句式 d 也是种常用"逆比"句式,但苏北二代移民不太爱使用。

从四类"逆比"句式来看,句式 a 是最常用的,句式 c 和句式 d 也较多使用,句式 c 绍兴二代移民尤其爱用,句式 d 苏北二代移民不太喜欢用。

四、对比一代移民和二代移民的"逆比"句式

下面将两代移民的各类"逆比"句式作个对比:

表 8.14　两代移民的"逆比"句式使用率

	句式 a	句式 b	句式 c	句式 d
一代移民	100.0%	22.2%	44.4%	77.8%
二代移民	88.2%	14.7%	61.8%	70.6%

据表 8.14 作图 8.11,形象展示两代移民"逆比"句式使用的演变情况。

观察表 8.14 和图 8.11 可发现:

(1)四类"逆比"句式中,一代移民和二代移民最爱使用的都是句式 a,可以说"A 勿及 B"是上海话里最常用的"逆比"句式。

(2)句式 b"A 勿比 B"是个相对古旧的说法,一代移民也只有 22.2% 的使用率,使用人为苏州一代移民。二代移民的句式 b 的使用

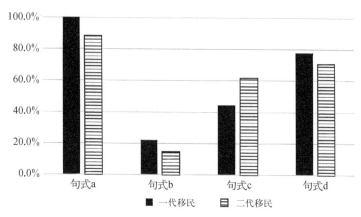

图 8.11　两代移民的"逆比"句式

率继续下降,只有 14.7％,使用人的家庭背景为"本地"和"苏州",其他民系的二代移民已完全不使用。说明这一比较古旧的形式只有"本地"和"苏州"民系还继续有一定的使用率,但总体上已面临被淘汰。

(3) 句式 c 的使用率,从一代到二代移民有着一个上升的过程。句式 c"A 勿如 B"是与普通话"A 不如 B"相一致的句式,同前一节双宾语句式情况类似,与普通话相一致的句式的使用率,到了二代移民会上升。有些人甚至把其中的"如"[$z_1$23]读成了[lu23],二代移民这还是种零星现象,但到了"80 后""90 后",即他们的子女,也就是移民第三代,这种现象将大幅度上升。所以普通话的影响力到移民二代的嘴上已初显端倪。

(4) 句式 d"A 比勿上 B"两代移民的使用率差不多,都高于 70％,可以说是仅次于句式 a 的常用"逆比"句式。

从以上论述可看出,有两个总趋势:

(1) 趋势 A:向普通话靠拢

与普通话相一致的句式 c 的使用率,从一代到二代移民,使用率上升,而且某些字的读音都受普通话的影响。

(2) 趋势 B:外来人数众多的民系淘汰古旧形式更快更彻底

宁波和苏北二代移民已彻底不使用较古旧的句式 b,只有上海本地和苏州二代移民还继续保持一定的使用率。

第九章
结　论

第三至第八章从语音、词汇、词法、句法等各语言层面,对移民背景与上海城市方言的形成作了全面的分析研究。下面对各层面再作总结性的观察。

第一节　移民背景与语音习得

在语音习得方面,本书从上海城市方言的声母、韵母、声调三方面进行了考察:(1)声母选择了最有北部吴语特征的"塞音三分"习得;(2)韵母选择了 E 韵字韵母元音的习得;(3)声调则考察了单音节声调的习得。

通过前面第三—第五章的研究,在语音习得方面可发现一些总的原则与规律。

一、一代移民的语音习得受母语方言影响大

声母"塞音三分"习得时,母语方言与上海城市方言系属关系越近,越容易习得,越远越不容易习得。最没有问题的,如一代苏州、一代宁波、一代绍兴。一代本地的最大问题是保留了"内爆音";一代苏北,尤其是男性,在 VOT 特征、发声态的选择、后接元音的音高等都有很大问题。

韵母 E 韵字元音分布上，一代移民保留他们母方言的特征。比如上海本地人还保留乡村方言时期的蟹开一、蟹合一为[e]；咸开一、山开一为[ɛ]。苏北移民还保留咸山摄的鼻音尾、鼻化色彩等。男性宁波移民保留二合元音。母语本来没有复元音的民系将 E 韵字都合并成[ɛ]，如苏州和绍兴。

在声调音高特征的习得方面，与上海城市方言系属最近的一代移民，如一代本地、一代宁波、一代苏州习得率最高，居中的是一代绍兴，最低的是一代苏北。

在声调调长习得方面，一代移民最有问题的还是一代苏北，不能区分两个入声的调长分布特征，即"阳入＞阴入"。

总之，无论声母、韵母、声调等语音特征的习得上，一代移民的母语方言对他们的上海城市方言语音习得影响非常大。越是系属关系近，越是容易习得，越远越难习得，男性尤其难习得。

二、二代移民的语音习得有一定的移民背景口音残留

"塞音三分"特征上，移民背景对二代移民已经没有什么影响。

韵母 E 韵字元音分布上，二代移民合并为[ɛ]是总趋势。保留复元音[ei]/[ɛi]是移民背景口音的残留。人数多、威望高的民系保留较多，如二代本地（古淞北地区）和二代宁波；人数多、威望低的民系，如二代苏北保留较少，他们更愿意习得主流形式，即合并为一个单元音[ɛ]。人数少的民系，二代绍兴和二代苏州，正巧他们的来源地方言里就没有复元音，所以这两个民系就没有复元音。

二代移民在音高习得方面，7 个声调要素里有 4 个声调要素：入声调格局、阴平调形、阳去调形、阴入调形，移民背景已经没有影响了。剩下的 3 个要素：舒声调格局、阴去调形、阳入调形，移民背景还有影响。在剩下的 3 个要素的习得上，最好的民系是"本地"，居中的是"苏州"和"苏北"，"宁波"和"绍兴"最糟糕。

二代移民在调长习得上已完全掌握了上海城市方言声调调长的特征，移民背景已经没有影响了。

总之,二代移民在语音习得上,移民背景对很多特征已经没有影响,即使在某些特征上有些影响,也只是残留现象。而且残留比较多的往往是人数多、威望高的民系,像二代宁波、二代本地。人数多、但威望低的民系,像二代苏北反而残留率要低。

可作如下推断:浙北籍移民由于一代在上海适应得比其他地域来的移民更好,到二代反而产生了优越心态,语言心理趋向保守,更多保留家庭来源地方言的某些要素。一代习得率最低的苏北移民,到二代反而习得情况比浙北籍移民后代好,推断原因是:苏北籍移民由于一代在上海各方面的地位不高,到了二代,他们有着比其他地域的二代移民更加积极地融入上海的心态,因此在语言习得上态度也更积极。

第二节　移民背景与词汇习得

词汇的习得与语音习得过程有所不同,上海城市方言的词汇,可以说正是由于各地移民的不断迁入,有一个逐渐演变、定型的过程。

不同来源地方言的词汇,语音形式上是完全不同的,有些词汇层面也是完全不同的,有些词汇层面是相同或相似的。

本书主要考察了以下一些词汇:(1)直系长辈亲属称谓;(2)旁系长辈亲属称谓;(3)"夫妻"称谓;(4)三个普通名词。

一、一代移民的长辈称谓基本保留来源地形式

一代移民的直系亲属称谓,从语音角度看,都保留了来源地方言的本来发音;从词汇角度看,"父亲""外祖父""外祖母"具有较强的一致性,"母亲""祖父""祖母"则一致性较弱。原因是:来源地方言中"父亲""外祖父""外祖母"这三个称谓的一致性本来就比较强。特别是"外祖父"和"外祖母",来源地方言大部分都是"外公"和"外婆",即只有一个主流形式,一代移民也只有一个主流形式。

来源地方言的"父亲"大部分是"爹爹"和"阿伯",即有两个主流形

式,一代移民也主要是这两个形式,但出现了混用,非常有意思的是,外来移民(除了绍兴)"爹爹"和"阿伯"都用,上海本地反而只用"阿伯",预示着"阿伯"将成为上海占优势的主流形式。

一致性弱的亲属称谓"母亲""祖父""祖母"没发生混用现象,即一代移民基本采用了来源地方言本来的称谓形式。

一代移民在称呼旁系长辈亲属时,大部分使用自己的母语,即家乡来源地方言。从词汇形式到语音形式基本采用了来源地方言。不同家乡话的混用现象也有,主要发生在"姑母"称谓。

二、二代移民的直系长辈称谓"父母"形成主流形式、"祖父母"未形成主流形式;旁系长辈称谓逐渐出现主流形式

二代移民的直系长辈称谓,从语音角度看,基本都采用了上海方言的语音形式。从词汇角度看,"父亲"和"母亲"称谓都产生了主流形式,"父亲"主流形式是"阿伯",新形式是"爸爸";"母亲"主流形式是"姆妈",这是与一代移民最大不同。"祖父"和"祖母"称谓基本还是"各叫各的",这些二代移民通过"祖父"和"祖母"称谓维系了自己与移民来源地的认同感,在他们口中还没有形成上海话"祖父"和"祖母"的主流形式。

旁系长辈称谓在词汇演变过程中有着从"各不相同"到逐渐出现"主流形式"的过程,除了"舅父"称谓外,其他称谓都是这样。

"伯父"主流形式是"伯伯";"叔父"是"爷叔";"姑母"是"嬢嬢";"舅父"主流形式有两个,"娘舅"和"舅舅";"姨母"主流形式也有两个,"姨妈"和"阿姨"。"舅父"称谓由于五个来源地方言的词汇形式本来就很接近,大部分都是"娘舅"和"舅舅",所以这个称谓一直就是"娘舅"和"舅舅",各地移民只要在语音上转变成上海话就可以了,词汇形式不用转变。

女性父系长辈亲属(姑母)和女性母系长辈亲属(姨母),在来源地方言和一代移民的上海话里存在混用现象,而二代移民的上海话里就没有混用现象了。但两者分布根据父亲的排行或母亲的排行来定不

同的称谓,从来源地方言,到一代移民的上海话,到二代移民的上海话都有此类现象。

三、不同移民民系旁系长辈称谓的本土化

旁系长辈称谓是维系二代移民与故乡认同感的重要纽带,但总趋势是本土化的。从一代移民语音和词汇都"各说各的",到二代移民时,语音已大部分采用了上海话形式,保留来源地语音形式不足20%(保留的里面还包括有些称谓采用了来源地的声韵,上海话的连读模式),所有称谓的词汇也出现了主流形式。所以,旁系长辈称谓到移民二代已经完成本土化过程。

在本土化过程中,不同民系有着不同的表现。"本地"是影响力最大的,七个称谓中它对四个("伯伯""爷叔""娘舅""姨妈")都有大影响,其中"爷叔"和"姨妈"只有它起到了决定性的影响力。因此,"本地"是本土化过程中的基础民系。

"宁波"和"苏州"民系的影响力其次,它们都对七个称谓中三个("伯伯""娘舅""阿姨")有较强影响力。它们往往和"本地"产生合力,共同作用于本土化进程,"伯伯"和"娘舅"就是如此。它们两个同时对"阿姨"产生了较大影响力,因为宁波和苏州来源地方言里"姨母"称谓就用到了"阿姨"。

"苏北"是一个人数众多的外来民系,由于他们民系认同感强,其旁系长辈称谓显得十分"特立独行",两个主流形式("孃孃"和"舅舅")都是以这个民系为"主力军",其他民系则都不太跟从。宁波话里虽也有"孃孃",但由于"姑母"称谓还有其他说法,如"嬷嬷""阿姑"等,所以"孃孃"不是宁波话里"姑母"的唯一称谓。

四、一代移民的"夫妻"称谓基本保留来源地形式

上海本地无"老公",有"老婆",声韵调都是上海城市方言的;一代宁波移民保持宁波本来的"老公"和"老婆"语音,声韵调全部是宁波的;一代绍兴移民的"老公"和"老婆"采用了绍兴方言的语音,声韵调

全部是绍兴的;一代苏州移民的"老公"和"老婆"放弃了苏州方言语音,有的采用了上海的声韵形式,但变调采用了宁波模式,有的则采用了上海的声韵调形式,这与现在上海话中的"老公"和"老婆"的使用情况完全一致。

一代移民里的苏州移民,在使用夫妻称谓的"老公"和"老婆"方面,转换速度最快。苏州方言本来不使用"老公"和"老婆",一代苏州移民都使用了,而且语音形式与现在的上海话完全一样,即两种情况:1) 上海的声韵调;2) 上海的声韵,宁波的调。其他家乡背景的也有一定的转变,但往往语音形式还是采用家乡话,苏北最保守,不使用"老公"和"老婆"。

五、二代移民的"夫妻"称谓与年龄和家庭背景相关

二代移民的年龄因素在"夫妻"称谓上,主要是完成向"老公"和"老婆"的主流形式的转变,60岁以上的老年人还有保留来源地方言的情况,或者采用其他形式等,50—60岁的中老年人则全部采用主流形式——"老公"和"老婆"。而采用上海话的连调模式还是宁波话的连调模式?似乎同年龄没太大关系。

采用哪种语音形式,同年龄无关,而与家庭背景有关。二代宁波移民,"夫妻"称谓绝大部分采用宁波的连调模式;二代上海本地的,绝大部分采用上海的连调模式。其他的家庭背景,则两类连调模式势均力敌,使用比率差不多。

六、普通名词一代移民出现主流形式,二代移民完成本土化

主要观察"膝盖""茄子""蝉"三个名词。

从语音层面看,五个来源地方言有着各不相同的语音系统,到一代移民的上海话,还是使用各种家乡话语音。到二代移民的上海话,全部使用上海话语音形式,保留家乡口音已成零星现象。

"膝盖"一词,一代移民主流形式是采用上海本地和苏州的"脚馒头"。但一代苏北移民不用"脚馒头",也不用家乡话形式,而用了"膝

盖"。同时,一代上海本地也出现了"膝盖",1个一代宁波女性移民和1个一代绍兴女性移民也开始使用"膝盖"。"膝盖"这一形式在来源地方言里是没有的,就是在这时出现的。使用民系以"苏北"为主。

"茄子"一词,一代移民的主流形式是"落苏""茄子"两个形式,与上海本地完全一样了,只不过是带着来源地方言口音说而已。

"蝉"一词,一代出现了两个主流形式:"野胡珠"和"知了"。

二代移民与一代移民的普通名词最大不同是:从语音形式到词汇形式,几乎全部转用上海话。

"膝盖"的主流形式还是"脚馒头","茄子"的主流形式还是"落苏"和"茄子";"蝉"的主流形式也还是"野胡珠"和"知了"。

但在"蝉"的称谓上,不同移民背景有显著不同,使用"野胡珠"(包括"药胡珠")与使用"知了"是互补关系,偏向使用"野胡珠"(包括"药胡珠")的就不爱使用"知了";偏向使用"知了"的就不爱使用"野胡珠"(包括"药胡珠")。上海本地最爱使用"野胡珠"(包括"药胡珠"),而苏州二代移民最爱使用"知了"。

第三节 移民背景与词法习得

主要观察三种词法:(1)"辣~"格式;(2)指示语素;(3)"~上"类方位词。

一、"辣~"格式的本土化

一代移民到定居地上海后,全面采用了上海本土形式,如 a"辣"和 b"辣辣",苏州来源的 c"辣海"由于当时已广泛使用,因此一代移民也大量使用。另一个苏州来源的 e"辣浪",由于当时也只在苏州移民和上海本地人中使用,其他民系都不用,因此使用率不高。宁波来源的 d"辣该",当时只在宁波移民和苏北移民中使用,其他民系都不用,使用率也不高。

到了二代移民,本土形式 a"辣"和 b"辣辣"使用率虽有些下降,但还是得到各民系的广泛使用；两个苏州来源的格式命运截然不同，c"辣海"继续保持高使用率，而 e"辣浪"则遭淘汰；宁波来源的 d"辣该"的使用率有所上升，但也主要流行于"宁波""绍兴""苏北"三个民系，"本地"和"苏州"民系依旧拒绝使用。

因此，如今上海话占主流的"辣～"格式还是 a"辣"、b"辣辣"和 c"辣海"。

二、指示语素呈现本地民系与外来民系的对立

各地移民来上海前的指示语素运用可说是"各有一套"，来源地方言里的指示语素各不相同，而且指示方式也不尽相同，上海本地是"定指—另指"对立；绍兴、苏北是"近指—远指"对立；宁波是"近指—混指"对立；苏州是"近指—远指—混指"对立。

来上海定居后，一代移民基本都转用了上海方言的指示语素。但一代上海本地人爱用比较古旧的"迭"和"伊"，外来的一代移民偏爱用新形式"辩"和"哀"。

二代移民的定指语素，"迭"和"特"的主体使用民系是二代本地，"特"除了二代本地人使用外，在其他民系里已濒临淘汰。使用"辩"的主体民系是"苏北"和"苏州"。在另指语素的使用上，"伊"的主体使用民系是二代本地人，"哀"的主体民系是"宁波""绍兴""苏州"。

从两代移民情况来看，在"定指"语素使用上，两代本地人都偏爱使用"迭"和"特"，他们都拒绝使用"辩"，两代外来移民则都偏爱用"辩"；"另指"语素使用上，两代本地人偏爱用"伊"，两代外来移民都偏爱用"哀"。

三、"～上"类方位词有主流形式，其他形式受移民背景影响

目前上海方言里常用的表示"～上"的方位词有：(1) 浪；(2) 浪向；(3) 高头；(4) 上头；(5) 上面。

来源地方言里"～上"类方位词呈现出两大类型：(1) 有"浪"无"高头"，简称"浪"型，如苏州和上海本地；(2) 有"高头"无"浪"，简称"高头"型，如宁波、绍兴和苏北。

两代移民在五个"～上"类方位词的使用上,体现了不同母语背景和家庭语言背景的影响。

(1) 本土简洁形式的 a"浪"是两代人共同的主流形式,生命力最强。

(2) 本土复杂形式 b"浪向"是有着"浪"型母语或家庭背景的两代移民的主流形式,也是有着"高头"型母语或家庭背景的两代移民的非主流形式,也具有很强的生命力。

(3) 外来形式 c"高头"是两代"高头"型移民的主流形式,而"浪"型从一代的从不使用,到二代的成了非主流形式。因此,可以说这是一个成长性的形式。

(4) d"上头"基本上是一个非主流形式,除了一代母语为"浪"型的把它作为主流形式。

(5) e"上面"是一个从非主流形式到被淘汰的一个形式,一代是非主流形式,到了二代基本被淘汰或面临淘汰。

第四节　移民背景与句法习得

主要观察三类句法的习得:(1) 疑问句式;(2) 双宾语句式;(3)"逆比"句式。

一、疑问句式的本土化

目前的上海方言中存在如下五种疑问句式:a. V+伐? b. V+勿+V? c. 阿+V? d. 阿+V+勿+V? 和 e. 阿+V+伐?

来自不同地方的一代移民来到定居地上海后,都迫切地要融入当地的社会生活,在疑问句式的选用上,上海本土固有句式 a 和后起句式 b 都是一代移民努力模仿的对象,尽管语音上还依然保留了家乡口音,但语法形式上尽量向定居地语言靠拢。他们大多在 20 世纪 40—50 年代来上海谋生,当时正是苏州方言疑问句式对上海方言产生影响的尾声阶段,所以他们也习得了苏州句式 c 和杂糅句式 e,但使用率要远低于句式 a 和 b。而使用杂糅句式 d 在当时就是零星现象。

二代移民大多出生于 20 世纪 40—50 年代,继续保持上海固有句式 a 的 100% 的使用率,但后起句式 b 的使用率反而没有移民一代高,可能他们对定居地上海的融入迫切性已消失,而家庭移民来源地方言的某些特征却开始起作用,从而导致这一结果。到了 20 世纪 60 年代,苏州方言对上海方言影响彻底停止,以前的各类"阿 V/A"句式的来源情况移民二代根本无从知晓,大多模糊地认为是老年人使用的本地话,从而被逐渐淘汰。

二、双宾语句式的主流化

目前的上海方言中还存在多种双宾语句式,如表示"给他吃块糖"可有如下五种方法:

a. 拨块糖伊吃(V1+Od+Oi+V2);b. 拨伊吃块糖(V1+Oi+V2+Od);c. 拨伊块糖吃(V1+Oi+Od+V2);d. 拨块糖拉伊吃(V1+Od+拉+Oi+V2);e. 糖拨块伊吃(Od+V1+M+Oi+V2)。

句式 a、b、c 都是一代移民双宾语句的主流句式,但到了二代移民,只有与普通话相一致的句式 b 成了目前上海方言的主流双宾语句式,其他句式的使用率都有不同幅度的下降,只有与普通话一致的双宾语句式成了上海话唯一的主流形式。

三、"逆比"句式的主流化

目前的上海方言中还存在多种表示"逆比"的比较句式,如表示"春天不如秋天"可有如下四种方法:

a. 春天勿及秋天"A 勿及 B";b. 春天勿比秋天"A 勿比 B";c. 春天勿如秋天"A 勿如 B"。d. 春天比勿上秋天。"A 比勿上 B"。

句式 a、d 是一代移民普遍使用的"逆比"句式,句式 a"A 勿及 B"更是达到了 100% 的使用率;句式 d 也有超过 70% 的使用率。句式 a 也是二代移民最常用的,句式 c 和句式 d 也较多使用。因此句式 a 成为了上海城市方言"逆比"句式的主流形式。

第五节 试论一代移民和二代移民上海方言的性质

通过前面四节对两代移民的各种层面语言现象的梳理,可发现:

一代移民的母语还是来源地方言,他们的母语对习得上海城市方言有很大的影响,他们的上海方言是种"皮钦化"(pidginized)了的上海城市方言,可认为是上海方言的皮钦语。

二代移民的上海城市方言就是他们的母语,语言结构发展的方向是本土化或者主流化,与来源地方言距离很远,已经具有稳定的音系、词汇、词法、句法等。来源地方言在二代移民的上海城市方言里只有一点残留。

下面将探讨这两类上海方言的性质:

一、一代移民的上海城市方言是上海方言皮钦语

1. 一些相关概念(均引自 Wardhaugh2015)及在上海地域的对应语言

(1) 通用语(lingua franca)

联合国教科文组织(UNESCO)在1953年就将"通用语"定义为:"a language which is used habitually by people whose mother tongues are different in order to facilitate communication between them(一种人们习惯用来促进彼此交流的语言,但使用者的母语又各不相同。)"

在上海,上海城市方言显然就是这个地域的通用语。来自不同地方的移民进入上海后都将其作为一种交流语言,相互间用它进行言语交际。

(2) 上层语言(superstrate language)/词汇语言(lexifier language)

上层语言"The superstrate language (usually only one) is the socially, economically, and politically dominant language in the multilingual context in which the pidgin or creole develops.(通常只

有一个,它是多语环境下处于社会、经济、政治上占优势地位的语言,皮钦语或克里奥尔语就在这种多语环境下发展。)"It is also usually the language which provides the vocabulary for the pidgin or creole de, and in that case, may also be called the lexifier language."(通常情况下这种语言为皮钦语或克里奥尔语提供词汇,因此又可将其称为"词汇语言"。)

在上海,上海城市方言是所有一代移民说的各种皮钦化上海城市方言的"上层语言",或叫"词汇语言。"

(3) 底层语言(substrate language)

底层语言"The substrate languages (by definition two or more) are the native languages of the speakers who contribute to the development of these pidgin or creole languages by providing some vocabulary but also phonological systems and grammatical structures."(按照定义应该两种或以上,它们是促成皮钦语或克里奥尔语发展的说话人的母语,提供一些词汇,还有音系系统和语法结构。)

在上海,一代移民的母语,如上海乡村方言、宁波方言、绍兴方言、苏北方言、苏州方言等就是这些底层语言。

(4) 皮钦语(pidgin)/克里奥尔语(creole)

对这两类语言的定义不是件简单的事。请看以下一个模型,它到20世纪晚期才被广泛接受:

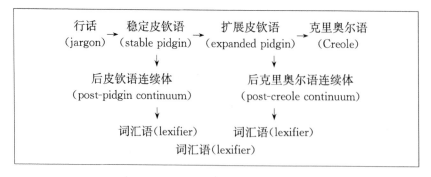

图 9.1 皮钦语和克里奥尔语的生命周期模型

(引自 Wardhaugh2015:117)

这个模型提出：皮钦语是在说话人只有上层语言而再无其他共同语的环境下发展起来的，但对这个上层语言是不完整习得的。由于上层语言的有限输入，他们不是简单地习得上层语言，而是创造了上层语言的一种皮钦语形式。

在有些情况下，皮钦语和词汇语有着持续的接触，在皮钦语和词汇语间发展起了连续体，当皮钦语消散而说词汇语时，这个过程就结束了。即图9.1左边的过程。

在其他环境下，皮钦语扩展，从而变得稳定了。在这个阶段，如果有与上层语言的土生说话人的接触，就又可能会发展起在扩展皮钦语和词汇语间的连续体，最终是词汇语胜出。即图9.1右边的过程。

在上海这个地域，发生的是左边的过程。即一代移民口中是各种上海城市方言的皮钦语，由于移民过程不是一次性的，他们与先前已在上海地域生活说着各种上海皮钦语或者上海词汇语（上海城市方言）的人发生接触。到了二代，所有的人都改说上海词汇语，即上海城市方言了。

综上，一代移民的上海城市方言是皮钦化了的上海方言，是各种上海方言皮钦语。正如日常所说的是"宁波上海话""苏北上海话""绍兴上海话""苏州上海话"等等。

2. 上海方言皮钦语的语言系统特征

从语言结构上来看，皮钦语的音系构造比相对应的上层（superstrate）语言少或简单；形态上缺乏名词、人称代词、动词、形容词等的曲折变化；词汇上皮钦语与相应的上层语言有很多相似处，但由于音系简单和形态缺乏，常常造成词汇形式的多样化。皮钦语的词汇可来自多个语言。（Wardhaugh2015）

与上海城市方言形成期同时代的，在上海地域还产生过"洋泾浜"英语（pidgin English），汉语中的"洋泾浜"在英语里就是 pidgin。即以英语为词汇语（lexifier）的英语皮钦语。

"洋泾浜"一词就来源于上海城市方言形成期的一条河流名字——洋泾浜，现为延安路。1845 年英租界在上海建立后，洋泾浜以北成为英租界,1849 年,洋泾浜以南为法租界,洋泾浜成为两租界的界河。洋泾浜沿岸成了上海最繁华的地段,上海的洋泾浜英语就诞生在这里。使用者主要是英美人和他们在上海的雇员或佣人,以及与他们接触的中国商人。

洋泾浜语言的形成过程是单向的,即土著在学习欧洲语言的过程中形成的,底层是土著语言。

下面来看两个典型的洋泾浜英语句子,先写出洋泾浜英语,然后写出标准英语,再用汉语翻译。

(1) My go topside. He have go bottomside.

I am going upstairs. He has gone downstairs.

我到楼上去。他到楼下去了。

(2) Afternoon my come.

I'll come in the afternoon.

我今天下午来。

很明显可看出,洋泾浜英语的句子时态、格、词序、句子成分(afternoon 不能直接作状语)方面都有错误。但是从汉语的立场来看,时态和格不必顾及,词序也没错,"下午我来"是正常的词序,并且时间词"下午"也可以直接作状语的。

这两个例子说明,洋泾浜英语的造句思想是从汉语出发的,或者说洋泾浜英语的骨头是汉语的,肉是英语的。(游汝杰、邹嘉彦 2016)

一代移民口中的皮钦化的上海方言在语音、词汇、词法、句法等层面都表现出了皮钦语的特征:

(1) 从语音层面看,基本采用了母语方言的形式。词汇、句法等形式上套用了上海城市方言的形式,但语音还是采用了母语方言的形式,即底层语言(如宁波话、苏州话、绍兴话等)。

(2) 在词汇层面上,要分不同的类别。长辈亲属称谓,基本还是用了母语方言;然而平辈、普通名词称谓等,上海本土形式的习得非常迅速,明显快于长辈亲属称谓的上海本土形式的习得。所以,除了长辈亲属称谓,其他名词的习得是向词汇语言靠拢,即本土化的趋势。

如在"蝉"的习得上,一代移民的母语很少有"野胡子",但在他们的上海话里却出现了。

(3) 在词法、句法层面,上海本土形式是外来一代移民学习的目标,如:"辣~"格式的"辣""辣辣";疑问句式的"V+伐?""V+勿+V?"等。

二、二代移民的上海城市方言是上海方言词汇语

1. 二代移民的上海方言为什么是词汇语(lexifier)?

皮钦语往往被认为是种简化的语言,没有成熟的语言。像一代移民的上海方言就是这样。而且,皮钦语的使用范围也有局限,一代移民只在上海这个地域同来自不同母语方言的其他民系交流时才用。回到老家,或者在上海碰到老家人就又用母语交流了。

到了二代移民,他们说的就不再是皮钦语了,而是词汇语。他们的上海方言是稳定的,发展成熟(full-fledge)的一种方言,语言系统各方面都有较强的一致性。由于二代移民自幼生长在上海这个地域,因此他们从小的语言习得目标很明确,就是在这个地域的上层语言(superstrate language)、同时也是词汇语(lexifier language)的上海城市方言。他们嘴里的这种话最终成为一种发展完善的语言。这种上海话是二代移民的母语,在所有的使用场合都能使用,在家庭内部(如与兄弟姐妹、夫妻之间、与自己孩子等)、公共场所都使用。总而言之,上海城市方言到了二代移民,就成了他们的母语,在语言各层面都发展充分且完善。下面从语言系统的各个层面来分析:

(1) 从语音层面看,内部一致性强。正如《上海市区方言志》(许宝华、汤珍珠 1988)里的描述,"中派"发音人有一个成系统的音系结构。在本书里,二代的"塞音三分"特征、E 韵字元音合并为[ɛ]、单音节音高音长习得等基本已经没有移民背景的影响。

(2) 在词汇层面上,直系长辈称谓基本都已出现主流形式,除了"祖父母"以外,旁系长辈亲属、夫妻称谓、普通名词都有主流形式,说明移民背景除了在"祖父母"称谓上,其他词汇都基本已没有影响。在

夫妻称谓上,移民背景继续影响两种变调模式的选择。

（3）在词法、句法层面,也都出现了主流形式。

有的主流形式就是原来的本土形式,"辣～"格式的主流形式"辣"和"辣辣""～上"类方位词的主流形式"～浪"、疑问句式的"V+伐?"和"V+勿+V?"等。

有的来自移民方言,如"辣～"格式的主流形式"辣海"（苏州）,也成了所有上海人的主流形式。

有的主流形式甚至与普通话较接近,如双宾语句式的"V1+Oi+V2+Od"。古旧的上海本地形式"V1+Od+拉+Oi+V2"遭淘汰,"Od+V1+M+Oi+V2"则面临淘汰。

有的则呈现本地民系与外来民系的对立,如指示语素的选用上。但外来民系的指示语素的选用与其来源地方言是不能完全对应的,外来民系往往选用新形式,本地民系往往选用旧形式。

有的主流形式的选用还是同移民背景相关,如"～上"类方位词"浪向"与"高头"的选用。苏州和上海本地选用"浪向"；宁波、绍兴和苏北选用"高头"。

2. 二代移民的上海方言不是克里奥尔语（Creole）,也不是混合语（mixed language）

皮钦语可以最终发展成为克里奥尔语,但不是所有的皮钦语都会最终发展成为克里奥尔语,即经历克里奥尔化（creole formation）过程。事实上,很少会这样。（Wardhaugh 2015）

在上海,各种方言腔的上海皮钦语没有最终发展成克里奥尔语,而是沿着图9.1左边的发展路径,经过皮钦语连续体,最终成为词汇语。通过两代人就完成了这个过程。二代移民的上海话是这个地域的词汇语。

二代移民的上海方言也不是混合语。首先看看混合语的定义：

混合语指某一类型的接触语言,它是两种语言的混合,语法主要来自一种语言,而词汇主要来自另一种语言。这是普遍类型,还有些变体或例外的情况。混合语的产生与皮钦语和克里奥尔语不同,混合语发展于广泛分布的双语(bilingualism)环境。还有与皮钦语不同的是,它们的发展不是为了有个通用语的需求。(Wardhaugh 2015)

从二代移民的情况看,虽然有部分人确实会双语,特别是某些二代苏北移民,他们往往在自己民系内讲苏北方言,在与其他民系交往时就说上海城市方言。但大部分二代移民已经没有双语能力,他们只会说上海城市方言了。

从语言各层面看,二代移民上海方言的词汇和语法都无法追溯到某一特定的方言。虽然在词汇或某些词法、句法上有着来源地方言的某些痕迹,但大部分没有很清晰的脉络可寻。

因此,二代移民的上海方言是一种成熟的语言,不是皮钦语;同时它的词汇和语法不能追溯到某个具体的其他方言,所以也不是混合语。

附录一
被调查人情况表

"一代移民"共10位,具体情况如见表1:

表1 一代移民情况表

编号	移民背景	性别	出生年份	年龄[1]	出生地	入沪年份[2]	在沪居住地[3]	文化程度	职业
1	本地	男	1940	75	浦东杨思	1953	浦东南市（杨思）	大本	工程师
2	宁波	男	1932	83	宁波镇海	1945	虹口	小学	店员
3	宁波	女	1937	78	宁波北仑	1952	虹口	小学	工人
4	绍兴	女	1942	73	绍兴城区	1954	虹口	中专	技术员
5	绍兴	男	1932	83	绍兴马山	1948	卢湾	私塾	工人
6	苏北	女	1938	77	扬州邗江	1954	虹口	扫盲班	工人
7	苏北	男	1928	87	盐城阜宁	1949	虹口	小学	工人
8	苏州	女	1938	77	苏州城区	1956	虹口	大本	翻译
9	苏州	女	1939	78	苏州吴县	1952	黄浦	小学	工人
10	苏州	男	1943	72	苏州吴江	1958	闸北	大专	企业管理

说明:1.调查时间为2015年,被调查人的年龄据此确定;2."本地"的入沪年份指原属乡村范围的居住区域划入市区的时间;3."在沪居住地"指20世纪60年代至80年代上海城区范围的10个区,即:黄浦、卢湾、静安、南市、徐汇、长宁、虹口、杨浦、闸北、普陀。

"二代移民"共34位,具体情况见下表2:

表 2　二代移民情况表

编号	移民背景	性别	出生年份	年龄[1]	父母入沪时间[2]	父亲出生地	母亲出生地	居住地[3]	文化程度	职业
1	本地	男	1946	69	世居	榆林区	榆林区	杨浦	大专	企业管理
2	本地	女	1948	67	世居	虹口谭家桥	虹口谭家桥	虹口	高中	工艺员
3	本地	女	1952	63	20世纪40年代	张桥	张桥	杨浦	初中	营业员
4	本地	女	1953	62	20世纪40年代末	高桥	洋泾	浦东黄浦	初中	工人
5	本地	男	1955	60	20世纪40年代末	高桥	洋泾	浦东黄浦	初中	工人
6	本地	女	1963	52	世居	万航渡路	万航渡路	徐汇	大学	务家
7	宁波	男	1936	79	20世纪30年代初	鄞县	镇海	静安	大本	教师
8	宁波	男	1936	79	20世纪30年代初	宁海	宁海	虹口	大本	药剂师
9	宁波	男	1941	74	20世纪30年代	鄞县	鄞县	虹口	大专	教师
10	宁波	女	1942	73	20世纪30年代	慈城	慈城	南市	大专	技术员
11	宁波	女	1944	71	20世纪40年代初	慈溪	慈溪	闸北	初中	工人
12	宁波	男	1947	68	20世纪30年代末	慈溪	慈溪	虹口	中专	工人
13	宁波	女	1953	62	20世纪50年代初	慈溪	慈溪	虹口	中学	工人
14	宁波	女	1957	58	20世纪50年代中	鄞县	鄞县	杨浦	大专	教师
15	宁波	男	1958	57	20世纪50年代初	鄞县	北仑	南市	大专	企业管理
16	宁波	女	1961	54	20世纪40年代中	奉化	镇海	黄浦	高中	营业员

续表

编号	移民背景	性别	出生年份	年龄[1]	父母入沪时间[2]	父亲出生地	母亲出生地	居住地[3]	文化程度	职业
17	宁波	男	1963	52	20世纪40年代末	岱山	岱山	静安	大本	工程师
18	绍兴	女	1951	64	20世纪30—40年代	余姚低塘	余姚后新屋	黄浦	中专	会计
19	绍兴	男	1952	63	20世纪30—40年代	萧山党山	绍兴县	杨浦	中专	工人
20	绍兴	女	1956	59	20世纪30—40年代	诸暨	诸暨	长宁	高中	财务
21	苏北	女	1943	72	20世纪20年代初	瓜州	扬州郊区	浦东黄浦	高中	工人
22	苏北	男	1942	71	20世纪30年代	盐城建湖县	盐城建湖县	卢湾	初中	工人
23	苏北	女	1952	63	20世纪30年代初	扬州江都	扬州江都	杨浦	初中	工人
24	苏北	男	1953	62	20世纪40年代末	盐城响水	盐城滨海	静安	大专	工程师
25	苏北	男	1957	58	20世纪40年代末	盐城阜宁	盐城城区	虹口	高中	工人
26	苏北	女	1959	56	20世纪50年代中	盐城射阳	盐城城区	杨浦	大专	企业职工
27	苏北	女	1961	54	20世纪40年代中	高邮川青	高邮川青	浦东黄浦	高中	工人
28	苏北	男	1963	52	20世纪40年代	江都	高邮	闸北	大专	银行职员
29	苏北	女	1963	52	20世纪50年代中	宝应	宝应	闸北	高中	公司职员
30	苏州	女	1943	72	20世纪30—40年代	苏州木渎	苏州木渎	虹口	高中	工人
31	苏州	男	1944	71	20世纪30年代	苏州城区	苏州西山	静安	大本	公司职员

续　表

编号	移民背景	性别	出生年份	年龄[1]	父母入沪时间[2]	父亲出生地	母亲出生地	居住地[3]	文化程度	职业
32	苏州	女	1945	70	20世纪40年代	苏州城区	苏州城区	卢湾	大专	财务
33	苏州	女	1956	59	20世纪50年代	苏州城区	苏州城区	卢湾	大专	企业
34	苏州	男	1964	51	20世纪50年代	离异	苏州吴江	黄浦	大本	工程师

说明：1.调查时间是2015年，被调查人的年龄据此确定；2."本地"的"父母入沪时间"指父母原居住区域划入市区的时间；3."居住地"指20世纪60年代至80年代上海城区范围的10个区，即：黄浦、卢湾、静安、南市、徐汇、长宁、虹口、杨浦、闸北、普陀。

附录二
社会背景调查表

一、"一代移民"社会背景调查表

*姓名:　　　　　　　　*性别:
*出生年份:　　　　　　*手机(电话):
*文化程度:　　　　　　*职业:
*出生地:

A. 宁波　B. 苏北(盐城高邮一带)　C. 苏北(扬州一带)

D. 苏州　E. 本地　F. 绍兴

*几岁来上海?

*1—6 岁在哪里?

*6—10 岁(小学)在哪里?

*10—18 岁(中学)在哪里?

*18 岁后的经历?

二、"二代移民"社会背景调查表

*姓名:　　　　　　　　*性别:
*出生年份:　　　　　　*手机(电话):
*文化程度:　　　　　　*职业:
*出生地(以 1964 年上海市区行政区划为准):

A. 南市(浦西/浦东)　B. 黄浦(浦西/浦东)　C. 静安　D. 卢湾

E. 长宁　F. 徐汇　G. 虹口　H. 杨浦(浦西/浦东)　I. 闸北

J. 普陀

*1—6岁生活区(以1964年上海市区行政区划为准)：

A. 南市(浦西/浦东)　B. 黄浦(浦西/浦东)　C. 静安　D. 卢湾

E. 长宁　F. 徐汇　G. 虹口　H. 杨浦(浦西/浦东)　I. 闸北

J. 普陀

*1—6岁由什么地方人抚养长大？

A. 宁波　B. 苏北(盐城高邮一带)　C. 苏北(扬州一带)

D. 苏州　E. 本地　F. 绍兴

*父亲是什么地方人？

A. 宁波　B. 苏北(盐城高邮一带)　C. 苏北(扬州一带)

D. 苏州　E. 本地　F. 绍兴

*母亲是什么都方人？

A. 宁波　B. 苏北(盐城高邮一带)　C. 苏北(扬州一带)

D. 苏州　E. 本地　F. 绍兴

*与父母说什么话？

A. 宁波　B. 苏北(盐城高邮一带)　C. 苏北(扬州一带)

D. 苏州　E. 本地　F. 绍兴　G. 上海

*与配偶说什么话？

A. 宁波　B. 苏北(盐城高邮一带)　C. 苏北(扬州一带)

D. 苏州　E. 本地　F. 绍兴　G. 上海

*与子女说什么话？

A. 宁波　B. 苏北(盐城高邮一带)　C. 苏北(扬州一带)

D. 苏州　E. 本地　F. 绍兴　G. 上海

*6岁后(上学后)与伙伴们说什么话？

A. 宁波　B. 苏北(盐城高邮一带)　C. 苏北(扬州一带)

D. 苏州　E. 本地　F. 绍兴　G. 上海

附录三
语言项目调查表

一、语音项目调查表

1. 声母调查项目

请将以下语词放入"迭个/特个/辩个是×××(这是×××)"读：

宝宝——泡泡——抱抱

带带——太太——汰汰

教教——考考——搞搞

2. 韵母调查表

请将以下语词放入"我讲×××拨侬听。(我讲×××给你听)"读：

雷电——来电——蓝田

袋袋——谈谈

改脱——减脱

妹妹——慢慢

一杯——一般

3. 声调调查表

请直接朗读以下语词

低 刀 汤 皮 毛 糖 草 紧 表 重 抱 五 对 看 菜 豆 旧 树 急 一 百 药 六 毒

二、词汇项目调查表

1. 亲属称谓调查表

请用上海方言说出以下称谓,平时怎么称呼就怎么说:

(1) 父亲(面称:看见他时对他的称呼)

(2) 父亲(背称:没看见他但提到他时的称呼)

(3) 母亲(面称:看见他时对他的称呼)

(4) 母亲(背称:没看见他但提到他时的称呼)

(5) 祖父

(6) 祖母

(7) 外祖父

(8) 外祖母

(9) 伯父

(10) 伯母

(11) 叔父

(12) 婶母

(13) 姑母

(14) 姑父

(15) 舅父

(16) 舅母

(17) 姨母

(18) 姨夫

2. "夫妻"称谓调查表

请用上海话说出以下称谓,平时怎么称呼就怎么说:

(1) 丈夫

(2) 妻子

3. 三个普通名词调查图

用上海话直接说出下面图(1)—(3)中的事物:

(1)

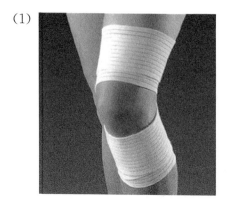

(2)

(3)

三、词法项目调查表

1. "辣"格式的调查

请选择你常说的：

(1) 墙壁浪挂_____一幅画。

  a. 辣 b. 辣辣 c. 辣海 d. 辣该 e. 辣浪

(2) 今朝伊_____浦东。

a. 辣　　　b. 辣辣　　　c. 辣海　　　d. 辣该　　　e. 辣浪

(3) 我_____看书。

a. 辣　　　b. 辣辣　　　c. 辣海　　　d. 辣该　　　e. 辣浪

(4) 门口头石头堆_____，路也勿好走。

a. 辣　　　b. 辣辣　　　c. 辣海　　　d. 辣该　　　e. 辣浪

(5) 面孔红_____。

a. 辣　　　b. 辣辣　　　c. 辣海　　　d. 辣该　　　e. 辣浪

(6) 足球比赛紧张得勿得了_____。

a. 辣　　　b. 辣辣　　　c. 辣海　　　d. 辣该　　　e. 辣浪

2. 指示语素的调查

请选择你常说的：

(1) 表示"这个小孩子是死读书"：

a. 迭个小囡是死读书。

b. 特个小囡是死读书。

c. 辦个小囡是死读书。

(2) 表示"那个小孩子很聪明"：

a. 伊个小囡老聪明。

b. 哀个小囡老聪明。

3. "上"类方位词的调查

请选择你常说的：

(1) 台子_____有本书。

a. 浪　　　b. 浪向　　　c. 高头　　　d. 上头　　　f. 上面

(2) 教育小人_____最要紧个是品质教育。

a. 浪　　　b. 浪向　　　c. 高头　　　d. 上头　　　f. 上面

四、句法项目调查表

1. 疑问句式的调查

请选择你常说的：

(1) 表示"南京路去吗?"

a. 南京路去伐?

b. 南京路去勿去?

c. 南京路阿去?

d. 南京路阿去勿去?

e. 南京路阿去伐?

(2) 表示"晚饭吃面,好吗?"

a. 夜饭吃面,好伐?

b. 夜饭吃面,好勿好?

c. 夜饭吃面,阿好?

d. 夜饭吃面,阿好勿好?

e. 夜饭吃面,阿好伐?

(3) 表示"他是上海人吗?"

a. 伊是上海人伐?

b. 伊是勿是上海人?

c. 伊阿是上海人?

d. 伊阿是勿是上海人?

e. 伊阿是上海人伐?

(4) 表示"你有手机吗?"

a. 侬有手机伐?

b. 侬有勿有手机?

c. 侬阿有手机?

d. 侬阿有勿有手机?

e. 侬阿有手机伐?

(5) 表示"你会说英语吗?"

a. 侬会讲英文伐?

b. 侬会勿会讲英文?

c. 侬阿会讲英文?

d. 侬阿会勿会讲英文?

e. 侬阿会讲英文伐?

2. 双宾语句式语序的调查

请选择你常说的:

(1) 表示"给他吃块糖":

a. 拨块糖伊吃。

b. 拨伊吃块糖。

c. 拨伊块糖吃。

d. 拨块糖拉伊吃。

e. 糖拨块伊吃。

3. "逆比"句式的调查

请选择你常说的:

(1) 表示"春天不如秋天":

a. 春天勿及秋天。

b. 春天勿比秋天。

c. 春天勿如秋天。

d. 春天比勿上秋天。

附录四
图表总目录

表 1.1　1929—1936 年上海华界人口籍贯构成 ·················· 4
表 1.2　1950 年 1 月上海市人口籍贯构成 ························ 5
表 1.3　《市志》"老派"的两字组广用式连读变调表 ············ 23
表 1.4　《市志》"中派"的两字组广用式连读变调表 ············ 24
表 3.1　来源地方言里的声母塞音 ································ 36
表 3.2.1(1)　一代移民的声母塞音 VOT 值(ms)-1 ············ 40
表 3.2.1(2)　一代移民的声母塞音 VOT 值(ms)-2 ············ 40
表 3.2.2(1)　一代移民的声母塞音后接元音 30 毫秒处的
　　　　　　H1-H2(dB)-1 ·································· 41
表 3.2.2(2)　一代移民的声母塞音后接元音 30 毫秒处的
　　　　　　H1-H2(dB)-2 ·································· 41
表 3.2.3(1)　一代移民的声母塞音后接元音的基频(Hz)-1 ····· 42
表 3.2.3(2)　一代移民的声母塞音后接元音的基频(Hz)-2 ····· 43
表 3.3.1　一代移民/p/1、/p/2、/t/1、/t/2、/k/1、/k/2 后接元音
　　　　　30 毫秒处 H1-H2 ·· 49
表 3.3.2　一代移民/ph/1、/ph/2、/th/1、/th/2、/kh/1、/kh/2 后接
　　　　　元音 30 毫秒处 H1-H2 ·································· 50
表 3.3.3　一代移民/b/1、/b/2、/d/1、/d/2、/g/1、/g/2 后接元音
　　　　　30 毫秒处 H1-H2 ·· 51
表 3.4　一代移民不同类别辅音的发声态 ························· 53

表 3.5　上海城市方言各类组合的音高特征 ·················· 55
表 3.6(1)　一代移民声母塞音后接元音的音高特征-1 ·········· 55
表 3.6(2)　一代移民声母塞音后接元音的音高特征-2 ·········· 56
表 3.7　一代移民三类塞音后接元音音高特征的习得 ··········· 63
表 3.8.1(1)　二代移民的声母塞音 VOT 值(ms)-1 ············· 64
表 3.8.1(2)　二代移民的声母塞音 VOT 值(ms)-2 ············· 66
表 3.8.2(1)　二代移民的声母塞音后接元音 30 毫秒处的
　　　　　　H1-H2(dB)-1 ······························· 67
表 3.8.2(2)　二代移民的声母塞音后接元音 30 毫秒处的
　　　　　　H1-H2(dB)-2 ······························· 69
表 3.8.3(1)　二代移民的声母塞音后接元音的基频(Hz)-1 ····· 70
表 3.8.3(2)　二代移民的声母塞音后接元音的基频(Hz)-2 ····· 72
表 3.9　二代移民/b/2、/d/2、/g/2 的 VOT 情况 ············· 75
表 3.10　二代移民/b/2、/d/2、/g/2 的 VOT 情况的百分比分布
　　　　·· 77
表 3.11.1　二代移民/p/1、/p/2、/t/1、/t/2、/k/1、/k/2 后接
　　　　　元音 30 毫秒处 H1-H2 ························· 78
表 3.11.2　二代移民/ph/1、/ph/2、/th/1、/th/2、/kh/1、/kh/2
　　　　　后接元音 30 毫秒处 H1-H2 ····················· 80
表 3.11.3　二代移民/b/1、/b/2、/d/1、/d/2、/g/1、/g/2 后接
　　　　　元音 30 毫秒处 H1-H2 ························· 82
表 3.12　二代移民不同类别辅音的发声态 ··················· 85
表 3.13　两代移民不同类型辅音的发声态 ··················· 86
表 3.14(1)　二代移民声母塞音后接元音的音高特征-1 ········ 87
表 3.14(2)　二代移民声母塞音后接元音的音高特征-2 ········ 89
表 3.15　家庭背景与二代移民/b/2、/d/2、/g/2 的 VOT ······· 96
表 3.16　家庭背景与二代移民/b/1、/d/1、/g/1 的发声态 ····· 99
表 3.17　二代移民/b/2、/d/2、/g/2 的各类发声态百分比 ···· 101
表 3.18　二代移民三类塞音后接元音音高特征的习得表现 ···· 103

表 3.19　家庭背景与二代移民塞音后元音音高习得率 ………… 104
表 4.1　来源地方言 E 韵字韵母…………………………………… 109
表 4.2　一代移民 E 韵字的 F1、F2(Hz) ………………………… 110
表 4.3　一代移民 E 韵字的韵母…………………………………… 116
表 4.4　二代移民 E 韵字的 F1(Hz) ……………………………… 119
表 4.5　二代移民 E 韵字的 F2(Hz) ……………………………… 123
表 4.6　移民背景与 E 韵字韵母复元音的出现率………………… 129
表 5.1　上海乡村方言声调(6 个) ………………………………… 131
表 5.2　宁波方言声调(7 个) ……………………………………… 132
表 5.3　绍兴方言声调(8 个) ……………………………………… 132
表 5.4　苏北方言声调(5 个) ……………………………………… 132
表 5.5　苏州方言声调(7 个) ……………………………………… 132
表 5.6　上海城市方言声调(5 个) ………………………………… 133
表 5.7.1　一代本地(男,编号 1)8 个调类的基频 F0 数值 ……… 133
表 5.7.2　一代宁波(男,编号 2)8 个调类的基频 F0 数值 ……… 134
表 5.7.3　一代宁波(女,编号 3)8 个调类的基频 F0 数值 ……… 135
表 5.7.4　一代绍兴(女,编号 4)8 个调类的基频 F0 数值 ……… 136
表 5.7.5　一代绍兴(男,编号 5)8 个调类的基频 F0 数值 ……… 136
表 5.7.6　一代苏北(女,编号 6)8 个调类的基频 F0 数值 ……… 137
表 5.7.7　一代苏北(男,编号 7)8 个调类的基频 F0 数值 ……… 138
表 5.7.8　一代苏州(女,编号 8)8 个调类的基频 F0 数值 ……… 138
表 5.7.9　一代苏州(女,编号 9)8 个调类的基频 F0 数值 ……… 139
表 5.7.10　一代苏州(男,编号 10)8 个调类的基频 F0 数值 …… 140
表 5.8.1　一代本地(男,编号 1)音高的 lz-score 值 ……………… 148
表 5.8.2　一代宁波(男,编号 2)音高的 lz-score 值 ……………… 148
表 5.8.3　一代宁波(女,编号 3)音高的 lz-score 值 ……………… 149
表 5.8.5　一代绍兴(男,编号 5)音高的 lz-score 值 ……………… 149
表 5.8.6　一代苏北(女,编号 6)音高的 lz-score 值 ……………… 149
表 5.8.7　一代苏北(男,编号 7)音高的 lz-score 值 ……………… 150

表 5.8.8	一代苏州(女,编号 8)音高的 lz-score 值 …………	150
表 5.8.9	一代苏州(女,编号 9)音高的 lz-score 值 …………	151
表 5.8.10	一代苏州(男,编号 10)音高的 lz-score 值 …………	151
表 5.9.1	一代本地(男,编号 1)8 类声调的五度值 …………	152
表 5.10.1	一代本地(男,编号 1)声调的五度值 …………	153
表 5.9.2	一代宁波(男,编号 2)8 类声调的五度值 …………	154
表 5.10.2	一代宁波(男,编号 2)声调的五度值 …………	154
表 5.9.3	一代宁波(女,编号 3)8 类声调的五度值 …………	155
表 5.10.3	一代宁波(女,编号 3)声调的五度值 …………	156
表 5.9.5	一代绍兴(男,编号 5)8 类声调的五度值 …………	157
表 5.10.5	一代绍兴(男,编号 5)声调的五度值 …………	157
表 5.9.6	一代苏北(女,编号 6)8 类声调的五度值 …………	158
表 5.10.6	一代苏北(女,编号 6)声调的五度值 …………	159
表 5.9.7	一代苏北(男,编号 7)8 类声调的五度值 …………	160
表 5.10.7	一代苏北(男,编号 7)声调的五度值 …………	161
表 5.9.8	一代苏州(女,编号 8)8 类声调的五度值 …………	162
表 5.10.8	一代苏州(女,编号 8)声调的五度值 …………	162
表 5.9.9	一代苏州(女,编号 9)8 类声调的五度值 …………	163
表 5.10.9	一代苏州(女,编号 9)声调的五度值 …………	164
表 5.9.10	一代苏州(男,编号 10)8 类声调的五度值 …………	165
表 5.10.10	一代苏州(男,编号 10)声调的五度值 …………	165
表 5.11.1	一代本地(男,编号 1)8 个调类的调长 …………	166
表 5.11.2	一代宁波(男,编号 2)8 个调类的调长 …………	166
表 5.11.3	一代宁波(女,编号 3)8 个调类的调长 …………	166
表 5.11.4	一代绍兴(女,编号 4)8 个调类的调长 …………	166
表 5.11.5	一代绍兴(男,编号 5)8 个调类的调长 …………	167
表 5.11.6	一代苏北(女,编号 6)8 个调类的调长 …………	167
表 5.11.7	一代苏北(男,编号 7)8 个调类的调长 …………	167
表 5.11.8	一代苏州(女,编号 8)8 个调类的调长 …………	167

表 5.11.9　一代苏州(女,编号 9)8 个调类的调长 …………… 168
表 5.11.10　一代苏州(男,编号 10)8 个调类的调长 …………… 168
表 5.12.1　一代本地(男,编号 1)6 个调类的调长 …………… 168
表 5.12.2　一代宁波(男,编号 2)5 个调类的调长 …………… 169
表 5.12.3　一代宁波(女,编号 3)5 个调类的调长 …………… 169
表 5.12.5　一代绍兴(男,编号 5)7 个调类的调长 …………… 169
表 5.12.6　一代苏北(女,编号 6)5 个调类的调长 …………… 170
表 5.12.7　一代苏北(男,编号 7)5 个调类的调长 …………… 170
表 5.12.8　一代苏州(女,编号 8)5 个调类的调长 …………… 170
表 5.12.9　一代苏州(女,编号 9)5 个调类的调长 …………… 171
表 5.12.10　一代苏州(男,编号 10)5 个调类的调长 …………… 171
表 5.13.1　一代本地(男,编号 1)6 个调类的相对调长 …………… 172
表 5.13.2　一代宁波(男,编号 2)5 个调类的相对调长 …………… 172
表 5.13.3　一代宁波(女,编号 3)5 个调类的相对调长 …………… 173
表 5.13.5　一代绍兴(男,编号 5)7 个调类的相对调长 …………… 174
表 5.13.6　一代苏北(女,编号 6)5 个调类的相对调长 …………… 174
表 5.13.7　一代苏北(男,编号 7)5 个调类的相对调长 …………… 175
表 5.13.8　一代苏州(女,编号 8)5 个调类的相对调长 …………… 176
表 5.13.9　一代苏州(女,编号 9)5 个调类的相对调长 …………… 176
表 5.13.10　一代苏州(男,编号 10)5 个调类的相对调长 …………… 177
表 5.14　一代移民的相对调长 …………… 178
表 5.15　一代移民的声调调值 …………… 179
表 5.16　一代移民 5 个调类的习得率 …………… 180
表 5.17　一代移民声调格局和调形的习得 …………… 182
表 5.18　一代移民相对调长的习得 …………… 184
表 5.19.1　二代本地(编号 1)8 个调类的基频 F0 数值 …………… 186
表 5.19.2　二代本地(编号 2)8 个调类的基频 F0 数值 …………… 187
表 5.19.3　二代本地(编号 3)8 个调类的基频 F0 数值 …………… 187
表 5.19.4　二代本地(编号 4)8 个调类的基频 F0 数值 …………… 188

表 5.19.5	二代本地(编号 5)8 个调类的基频 F0 数值 …………	189
表 5.19.6	二代本地(编号 6)8 个调类的基频 F0 数值 …………	190
表 5.20.1	二代本地(编号 1)音高的 lz-score 值 ………………	194
表 5.20.2	二代本地(编号 2)音高的 lz-score 值 ………………	194
表 5.20.3	二代本地(编号 3)音高的 lz-score 值 ………………	195
表 5.20.4	二代本地(编号 4)音高的 lz-score 值 ………………	195
表 5.20.5	二代本地(编号 5)音高的 lz-score 值 ………………	195
表 5.20.6	二代本地(编号 6)音高的 lz-score 值 ………………	196
表 5.21.1	二代本地(编号 1)8 类声调的五度值 ………………	197
表 5.22.1	二代本地(编号 1)声调的五度值…………………………	197
表 5.21.2	二代本地(编号 2)8 类声调的五度值 ………………	198
表 5.22.2	二代本地(编号 2)声调的五度值…………………………	199
表 5.21.3	二代本地(编号 3)8 类声调的五度值 ………………	199
表 5.22.3	二代本地(编号 3)声调的五度值…………………………	200
表 5.21.4	二代本地(编号 4)8 类声调的五度值 ………………	201
表 5.22.4	二代本地(编号 4)声调的五度值…………………………	201
表 5.21.5	二代本地(编号 5)8 类声调的五度值 ………………	202
表 5.22.5	二代本地(编号 5)声调的五度值…………………………	202
表 5.21.5	二代本地(编号 6)8 类声调的五度值 ………………	203
表 5.22.6	二代本地(编号 6)声调的五度值…………………………	203
表 5.20.7	二代宁波(编号 7)音高的 lz-score 值 ………………	203
表 5.20.8	二代宁波(编号 8)音高的 lz-score 值 ………………	204
表 5.20.9	二代宁波(编号 9)音高的 lz-score 值 ………………	204
表 5.20.10	二代宁波(编号 10)音高的 lz-score 值 ……………	204
表 5.20.11	二代宁波(编号 11)音高的 lz-score 值 ……………	205
表 5.20.12	二代宁波(编号 12)音高的 lz-score 值 ……………	205
表 5.20.13	二代宁波(编号 13)音高的 lz-score 值 ……………	206
表 5.20.14	二代宁波(编号 14)音高的 lz-score 值 ……………	206
表 5.20.15	二代宁波(编号 15)音高的 lz-score 值 ……………	206

表 5.20.16　二代宁波(编号 16)音高的 lz-score 值 ………… 207
表 5.20.17　二代宁波(编号 17)音高的 lz-score 值 ………… 207
表 5.21.7　二代宁波(编号 7)8 类声调的五度值 ………… 208
表 5.22.7　二代宁波(编号 7)声调的五度值 ………… 209
表 5.21.8　二代宁波(编号 8)8 类声调的五度值 ………… 209
表 5.22.8　二代宁波(编号 8)声调的五度值 ………… 210
表 5.21.9　二代宁波(编号 9)8 类声调的五度值 ………… 210
表 5.22.9　二代宁波(编号 9)声调的五度值 ………… 211
表 5.21.10　二代宁波(编号 10)8 类声调的五度值 ………… 212
表 5.22.10　二代宁波(编号 10)声调的五度值 ………… 212
表 5.21.11　二代宁波(编号 11)8 类声调的五度值 ………… 213
表 5.22.11　二代宁波(编号 11)声调的五度值 ………… 213
表 5.21.12　二代宁波(编号 12)8 类声调的五度值 ………… 214
表 5.22.12　二代宁波(编号 12)声调的五度值 ………… 214
表 5.21.13　二代宁波(编号 13)8 类声调的五度值 ………… 215
表 5.22.13　二代宁波(编号 13)声调的五度值 ………… 215
表 5.21.14　二代宁波(编号 14)8 类声调的五度值 ………… 216
表 5.22.14　二代宁波(编号 14)声调的五度值 ………… 216
表 5.21.15　二代宁波(编号 15)8 类声调的五度值 ………… 217
表 5.22.15　二代宁波(编号 15)声调的五度值 ………… 217
表 5.21.16　二代宁波(编号 16)8 类声调的五度值 ………… 218
表 5.22.16　二代宁波(编号 16)声调的五度值 ………… 218
表 5.21.17　二代宁波(编号 17)8 类声调的五度值 ………… 219
表 5.22.17　二代宁波(编号 17)声调的五度值 ………… 219
表 5.20.18　二代绍兴(编号 18)音高的 lz-score 值 ………… 219
表 5.20.19　二代绍兴(编号 19)音高的 lz-score 值 ………… 220
表 5.20.20　二代绍兴(编号 20)音高的 lz-score 值 ………… 220
表 5.21.18　二代绍兴(编号 18)8 类声调的五度值 ………… 221
表 5.22.18　二代绍兴(编号 18)声调的五度值 ………… 221

表 5.21.19	二代绍兴(编号 19)8 类声调的五度值 …………	222
表 5.22.19	二代绍兴(编号 19)声调的五度值 ……………………	223
表 5.21.20	二代绍兴(编号 18)8 类声调的五度值 …………	223
表 5.22.20	二代绍兴(编号 20)声调的五度值 ……………………	224
表 5.20.21	二代苏北(编号 21)音高的 lz-score 值 …………	224
表 5.20.22	二代苏北(编号 22)音高的 lz-score 值 …………	224
表 5.20.23	二代苏北(编号 23)音高的 lz-score 值 …………	225
表 5.20.24	二代苏北(编号 24)音高的 lz-score 值 …………	225
表 5.20.25	二代苏北(编号 25)音高的 lz-score 值 …………	226
表 5.20.26	二代苏北(编号 26)音高的 lz-score 值 …………	226
表 5.20.27	二代苏北(编号 27)音高的 lz-score 值 …………	226
表 5.20.28	二代苏北(编号 28)音高的 lz-score 值 …………	227
表 5.20.29	二代苏北(编号 29)音高的 lz-score 值 …………	227
表 5.21.21	二代苏北(编号 21)8 类声调的五度值 …………	228
表 5.22.21	二代苏北(编号 21)声调的五度值 ……………………	228
表 5.21.22	二代苏北(编号 22)8 类声调的五度值 …………	229
表 5.22.22	二代苏北(编号 22)声调的五度值 ……………………	230
表 5.21.23	二代苏北(编号 23)8 类声调的五度值 …………	230
表 5.22.23	二代苏北(编号 23)声调的五度值 ……………………	231
表 5.21.24	二代苏北(编号 24)8 类声调的五度值 …………	231
表 5.22.24	二代苏北(编号 24)声调的五度值 ……………………	232
表 5.21.25	二代苏北(编号 25)8 类声调的五度值 …………	232
表 5.22.25	二代苏北(编号 25)声调的五度值 ……………………	233
表 5.21.26	二代苏北(编号 26)8 类声调的五度值 …………	234
表 5.22.26	二代苏北(编号 26)声调的五度值 ……………………	234
表 5.21.27	二代苏北(编号 27)8 类声调的五度值 …………	235
表 5.22.27	二代苏北(编号 27)声调的五度值 ……………………	235
表 5.21.28	二代苏北(编号 28)8 类声调的五度值 …………	236
表 5.22.28	二代苏北(编号 28)声调的五度值 ……………………	236

表 5.21.29	二代苏北(编号 29)8 类声调的五度值	237
表 5.22.29	二代苏北(编号 29)声调的五度值	237
表 5.20.30	二代苏州(编号 30)音高的 lz-score 值表	237
表 5.20.31	二代苏州(编号 31)音高的 lz-score 值表	238
表 5.20.32	二代苏州(编号 32)音高的 lz-score 值表	238
表 5.20.33	二代苏州(编号 33)音高的 lz-score 值表	238
表 5.20.34	二代苏州(编号 34)音高的 lz-score 值表	239
表 5.21.30	二代苏州(编号 30)8 类声调的五度值	240
表 5.22.30	二代苏州(编号 30)声调的五度值	240
表 5.21.31	二代苏州(编号 31)8 类声调的五度值	241
表 5.22.31	二代苏州(编号 31)声调的五度值	241
表 5.21.32	二代苏州(编号 32)8 类声调的五度值	242
表 5.22.32	二代苏州(编号 32)声调的五度值	243
表 5.21.33	二代苏州(编号 33)8 类声调的五度值	243
表 5.22.33	二代苏州(编号 33)声调的五度值	244
表 5.21.34	二代苏州(编号 34)8 类声调的五度值	245
表 5.22.34	二代苏州(编号 34)声调的五度值	245
表 5.23.1	二代本地(编号 1)8 个调类的调长	245
表 5.23.2	二代本地(编号 2)8 个调类的调长	246
表 5.23.3	二代本地(编号 3)8 个调类的调长	246
表 5.23.4	二代本地(编号 4)8 个调类的调长	246
表 5.23.5	二代本地(编号 5)8 个调类的调长	246
表 5.23.6	二代本地(编号 6)8 个调类的调长	247
表 5.23.7	二代宁波(编号 7)8 个调类的调长	247
表 5.23.8	二代宁波(编号 8)8 个调类的调长	247
表 5.23.9	二代宁波(编号 9)8 个调类的调长	247
表 5.23.10	二代宁波(编号 10)8 个调类的调长	248
表 5.23.11	二代宁波(编号 11)8 个调类的调长	248
表 5.23.12	二代宁波(编号 12)8 个调类的调长	248

表 5.23.13	二代宁波(编号 13)8 个调类的调长	249
表 5.23.14	二代宁波(编号 14)8 个调类的调长	249
表 5.23.15	二代宁波(编号 15)8 个调类的调长	249
表 5.23.16	二代宁波(编号 16)8 个调类的调长	249
表 5.23.17	二代宁波(编号 17)8 个调类的调长	250
表 5.23.18	二代绍兴(编号 18)8 个调类的调长	250
表 5.23.19	二代绍兴(编号 19)8 个调类的调长	250
表 5.23.20	二代绍兴(编号 20)8 个调类的调长	250
表 5.23.21	二代苏北(编号 21)8 个调类的调长	251
表 5.23.22	二代苏北(编号 22)8 个调类的调长	251
表 5.23.23	二代苏北(编号 23)8 个调类的调长	251
表 5.23.24	二代苏北(编号 24)8 个调类的调长	252
表 5.23.25	二代苏北(编号 25)8 个调类的调长	252
表 5.23.26	二代苏北(编号 26)8 个调类的调长	252
表 5.23.27	二代苏北(编号 27)8 个调类的调长	252
表 5.23.28	二代苏北(编号 28)8 个调类的调长	253
表 5.23.29	二代苏北(编号 29)8 个调类的调长	253
表 5.23.30	二代苏州(编号 30)8 个调类的调长	253
表 5.23.31	二代苏州(编号 31)8 个调类的调长	254
表 5.23.32	二代苏州(编号 32)8 个调类的调长	254
表 5.23.33	二代苏州(编号 33)8 个调类的调长	254
表 5.23.34	二代苏州(编号 34)8 个调类的调长	254
表 5.24	二代移民声调的相对调长	255
表 5.25	二代移民的声调调值	257
表 5.26	二代移民声调格局和调形的习得	260
表 5.27	家庭背景与二代移民声调格局和调形的习得	261
表 5.28	二代移民相对调长的习得	264
表 6.1	来源地方言的直系长辈称谓	267
表 6.2	来源地"母亲"称谓中语素"姆"与"妈"	268

表 6.3	来源地"祖父"称谓中语素"爹"与"爷"	269
表 6.4	来源地"祖母"称谓中语素"奶""娘""婆"	270
表 6.5	一代移民直系长辈的称谓	271
表 6.6	一代移民"母亲"称谓中语素"姆"与"妈"	272
表 6.7	一代移民"祖父"称谓中语素"爹"与"爷"	273
表 6.8	一代移民"祖母"称谓中语素"奶""娘""婆"	273
表 6.9	二代移民直系长辈的称谓	275
表 6.10	二代移民"父亲"称谓	277
表 6.11	不同家庭背景使用上海优势形式"父亲"称谓("阿伯"与"爸爸")	278
表 6.12	二代移民"母亲"称谓	280
表 6.13	不同移民背景使用上海形式"母亲"称谓("姆妈")	280
表 6.14	直系长辈称谓的语音演变	283
表 6.15	直系长辈称谓的词汇演变	284
表 6.16	来源地方言的旁系长辈称谓	286
表 6.17	来源地旁系长辈称谓使用的语素	288
表 6.18	一代移民旁系长辈的称谓	289
表 6.19	一代旁系长辈称谓使用的语素	291
表 6.20	二代移民旁系长辈的称谓	292
表 6.21	二代移民背景与来源地发音	298
表 6.22	旁系长辈亲属称谓的词汇演变	299
表 6.23	二代家庭背景与旁系长辈称谓的主流形式	300
表 6.24	二代家庭背景对旁系长辈主流形式的影响力	303
表 6.25	来源地方言的夫妻称谓	308
表 6.26	来源地的"老公"和"老婆"	308
表 6.27	一代移民的夫妻称谓	309
表 6.28	一代移民的"老公"和"老婆"	310
表 6.29	二代移民的"夫妻"称谓	310
表 6.30	二代移民的年龄与夫妻称谓	312

表 6.31	二代移民的家乡背景与"夫妻"称谓	316
表 6.32	各来源地的"膝盖""茄子""蝉"	321
表 6.33	一代移民的"膝盖""茄子""蝉"	321
表 6.34	二代移民的"膝盖""茄子""蝉"	323
表 6.35	家庭背景与"脚馒头"的使用情况	325
表 6.36	家庭背景与"茄子"的使用情况	326
表 6.37	家庭背景与"蝉"的使用情况	328
表 7.1	一代移民的五种"辣~"格式	331
表 7.2	一代移民不同语法环境里的"辣~"格式	333
表 7.3	二代移民的"辣~"格式	335
表 7.4	二代移民不同语法环境里的"辣~"格式	337
表 7.5	二代移民的家庭背景与"辣~"格式	338
表 7.6	两代移民的"辣~"格式	342
表 7.7	来源地方言的指示语素	344
表 7.8	一代移民的指示语素	344
表 7.9	二代移民的指示语素	346
表 7.10	二代移民的家庭背景与指示语素	349
表 7.11	两代本地民系和外来民系的指示语素	352
表 7.12	来源地方言的"~上"类方位词	354
表 7.13	一代移民的"~上"类方位词	355
表 7.14	二代移民的"~上"类方位词	357
表 7.15	二代移民的家庭背景与"~上"类方位词	361
表 7.16	两代移民"~上"类方位词的使用情况	365
表 7.17	两代移民"浪"型和"高头"型的"~上"类方位词使用	368
表 8.1	一代移民的疑问句式	371
表 8.2	一代移民的"阿 V/A"	372
表 8.3	二代移民的疑问句式	373
表 8.4	二代移民的"阿 V/A"	375
表 8.5	二代移民的家庭背景与疑问句式	376

表 8.6	一代移民与二代移民疑问句式 c、d、e 的使用率	380
表 8.7	一代移民的双宾语句式	382
表 8.8	二代移民的双宾语句式	384
表 8.9	二代移民的家庭背景与双宾语句式	386
表 8.10	两代移民的双宾语句式使用率	388
表 8.11	一代移民的"逆比"句式	391
表 8.12	二代移民的"逆比"句式	392
表 8.13	二代移民的家庭背景与"逆比"句式	394
表 8.14	两代移民的"逆比"句式使用率	397
表 1	一代移民情况表	416
表 2	二代移民情况表	417

图 1.1	上海市 1930、1936、1950 年的人口籍贯构成	6
图 1.2.1	上海 1930 年人口籍贯构成	6
图 1.2.2	上海 1936 年人口籍贯构成	7
图 1.2.3	上海 1950 年人口籍贯构成	7
图 1.3	上海城市方言形成前夕至成熟后的发展阶段图	17
图 3.1	一代本地(男,编号 1)的/p/音位与/t/音位	44
图 3.2	一代苏北(男,编号 7)的/p/音位	45
图 3.3	一代苏北(女,编号 6)的/p/音位	46
图 3.4	一代苏北(男,编号 7)的/ph/音位	46
图 3.5	一代苏州(男,编号 10)的"搞[kɦɔ]搞[kɦɔ]"	47
图 3.6	一代苏州(女,编号 9)的"搞[kɦɔ]搞[gɔ]"	48
图 3.7	一代移民不同类型辅音的发声态	53
图 3.8	一代移民塞音后接元音的音高习得率	63
图 3.9	二代移民/b/2、/d/2、/g/2 的 VOT 情况的百分比分布	77
图 3.10	二代移民不同类型辅音的发声态	85
图 3.11	两代移民不同类型辅音的发声态	86
图 3.12.1	家庭背景与二代移民/b/2 的 VOT	97

图 3.12.2　家庭背景与二代移民/d/2 的 VOT ·················· 97

图 3.12.3　家庭背景与二代移民/g/2 的 VOT ·················· 98

图 3.12.4　家庭背景与二代移民/b/2、/d/2、/g/2 的 VOT ········ 98

图 3.13.1　家庭背景与二代移民的/b/1 的发声态················ 99

图 3.13.2　家庭背景与二代移民的/d/1 的发声态··············· 100

图 3.13.3　家庭背景与二代移民的/g/1 的发声态··············· 100

图 3.14.1　家庭背景与二代移民的/b/2 各类发声态占比 ········ 101

图 3.14.2　家庭背景与二代移民的/d/2 各类发声态占比 ········ 102

图 3.14.3　家庭背景与二代移民的/g/2 各类发声态占比 ········ 102

图 3.15　家庭背景与二代移民塞音后元音音高习得率 ············ 105

图 4.1　男性一代移民 E 韵字的 F1 - F2(除却复合元音) ·········· 112

图 4.2　女性一代移民 E 韵字的 F1 - F2(除却复合元音) ·········· 113

图 4.3　修正后女性一代移民 E 韵字的 F1 - F2(除却复合元音)
　　　　·· 113

图 4.4　男性一代移民的复合元音 F1 - F2 ······················· 114

图 4.5　女性一代移民 W3 的复合元音 F1 - F2 ··················· 114

图 4.6　男一代 E 韵的 F1(a)和 F2(b)的均值 ··················· 115

图 4.7　女一代移民 E 韵的 F1(a)和 F2(b)的均值 ··············· 116

图 4.8　二代移民 E 韵字的两类元音的 F1 斜率和 F2 斜率 ····· 126

图 4.9　移民背景与二代移民合并为[E]的比率 ················· 127

图 4.10　移民背景与 E 韵字韵母复元音的出现率 ··············· 129

图 5.1.1　一代本地(男,编号 1)声调 F0 曲线图 ················· 141

图 5.1.2　一代宁波(男,编号 2)声调 F0 曲线图 ················· 142

图 5.1.3　一代宁波(女,编号 3)声调 F0 曲线图 ················· 143

图 5.1.5　一代绍兴(男,编号 5)声调 F0 曲线图 ················· 143

图 5.1.6　一代苏北(女,编号 6)声调 F0 曲线图 ················· 144

图 5.1.7　一代苏北(男,编号 7)声调 F0 曲线图 ················· 145

图 5.1.8　一代苏州(女,编号 8)声调 F0 曲线图 ················· 145

图 5.1.9　一代苏州(女,编号 9)声调 F0 曲线图 ················· 146

图 5.1.10　一代苏州(男,编号 10)声调 F0 曲线图 …………… 147
图 5.2.1　一代本地(男,编号 1)lz-score 图 ………………… 152
图 5.2.2　一代宁波(男,编号 2)lz-score 图 ………………… 153
图 5.2.3　一代宁波(女,编号 3)lz-score 图 ………………… 155
图 5.2.5　一代绍兴(男,编号 5)lz-score 改进图 …………… 156
图 5.2.6　一代苏北(女,编号 6)lz-score 图 ………………… 158
图 5.2.7　一代苏北(男,编号 7)lz-score 图 ………………… 159
图 5.2.8　一代苏州(女,编号 8)lz-score 图 ………………… 161
图 5.2.9　一代苏州(女,编号 9)lz-score 图 ………………… 163
图 5.2.10　一代苏州(男,编号 10)lz-score 图 ……………… 164
图 5.3.1　一代本地(男,编号 1)相对调长 …………………… 172
图 5.3.2　一代宁波(男,编号 2)相对调长 …………………… 173
图 5.3.3　一代宁波(女,编号 3)相对调长 …………………… 173
图 5.3.5　一代绍兴(男,编号 5)相对调长 …………………… 174
图 5.3.6　一代苏北(女,编号 6)相对调长 …………………… 175
图 5.3.7　一代苏北(男,编号 7)相对调长 …………………… 175
图 5.3.8　一代苏州(女,编号 8)相对调长 …………………… 176
图 5.3.9　一代苏州(女,编号 9)相对调长 …………………… 177
图 5.3.10　一代苏州(男,编号 10)相对调长 ………………… 177
图 5.4　一代移民 5 个调类的习得率 …………………………… 180
图 5.5　一代移民声调要素的习得数 …………………………… 183
图 5.6.1　二代本地(编号 1)声调 F0 曲线图 ………………… 191
图 5.6.2　二代本地(编号 2)声调 F0 曲线图 ………………… 191
图 5.6.3　二代本地(编号 3)声调 F0 曲线图 ………………… 192
图 5.6.4　二代本地(编号 4)声调 F0 曲线图 ………………… 192
图 5.6.5　二代本地(编号 5)声调 F0 曲线图 ………………… 193
图 5.6.6　二代本地(编号 6)声调 F0 曲线图 ………………… 193
图 5.7.1　二代本地(编号 1)lz-score 图 ……………………… 197
图 5.7.2　二代本地(编号 2)lz-score 图 ……………………… 198

图 5.7.3	二代本地(编号 3)lz-score 图	199
图 5.7.4	二代本地(编号 4)lz-score 图	200
图 5.7.5	二代本地(编号 5)lz-score 图	201
图 5.7.6	二代本地(编号 6)lz-score 图	202
图 5.7.7	二代宁波(编号 7)lz-score 图	208
图 5.7.8	二代宁波(编号 8)lz-score 图	209
图 5.7.9	二代宁波(编号 9)lz-score 图	210
图 5.7.10	二代宁波(编号 10)lz-score 图	211
图 5.7.11	二代宁波(编号 11)lz-score 图	212
图 5.7.12	二代宁波(编号 12)lz-score 图	213
图 5.7.13	二代宁波(编号 13)lz-score 图	214
图 5.7.14	二代宁波(编号 14)lz-score 图	215
图 5.7.15	二代宁波(编号 15)lz-score 图	216
图 5.7.16	二代宁波(编号 16)lz-score 图	217
图 5.7.17	二代宁波(编号 17)lz-score 图	218
图 5.7.18	二代绍兴(编号 18)lz-score 图	221
图 5.7.19	二代绍兴(编号 19)lz-score 图	222
图 5.7.20	二代绍兴(编号 20)lz-score 图	223
图 5.7.21	二代苏北(编号 21)lz-score 图	228
图 5.7.22	二代苏北(编号 22)lz-score 图	229
图 5.7.23	二代苏北(编号 23)lz-score 图	230
图 5.7.24	二代苏北(编号 24)lz-score 图	231
图 5.7.25	二代苏北(编号 25)lz-score 图	232
图 5.7.26	二代苏北(编号 26)lz-score 图	233
图 5.7.27	二代苏北(编号 27)lz-score 图	234
图 5.7.28	二代苏北(编号 28)lz-score 图	235
图 5.7.29	二代苏北(编号 29)lz-score 图	236
图 5.7.30	二代苏州(编号 30)lz-score 图	240
图 5.7.31	二代苏州(编号 31)lz-score 图	241

图 5.7.32　二代苏州(编号 32)lz-score 图 ·················· 242
图 5.7.33　二代苏州(编号 33)lz-score 图 ·················· 243
图 5.7.34　二代苏州(编号 34)lz-score 图 ·················· 244
图 5.8　二代移民五个调类的相对调长 ······················ 256
图 5.9.1　家庭背景与舒声调格局习得 ······················ 262
图 5.9.2　家庭背景与阴去调形习得 ·························· 262
图 5.9.3　家庭背景与阴入调形习得 ·························· 262
图 6.1　来源地"父亲"称谓采用"爹爹"与"阿伯"示意图 ········· 268
图 6.2　一代移民"父亲"称谓采用"爹爹"与"阿伯"示意图 ······· 272
图 6.3　二代移民使用"父亲"称谓图 ·························· 278
图 6.4　使用上海优势形式"父亲"称谓的百分比图 ············ 279
图 6.5　二代移民使用"母亲"称谓图 ·························· 280
图 6.6　使用上海形式"母亲"称谓的百分比图 ················ 281
图 6.7.1　家庭背景与"伯伯" ···································· 300
图 6.7.2　家庭背景与"爷叔" ···································· 301
图 6.7.3　家庭背景与"孃孃" ···································· 301
图 6.7.4　家庭背景与"娘舅" ···································· 302
图 6.7.5　家庭背景与"舅舅" ···································· 302
图 6.7.6　家庭背景与"姨妈" ···································· 302
图 6.7.7　家庭背景与"阿姨" ···································· 303
图 6.8.1　"老公"(上海连调)声波 ······························ 306
图 6.8.2　"老公"(上海连调)音高 ······························ 306
图 6.9.1　"老公"(宁波连调)声波 ······························ 307
图 6.9.2　"老公"(宁波连调)音高 ······························ 307
图 6.10　二代移民"丈夫"称谓 ································· 313
图 6.11　二代移民"妻子"称谓 ································· 313
图 6.12.1　老年二代移民"丈夫"称谓 ·························· 313
图 6.12.2　中老年二代移民"丈夫"称谓 ······················ 313
图 6.13.1　老年二代移民"妻子"称谓 ·························· 314

图 6.13.2　中老年二代移民"妻子"称谓 …………………… 314
图 6.14　二代移民的年龄与"丈夫"称谓 …………………… 314
图 6.15　二代移民的年龄与"妻子"称谓 …………………… 315
图 6.16.1　本地二代的"丈夫"称谓 ……………………………… 316
图 6.16.2　宁波二代的"丈夫"称谓 ……………………………… 316
图 6.16.3　绍兴二代的"丈夫"称谓 ……………………………… 317
图 6.16.4　苏北二代的"丈夫"称谓 ……………………………… 317
图 6.16.5　苏州二代的"丈夫"称谓 ……………………………… 317
图 6.17.1　本地二代的"妻子"称谓 ……………………………… 318
图 6.17.2　宁波二代的"妻子"称谓 ……………………………… 318
图 6.17.3　绍兴二代的"妻子"称谓 ……………………………… 318
图 6.17.4　苏北二代的"妻子"称谓 ……………………………… 318
图 6.17.5　苏州二代的"妻子"称谓 ……………………………… 319
图 6.18　使用"脚馒头"的百分比图 …………………………… 325
图 6.19　二代移民"茄子"的使用情况 ………………………… 326
图 7.1　一代移民的"辣~"格式 ……………………………… 332
图 7.2　一代移民不同语法环境的"辣~"格式 ……………… 334
图 7.3　二代移民的"辣~"格式 ……………………………… 337
图 7.4　二代移民不同语法环境的"辣~"格式 ……………… 338
图 7.5.1　家庭背景与 a"辣" ………………………………… 339
图 7.5.2　家庭背景与 b"辣辣" ……………………………… 339
图 7.5.3　家庭背景与 c"辣海" ……………………………… 340
图 7.5.4　家庭背景与 d"辣该" ……………………………… 340
图 7.5.5　家庭背景与 e"辣浪" ……………………………… 340
图 7.6　两代移民的"辣~"格式 ……………………………… 342
图 7.7.1　一代移民的"定指"语素 …………………………… 345
图 7.7.2　一代移民的"另指"语素 …………………………… 346
图 7.8.1　二代移民的"定指"语素 …………………………… 348
图 7.8.2　二代移民的"另指"语素 …………………………… 348

图 7.9.1	家庭背景与定指语素"迭"	349
图 7.9.2	家庭背景与定指语素"特"	350
图 7.9.3	家庭背景与定指语素"箇"	350
图 7.9.4	家庭背景与另指语素"伊"	350
图 7.9.5	家庭背景与另指语素"哀"	351
图 7.10	两代本地与外来民系的指示语素	353
图 7.11	一代移民的"～上"类方位词	355
图 7.12	一代移民不同语体的"～上"类方位词的使用	357
图 7.13	二代移民的"～上"类方位词	359
图 7.14	二代移民不同语体"～上"类方位词的使用	360
图 7.15.1	家庭背景与 a"浪"	361
图 7.15.2	家庭背景与 b"浪向"	362
图 7.15.3	家庭背景与 c"高头"	362
图 7.15.4	家庭背景与 d"上头"	362
图 7.15.5	家庭背景与 e"上面"	363
图 7.16	两代移民"～上"类方位词的使用	365
图 7.17.1	两代"浪"型的"～上"	366
图 7.17.2	两代"高头"型的"～上"	367
图 8.1	一代移民的疑问句式	372
图 8.2	二代移民的疑问句式	375
图 8.3.1	家庭背景与疑问句式 b	377
图 8.3.2	家庭背景与疑问句式 c	377
图 8.3.3	家庭背景与疑问句式 d	377
图 8.3.4	家庭背景与疑问句式 e	378
图 8.4	一代移民的双宾语句式	383
图 8.5	二代移民的双宾语句式	386
图 8.6.1	家庭背景与双宾语句式 a	387
图 8.6.2	家庭背景与双宾语句式 c	387
图 8.6.3	家庭背景与双宾语句式 e	387

图 8.7　两代移民的双宾语句 …………………………………… 389
图 8.8　一代移民的"逆比"句式 ……………………………… 392
图 8.9　二代移民的"逆比"句式 ……………………………… 394
图 8.10.1　家庭背景与"逆比"句式 a …………………………… 395
图 8.10.2　家庭背景与"逆比"句式 b …………………………… 395
图 8.10.3　家庭背景与"逆比"句式 c …………………………… 396
图 8.10.4　家庭背景与"逆比"句式 d …………………………… 396
图 8.11　两代移民的"逆比"句式 ……………………………… 398
图 9.1　皮钦语和克里奥尔语的生命周期模型 ………………… 410

参考文献

一、著作

[英] 艾约瑟著,钱乃荣、田佳佳译,《上海方言口语语法》,外语教学与研究出版社,北京,2011 年 11 月。

蔡华祥 2011,《盐城方言研究》,中华书局,北京,2011 年 10 月。

彭泽益 1995,《中国工商行会史料集》(下),中华书局,北京,1995 年。

平悦铃等 2001,《吴语声调的实验研究》,复旦大学出版社,上海,2001 年 11 月。

平悦铃 2005,《上海方言语音动态腭位研究》,香港文汇出版社,香港,2005 年 9 月。

钱乃荣 1992,《当代吴语研究》,上海教育出版社,上海,1992 年。

钱乃荣 1997,《上海话语法》,上海人民出版社,上海,1997 年 9 月。

钱乃荣 2003,《上海语言发展史》,上海人民出版社,上海,2003 年 8 月。

钱乃荣 2007,《上海方言》,文汇出版社,上海,2007 年 8 月。

钱乃荣 2017,《上海话的前世今生》,上海书店出版社,上海,2017 年 6 月。

汤珍珠、陈忠敏、吴新贤 1997,《宁波方言词典》,江苏教育出版社,南京,1997 年 12 月。

汪平 2011,《苏州方言研究》,中华书局,北京,2011 年 10 月。

王福堂 2015,《绍兴方言研究》,语文出版社,北京,2015 年 12 月。

王世华、黄继林 1996,《扬州方言词典》,江苏教育出版社,南京,1996年 12 月。

肖萍 2011,《余姚方言志》,浙江大学出版社,杭州,2011 年 10 月。

肖萍、郑晓芳 2014,《鄞州方言研究》,浙江大学出版社,杭州,2014 年 11 月。

许宝华、汤珍珠 1988,《上海市区方言志》,上海教育出版社,上海,1988 年 11 月。

许宝华、陶寰 1997,《上海方言词典》,江苏教育出版时,南京,1997 年 12 月。

徐烈炯、邵敬敏 1998,《上海方言语法研究》,华东师范大学出版社,上海,1998 年 12 月。

徐大明 2006,《语言变异与变化》,上海教育出版社,上海,2006 年 12 月。

叶祥苓 1993,《苏州方言词典》,江苏教育出版社,南京,1993 年 12 月。

游汝杰、邹嘉彦 2016,《社会语言学教程(第三版)》,复旦大学出版社,上海,2016 年 1 月。

赵元任 1928,《现代吴语的研究》(据清华学校研究院 1928 年版排印),商务印书馆,北京,2011 年 12 月。

祝鹏 1989,《上海市沿革地理》,学林出版社,上海,1989 年 10 月。

邹依仁 1980,《旧上海人口变迁的研究》,上海人民出版社,上海,1980 年 11 月。

Edkins, J., *A Grammar of Colloquial Chinese as Exhibited in the Shanghai Dialect (second edition corrected)*, Presbyterian Mission Press, 1868.

Chambers, J. K. and Trudgill, P., *Dialectology (second edition)*, Cambridge University Press, 1998. 北京大学出版社,2002 年 1 月(影印版)。

Hudson, R. A., *Sociolinguistics (second edition)*, Cambridge University Press, 1996. 外语教学与研究出版社 2000 年 8 月(影印版)。

Macgowan, J., *A Collection of Phrases in the Shanghai Dialect*,

Presbyterian Mission Press,1868.

Tagliamonte, S.,(2006),*Analysing Sociolinguistic Variation*, Cambridge University Press,2006.

Thomason,S. G. (2001),*Language Contact*,Edinburgh University Press,2001.

Trudgill,P.,(1986),*Dialects in contact*,Oxford:Blackwell,1986.

Wardhaugh,R. & Fuller,J. M.(2015),*An Introduction to Sociolinguistics（seventh edition）*,Wiley Blackwell,2015.

二、论文

曹剑芬1982,常阴沙话古全浊声母的发音特点——吴语清音浊流辨析之一,《中国语文》1982年第4期。

曹剑芬1987,论清浊与带音不带音的关系,《中国语文》1987年第2期。

陈忠敏1988,南汇方言的三个缩气音,《语言研究》1988年第1期。

陈忠敏1992,上海地区方言分区及其历史人文背景,《复旦学报(社会科学版)》1992年第4期。

陈忠敏1995,上海市区话语音一百多年来的演变,《吴语和闽语的比较研究》,上海教育出版社,1995年。

陈忠敏1993,方言渗透的特点及其研究方法——从上海市区方言的某些共时差异谈起,《语言研究》1993年第1期。

陈忠敏2010,吴语清音浊流的声学特征及鉴定标志——以上海话为例,《语言研究》2010年第3期。

胡方2013,降峰双元音是一个动态目标而升峰双元音是两个目标:宁波方言双元音的声学与发音运动学特性,《语言研究集刊(第十辑)》,上海辞书出版社,2013年11月。

劳雪婷2017,上海方言疑问系统及其疑问标记的句法研究,《汉语方言疑问范畴研究》,中西书局,2017年10月。

李国林2004,小刀会起义与上海近代移民趋势变化,《华东师范大学学报(哲学社会科学版)》2004年第2期。

李珹 2003,旅沪宁波移民自然构成、社会构成分析,《史林》2003 年第 1 期。

钱乃荣 1987,上海方言音变的微观,《语言研究》1987 年第 2 期。

钱乃荣 2006,上海话在北部吴语分区中的地位问题,《方言》2006 年第 3 期。

钱乃荣 2014a,SVO 完成体句和 SOV 完成体句在吴语中的接触结果,《中国语文》,2011 年第 1 期。

钱乃荣 2014b,上海方言定指指示词"箇个",《方言》2014 年第 1 期。

平悦铃 1997,上海话中"辣～"格式的语法功能,《语文研究》1997 年第 3 期。

平悦铃 2006,汉语方言爆发音声学特征研究,《语言科学》2006 年第 3 期。

平悦铃 2012,上海城市方言疑问句式使用情况的社会语言学调查,《语言研究集刊》第九辑,上海辞书出版社,2012 年 10 月。

平悦铃 2013,上海城市方言中"辣～"格式在不同年龄层的使用情况调查,《实验语言学》第 1 期,日本,2013 年 6 月。

平悦铃 2014a,上海方言的 E 韵字,《语言研究集刊(第十二辑)》,2014 年 11 月。

平悦铃 2014b,上海城市方言中"辣～"格式使用情况的社会语言学调查,《语言研究集刊(第十三辑)》,上海辞书出版社,2014 年 12 月。

平悦铃、马良 2017,一代移民习得上海城市方言 E 韵字初探,《语言研究集刊(第十七辑)》,上海辞书出版社,2017 年 1 月。

石锋 1983,苏州话浊塞音的声学特征,《语言研究》1983 年第 1 期。

石汝杰 2017,现代上海方言的多种来源与方言岛理论,载《吴声越韵》(复旦中文学科建设丛书·吴语研究卷),陈忠敏、陶寰选编,商务印书馆,2017 年 11 月。

许宝华、汤珍珠 1962,上海方言的内部差异,《复旦大学学报》1962 年第 1 期。

汪平 2005,北部吴语三小片的重新划分,《方言》2005 年第 2 期。

王轶之、陈忠敏 2016，吴语全浊声母的感知研究——以上海话为例，《语言研究》2016 年第 2 期。

杨蓓 1999，上海话"辣～"的语法功能、来源及其演变，《方言》1999 年第 2 期。

游汝杰 1999，吴语里的反复问句，《游汝杰自选集》，广西师范大学出版社，1999 年。

游汝杰 2004，方言接触和上海话的形成，《语言接触论集》，上海教育出版社，2004 年。

游汝杰 2006，上海话在吴语分区上的地位——兼论上海话的混合方言性质，《方言》2006 年第 1 期。

游汝杰 2016a，试论混合型方言的特征，《民族语文》2016 年第 1 期。

游汝杰 2016b，语言接触与新语言的诞生，《华东师范大学学报（哲学社会科学版）》2016 年第 1 期。

赵元任 1935，中国方言当中爆发音的种类，《赵元任语言学论文集》，商务印书馆，2002 年 1 月。

赵元任 1967，吴语对比的若干方面，《赵元任语言学论文集》，商务印书馆，2002 年 1 月。

朱晓龙 2006，内爆音，《方言》2006 年第 1 期。

威廉・拉波夫，纽约市百货公司（r）的社会分层，《社会语言学译文集》，祝畹瑾编，北京大学出版社，1985 年 6 月。

彼得・特鲁杰，性别、潜在声望和诺里奇市英国英语的变化，《社会语言学译文集》，祝畹瑾编，北京大学出版社，1985 年 6 月。

Cao, Jiefen & Ian Meddieson. An exploration of phonation types in Wu dialects of Chinese [J]. Journal of Phonetics 20, 1992: 77 - 92.

Lisker, L. & Abramson, A.S. A cross-language Study of voicing in initial stops: acoustic measurements [J]. Word, (20), 1964: 384 - 422.

Siegel, J. (1985), "Koines and koineization.", Language in Society 14 (3): 357 - 378.

后　记

国家社会科学基金项目"移民背景与上海城市方言的形成"的结项报告,终于能集结成书,得以出版,真的是得到了众多师长、同仁们的大力支持与帮助。

有关上海城市方言的研究,前辈学者,包括我的两位导师:许宝华先生和汤珍珠先生都曾作出了杰出的贡献,他们主编的《上海市区方言志》已经成为上海方言研究的典范著作。虽然汤先生前几年已经仙游,但许先生在耄耋之年、酷暑季节还为拙作欣然作序,并亲自打印送至我手上,学生在此首先向两位先生致敬致谢!

从项目立项之日,直到本书出版,特别要感谢游汝杰老师和钱乃荣老师!两位老师也可说是看着我成长的,从入门之日起就受到了他们的教导和帮助。两位老师现在已经退休,但他们是退而不休,我有任何问题随时都可以向他们讨教,而他们也是几十年如一日地帮助我。

同时,本书的出版也要感谢远在美国的沈钟伟老师。沈老师不是常回上海的,但就在立项之时,正巧他在复旦大学讲学,跟他讲起我的这个项目,他也非常有兴趣,花了一个晚上从项目的各个方面指点我。之后,他在美国还时常问起我这个项目的进展状况,听说圆满结项,报告还能集结成书得以出版,他也是非常高兴。在此要特别感谢他的支持与帮助!

项目研究及成书过程中还得到了诸多老师的帮助与关怀,在此表示感谢!他们是复旦大学的陈忠敏、傅杰、王宏图、陶寰老师,华东师范大学的左思明老师，上海财经大学的黄锦章老师，华南师范大学的邵慧君老师，上海大学的林素娥老师。

本书第五章的数据处理，得到了复旦大学的马良老师，以及当时是复旦硕士研究生的王非凡同学的大力帮助，在此向他们致谢！

本书的出版还要感谢复旦大学出版社的杜怡顺编辑，书中有大量的数据和图表，他耐心细致的编审工作才使本书能圆满问世！

最后，最最需要感谢的是我身边的亲人们！一听说有此项目，我的家人、亲戚、中学同学、大学同学、上海籍的同事们，他们不是本人充当发音人，就是帮我尽力寻找合适的发音人。感谢我的老母亲，她不仅本人充当了我的发音人，还帮我找来她的老同学、老同事、老邻居。而且为了能让我专心项目研究，还承担了大部分的家务劳动。我父亲也是尽力帮助我寻找合适的发音人。还有我先生，在同一年里，我连续参加了他好几次高中同学、大学同学聚会，以寻找合适的发音人。在此，再次向 40 多位发音人表示由衷的感谢！

总之，项目能得以顺利开展、圆满完成、成书出版，离不开我身边所有人的大力支持与帮助！感谢养育我的这方水土，感谢生活在这方水土的父老乡亲们！

平悦铃

2020 年春于复旦书馨公寓

图书在版编目(CIP)数据

移民背景与上海城市方言的形成/平悦铃著. —上海：复旦大学出版社，2023.7
ISBN 978-7-309-16569-2

Ⅰ.①移… Ⅱ.①平… Ⅲ.①吴语-方言-研究-上海 Ⅳ.①H173

中国版本图书馆 CIP 数据核字(2022)第 201013 号

移民背景与上海城市方言的形成
平悦铃 著
责任编辑/杜怡顺

复旦大学出版社有限公司出版发行
上海市国权路 579 号　邮编：200433
网址：fupnet@fudanpress.com　http://www.fudanpress.com
门市零售：86-21-65102580　团体订购：86-21-65104505
出版部电话：86-21-65642845
江苏凤凰数码印务有限公司

开本 787×1092　1/16　印张 29　字数 390 千
2023 年 7 月第 1 版
2023 年 7 月第 1 版第 1 次印刷

ISBN 978-7-309-16569-2/H·3204
定价：118.00 元

如有印装质量问题，请向复旦大学出版社有限公司出版部调换。
版权所有　侵权必究